Die limitierte Auflage

Die limitierte Auflage

Rechtsfragen zeitgenössischer Fotokunst

Felix M. Michl

HEIDELBERG
UNIVERSITY PUBLISHING

ÜBER DEN AUTOR

Dr. Felix M. Michl, Rechtsanwalt
Geboren am 10. Oktober 1984 in Bad Hersfeld. Studium der Rechtswissenschaften, der Europäischen Kunstgeschichte und der Philosophie in Heidelberg. Erste juristische Prüfung 2010. Referendariat am Landgericht Heidelberg mit Stationen in Frankfurt und Tokio. Zweite juristische Staatsprüfung 2014. Als Rechtsanwalt mit Schwerpunkt im Kunst- und Fotorecht in Heidelberg niedergelassen. Mitglied der Deutschen Gesellschaft für Photographie (DGPh).

Insoweit in der vorliegenden Arbeit für Substantive das Maskulinum verwendet wird, so erfolgt das in der Form des „generischen Maskulinums". Hierdurch soll allein der Lesefluss begünstigt werden. Keinesfalls sollen die zahlreichen Künstlerinnen, Kunsthändlerinnen, Sammlerinnen sowie die vielen weiteren Teilnehmerinnen des Kunstmarkts marginalisiert werden.

Bibliografische Information der Deutschen Nationalbibliothek
Die Deutsche Bibliothek verzeichnet diese Publikation in der Deutschen Nationalbibliografie. Detaillierte bibliografische Daten sind im Internet unter http://dnb.ddb.de abrufbar.

Die Online-Version dieser Publikation ist auf den Verlagswebseiten von HEIDELBERG UNIVERSITY PUBLISHING http://heiup.uni-heidelberg.de dauerhaft frei verfügbar (open access).
doi: 10.17885/heiup.102.127

Umschlagabbildung:

Ausstellungsansicht (Ausschnitt) Timo Klos, „So far, so near" (Einzelausstellung), Galerie hanfweihnacht, Frankfurt am Main, 2014.

Motive (von links nach rechts):

Titel: „ZUC12034", „MAN43357", „MAN288734"; aus der Serie „So far, so near", Lambda-Prints unter mattem Acryl, 100 x 70cm, Auflage 4+1 A. P., 2014.

Mit freundlicher Genehmigung von Timo Klos. Urheberrecht an der Umschlagfotografie sowie an den darauf abgebildeten Fotografien ausschließlich bei Timo Klos.

ISBN 978-3-946054-08-5 (Hardcover)
ISBN 978-3-946054-23-8 (Softcover)
ISBN 978-3-946054-09-2 (PDF)

In liebevollem Andenken
gewidmet meinem Bruder

cand. med. dent. cand. med.

Andreas Michl

24.12.1987 – 29.12.2014

Vorwort

Meinem Doktorvater Herrn Prof. Dr. Dr. h.c. mult. Erik Jayme danke ich von Herzen. Diesen Dank schulde ich ihm nicht nur für die Betreuung der vorliegenden Arbeit, sondern bereits für die Hinführung zum „Orchideenfach" des Kunstrechts seit Beginn meines Studiums. In der vorliegenden Arbeit kulminierte daher letztlich ein über Jahre durch ihn gewecktes und unterstütztes Interesse.

Während der Erstellung der Arbeit war er mir von kontinuierlichen Zwischenkorrekturen über zahlreiche anregende Diskussionen bis zur unglaublich schnellen Endkorrektur der beste Doktorvater, den ein Doktorand sich wünschen kann. Insbesondere für die regelmäßigen, bisweilen auch mahnenden, aber dabei immer humorvollen Ermunterungen und konstruktiven Anregungen danke ich ihm. Es war mir eine wirkliche Ehre.

Herrn Prof. Dr. Winfried Tilmann danke ich für die schnelle Erstellung des Zweitgutachtens sowie Herrn Prof. Dr. Marc-Philippe Weller für die freundliche Übernahme des Vorsitzes in der mündlichen Prüfung vom 29. Oktober 2015.

Die Erarbeitung einer wissenschaftlichen Arbeit kann ohne einen fruchtbaren Meinungsaustausch keinen Erfolg haben. Besonders dankbar bin ich Frau Richterin Franziska Bennedik für zahlreiche inhaltliche Diskussionen, gewissenhaftes Korrekturlesen und vielfachen Ansporn. Weiterhin danke ich Herrn Dr. Konrad Duden sowie den Mitarbeiterinnen und Mitarbeitern des Instituts für Internationales Privat- und Wirtschaftsrecht der Universität Heidelberg, welches mir durch seine Direktoren für die Dauer der Erstellung der Arbeit freundliche Gastfreundschaft gewährt hat.

Einen besonderen Dank schulde ich weiterhin Herrn Rechtsanwalt Dr. Florian Mercker für unschätzbar wichtige Impulse und freundliche Unterstützung, insbesondere zu Beginn meiner Forschungen.

Zuletzt sage ich meiner gesamten Familie Dank für die immerwährende Unterstützung auf meinem bisherigen Lebensweg.

Die vorliegende Arbeit wurde von der Juristischen Fakultät der Universität Heidelberg im Jahre 2015 als Dissertation angenommen. Für die Drucklegung konnte neue Literatur noch bis Ende 2015 berücksichtigt werden. Die Erstellung der Arbeit wurde von der „Friedrich-Naumann-Stiftung für die Freiheit" mit Mitteln des Bundesministeriums für Bildung und Forschung im Rahmen eines Stipendiums gefördert.

Heidelberg, im Juni 2016

Inhaltsverzeichnis

A. Einleitung: Von der unbegrenzten technischen Reproduzierbarkeit des Kunstwerks zur limitierten Auflage

Der Philosoph Walter Benjamin beginnt seine Untersuchung „Das Kunstwerk im Zeitalter seiner technischen Reproduzierbarkeit“ mit der Feststellung, dass Kunstwerke „grundsätzlich immer reproduzierbar gewesen“ seien.[1] Das Phänomen der Reproduktion sei so alt wie antike griechische „Bronzen, Terrakotten und Münzen“[2]. Dennoch bestand für Walter Benjamin auch zu Beginn des 20. Jahrhunderts noch Anlass, sich diesem Phänomen neu zu widmen.[3] Die Möglichkeiten der technischen Reproduktion waren im Laufe der Menschheitsgeschichte kontinuierlich erweitert beziehungsweise verbessert worden. Mit der Einführung von Fotografie und Film hatten sie – aus Sicht Walter Benjamins – eine entscheidende, nämlich auf „die Kunst in ihrer überkommenen Gestalt zurückwirkende“ Qualität erreicht.[4]

Wir befinden uns heute – am Anfang des 21. Jahrhunderts – in der Situation, dass die Reproduktion und das Serielle einen nicht mehr wegzudenkenden Platz in fast allen Kunstgattungen eingenommen haben. Teilweise ist das Serielle selbst der Gegenstand der künstlerischen Auseinandersetzung geworden.[5] Bei genauerer Betrachtung zeigt sich sogar, dass die Mehrzahl der gängigen künstlerischen Ausdrucksformen zu den seriellen Medien zu zählen sein wird, während im Grunde nur Malerei und Zeichnung[6] Gat-

---

1 *Benjamin*, Kunstwerk, 10.

2 *Benjamin*, Kunstwerk, 10.

3 Zu ähnlichen Überlegungen vgl. *Reis*, Bulletin Kunst & Recht 1/2011, 48.

4 *Benjamin*, Kunstwerk, 11.

5 Populäres Beispiel hierfür ist die Kunst Andy Warhols aus seiner „Factory“, vgl. *Dossi*, Hype!, 226.

6 Schwierig ist der Bereich der Skulptur zu klassifizieren. Versteht man unter Skulptur die Schaffung eines dreidimensionalen Werks im *subtraktiven* Verfahren, so entsteht grundsätzlich immer ein Unikat. Dasselbe gilt dann auch für im *additiven* Verfahren geschaffene Plastik. In beiden Gattungen gibt es jedoch auch Möglichkeiten zur Serienproduktion. Diese ist insbesondere bei Gussplastik, welche nicht mit einer verlorenen Form arbeitet, offensichtlich. Der Werkstattbetrieb des Bildhauers *Canova* ist jedoch auch ein Beispiel dafür, wie mithilfe eines (Ur-)Gipsmodells in Serienproduktion eine Vielzahl gleichartiger Skulpturen geschaffen werden kann; vgl. *Geyer*, Sinn für Kunst, 96 ff. sowie *Jayme*, in: Original und Fälschung, 32. Letztlich ist in beiden Gattungen auf die technischen Umstände des Einzelfalls abzustellen und jede Verallgemeinerung schwierig.

tungen darstellen, denen man die *unmittelbare* Möglichkeit der Reproduktion absprechen muss. Gussplastik,[7] Druckgrafik (Holzschnitt, Stich, Radierung, Lithografie), Fotografie und Film hingegen sind geradezu auf eine mannigfache Vervielfältigung des Kunstwerks angelegt. Bei den beiden Letztgenannten hat zudem die seit etwa dem Jahr 2000 Einzug haltende Digitalisierung zu einer weiteren Vereinfachung und Perfektionierung des Reproduktionsprozesses geführt.[8]

Trotz – oder auch gerade *wegen* – der praktisch unbegrenzten Möglichkeit, mehrere absolut identische Exemplare desselben Kunstwerks zu schaffen, hat die begrenzte Verfügbarkeit eines Kunstwerks (mit dem Unikat als gewissermaßen höchster Form der Verknappung) heutzutage große Bedeutung für die Wertschätzung eines Kunstwerks.[9] Gemeint ist damit sowohl die ideelle Wertschätzung des Kunstwerks, die z. B. in der genießerischen Freude an der Einmaligkeit des konkreten Werkstücks und seiner Geschichte liegen oder auf einem Prestigestreben des Sammlers[10] beruhen kann. Gemeint ist aber auch ganz entscheidend die materielle (finanzielle) Wertschätzung, beispielsweise wenn Kunst als alternative Wertanlagemöglichkeit[11] betrachtet wird. Grundsätzlich wird nämlich auch der Kunstmarkt von dem ökonomischen Prinzip beherrscht, dass mit der Verknappung des Angebots bei gleichbleibender Nachfrage ein steigender Preis einhergeht.[12] Ein dahingehendes Bewusstsein der Sammler – insbesondere wenn mit dem Kauf von Kunst auch eine Wertanlage verbunden sein soll – ist eindeutig feststellbar und wird durch die einschlägige Literatur durchweg bestä-

7 Insoweit nicht mit einer verlorenen Form gearbeitet wird.

8 Teilweise werden die Produkte dieser Verfahren auch als „*ars multiplicata*" (*Goepfert*, Haftungsprobleme, 55; *Holz*, Kunstwerk, 215 ff., 226; *Mangold*, Verbraucherschutz, 75; *Mues*, Ausstellungsvertrag, 25) oder „*multiples*" (*Leyer-Pritzkow/Sebastian*, Kunstkaufbuch, 50) bezeichnet. Die Begriffe werden jedoch sehr uneinheitlich verwendet und scheinen teilweise auch negativ konnotiert zu sein. Daher werden sie in dieser Arbeit gemieden.

9 Dies war jedoch nicht immer so. Insbesondere im 19. Jahrhundert verlangten viele Sammler „das Gleiche", d. h. insbesondere Abgüsse oder Kopien bedeutender Werke, um sich mit den „Referenzwerken" der Kunstgeschichte umgeben zu können; vgl. *Jayme*, in: Original und Fälschung, 28 f.; *Jayme*, in: IV. Heidelberger Kunstrechtstag, 121, 125 f.; *Schack*, Kunst und Recht, Rn. 21 sowie sehr umfangreich *Bartsch*, Tatjana/*Becker*, Marcus/*Bredekamp*, Horst/*Schreiter*, Charlotte (Hrsg.), Das Originale der Kopie. Zur „Kopie als Original" in aufschlussreicher kunsthistorischer Einbettung weiterhin wieder *Jayme*, Bulletin Kunst & Recht 2/2013-1/2014, 52 ff. sowie *Jayme*, Die Kopie als Original.

10 *Herstatt*, Kunstmarkt, 87.

11 Zu diesem Aspekt des Kunstmarkts vgl. z. B. „Investing in Art – A study in red and black", The Economist vom 4. April 2015, S. 61; im Internet abrufbar: http://www.economist.com/news/finance-and-economics/21647633-global-art-market-booming-treacherous-study-red-and-black?frsc=dg%7Cd, abgerufen am 01.06.2016.

12 Vgl. hierzu *Goodwin*, in: Art Markets, 11, 14 f.

tigt.[13] Insbesondere im Bereich der zeitgenössischen Fotografie ist das Konzept der Auflagenlimitierung die Antwort des Markts auf das Bedürfnis der Sammler nach Exklusivität.

Wie das Phänomen der Auflagenlimitierung auch rechtlich relevant wird und welche juristischen Fragen sich in diesem Zusammenhang notwendig aufdrängen, wird deutlich, wenn man einen kurzen Blick auf die Geschichte der „Vervielfältigungskunst" und das mit ihr untrennbar verbundene Prinzip der limitierten Auflage wirft.

I. Kurze Geschichte der Auflagenkunst

In der Anfangszeit der Druckgrafik (Holzschnitt, Stich) war eine Begrenzung der Auflage noch unausweichliche Begleiterscheinung des Vervielfältigungsprozesses, da sich die Druckplatten mit jedem Abzug bzw. jedem Abwischen der überschüssigen Druckfarbe abnutzten.[14] Dieser Abnutzungsprozess war insbesondere zu Anfang des Druckprozesses so stark, dass bereits nach wenigen Abzügen ein deutlicher Qualitätsverlust im Druckbild eintrat. Hieraus ergab sich zum einen – bzw. ergibt sich bei diesen Verfahren auch heute noch – die besondere Wertschätzung früher Abzüge[15] und zum anderen die begrenzte Auflagenhöhe, da die Qualitätseinbußen den Stock bzw. die Platte früher oder später unbrauchbar machten.[16] Dabei darf aber auch nicht übersehen werden, dass diese Auflagen immer noch weit über den heute üblichen (limitierten) Auflagen für erstklassige Werke der Fotokunst, aber auch der meisten zeitgenössischen Druckgrafiken lagen.[17] Zudem fehlte für lange Zeit ein Markt, dem es – wie heute – auf die Rarität der Stücke explizit ankam. Für eine künstlich limitierte Auflage bestand lange Zeit weder bei Künstlern noch Sammlern ein Bewusstsein.[18] Vielmehr nutzte man die neuen techni-

13 In ihrem Ratgeber weisen diese Autoren explizit darauf hin, beim Kauf von Kunst möglichst nur Unikate bzw. Exemplare aus kleinen Auflagen zu wählen: *Schroeter-Herrel*, in: Kunst-Investment, 78 f.; *González*, in: Kunst-Investment, 128.

14 *Koschatzky*, Graphik, 50, 101.

15 Die im Bereich der Druckgrafik an ihrer (niedrigen) Nummer erkannt werden können. Zur Nummerierung von limitierten Auflagen sogleich bei A.II., S.22.

16 Die maximalen Auflagenhöhen betragen ca. 1.000 beim Holzschnitt, ca. 300–500 beim Kupferstich und ca. 200 bei der Radierung; hierzu umfassend *Koschatzky*, Graphik, 50, 101, 131.

17 In der zeitgenössischen Fotografie bewegen sich Auflagenhöhen häufig im niedrigen zweistelligen oder sogar einstelligen Bereich; vgl. dazu auch die Beispiele bei B.I.4, S. 57, sowie die Stimmen bei Finkel, Fotogeschichte 105/2007, 59.

18 Vgl. z. B. *Jayme*, in: IV. Heidelberger Kunstrechtstag, 121, 125 f.; *Schack*, Kunst und Recht,

schen Möglichkeiten zur scheinbar „unbegrenzten" Vervielfältigung und den damit verbundenen, deutlich erweiterten Wirkkreis des Werks gerne aus.

Mit der Einführung der Lithografie[19] entstand die erste Form von Grafik, bei der die produktionsbedingten Abnutzungserscheinungen so gering waren, dass praktisch unbegrenzt hohe Auflagenzahlen möglich wurden. Spätestens seit Einführung der modernen Digitalfotografie[20] liegt Künstlern ein Medium vor, bei dem tatsächlich eine unbegrenzte Auflage von Werkexemplaren möglich ist, von denen die einzelnen Exemplare im Hinblick auf ihre Qualität keine Verschlechterung aufweisen.

II. Die limitierte Auflage

Aus der schier unbegrenzten Reproduzierbarkeit ergaben sich insbesondere für die Fotografie sowohl kunsttheoretische[21] als auch – mittelbar daraus resultierend – wirtschaftliche[22] Probleme.

Den kunsttheoretischen Problemen, die die neuen Techniken auch aufgrund ihrer Reproduzierbarkeit mit sich brachten, widmete sich mit als erster *Walter Benjamin* in seinem bereits oben erwähnten Essay „Das Kunstwerk im Zeitalter der technischen Reproduzierbarkeit". Im Zentrum seiner Überlegungen stand für ihn der Verlust der „Aura" des Kunstwerks. Hierbei war die „Aura" für *Benjamin* eine (wenn nicht sogar *die*) elementare Eigenschaft von Kunstwerken, die für ihn in engem Zusammenhang mit der Einmaligkeit des Werks und dem daraus resultierenden Örtlichkeitsbezug des einzelnen Werkexemplars stand.[23]

Rn. 21. Weiterhin ebenfalls *Jayme*, Bulletin Kunst & Recht 2/2013–1/2014, 52 ff. sowie *Jayme*, Die Kopie als Original.

19 Umfangreiche Informationen zu dieser Technik finden sich z. B. im entsprechenden Wikipedia-Artikel: https://de.wikipedia.org/wiki/Lithografie, abgerufen am 01.06.2016.

20 Zu unterscheiden ist dies von speziellen fotografischen Techniken, die immer nur ein Unikat hervorbringen wie z. B. Daguerreotypien oder Polaroids; vgl. auch *Maaßen*, in: Wandtke, Medienrecht, 2. Teil/Kapitel 4/Rn. 122.

21 Vgl. hierzu die kurze Darstellung bei *Dreier*, in: Kunst im Markt – Kunst im Recht, 34 ff.

22 Wenngleich einige Autoren heute allein wirtschaftliche Interessen hinter der Limitierung vermuten und die Auflagenbegrenzung als für das Medium Fotografie „unnatürlich" empfinden; vgl. hierzu die Ausführungen bei *Finkel*, Fotogeschichte 105/2007, 59 (60 f.). Bei *Bauschke*, FAZ v. 22.08.2015, 15 heißt es demgegenüber: „Die Akzeptanz von Foto-Editionen im Kunstmarkt ist ohne das Vertrauen der Sammler in die Limitierung der Anzahl gehandelter Exemplare eines Werks nicht denkbar. Denn im Prinzip sind jedenfalls digitale Fotografien beliebig und unbegrenzt reproduzierbar – Gift für den sensiblen Kunstmarkt."

23 *Benjamin*, Kunstwerk, 12, 14 , 17 ff., 23.

Dass diese Befunde *Benjamins* bewusst oder unbewusst auch heute von einer Vielzahl der Künstler wie Sammler geteilt werden, zeigt sich daran, dass offenbar weitgehend Einigkeit darüber besteht, dass eine hohe Auflage die „Sammelwürdigkeit“[24] eines Kunstwerks in Frage stellt. So gibt der Bundesverband des Deutschen Kunst- und Antiquitätenhandels e.V. als unverbindliche Richtlinie beispielsweise für den Bereich der Grafik vor, dass eine Sammelwürdigkeit bei Auflagen von mehr als 300 Exemplaren nicht mehr gegeben sei.[25] Im Bereich der zeitgenössischen Fotografie zeichnet sich diese Praxis sogar noch deutlicher ab. Regelmäßig werden hier lediglich Auflagen in niedriger zweistelliger oder sogar einstelliger Höhe hergestellt.[26]

Wenn nun der Blick auf die Fotografie aus der Zeit von vor 1970, als einzelne Motive in schwindelerregenden Anzahlen abgezogen wurden, das Gegenteil zu beweisen scheint,[27] so ist dies nur auf den ersten Blick der Fall. Auch in diesem Bereich der Fotokunst, dem eine Auflagenlimitierung noch weitgehend fremd war,[28] legt der Markt sehr großen Wert auf die Rarität des einzelnen Objektes. So erzielen hier regelmäßig nur die sogenannten „Vintage Prints“, welche lediglich einen kleinen Teil der „Gesamtauflage“ ausmachen, respektable Preise.[29]

Eine Ausschöpfung der theoretisch möglichen hohen bis unbegrenzten Auflagen würde zu dem *wirtschaftlichen* Problem führen, dass sich nur ein vergleichsweise niedriger Preis für das einzelne Kunstwerk erlösen ließe. Dabei stets vorausgesetzt, dass sich überhaupt ein Käufer findet, der Interesse an einem solchen „Massenprodukt“ hat.

24 Der Begriff wurde durch den Bundesverband des Deutschen Kunst- und Antiquitätenhandels e.V. eingeführt. Vgl. dazu *Behrens/de Lazzer*, Kunstmarkt, 239 ff. sowie *Bundesverband des Deutschen Kunst- und Antiquitätenhandels e.V.*, Der Begriff des „Originals“ und die „Sammelwürdigkeit“ (Internetquelle).

25 Für Plastik wird die Zahl 25, für Keramik die Zahl 100 genannt. Gemeint ist dabei immer die Gesamtauflage einschließlich „Probedrucken“ und „Gießer Exemplaren“; *Bundesverband des Deutschen Kunst- und Antiquitätenhandels e.V.*, Der Begriff des „Originals“ und die „Sammelwürdigkeit“ (Internetquelle).

26 Vgl. hierzu *Finkel*, Fotogeschichte 105/2007, 59, mit entsprechenden Aussagen von führenden Marktteilnehmern.

27 So sinngemäß der Händler *Peter Fettermann* und die Kuratorin *Sandra Philips* bei *Finkel*, Fotogeschichte 105/2007, 59 (61).

28 Dazu später ausführlich unten bei B.I.1, S. 36.

29 Unter Vintage Prints versteht der Markt Abzüge, welche zeitlich möglichst kurz nach der Belichtung des Negativs entstanden sind. Ausführlich unten bei B.I.1.b)(2), S.44. Bei *Finkel*, Fotogeschichte 105/2007, 59 (61) wird als Beispiel die Fotografie „Moonrise, Hernandez, New Mexico“ (1941) von Ansel Adams angeführt, welche bislang wohl über 1.000 Mal abgezogen wurde, wobei einzelne Abzüge heute bei 600.000 USD gehandelt werden; die niedrigsten Auktionsergebnisse (keine Vintage Prints) bewegen sich jedoch um 20.000–25.000 USD; vgl. hierzu auch unten B.I.1.b)(2)(cc), S. 46.

Eine Lösung für sowohl die kunsttheoretischen als auch die daraus folgenden wirtschaftlichen Probleme der Kunstgattungen, welche einem seriellen Herstellungsprozess entstammen, liegt mithin in der künstlichen Verknappung von Werken. Das Ergebnis ist die sogenannte „limitierte Auflage". Hierbei wird in der Regel auf dem Kunstwerk selbst eine Markierung angebracht, die aus zwei von z. B. einem Schrägstrich separierten Zahlen (also einem Bruch) besteht.[30] Die erste Zahl (der „Zähler" des Bruchs) steht dann für die Nummer des Werkexemplars, auf dem die Markierung angebracht ist, während die zweite Zahl (der „Nenner" des Bruchs) die Höhe der Gesamtauflage angibt.[31] Während es bei den früheren Drucktechniken (d. h. Holzschnitt, Stich, Radierung) auch noch von Interesse war, mit der Nummerierung die Reihenfolge der Abzüge und somit deren Druckqualität[32] festzuhalten, hat die Nummerierung bei den heutigen Druckverfahren mit gleichbleibender Qualität der Drucke bzw. in der Fotografie keine Bedeutung mehr.[33] Relevant bleibt indes der „Nenner" des Bruchs, der die Höhe der Gesamtauflage festlegt und dadurch dem Sammler einen bestimmten „Exklusivitätsgrad" des Kunstwerks mitteilt.

Dabei reicht der Anwendungsbereich von limitierten Auflagen inzwischen weit über den ursprünglichen Bereich der seriellen Kunst hinaus. Limitierte Auflagen trifft man heute als Marketingmittel bei einer Vielzahl von Produkten an. So werden Fahrzeuge in „limitierten Auflagen" hergestellt[34] oder Bücher in „limitierten Auflagen"[35] aufgelegt. Die wohl neueste Entwicklung stellt der Entwurf eines Privathauses durch den Architekten Daniel Libeskind dar, welcher nur in einer „limitierten Auflage"[36] von 30 Exemplaren realisiert werden soll. Eine besonders kuriose Form der Limitierung stellt das Album „Once Upon a Time in Shaolin" der New Yorker Musiker „Wu-Tang Clan" dar. Es wurde genau einmal hergestellt und meistbietend verkauft.[37]

30 *Koschatzky*, Graphik, 12 f.

31 *Koschatzky*, Graphik, 12 f.; vgl. hierzu auch *Mercker*, in: Original und Fälschung, 70.

32 Vgl. oben unter A.I, S. 21.

33 *Koschatzky*, Graphik, 12.

34 Häufig handelt es sich dabei um exquisite Sportwagen wie z. B. den Wiesmann MF 5 in einer limitierten Auflage von 55 Stück; vgl. *Schinhofen*, FAZ vom 21. September 2010, T 5.

35 So z. B. die auf 1.000 Exemplare limitierte Neo-Rauch-Monografie; *Rauch/Büscher/Kunde/Tinterow/Holzwarth*, Neo Rauch, Taschen-Verlag, 476 Seiten, 750 Euro.

36 Zusätzlich wird dem Käufer auch noch eine „räumliche Exklusivität" zugebilligt, was bedeutet, dass innerhalb eines gewissen Radius nur jeweils ein Haus dieser Serie gebaut werden darf; vgl. *Ochs*, FAS vom 11. Oktober 2009, V 13. Das Käuferinteresse scheint durch die Limitierung jedoch nicht befeuert worden zu sein. Mehr als ein Jahr nach Vorstellung des Entwurfs gab es noch keine Käufer; vgl. *Ochs*, FAS vom 30. Januar 2011, V 15.

37 So eine Meldung in der FAS vom 30. März 2014, 37. Weitere Informationen bei Wikipedia:

III. Folgen der Auflagenlimitierung

Von der „Selbstbindung“[38] der Werkschaffenden im Rahmen einer limitierten Auflage profitieren alle Beteiligten: Je exklusiver das Werk, desto relativ höher liegt im Regelfall der dafür erzielbare Preis.[39] Ein hoher Preis ist augenscheinlich für den Künstler wie die Galerie von Vorteil. Aber auch der Sammler profitiert, da er einem teuren und somit (vermeintlich) exklusiven Werk regelmäßig eine höhere Wertschätzung entgegenbringen wird als einem Massenprodukt. Dabei kann die Exklusivität allein auf dem verknappten Angebot beruhen. Sie kann aber auch die Folge eines mit dem knappen Angebot korrespondierenden, relativ höheren Preises sein, der die Mehrzahl der Interessenten mangels entsprechender Kaufkraft ausschließt und erst hierdurch für die entsprechende Exklusivität sorgt.[40] Exklusivität macht das Werk prestigeträchtig.[41] Nach *Benjamin* ist die Exklusivität überhaupt Voraussetzung dafür, dass dem Werk eine „Aura“ zukommt.[42] Um in den Genuss dieser Exklusivität zu kommen, muss der Sammler für das limitierte Werk aber auch einen höheren Kaufpreis als für ein Massenprodukt aufwenden.

Hat ein Sammler sich einmal zu einer entsprechenden Investition durchgerungen, so hat er naturgemäß ein ideelles wie auch materielles Interesse daran, dass der Exklusivitätsgrad des von ihm erworbenen Werks nicht durch weitere, dem Grunde nach identische Werkexemplare gemindert wird. Auf der anderen Seite stehen die künstlerischen wie wirtschaftlichen Interessen des Schöpfers und seiner Intermediäre sowie der entsprechenden Rechtsnachfolger. Fraglich ist, wie diese unter Umständen gegenlaufenden Interessen *rechtlich* durchgesetzt beziehungsweise ausgeglichen werden können.

Auf welche Weise es bei Werken der Auflagenkunst auch im Hinblick auf die Limitierung zu Streitigkeiten kommen kann, belegt insbesondere der Bereich der Gussplastik, bei dem das zum Teil massenhafte Auftauchen

https://en.wikipedia.org/wiki/Once_Upon_a_Time_in_Shaolin, abgerufen am 01.06.2016. Demnach wurde das Album für 2 Mio. USD an den Finanzinvestor Martin Shkreli verkauft, der Ende des Jahres 2015 wegen Betrugsverdacht festgenommen wurde.

38 *Goepfert*, Haftungsprobleme, 95.

39 *Gantefuhrer*, in: Posthume Güsse, 24; *Klein*, art value (Ausgabe 10) 2012, 52 (54); *Pfennig*, in: Posthume Güsse, 18. Vgl. auch das interessante Fallbeispiel bei *Doenitz*, art on paper, May/June 2007, 20 f.

40 Vgl. zu den Mechanismen der Exklusivität von Kunst *Dossi*, Hype!, 204 ff.

41 Vgl. *Dossi*, Hype!, 204 ff. sowie *Goodwin*, in: Art Markets, 14.

42 *Benjamin*, Kunstwerk, 14 f.

von „postumen Güssen“[43] in den letzten Jahren zu Diskussionen über die Verbindlichkeit von Limitierungen, vor allem aber über den Originalbegriff in den seriellen Medien geführt hat.[44]

Aus dem Bereich der Druckgrafik sind derartige Diskussionen aus den 1980er Jahren bekannt, als der damalige „Boom“ in dieser Kunstgattung auch mit einer teilweise sehr „freien“ Editionspraxis einherging, was letztlich zum Kollaps des gesamten Markts führte.[45] Aber auch im Bereich der zeitgenössischen Fotokunst sind zumindest zwei gerichtliche Verfahren bekannt, in denen die Frage der Verbindlichkeit von (vermeintlich) gemachten Auflagenversprechen im Fokus der Auseinandersetzung stand.[46]

IV. Die limitierte Auflage als „Eckpfeiler“ der zeitgenössischen Fotokunst

Die Fotografie hat sich einerseits in wenigen Jahren zu einem der wichtigsten künstlerischen Ausdrucksmittel, wenn nicht sogar zu *dem* künstlerischen Leitmedium unserer Zeit entwickelt. Andererseits wird im Bereich der zeitgenössischen Fotokunst die Bedeutung der Auflagenlimitierung besonders offensichtlich. Waren in den künstlerischen Medien, die traditionell mit limitierten Auflagen arbeiten (insbesondere bei der Druckgrafik), noch vergleichsweise hohe Auflagen üblich, so ist im „Hochpreissegment“ der zeitgenössischen Fotokunst eine einstellige Auflagenhöhe inzwischen wohl Marktstandard.[47] Gleichzeitig sind die Preise für Fotokunst in den vergangenen 30 Jahren förmlich explodiert; sie lassen die z. B. für Druckgrafik erzielbaren Preise inzwischen weit hinter sich. Dass sich Fotografie heute sogar als alternative Investmentform etabliert hat, zeigt die Auflage von mehreren Fonds, die ausschließlich in künstlerische Fotografie investieren.[48]

---

43 Unter postumen (auch: posthumen) Güssen versteht man den Fall, dass z. B. die Erben eines Bildhauers nach dessen Tod von bestehenden Gussformen des Künstlers weitere Plastiken gießen lassen, sei es im expliziten Auftrag des Verstorbenen oder auch nur aus Geschäftstüchtigkeit. Der künstlerische Wert solcher Exemplare ist heftig umstritten.

44 Vgl. hierzu *Berger/Gallwitz/Leinz*, Posthume Güsse, 2009; *Raue*, in: FS Krämer, 651 ff. sowie *Schlütter*, Original, 222 ff.

45 Eine ausführliche Zusammenfassung der damaligen Debatte findet sich bei *Sieger*, Film und Recht 1984, 119 ff. Vgl. aber auch *Bleicher/Stiebner*, Druckgraphik, 167.

46 Ausführlich werden beide Gerichtsverfahren dargestellt unten bei B.III, S. 91.

47 Vgl. auch *Maaßen*, in: Wandtke/Ohst, Kapitel 5 Rn. 31.

48 Wie z. B. der „Art Photography Fund“ der Firma „MERIT Alternative Investments“; vgl. die Homepage des Anbieters unter http://www.artphotographyfund.com/, abgerufen am 01.06.2016.

Aufgrund der so entstandenen bedeutenden wirtschaftlichen Interessen in Bezug auf die Auflagenlimitierung ist es offensichtlich, dass hier bei der zeitgenössischen Fotokunst ein nicht unerhebliches (rechtliches) Konfliktpotenzial liegt.

V. Fragestellung und Methode der Arbeit

Die Arbeit setzt es sich zum Ziel, die erste umfangreiche Untersuchung zu sein, welche sich dezidiert der rechtlichen Bedeutung und Einordnung des Phänomens von limitierten Auflagen in der zeitgenössischen Fotokunst im deutschen Recht widmet. Bestimmende Themen sind dabei die Bedeutung der Auflagenlimitierung im Rahmen des urheberrechtlichen Originalbegriffs sowie die Frage, inwieweit der Realakt der Auflagenlimitierung und deren Kundgabe durch den Künstler einen klagbaren Anspruch des Sammlers auf Einhaltung der Auflagenlimitierung ergeben können. Zudem soll geprüft werden, welche Relevanz der Auflagenlimitierung im Kaufrecht zukommt.

1. Methodische Überlegungen

Aufgrund des mit ihr verfolgten Erkenntnisinteresses steht die Arbeit in einem für das Kunstrecht typischen Spannungsfeld.[49] Auf der einen Seite besteht für den zu untersuchenden Bereich ein Mangel an ausdrücklichen gesetzlichen Regelungen bzw. die anwendbaren allgemeinen Regelungen wurden nicht mit Blick auf die speziellen Umstände der Kunstproduktion und des Kunsthandels geschaffen. Andererseits gibt es einen scheinbar funktionierenden globalen Markt, auf dem die Produkte der Kunstschaffenden unter bestimmten Regeln gehandelt werden. Bei diesen Regeln muss es sich nicht um Gesetze im eigentlichen Sinne handeln. Viel häufiger sind selbstgegebene Regeln, Richtlinien oder Gebräuche.[50] Letztere werden wiederum auch von der Rechtsordnung rezipiert. So zum Beispiel, wenn in Art. 2 Abs. 1 der EU-Folgerechtsrichtlinie bei der Definition des „Originals" darauf verwiesen wird, was als Original „*angesehen* [wird]" und damit (wohl)[51] Bezug auf die Anschauungen des Kunstmarkts genommen wird.[52]

49 Vgl. hierzu umfassend *Jayme*, Wiener Vorträge, 223 ff., 226, 233 ff. sowie *Jayme*, in: Original und Fälschung, 23 ff.

50 Vgl. *Jayme*, Wiener Vorträge, 238 f.

51 Ausführlich unten bei C.II.5, S. 121.

52 Anders im Bereich des Steuer- und Zollrechts, wo (noch) auf eine rein objektive Betrach-

Eine weitere Rechtsquelle bieten Kryptoregeln,[53] d. h. eine feststellbare Sonderbehandlung von Kunstwerken bei Anwendung und Auslegung allgemeiner Rechtssätze, die das aufgrund der Unzulänglichkeit der allgemeinen Normen gebildete „Rechtsvakuum“[54] schließen.

a) Der Kunstmarkt als „selbstregulierendes“ System?

Man kann daher die grundsätzliche Frage aufwerfen, inwieweit sich die juristische Forschung mit den oben skizzierten Fragen überhaupt befassen soll bzw. kann und ob nicht eine Klärung der Probleme durch die bereits entwickelte oder sich noch entwickelnde Praxis der beteiligten Verkehrskreise zu erwarten ist.[55] Gleichzeitig ist bei den Marktteilnehmern häufig eine „Abwehrhaltung“ gegenüber dem gefühlten (teilweise auch als okkupatorisch empfundenen) „Eindringen“ der Rechtswissenschaft in den Kunstmarkt zu spüren, der sich doch „selbst reguliere“.[56]

Ein bloßes Abwarten und Beschreiben der sich entwickelnden Regeln durch die Rechtswissenschaft kann jedoch auch nicht im Interesse der beteiligten Marktakteure sein. Regelmäßig ist es nämlich so, dass ohnehin früher oder später Streitigkeiten zwischen den Beteiligten entstehen.[57] Zwar hat jede Partei im Regelfall eine bestimmte eigene Vorstellung von dem, wie sich die Praxis darzustellen hat. Divergieren diese Parteivorstellungen jedoch, was insbesondere zwischen prinzipiell adversatorischen Parteien wie z. B. Käufer und Verkäufer der Fall ist, so besteht eine große Gefahr, dass die Erwartungen zumindest einer der Parteien enttäuscht werden und es zum (Rechts-)Streit zwischen den Parteien kommt. Spätestens in diesem Moment ist aber die „Okkupation“ durch das Recht und deren Institutionen ohnehin häufig nicht mehr zu verhindern. Eine frühzeitige Befassung des Rechts mit der Problematik kann aber (z. B. durch ein daraus abgeleitetes, angepasstes Marktverhalten) nicht nur Streitigkeiten vorbeugen, sondern auch die Ausgangspositionen der Parteien in einem möglichen Gerichtsprozess verbessern.

---

tung ohne Berücksichtigung der Verkehrsanschauung abgestellt wird; vgl. *Strittmatter/Lörken*, ZUM 2010, 155 (158 f.).

53 Für Herkunft und Bedeutung des Begriffs *Jayme*, Wiener Vorträge, 224; *Jayme*, in: FS Rehbinder, 542 f.; *Wrede*, Kopien, 281 ff.

54 *Jayme*, in: FS Rehbinder, 543.

55 Eine ähnliche Formulierung der Problematik findet sich bei *Heinbuch*, in: International Sales, 204.

56 Der Autor ist regelmäßig im Rahmen seiner Recherchen mit dieser Form von (zum Teil vielleicht auch berechtigter) Skepsis konfrontiert gewesen.

57 Zu zwei Beispielen hierfür unten ausführlich bei B.III, S. 91.

Kommt es zum Rechtsstreit, so soll die Lösung eines solchen Streits dann einerseits der abstrakte Rechtssatz liefern. Andererseits kann die Lösung nicht ohne Beachtung der Praxis erfolgen, da auch eine unvollständige bzw. mehrdeutige Praxis den Parteien zumindest einen gewissen Erwartungshorizont bietet, an dem sie ihre Interessen ausrichten können und müssen. Es ist somit durchaus Aufgabe der rechtswissenschaftlichen Forschung, anhand des gegenwärtigen Standes der tatsächlichen Entwicklungen rechtliche Lösungen für die angesprochenen Konflikte zu entwickeln.

b) Methodische Herangehensweise

Methodisch ist die Arbeit daher in zwei Teile gegliedert: Erstes Ziel der Arbeit und methodischer Zwischenschritt wird es sein, die *rechtstatsächlichen* Umstände im Zusammenhang mit limitierten Auflagen in der Fotokunst an ihrem gegenwärtigen Stand zu erfassen und zu beschreiben. Der Begriff der „Rechtstatsachenforschung" wird hier im ursprünglichen Sinn von *Nussbaum* verstanden, wonach sie sich auf diejenigen Tatsachen richtet, „deren Kenntnis für ein volles Verständnis und eine sachgemäße Anwendung der Normen erforderlich ist"[58].

Für den Forschungsgegenstand der vorliegenden Arbeit ist es notwendig, die gelebte Praxis der Auflagenlimitierung zu erfassen und insbesondere die sich dort stellenden Probleme herauszuarbeiten. Ferner müssen Kryptoregeln, insofern sie existieren, berücksichtigt werden. Hierzu werden im Rahmen des Möglichen Stellungnahmen der am Rechtsleben unmittelbar Beteiligten (d. h. Künstler, Galeristen, Anwälte, Sammler) eingeholt und Urteile, Vertragswerke und vergleichbare Dokumente ausgewertet. In dem auf Diskretion bedachten Kunstmarkt sind einer solchen Erhebung jedoch gewisse Grenzen gesetzt. Insoweit wird auf eine Auswertung der einschlägigen Sekundärliteratur zurückgegriffen werden müssen.

Auch wenn die rechtlichen Betrachtungen sich nur auf das deutsche Recht beziehen sollen, wird dennoch im Hinblick auf die Rechts*tatsachen* der Blick über Ländergrenzen hinaus notwendig sein, wenn man den Umständen der Praxis gerecht werden will. Zwar bereitet die abschließende Bestimmung eines „räumlichen Markts" für Kunst durchaus Schwierigkeiten und es können für bestimmte Waren am Kunstmarkt auch Binnenmärkte festgestellt werden.[59] Jedenfalls ist das obere Segment des Markts für Kunst

58 *Nussbaum*, Recht und Staat 1914 (6), 1 (6).

59 Zum Beispiel besteht in Deutschland eine höhere Nachfrage und dadurch größere

des 20. Jahrhunderts, der zeitgenössischen Kunst und im Speziellen der Fotografie aus dieser Zeit aber auch ein internationaler Markt.[60] Internationale Gepflogenheiten wirken nahezu unmittelbar auf die nationale Praxis zurück, weshalb die nationale Praxis immer auch im internationalen Kontext betrachtet werden muss.

Idealerweise kann der rechtstatsächliche Teil der Arbeit später der Praxis (auch abseits von juristischen Fragestellungen) als Referenz für den Entwicklungsstand der limitierten Auflage dienen und Defizite der gegenwärtigen Situation und damit verbundenes Konfliktpotenzial aufzeigen. Gleichzeitig ist eine ausreichende Praxisnähe der rechtlichen Untersuchungen der Arbeit deren einziger Garant für Akzeptanz in der Praxis und (im besten Fall) daraus folgender rechtlicher Befriedungswirkung. Ausgehend von der rechtstatsächlichen Basis werden dann im weiteren Verlauf der Arbeit Lösungsmöglichkeiten für die im Folgenden ausgebreiteten rechtlichen Fragestellungen erarbeitet.

2. Rechtliche Fragestellungen der Arbeit

Das rechtstatsächliche Phänomen der limitierten Auflage in der zeitgenössischen Fotokunst entfaltet insbesondere rechtliche Relevanz für den urheberrechtlichen Originalbegriff. Der Begriff des Originals wird einerseits vom UrhG an vielen Stellen als Gegenstück zum Begriff des „Vervielfältigungsstücks" (vgl. § 17 Abs. 1 UrhG) verwendet. Andererseits hat er eine besondere Bedeutung als Voraussetzung für den in § 26 UrhG geregelten Folgerechtsanspruch. Ausgehend von der These, dass das Original eines künstlerischen Werks im Normalfall die größte Wertschätzung erfährt, sowie der Erkenntnis, dass die Auflagenlimitierung insbesondere für die Wertschätzung von zeitgenössischer Fotografie von höchster Bedeutung ist, lässt sich vermuten, dass Auflagenlimitierung und Original in der Fotografie miteinander in Zusammenhang stehen. Bestätigt wird dieser Eindruck auch durch entsprechende Formulierungen in der EG-Folgerechtsrichtlinie, wo der Originalbegriff in deren Art. 2 als Voraussetzung für den harmonisierten Folgerechtsanspruch unter Verwendung des Kriteriums der Auflagenlimitierung definiert wird. Die genaue Bedeutung dieses Kriteriums ist jedoch – so wie ganz allgemein der urheberrechtliche Originalbegriff im Bereich der

Marktliquidität von Werken Spitzwegs; vgl. *Kemle*, Kunstmessen, 170. Zum Kunstmarktbegriff auch *Anton*, in: FS Siehr, 333 f.

60 So grundsätzlich ebenfalls (aus einer wettbewerbsrechtlichen Perspektive) *Kemle*, Kunstmessen, 170 f., 173.

zeitgenössischen Fotokunst – in Einzelheiten umstritten.[61] Es stellt sich daher zum einen die Frage, welche Aussagen in Bezug auf dieses „Limitierungskriterium" der EG-Folgerechtsrichtlinie entnommen werden können. Zum anderen aber auch, wie dann ein für das deutsche Urheberrecht gültiger Originalbegriff für die zeitgenössische Fotokunst formuliert werden kann. Gleichzeitig wird geprüft werden, inwieweit dieser Begriff auch auf den Bereich der historischen Fotografie Anwendung finden kann oder ob dort notwendig andere Kriterien bestimmend sind. Aufgrund der Einbettung des urheberrechtlichen Originalbegriffs in die begriffliche Systematik des UrhG wird auch zum Verhältnis der Begriffe Original und Vervielfältigungsstück Stellung bezogen werden müssen. Hier bestehen offene Fragen, da der Wortlaut des UrhG (z. B. in § 6 Abs. 2 S. 1 UrhG) für die inzwischen weite Verbreitung serieller Medien nicht vorbereitet ist. Zur Lösung der dadurch entstehenden Widersprüche werden ebenfalls Vorschläge erarbeitet werden müssen. Ziel des Kapitels ist die Formulierung eines urheberrechtlichen Originalbegriffs für die zeitgenössische Fotokunst, welcher die Bedeutung der Auflagenlimitierung widerspiegelt. Gleichzeitig werden die in diesem Teil der Arbeit gewonnenen Ergebnisse im weiteren Verlauf der Arbeit eine begriffliche Hilfestellung zur (zivil-)rechtlichen Aufarbeitung des Phänomens der Auflagenlimitierung beisteuern.

Den Schwerpunkt der Arbeit bilden die Fragen im Zusammenhang damit, welche Ansprüche dem Käufer eines Werks der zeitgenössischen Fotokunst gegenüber dem Künstler zustehen können, wenn eine ursprünglich limitierte Auflage erweitert, d. h. das „Exklusivitätsversprechen" verletzt wird. Die zugrunde liegende Arbeitshypothese ist dabei, dass aufgrund des vom Künstler auf dem einzelnen Werkstück angebrachten Auflagenvermerks ein Rechtsverhältnis zwischen dem Künstler und dem Sammler zustande kommt. Der Frage nach der rechtlichen Natur und Verbindlichkeit von Auflagenlimitierungen ist von der juristischen Forschung[62] bislang nur wenig Aufmerksamkeit geschenkt worden. Ausgehend von den rechtstatsächlichen Befunden ist daher zunächst zu ermitteln, wie die Limitierungserklärungen des Künstlers in rechtlicher Hinsicht überhaupt eingeordnet werden können und welcher Inhalt ihnen zu entnehmen ist. Insbesondere wird geprüft werden müssen, ob die Limitierungserklärung als Willenserklärung im Sinne des BGB aufgefasst werden und welchen Inhalt eine solche Willenserklärung haben kann. Unter Berücksichtigung der im rechtstatsächlichen Kapitel ge-

---

61 Vgl. nur *Bullinger*, in: Wandtke/Bullinger, § 26 Rn. 6 ff. m. w. N. sowie *Pfennig*, in: Handbuch des Urheberrechts, § 88 Rn. 10.

62 Das Thema wird zwar angesprochen, jedoch sind die Ausführungen dazu meist nur kursorischer Natur. So etwa bei *Goepfert*, Haftungsprobleme, 95 f.

wonnenen Ergebnisse wird die Erklärung dazu nach dem objektiven Empfängerhorizont gemäß §§ 133, 157 BGB auszulegen sein. Dabei stellt sich vor allem die Frage, ob das „Limitierungsversprechen" des Künstlers tatsächlich rechtlich verbindlich ist oder ob z. B. Wertungen aus der Kunstfreiheit (Art. 5 Abs. 3 GG) einer solchen Verbindlichkeit entgegenstehen können. Anschließend ist zu prüfen, wie aufgrund einer als Antrag im Sinne des § 145 BGB aufzufassenden Limitierungserklärung überhaupt ein Rechtsverhältnis zwischen dem Künstler und dem Sammler zustandekommen kann. Auch die Rechtsnachfolge – sowohl auf Gläubiger- wie auch auf Schuldnerseite – in ein solches Rechtsverhältnis bedarf einer Betrachtung. Ein derartiges Rechtsverhältnis müsste dann weiterhin inhaltlich näher bestimmt werden und insbesondere geprüft werden, welche Primäransprüche und gegebenenfalls, im Falle von deren Verletzung, welche Sekundäransprüche (wie z. B. ein Schadensersatz gemäß der §§ 280 ff. BGB) dem Sammler aufgrund dieses Rechtsverhältnisses zustehen können. Bei der Begründung von Schadensersatzansprüchen im Fall der Verletzung von Auflagenversprechen hat sich in der Praxis gezeigt, dass der Sammler häufig Schwierigkeiten damit hat, einen Schaden nachzuweisen. Hierbei wird auf die prozessuale Situation einzugehen sein. Weiterhin soll geprüft werden, inwieweit hier § 285 BGB dem Sammler einen Anspruch auf Auskehr des vom Künstler aufgrund der Auflagenerweiterung erzielten Erlöses geben kann, was die genannten Beweisprobleme minimieren würde.

Besteht ein Kaufvertrag (§ 433 BGB) mit dem Künstler (oder mit Dritten), so stellt sich zudem die Frage, inwieweit die kaufrechtliche Mängelgewährleistung (§§ 434 ff. BGB) greift, um den unzufriedenen Sammler zu entschädigen. Zu prüfen wäre insoweit, ob Angaben zur Limitierung eine Beschaffenheitsvereinbarung bezüglich des Kunstwerks gemäß § 434 Abs. 1 S. 1 BGB oder weiterer Varianten dieses Paragraphen darstellen können. Der genaue Inhalt einer solchen Vereinbarung wird aber häufig ebenfalls nur durch Auslegung (§ 133, 157 BGB) und unter Berücksichtigung der üblichen Marktstandards zu ermitteln sein. Hier ließe sich aber auch auf die bereits gewonnenen Auslegungsergebnisse im Hinblick auf einen möglicherweise bestehenden Limitierungsvertrag zurückgreifen. Zu prüfen wäre weiterhin, ob abseits der kaufrechtlichen Mängelgewährleistung im Falle der Nichteinhaltung einer Limitierung Ansprüche bestehen können; beispielsweise in Form von Haltbarkeitsgarantien (§ 443 Abs. 2 BGB).

Auch wenn sich die aufgeworfene Frage nach der Verbindlichkeit einer Limitierung abstrakt für alle Medien stellt, denen das Potenzial zur (unbegrenzten) Vervielfältigung innewohnt, so ist doch die Einbettung der rechtlichen Fragen in die rechtstatsächlichen Umstände von erheblicher Bedeutung und es muss zwischen den einzelnen Medien (und – wie z. B. in der Fotografie – teilweise wiederum innerhalb dieser) differenziert werden. Die vorliegende Arbeit beansprucht daher zunächst nur, die aufgeworfenen Fragen für den Bereich der zeitgenössischen Fotografie einer Klärung zuzuführen. Die rechtlichen Erörterungen werden zudem auf das deutsche Recht beschränkt.

VI. Gang der Untersuchung

Im rechtstatsächlichen Teil (Kapitel 1) werden zunächst die Entstehung des Markts für Fotokunst und die damit zusammenhängenden Besonderheiten beschrieben, welche zur Entwicklung der heutigen Praxis der Auflagenlimitierung geführt haben. Zudem wird die tatsächliche Praxis in Bezug auf die Limitierung von Auflagen in der Fotokunst dargestellt (z. B. hinsichtlich der Bezeichnung der Auflage oder der Vernichtung von Negativen) und eine erste Systematisierung der Erscheinungsformen der limitierten Auflage unternommen.

In Kapitel 2, welches dem urheberechtlichen Originalbegriff in der zeitgenössischen Fotokunst gewidmet ist, werden die Ergebnisse des rechtstatsächlichen Teils erstmalig Bedeutung für die Klärung juristischer Fragen erhalten. So gilt es zu klären, was ein „Original" der zeitgenössischen Fotokunst im Sinne des Urheberrechts ist und inwieweit eine Auflagenlimitierung Bedeutung für diesen Originalbegriff hat.

Der weitere Verlauf der Arbeit (Kapitel 3) besteht dann in der juristischen Analyse des Phänomens der „limitierten Auflage" anhand des Bürgerlichen Rechts. Es wird geprüft, inwieweit der Akt der Auflagenlimitierung durch den Künstler rechtlich erheblich und rechtlich verbindlich ist. Für das vom Künstler abgegebene „Limitierungsversprechen" wird eine passende rechtliche Form zu finden sein. Anschließend wird die in der Praxis virulente Kernfrage nach möglichen Ansprüchen eines „düpierten" Sammlers unmittelbar aufgrund des Limitierungsversprechens beantwortet werden.

Kapitel 4 widmet sich der kaufrechtlichen Bedeutung von Auflagenversprechen, da auch das Kaufrecht Möglichkeiten bietet, das Vertrauen des Sammlers in eine ihm kommunizierte Auflagenangabe zu schützen.

Aufgrund der in den vorangegangenen Kapiteln gefundenen Ergebnisse werden im Schlussteil Vorschläge zur praktischen Ausgestaltung von Limitierungsangaben gemacht werden.

Die Arbeit schließt mit einer Zusammenfassung der Ergebnisse sowie einer kurzen Auflistung ihrer wesentlichen Thesen.

B. Kapitel 1 – Die rechtstatsächlichen Umstände des Markts für Fotokunst

Will man eine Erscheinung wie die Auflagenlimitierung in der zeitgenössischen Fotografie einer sinnvollen und vor allem angemessenen rechtlichen Bewältigung zuführen, so kommt man nicht umhin, sich mit den entsprechenden Rechtstatsachen[63] und damit insbesondere der Praxis des Fotomarkts vertraut zu machen. Einerseits lässt sich nur durch Kenntnis der tatsächlichen Marktgepflogenheiten zum Beispiel im Vertragsrecht eine Auslegung vornehmen, die der Wirklichkeit angemessen ist. Andererseits verweist auch das Recht an bestimmten Stellen ausdrücklich auf eine Berücksichtigung der Marktanschauungen. So definiert z. B. Art. 2 Abs. 1 der EU-Folgerechtsrichtlinie ein „Original" als das, was als Original „angesehen" wird. Insoweit ist (wohl)[64] ebenfalls auf die Anschauungen der am Kunstmarkt beteiligten Kreise zurückzugreifen.[65] Nicht zuletzt kranken auch schlechte, den Rechtsfrieden nicht oder nur bedingt herstellende Urteile, nur allzu häufig an einem mangelnden Verständnis der zugrunde liegenden Tatsachen.[66]

Dementsprechend sollen im Folgenden die Entwicklung der Praxis der Auflagenlimitierung im Bereich der Fotokunst sowie deren wesentliche Merkmale und die Gebräuche auf dem Markt für Fotokunst aufgezeigt werden, insoweit sie als Vorverständnis für die rechtliche Bewertung, insbesondere der mit limitierten Auflagen in Verbindung stehenden Fragen, unerlässlich sind.

63 Der Begriff der „Rechtstatsachenforschung" wird hier im ursprünglichen Sinne von *Nussbaum* verstanden, wonach sie sich richtet auf „diejenigen Tatsachen, deren Kenntnis für ein volles Verständnis und eine sachgemäße Anwendung der Normen erforderlich ist"; *Nussbaum*, Recht und Staat 1914 (6), 1 (6, 8). Vgl. insoweit auch bereits die methodischen Überlegungen oben bei A.V.1.b), S.29.

64 Vgl. zum Problem des unklaren Wortlauts *Schmidt-Werthern*, Richtlinie, 112; letztlich gibt es aber keine andere Anschauung als die der beteiligten Kreise, auf die sinnvoll zurückgegriffen werden könnte.

65 Zum „Dialog zwischen Recht und Kunst" als Basis für die Definition des Originalbegriffs vgl. insbesondere *Jayme*, in: Original und Fälschung, 23 ff.

66 Ähnlich *Nussbaum*, Recht und Staat 1914 (6), 1 (4 f., 12 ff.)

I. Beschreibung des Markts für Fotokunst

Der Markt für Fotokunst ist ein vergleichsweiser junger Markt. Wie jedes Teilsegment des Kunstmarkts weist er einige gattungsspezifische Besonderheiten auf. Für ein gelungenes Verständnis dieser Besonderheiten als Voraussetzung für eine korrekte rechtliche Würdigung seiner Phänomene ist es notwendig, sich zunächst zumindest einen groben Überblick insbesondere über seine Geschichte und die von ihm durchlaufenen Entwicklungen zu verschaffen.[67] Dies gilt umso mehr, als die Praxis der Verwendung von Auflagenlimitierungen untrennbar mit der Geschichte und Entwicklung des Markts für Fotokunst zusammenhängt.

1. Fotografie vor 1970 (sog. „historische Fotografie“)

Im Kunsthandel wird Fotografien, die vor ca. 1970 entstanden sind, insofern eine besondere Stellung zuteil, als diese Aufnahmen mangels eines etablierten Markts für Fotokunst zum Zeitpunkt ihrer Herstellung häufig entweder nicht als „Kunst“ geschaffen oder aber jedenfalls nicht von einem breiten Markt als (sammelwürdige) „Kunst“ (mit entsprechender Preisbildung) wahrgenommen wurden.[68] Ein Marktinteresse insbesondere für solche „Inkunabeln“ der Fotografie ist erst zu Beginn der 1970er Jahre aufgekommen und hat dann zu rasant steigenden Preisen geführt. Meistens wird insoweit auch von „historischer Fotografie“ im Gegensatz zu „zeitgenössischer Fotografie“ (ab ca. 1970[69]) gesprochen.[70]

Der US-amerikanische Fotograf William Klein fasste die Entwicklungen der 1970er Jahre und ihre Wirkung auf historische Fotografie pointiert wie folgt zusammen: „It’s like Russian bonds that you paper your toilet with and suddenly people decide to redeem these bonds and they are worth money.”[71]

67 Im Folgenden werden die wesentlichen Informationen zu diesem Thema holzschnittartig zusammengefasst. Ausführlichere und lesenswerte Darstellungen finden sich bei *Mercker*, in: Original und Fälschung, 64 ff. sowie *Klein*, art value (Ausgabe 10) 2012, 52 ff.; *Noble*, Collecting Photographs, 32 ff.; *Pitnick*, Black & White Magazine June 2002, 58 ff.

68 *Polte*, art value (Ausgabe 10) 2012, 27.

69 *Dennis/Dennis*, Collecting Photographs, viii bezeichnen 1976 als das „Jahr der Fotografie“.

70 *Vogel*, in: Schricker/Loewenheim, § 44 Rn. 27. Teilweise wird auch eine Dreiteilung des Markts vorgeschlagen, wobei dann zeitlich zwischen historischer und zeitgenössischer Fotografie noch die „klassische Fotografie“ ab etwa 1900 verortet wird; so z. B. bei *Klein*, art value (Ausgabe 10) 2012, 52 (53).

71 So in einem Interview im Rahmen der BBC Four-Dokumentation „The Genius of Photo-

Dies soll allerdings nicht heißen, dass es vor 1970 keine bedeutenden Fotokünstler gegeben hätte, die sich auch durchaus selbst als Künstler empfanden. Vielmehr gibt es aus dieser Zeit sogar eine Reihe herausragender Künstler wie z. B. die Protagonisten der amerikanischen sogenannten „straight photography" wie Paul Strand, Alfred Stieglitz (dessen Einfluss als Galerist vielleicht noch größer war als derjenige als Fotograf)[72] und Ansel Adams, deren Werke heute bei Sammlern in höchstem Maße begehrt sind. Der entscheidende Punkt ist jedoch, dass diese Personen zu ihrer Zeit eine absolute Avantgarde darstellten, deren künstlerisches Schaffen zum einen nicht von einer so breiten Masse geschätzt wurde, als dass sich ein echter Markt für ihre Kunstwerke hätte entwickeln können. Zum anderen gab es zu jener Zeit gegenüber der Fotografie aufgrund ihrer Technizität[73] und (vermeintlich) reinen Abbildungsfunktion auch immer noch starke kunsttheoretische Vorbehalte, welche dazu führten, dass Fotografie jedenfalls nicht auf einer Stufe mit z. B. der Gattung der Malerei gesehen wurde.[74] Eine wertmäßige (im Sinne von „geldwerte") Annäherung der Fotografie z. B. an die Malerei können wir erst seit einigen Jahren feststellen.[75] Dabei ist diese Gleichstellung das Ergebnis eines langen Wandels der Anschauungen auf dem Kunstmarkt und massiver Überzeugungsarbeit der Protagonisten und Fürsprecher der Fotokunst.

---

graphy", Folge 6 „Snap Judgements"; vgl. auch die Homepage der Serie unter http://www.bbc.co.uk/photography/genius/, abgerufen am 01.06.2016.

72 Vgl. zu Leben und Werk von Alfred Stieglitz umfassend *Greenough (Hrsg.)*, Modern Art and America.

73 So z. B. noch die Einschätzung bei *Koschatzky*, Graphik, 44. Vgl. auch die geradezu hasserfüllte Kritik bei *Baudelaire*, Die Fotografie und das moderne Publikum, 1859, in: Kemp/v. Amelunxen (Hrsg.), Theorie der Fotografie I-IV, 2006, 110 ff. Darin heißt es unter anderem: „[...] Dadurch, daß die fotografische Industrie die Zuflucht aller gescheiterten Maler wurde, der Unbegabten und der Faulen, hatte diese allgemeine Überfütterung nicht nur Verblendung und Verdummung zur Folge, sondern wirkte auch wie eine Rache. Daß eine so dummdreiste Verschwörung, die wie stets die Böswilligen und die Narren vereint, vollen Erfolg haben könnte, glaube ich nicht oder besser: Ich will es nicht glauben. Aber ich bin davon überzeugt, daß die fehlgeleitete Entwicklung der Fotografie wie jeder rein materielle Fortschritt sehr stark zur weiteren Verarmung des ohnehin schon seltenen künstlerischen Genies in Frankreich beigetragen hat. Albern und unseriös wie die moderne Zeit ist, hat sie gut brüllen, alle die Blähungen ihrer runden Persönlichkeit ausrülpsen und all die unverdauten Sophismen ausstoßen, mit denen eine neuere Philosophie sie bis zum Geht-nicht-mehr vollgestopft hat – das fällt unter den Sinn, daß die Industrie, indem sie in die Domäne der Kunst einbricht, ihr Todfeind wird und daß die Vermischung der Funktionen dazu führt, daß keine sich erfüllt.[...]" (zitiert aus der genannten Quelle).

74 Vgl. hierzu auch die Beschreibung bei *Adams*, Autobiography, 112.

75 Vgl. *Finkel*, Fotogeschichte 105/2007, 59 (60).

In der Geschichte der Fotografie ist somit eine zeitliche Verzögerung von etwa 70 Jahren zwischen der Entwicklung der Fotografie als Medium künstlerischen Ausdrucks[76] und der Entwicklung einer breiten Anerkennung dieser Kunstform als Voraussetzung eines echten Markts für Kunstfotografie zu beobachten.

a) Ein konkretes Beispiel: Ansel Adams (1902–1984)[77]

Geradezu paradigmatisch lässt sich die Entwicklung des Kunstmarkts anhand des Lebens und Werks des amerikanischen Fotografen Ansel Adams darstellen. Auch die Werke von Ansel Adams fanden erst in den letzten Jahren seines Lebens (er starb 1984) eine breite Nachfrage, wobei ihm teilweise das Verdienst zugeschrieben wird, diesen Markt selbst in maßgeblicher Weise mitentwickelt zu haben.[78] Vorher sah sich auch Ansel Adams gezwungen, seinen Lebensunterhalt als „commercial photographer" (Berufsfotograf) zu verdingen, um dann in seiner Freizeit der „creative photography" (Kunstfotografie) nachgehen zu können.[79] Für kommerzielle Fotografie (Porträtfotografie, Architekturfotografie, Werbefotografie, Katalogfotografie, Industriefotografie) gab es nämlich im Gegensatz zur Kunstfotografie zumindest eine für den Fotografen „geldwerte Nachfrage".

Ansel Adams kam zwar schon als Teenager mit der Fotografie in Berührung, sah seine Zukunft jedoch zunächst lange Zeit im Bereich der Musik, da er auch ein begabter Pianist war.[80] Die Entdeckung seiner Fotos durch den Mäzen Albert Bender wurde zu einer entscheidenden Weichenstellung in Adams Leben. Bender arrangierte und finanzierte die Herstellung eines Portfolios mit achtzehn Aufnahmen von Adams unter dem Titel „Parmelian Prints of the High Sierras", welches im Jahre 1927 erschien. Für das Kunst-

---

76 Die technische Erfindung der Fotografie ist sogar noch älter (ca. 1839, vgl. *von Brauchitsch*, Fotografie, 29 ff.). Jedoch hat es auch hier Zeit gebraucht, bis die fotografische Technik zu einer gewissen Verlässlichkeit und vor allem Verfügbarkeit entwickelt war, bevor sich durch sie künstlerische Kreativität in größerer Zahl manifestieren konnte.

77 Ziel dieser Arbeit kann keine komplexe kunsthistorische und erschöpfende Auseinandersetzung mit Ansel Adams und seinem Werk sein. Vielmehr sollen die Beschreibungen die nachfolgenden Ausführungen zur limitierten Auflage in den notwendigen (kunst-)historischen Kontext einbetten. Für eine vertiefte Auseinandersetzung mit Ansel Adams sei insbesondere anempfohlen *Adams*, Autobiography.

78 *Woodward*, in: Natural Affinities, 21.

79 *Adams*, Autobiography, 159 ff.; *Buhler Lynes*, in: Natural Affinities, 25.

80 *Szarkowski*, Ansel Adams, 13; *Buhler Lynes*, in: Natural Affinities, 24; *Adams*, Autobiography, 23 ff., 97, 109.

wort „Parmelian“ hatte man sich entschieden, weil die Verlegerin die Verwendung des Worts „Photographs“ für nicht verkaufsfördernd hielt – ein weiteres Indiz für die weitläufige Geringschätzung der Fotografie zur damaligen Zeit.[81] Dieses Portfolio zeichnete sich bereits durch Aufnahmen aus, die zukünftig für Ansel Adams' Stil charakteristisch sein würden: Landschaftsaufnahmen insbesondere aus den amerikanischen Nationalparks, die vor allem die Wildheit, Rauheit und (vermeintliche) Unberührtheit der Natur des amerikanischen Westens zur Schau stellten.

Von dem Portfolio wurden 110 Exemplare hergestellt.[82] Hierbei handelte es sich jedoch nicht um eine limitierte Auflage im engeren Sinn, sondern schlichtweg um eine geschäftsmäßige Entscheidung. Genauso wie ein Buch in einer bestimmten Auflage erscheint, die von den Absatzerwartungen der Verleger bestimmt ist, stand auch bei Adams die Frage im Vordergrund, wie viele Portfolios er zeitnah herstellen konnte (Adams musste jeden der in den Portfolios enthaltenen 1.980 Abzüge selbst in Handarbeit herstellen) und wie viele man vermutlich maximal zu einem Preis von 50 USD absetzen könnte. Nicht entscheidend war die Frage, ob durch eine künstliche Verknappung ein höherer Preis generiert werden könnte.[83]

Einige Exemplare des Portfolios wurden später bei einem Brand zerstört, sodass das Auktionshaus Christie's davon ausgeht, dass heute weltweit nur noch ungefähr 75 Portfolios existieren.[84] Auf einer Auktion von Christie's erzielte ein solches Portfolio am 11. April 2008 einen Erlös[85] von 97.000 USD.[86]

---

81 *Adams*, Autobiography, 82; *Street Alinder*, Ansel Adams (2014 Edition), 54.

82 *Adams*, Autobiography, 82; im Vorwort zu *Adams*, Portfolios, vi äußert sich *Adams* zu der Auflagenhöhe aller seiner Portfolios: „It may be of interest that Portfolio I was privately printed in an edition of 75 copies, 10 of which where made especially for E. Weyhe of New York City; Portfolio II was a privately printed edition of 100 numbered copies and 5 presentation copies. Portfolio III was limited to 208 copies, of which 200 were for sale; Portfolio IV was limited to 260 copies, of which 250 were for sale. Portfolios V and VI were each printed in an edition of 110 copies, of which copies for sale were numbered 1 through 100, and 10 copies were lettered A through J; Portfolio VII was limited to 115 copies, of which copies for sale were numbered 1 through 100, and 15 copies were lettered A through O."

83 Vgl. *Adams*, Autobiography, 82; *Buhler Lynes*, in: Natural Affinities, 24.

84 http://www.christies.com/LotFinder/lot_details.aspx?intObjectID=5056398, abgerufen am 01.06.2016.

85 Bei den hier zitierten Beträgen handelt es sich um den sogenannten „Price realized“, d. h. den Hammerpreis zuzüglich Aufgeld. Dies ist der Betrag, wie er auf den Internetseiten der Auktionshäuser angegeben und somit leicht überprüfbar ist. Zu diesem Begriff vgl. auch unten Fn. 132.

86 http://www.christies.com/LotFinder/lot_details.aspx?intObjectID=5056398, abgerufen am 01.06.2016.

Bei Phillips (zeitweilig „Phillips de Pury“) in New York wurde ein gleichartiges Portfolio am 2. Oktober 2012 für 50.000 USD zugeschlagen.[87]

Ansel Adams entschied sich 1930 schließlich endgültig gegen die Musik und für die Fotografie.[88] Zusammen mit anderen Fotografen gründete er die Gruppe „f.64“, die sich ein Manifest gab und der „straight photography“ verschrieb, d. h. einer Fotokunst, die gerade die Eigenheiten des Mediums (z. B. die exakte Wirklichkeitsabbildung) hervorheben wollte. Hiermit setzte sich die Gruppe in deutlichen Gegensatz zum damals vorherrschenden „Piktorialismus“, bei dem Fotografen versuchten, durch z. B. Weichzeichnung und strukturiertes Papier bei ihren Fotografien den Eindruck von Malerei zu erwecken und den technischen Charakter der Fotografie herunterzuspielen.[89]

In den folgenden Jahren widmete sich Ansel Adams in mehreren Expeditionen fotografisch der amerikanischen Wildnis, insbesondere dem Yosemite Nationalpark.[90] Um seinen künstlerischen Ansprüchen gerecht werden zu können und seine schöpferischen Ideen besser umsetzen zu können, betrieb Adams auch intensive Forschung im Bereich der Belichtung der Negative und ihrer Entwicklung und veröffentlichte im Laufe der Zeit mehrere umfangreiche Handbücher zur technischen Seite der Fotokunst.[91] Gleichzeitig war Adams stets als Advokat der Fotokunst bemüht, ihren Ruf als „fine art“ zu etablieren und zu fördern.[92] Adams blieb jedoch bis in die 1970er Jahre auf die Arbeit im Bereich der „commercial photography“ angewiesen, um für sich und seine Familie den Lebensunterhalt bestreiten zu können.[93]

Die damals noch fehlende Wertschätzung für Kunstfotografie spiegelt sich auch darin wider, dass noch Anfang der 1970er Jahre die „University of California“ ein Angebot von Ansel Adams ablehnte, sein gesamtes Archiv zu übernehmen, da man nicht willens war für Kunstfotografie Mittel aus dem Etat bereitzustellen.[94] Letztlich gründete Ansel Adams zusammen mit einigen Mitstreitern im Jahre 1975 eine neue Institution, um sein Vermächtnis und das von anderen Fotografen seiner Zeit aufzunehmen: das „Center

87 http://www.phillips.com/detail/ANSEL-ADAMS/NY040212/118, abgerufen am 01.06.2016.

88 *Adams*, Autobiography, 109 f.; *Buhler Lynes*, in: Natural Affinities, 25.

89 Vgl. zum Piktorialismus *von Brauchitsch*, Fotografie, 76 ff.; *Hammond*, in: Neue Geschichte der Fotografie, 293 ff.; *Newhall*, Geschichte der Photographie, 145 ff.

90 *Adams*, Autobiography, 181 ff.

91 Making a Photograph, 1935, Camera and Lens, 1948; The Negative, 1948; The Print, 1950; Natural-Light Photography, 1952; Artificial-Light Photography, 1956; vgl. auch *Buhler Lynes*, in: Natural Affinities, 27.

92 *Buhler Lynes*, in: Natural Affinities, 25.

93 *Buhler Lynes*, in: Natural Affinities, 25 f.

94 *Adams*, Autobiography, 359.

for Creative Photography" an der „University of Arizona".[95] Ansel Adams verfügte jedoch bereits damals, dass Abzüge von seinen Negativen nur noch zu Studienzwecken („educational purposes") gemacht werden dürften und eindeutig als *nicht* von seiner Hand stammend zu kennzeichnen seien.[96]

Bereits 1937 hatte Adams damit begonnen, bestimmte Motive von seinem Assistenten in großen Zahlen abziehen zu lassen, um sie als Souvenir für Touristen des Yosemite Nationalparks zum günstigen Preis von 3 USD anbieten zu können.[97] Schon bei diesen Abzügen legte er besonderen Wert darauf, sie mit dem Vermerk „SEP" (für „special edition print") zu stempeln, um sie von seinen selbst hergestellten Abzügen abzugrenzen.[98] Die zunächst von ihm betriebene Praxis, auch die „SEPs" zu signieren, gab er später auf, weil er der Meinung war, hierdurch die Käufer zu verwirren.[99]

Noch interessanter ist aber zu sehen, dass Ansel Adams sich in seiner Autobiographie auch schon mit der aufkommenden Frage der Limitierung von Fotografien auseinandergesetzt hat. Die für ihn mit einer strengen Limitierung zwangsläufig verbundene Zerstörung des Negativs verglich er mit der Praxis der Zerstörung von Druckplatten im Bereich der Druckgrafik.[100] In seiner Auseinandersetzung mit dem Thema schreibt Adams, dass er grundsätzlich nie limitierte Auflagen von seinen Werken hergestellt habe, da es der natürlichen Eigenschaft des Mediums zur unbeschränkten Reproduktion widerspreche.[101] Er räumte jedoch ein, dass er sich für sein „Portfolio VI" ausnahmsweise aus vermarktungsstrategischen Gründen für eine limitierte Auflage von 100 Stück entschieden habe und die Negative tatsächlich im Anschluss an die Produktion des Portfolios zerstörte.[102] Interessant und für die Überlegungen der vorliegenden Arbeit bedeutend ist, dass für Adams die Vernichtung des Negativs und damit der faktische Ausschluss der Herstellung weiterer Abzüge desselben Motivs die notwendige Konsequenz einer Auflagenlimitierung war. Im Nachhinein bereute Adams diese Entscheidung, da er zu der Auffassung gelangt war, dass der wirtschaftliche Wert einer künstlich hergestellten Verknappung niemals die

95 Heute auch im Internet vertreten unter http://www.creativephotography.org, abgerufen am 01.06.2016.

96 *Adams*, Autobiography, 359.

97 *Street Alinder*, Ansel Adams, 301.

98 *Street Alinder*, Ansel Adams, 301.

99 *Street Alinder*, Ansel Adams, 301.

100 *Adams*, Autobiography, 360 f.

101 *Adams*, Autobiography, 361.

102 *Adams*, Autobiography, 360 f.; vgl. auch denselben Sachverhalt in der Darstellung von *Street Alinder*, Ansel Adams (2014 Edition), 262.

Zerstörung der künstlerischen Arbeit selbst rechtfertigen könne.[103] Die von Ansel Adams (wie auch anderen Fotografen seiner Zeit) geübte Praxis bestand stattdessen darin, dass Interessenten bei ihm jederzeit Abzüge seiner Fotografien bestellen konnten, die er dann jeweils eigenhändig, teilweise aber auch mit Unterstützung von Assistenten, herstellte. Nach Herstellung des „Portfolio VI" verzichtete Adams im Folgenden bewusst auf die finanzielle „Belohnung" einer Auflagenlimitierung durch den Markt, um stattdessen die Freiheit zu haben, jederzeit Nachabzüge herstellen zu können. Das in den 1970er Jahren sprunghaft ansteigende Interesse an seinen Fotografien machte ihm jedoch die Befriedigung der Nachfrage in dieser Weise zusehends unmöglich. Gleichzeitig bedauerte er es, seine Zeit nicht mehr mit der Aufnahme neuer Motive, sondern hauptsächlich mit der hundertfachen Reproduktion seiner alten Arbeiten zu verbringen.[104] Adams entschied sich daher dafür, eine Frist zu setzen und nach dem 31. Dezember 1975 keine weiteren Abzugsbestellungen mehr anzunehmen. Der hierdurch ausgelöste Nachfragesturm sorgte dafür, dass Adams „den Großteil der Jahre 1976, 1977 und 1978"[105] mit dem Abarbeiten dieser Bestellungen zubrachte. Viele Museen hatten jedoch die Zeichen der Zeit noch nicht erkannt und verpassten diese letzte Kaufmöglichkeit. Deswegen stellte Ansel Adams auf Anfrage der Kunsthändler Maggi Weston und Harry Lunn im Jahre 1979 noch einmal eine begrenzte Anzahl einer repräsentativen Zusammenstellung seiner Fotos (die sogenannten „Museum Sets") her, um diese an bestimmte, eigens ausgewählte Museen zu liefern und sein Werk somit auch dauerhaft der breiten Öffentlichkeit zugänglich zu machen.[106]

Insgesamt hat Ansel Adams so im Laufe seines Lebens mehr als 13.000 Abzüge von ungefähr 2.000 Motiven angefertigt. Dabei entfallen allein 1.300 Abzüge[107] auf sein wohl beliebtestes Motiv „Moonrise, Hernandez, New Mexico 1941".[108]

---

103 *Adams*, Autobiography, 361.; für seine letzten drei Portfolios, die in den 1970er Jahren erschienen, beschränkte sich Adams daher auf die schriftliche Zusage, von den enthalten Motiven keine weiteren Abzüge herzustellen, vgl. *Street Alinder*, Ansel Adams, 310; *Street Alinder*, Ansel Adams (2014 Edition), 262. Heute stehen wieder postum gefertigte Digitalisate der Motive, deren Negative zerstört wurden, zur Verfügung; *Street Alinder*, Ansel Adams (2014 Edition), 262.

104 *Adams*, Autobiography, 361 f.; *Street Alinder*, Ansel Adams, 303.

105 *Adams*, Autobiography, 362.; *Street Alinder*, Ansel Adams, 304 f.

106 *Adams*, Autobiography, 363.

107 *Street Alinder*, Ansel Adams, 197; *Buhler Lynes*, in: Natural Affinities, 27; teilweise ist auch die Rede von etwa 900 Abzügen; vgl. *Badger*, Collecting, 61. Wieder anders *Fetterman* bei *Finkel*, Fotogeschichte 105/2007, 59 (60), der von 1.086 Abzügen spricht.

108 Zur Geschichte dieser Aufnahme vgl. *Street Alinder*, Ansel Adams, 185 ff.

b) Historische Fotografie als Gegenstand des zeitgenössischen Kunstmarkts

Die Tatsache, dass die historische Fotografie gewissermaßen erst „im Nachhinein" vom Kunstmarkt „entdeckt" wurde, führt zu einigen, für die folgenden Überlegungen dieser Arbeit wesentlichen Besonderheiten.

(1) Die Unüblichkeit von Auflagenlimitierungen

Vor 1970 war es in der Fotografie weitgehend unüblich, limitierte Auflagen abzuziehen, da – wie bereits erwähnt – die Fotos häufig für Agenturen oder Zeitungen, in der Regel aber nicht für den Kunstmarkt geschaffen wurden.[109] Selbst die Fotografien, die explizit für den (ausgesprochen kleinen) Markt für Fotokunst produziert wurden, unterlagen – wie im Fall der Abzüge von Ansel Adams[110] – häufig keiner Limitierung, da die Aufnahmekraft des Markts aufgrund seiner geringen Größe ohnehin schon begrenzt war.

Obwohl also praktisch nie im eigentlichen Sinne limitiert wurde, existieren aus dem Bereich der historischen Fotografie heutzutage meist nur noch wenige Abzüge derselben Fotografie, die auch tatsächlich vor 1970 produziert wurden. Dies liegt daran, dass die häufig verfolgten Zwecke (Illustration von Zeitungsbeiträgen, Dokumentationszwecke) keine hohen Auflagen erforderten und insbesondere in der Frühzeit der Fotografie das Fotopapier teuer war, sodass nur so viele Abzüge wie nötig hergestellt wurden.[111] Teilweise liegt es auch daran, dass die Abzüge – z. B. auch mangels eines echten Interesses an ihnen – in Archiven „verschwanden" oder schlicht im Laufe der Zeit zerstört wurden. Das später aufgekommene Interesse für solche Fotografien hat dann wiederum dazu geführt, dass häufig im Nachhinein und auch nach dem Tod des Fotografen noch weitere Abzüge von besonders begehrten Fotografien bzw. Fotografen angefertigt wurden,[112] wobei teilweise wenig Wert darauf gelegt wurde, diese nachträglichen Abzüge auch konkret als solche zu kennzeichnen bzw. auszuweisen.[113] Auch eine Li-

---

109 *Badger*, Collecting, 73 f.; *Albin*, Photography in New York International May/June 2002, 32; *Mercker/Mues*, FAZ vom 21. August 2004, 47; *Mercker*, in: Original und Fälschung, 66.

110 Vgl. soeben bei B.I.a), S. 38.

111 *Gantefführer-Trier*, Photonews September 2009, 4.

112 Vgl. *Gantefführer-Trier*, Photonews September 2009, 4.

113 *Badger*, Collecting, 99 f. Vgl. auch zur umfangreichen Editionstätigkeit der verschiedenen Generationen von Erben nach August Sander *Fricke*, Photonews 3/2014, 8.

mitierung dieser Nachabzüge blieb zunächst (wie zum Beispiel bei Ansel Adams)[114] unüblich.

(2) Die Marktsegmentierung nach der Entstehungszeit des Abzugs

Mit der Herausbildung eines breiten Markts für (historische) Fotografie ab etwa 1970 entwickelte sich eine Einteilung und Wertschätzung dieser Fotografien nach dem Datum ihres Abzugs.[115] Hierbei ist insbesondere die begriffliche Unterscheidung zwischen „Vintage Prints“ auf der einen und „Printed later Prints“, „Later Prints“, „Lifetime Prints“, „Reprints“, „Modern Prints“ oder „Posthumous Prints“ auf der anderen Seite für die ideelle wie finanzielle Wertschätzung dieser Fotografien entscheidend.

(aa) Der „Vintage Print“

Die höchste Wertschätzung[116] kommt dabei regelmäßig dem „Vintage Print“ zu, d. h. einem Abzug, „bei dem das Datum der Aufnahme dem Datum des Abzugs annähernd entspricht und d[er] vom Photographen selbst oder von anderer Hand im Sinne des Photographen erstellt worden ist“[117]. Als Zeitfenster für die Herstellung von Vintage Prints werden zwischen bis zu fünf[118] und zehn[119] Jahre nach Herstellung des Negativs genannt. Als Daumenregel kann daher gelten, dass der Abzug umso wertvoller ist, je älter er ist und je zeitlich näher seine Entstehung an der des Negativs liegt.[120] Die Gründe für

114 Vgl. oben B.I.1.a), S. 38.

115 Eine der ersten Dokumentationen dieser Begriffsbildung findet sich in den zeitgenössischen Artikeln von *Misani*, printletter 1976, 1 und *Misani*, printletter 1978, 3.

116 *Badger*, Collecting, 68; *Dennis/Dennis*, Collecting Photographs, 176 ff.; *Mercker*, in: Original und Fälschung, 65; *Phillips*, Contemporary Photography, 21.

117 So die Definition im Katalog der Villa Grisebach Auktionen GmbH zur Auktion Nr. 177, Klassische und Zeitgenössische Photographie am 25. November 2010; diese Definition kann als marktüblich bezeichnet werden, vgl. *Mosimann*, in: Kunst & Recht, 18; *Hamann*, UFITA 90/1981, 45 (53); *Mercker*, in: Original und Fälschung, 65, und von Seiten der Galerien *Bundesverband Deutscher Kunstverleger und Bundesverband Deutscher Galerien (Hrsg.)*, Kleines Glossar zur Fotografie, 17.

118 So *Badger*, Collecting, 68; *Boll*, Kunst ist käuflich, 103; *Gantefährer-Trier*, Photonews September 2009, 4; *Gantefährer-Trier*, art value (Ausgabe 10) 2012, 58; *Noble*, Collecting Photographs, 196.

119 Bundesverband Deutscher Kunstverleger und Bundesverband Deutscher Galerien (Hrsg.), Kleines Glossar zur Fotografie, 17.

120 *Stein Greben*, Artnews February 2003, 108 (110).

die besondere Wertschätzung der „Vintages“ sind einerseits im ideellen Bereich zu suchen.[121] Der Abzug, der vom Künstler noch im unmittelbaren zeitlichen Zusammenhang mit der Belichtung des Negativs hergestellt worden ist, hat eine besondere „Aura“.[122] Dem Fotografen waren zu diesem Zeitpunkt das Originalmotiv und seine Beweggründe für die Aufnahme noch unmittelbar gegenwärtig.[123] Es ist wahrscheinlich, dass die „Vintage“-Abzüge seiner ursprünglichen künstlerischen Vorstellung am ehesten entsprechen, also kompromissloser sind, was z. B. bei später massenhaft auf Nachfrage hergestellten Abzügen vielleicht nicht mehr der Fall ist.[124] Es gibt im Bereich der historischen Fotografie andererseits aber auch sehr objektive Gründe für die Bevorzugung von Vintage Prints. So hat sich das Fotopapier im Laufe der Zeit stark verändert. Der Silberanteil in den Emulsionen, die das Motiv auf dem Papier hervorbringen, ist im Laufe der Zeit geringer geworden, was sich unter anderem in einem kleineren Tonwertumfang der jüngeren Fotopapiere widerspiegelt.[125] Stets zu bedenken bleibt allerdings auch, dass es durchaus Künstler gegeben hat, deren spätere Abzüge qualitativ und ästhetisch „besser“ gewesen sind als ihre „Vintage“-Abzüge, was beispielsweise daran liegt, dass ihnen später besseres Material und Technik zur Verfügung standen, sich aber auch ihr fotografisches Können weiter entwickelt hatte.[126]

(bb) Die „Later Prints“

Spätere Abzüge – ob vom Fotografen selbst oder von dritter Hand – werden als „Later Prints“ oder ähnlich bezeichnet, wobei die Terminologie (im Gegensatz zu dem relativ feststehenden Begriff des „Vintage“) höchst unterschiedlich ist. Wenn Ansel Adams also in den 1970er Jahren immer noch um Abzüge von seiner Fotografie „Moonrise, Hernandez, New Mexico 1941“ ge-

---

121 Für einen anschaulichen Vergleich zwischen einem Vintage Print und einem Later Print vgl. die Abbildungen von Ansel Adams’ „Aspens, Northern New Mexico, 1958“ in *Szarkowski*, Ansel Adams, Bildtafeln 104 und 105.

122 *Badger*, Collecting, 68.

123 *Mercker*, in: Original und Fälschung, 65.

124 Vgl. *Badger*, Collecting, 68 ff.; ein Gegenbeispiel bildet wohl Ansel Adams, der stets bemüht gewesen sein soll, größte Kompromisslosigkeit bei der Qualität der Abzüge an den Tag zu legen; vgl. *Street Alinder*, Ansel Adams, 318 ff.

125 *Albin*, Photography in New York International May/June 2002, 32; *Badger*, Collecting, 69 f.; *Mercker*, in: Original und Fälschung, 66.

126 Vgl. auch mit Beispielen *Badger*, Collecting, 69 f. sowie 66 f.; *Mercker*, in: Original und Fälschung, 65 f.

beten wurde, so handelt es sich nach der heutigen Marktklassifikation bei diesen Abzügen um Later Prints, nicht mehr um Vintage Prints.[127]

(cc) Ein konkretes Beispiel: „Moonrise, Hernandez, New Mexico 1941" von Ansel Adams

Als ein Beispiel für die unterschiedliche Wertschätzung von Vintage Prints und Later Prints sei noch einmal Ansel Adams mit seinem wohl populärsten Motiv „Moonrise, Hernandez, New Mexico 1941"[128] bemüht.[129] Mithilfe der von dem Dienstleister „Artprice.com"[130] zusammengetragenen sowie der im Internet zugänglichen Auktionsergebnisse der großen Auktionshäuser Sotheby's und Christie's im Zeitraum von Anfang 2007 bis Ende 2014[131] lassen sich einerseits die Rarität von Vintage Prints auf dem Markt und gleichzeitig ihre hohen Preise darstellen. So wurden im genannten Zeitraum 72-mal Abzüge des Motivs „Moonrise, New Mexico 1941" versteigert, von denen wiederum 37 bei Sotheby's oder Christie's zum Aufruf gelangten. Von diesen wurde nur ein einziger als Vintage Print angeboten und zu einem Hammerpreis[132]

127 Vgl. *Mercker*, in: Original und Fälschung, 65.

128 Hierzu bereits oben B.I.1.a), S. 38.

129 Für ein weiteres Beispiel („Das Bäumchen" aus dem Jahre 1929 von Albert Renger-Patzsch) vgl. *GantefĂĽhrer-Trier*, art value (Ausgabe 10) 2012, 58 (60).

130 Die genannten Preise sind Hammerpreise und nach der Datenbank von Artprice.com zitiert.

131 Die zeitliche Begrenzung rührt einerseits daher, dass das im Internet zugängliche Auktionsarchiv von Sotheby's weniger weit in die Vergangenheit zurückreicht als dasjenige von Christie's. Ohne die detaillierten Losangaben der Kataloge lässt sich jedoch kaum nachvollziehen, um welche Abzüge („Vintage" etc.) es sich tatsächlich gehandelt hat. Weiterhin haben die Preise für Adams' Fotografien in den letzten zehn Jahren insgesamt eine deutliche Steigerung erfahren, sodass ein Vergleich von Auktionsergebnissen z. B. aus den 1990er Jahren mit heutigen im Hinblick auf Erkenntnisse zur unterschiedliche Wertschätzung von „Vintage Prints" und „Later Prints" weit weniger aufschlussreich sein dürfte als die hier gewählte, kurze Zeitreihe.

132 Der Hammerpreis versteht sich als der Preis, zu dem das Werk zugeschlagen wurde, d. h. dem letzten Ausruf des Auktionators (vgl. die Auktionsbedingungen z. B. von Sotheby's). Auf den Hammerpreis aufgerechnet wird das vom Käufer zu zahlende Aufgeld, welches die Provision des Auktionshauses darstellt (zudem wird in der Regel vor der Auskehr des Erlöses an den Einlieferer auch hier noch einmal ein sogenanntes „Abgeld" in ähnlicher Höhe wie dem Aufgeld abgezogen). Dieser Preis wird als „Price realized" oder Zuschlagspreis bezeichnet. Häufig geben die Auktionshäuser lediglich diesen letzteren (höheren und damit werbewirksameren), Preis auf Webseiten oder in Pressemitteilungen an, sodass der Hammerpreis nur über Sekundärquellen (Datenbanken, Zeitungsberichte über die Auktion) in Erfahrung zu bringen ist. Eine Möglichkeit der schnellen Rückrechnung bietet neuerdings „GAVEL"; http://fusion.net/story/18599/introducing-gavel-the-auction-calculator/, abgerufen am 01.06.2016. Der Hammerpreis

von 300.000 USD zugeschlagen.[133] Bei den 38 anderen Fotografien handelte sich um Later Prints, die teilweise aus den 1960er, größtenteils jedoch aus den 1970er Jahren stammen. Sie wurden zwischen 18.000 USD[134] bis 85.000 USD[135] zugeschlagen.

Diese Stichprobe zeigt, dass zum einen „Vintages" von „Moonrise" deutlich seltener auf Auktionen angeboten werden, zum anderen diese dementsprechend aber regelmäßig auch ein Vielfaches der Preise von Later Prints erzielen. Der hohe Preis von „Vintage-Abzügen" ist somit im Ergebnis wahrscheinlich nicht nur die Folge einer besonderen ideellen Wertschätzung, sondern schlicht auch einfach ihren geringen Stückzahlen (der geringen „Auflage") geschuldet.[136] Im Endeffekt handelt sich daher bei Anwendung der Kategorie des Vintage Prints jedenfalls teilweise auch um eine Art „nachträglicher Auflagenlimitierung" mit dem Ziel, den Wert des einzelnen Objektes zu steigern.[137]

(dd) Die „Estate Prints" bzw. „Posthumous Prints"

Eine weitere gängige Praxis (insbesondere bei bereits verstorbenen Fotografen) liegt darin, dass die jetzigen Rechteinhaber neue Abzüge von begehrten Motiven herausgegeben. Häufig sind diese Rechteinhaber die Erben,[138] denen die Urheberrechte als Teil des Nachlasses („estate"; daher auch „Estate Prints") zustehen, oder Bildagenturen. Bei letzteren gilt, dass US-amerikanische Agenturen aufgrund der amerikanischen Rechtslage regelmäßig die Rechte an den Archivbildern haben. Anderes gilt im Geltungsbereich des

ist für die Vergleichbarkeit von Ergebnissen zwischen verschiedenen Auktionshäusern natürlich besser geeignet, wobei sich die Courtagestruktur zwischen den großen Auktionshäusern auch nur unwesentlich unterscheidet.

133 Vgl. Sotheby's, Los 26, Auktion vom 14. Oktober 2008 in New York; im Internetarchiv von Sotheby's abrufbar unter: http://www.sothebys.com/de/auctions/ecatalogue/2008/photographs-n08475/lot.26.html, abgerufen am 01.06.2016.

134 Vgl. Christie's Los 407, Auktion 2304 vom 15. April 2010 in New York; im Internetarchiv von Christie's abrufbar unter: http://www.christies.com/lotfinder/ansel-adams-moonrise-hernandez-new-mexico-c/5304164/lot/lot_details.aspx?from=searchresults&intObjectID=5304164&sid=ab4c36b5-3ee8-46ed-b3d2-b371955b22b5, abgerufen am 01.06.2016.

135 Vgl. Sotheby's, Los 247, Auktion vom 21. Juni 2010 in New York; im Internetarchiv von Sotheby's abrufbar unter: http://www.sothebys.com/de/catalogues/ecatalogue.html/2010/photographs-from-the-polaroid-collection-n08649#/r=/de/ecat.fhtml.N08649.html+r.m=/de/ecat.lot.N08649.html/247/, abgerufen am 01.06.2016.

136 Vgl. auch *Ganteführer-Trier*, art value (Ausgabe 10) 2012, 58 (60).

137 Zu diesem Gedanken vgl. auch unten bei B.IV, S. 97 und C.IV, S. 170.

138 *Smyth*, British Journal of Photography, The numbers game (Internetquelle).

UrhG, für das der Bundesgerichtshof entschieden hat, dass einer Bildagentur im Zweifel (unter Verweis auf den aus § 31 Abs. 5 UrhG fließenden „Zweckübertragungsgrundsatz“[139]) nicht einmal das Eigentum an den Abzügen übertragen wird und auch die Einräumung von Nutzungsrechten jederzeit kündbar ist.[140] Solche zeitgenössischen Nachauflagen bzw. „Nachlassabzüge“[141] werden normalerweise wie zeitgenössische Fotografien behandelt und daher auch in limitierten Auflagen abgezogen. Der Begriff „Vintage“ ist in Bezug auf solche Auflagen natürlich eindeutig unzutreffend und muss von seriösen Händlern vermieden werden.[142]

c) Zusammenfassung

Grundsätzlich lässt sich der Markt für historische Fotografie so zusammenfassen, dass zunächst die Güter geschaffen wurden, sich ein echter Markt, der an der künstlerischen Aussage der Fotografien interessiert ist, jedoch erst *im Nachhinein* gebildet hat. Entsprechend fehlt den Waren dieses Markts die Transparenz z. B. in Bezug auf die Auflagenhöhe, die später so wichtig geworden ist.

Entscheidend auch für den weiteren Fortgang dieser Arbeit ist, dass sich der Markt für historische Fotografie von dem Markt für zeitgenössische Fotografie aufgrund der historischen Entwicklung ganz grundlegend unterscheidet. Im gleichen Maße gelten für die verschiedenen Bereiche unterschiedliche Marktgepflogenheiten. Man muss daher bei der Auseinandersetzung mit dem Markt für Fotokunst immer streng zwischen historischer

---

139 D.h. dem Grundsatz, wonach – aufgrund des Schutzzwecks des Urheberrechts – der Urheber Rechte an seinen Werken im Zweifel nur so weit einräumt, wie zur Erreichen des Vertragszwecks unbedingt notwendig ist. Näheres z. B. bei *Wandtke/Grunert,* in: Wandtke/Bullinger, § 31 Rn. 39 ff. Der BGH verwendet den Begriff „Zweckübertragungsregel“. Unter anderem *Wandtke/Grunert,* in: Wandtke/Bullinger, § 31 Rn. 39 ff. plädieren für „Zweckeinräumungsregel“ oder „Vertragszwecktheorie“. Von „Übertragungszwecktheorie“ spricht *Soppe,* in: BeckOK UrhR, § 31 Rn. 89 ff.

140 BGH GRUR 2007, 693 (Archivfotos) = NJW-RR 2007, 1530. Wobei der klagende Fotograf anschließend noch eine weitere Klage auf Schadensersatz anstrengen musste, da die 437 Negative nicht mehr auffindbar waren. Eine Einigung zwischen den Parteien erfolgte erst im Januar 2013. Diese Einigung enthält nach öffentlichen Verlautbarungen auch die Vereinbarung, dass der Fotograf trotz einer Schadensersatzzahlung Eigentümer der (verschwundenen) Negative (und wohl auch Inhaber der Nutzungsrechte) bleibt. Vgl. die Meldung in Photonews 4/2013, 7.

141 *Hamann,* UFITA 90/1981, 45 (55).

142 Vgl. zu dieser Praxis der Herstellung von Nachauflagen auch *Gantefährer-Trier,* Photonews September 2009, 4.

und zeitgenössischer Fotografie trennen,[143] da teilweise die Gemeinsamkeiten der Märkte aufgrund dessen, dass es sich um dasselbe Medium handelt, deutlich hinter die gravierenden Unterschiede in der Marktpraxis zurücktreten. Selbst wenn es für einzelne Werke mitunter Schwierigkeiten bei der Zuordnung zu einer der beiden Gruppen geben kann, so ist doch für die Mehrzahl der Werke eine solche Zuordnung eindeutig zu treffen und erleichtert die korrekte Abschätzung der dem konkreten Werkstück entgegengebrachten Markterwartungen.

Für die Ziele dieser Arbeit bleibt außerdem festzuhalten, dass die Begriffe „Vintage Print", „Later Prints" etc. nicht mit dem urheberrechtlichen Originalbegriff[144] zu verwechseln sind.[145] Nimmt man bei der Ausfüllung des urheberrechtlichen Originalbegriffs Rücksicht auf die Verkehrsanschauung,[146] so können in diesem Zusammenhang die Wertschätzung von z. B. Vintage Prints und die Anforderungen, die von den Verkehrskreisen an sie gestellt werden, berücksichtigt werden. Dies ändert aber nichts daran, dass der urheberrechtliche Originalbegriff eine eigene Zielsetzung verfolgt und daher grundsätzlich autonom zu bestimmen ist.

2. Fotografie nach 1970 (sog. „zeitgenössische Fotografie")

Ungefähr ab dem Jahr 1970 begann sich ein breiter Markt für Kunstfotografie – zunächst in den USA, später auch in Europa – langsam zu entwickeln.[147] Deutlich wird dies z. B. daran, dass das Auktionshaus Sotheby's 1971 zum ersten Mal eine Fotoauktion durchführte.[148] Eine erste Fotoauktion in Deutschland, die ausschließlich diesem Medium galt, veranstaltete das Auktionshaus Lempertz im Jahre 1976.[149] Im gleichen Jahr wurde die Zeitschrift „printletter" in Zürich gegründet, die sich der Unterstützung des sich gerade entwickelnden europäischen Fotokunstmarkts verschrieb.[150] Ebenfalls 1976 begannen Bernd und Hilla Becher an der Kunstakademie Düssel-

143 In diesem Sinne auch *Mercker*, in: Was kostet Kunst?, 39. Wohl auch *Klein*, art value (Ausgabe 10) 2012, 52 (53).

144 Zu diesem vgl. unten C, S. 101.

145 Anders wohl *Mosimann*, in: Kunst & Recht, 17 ff., der nur „Vintage Prints" als urheberrechtliche Originale ansieht und die Begriffe scheinbar synonym verwendet.

146 Ausführlich insbesondere unten bei C.II.4, S. 118 sowie C.II.5, S. 121.

147 Vgl. für eine umfassende Darstellung dieser Entwicklung *Pitnick*, Black & White Magazine June 2002, 58 und *Alexander*, in: Neue Geschichte der Fotografie, 695 ff.

148 *Boll*, Kunst ist käuflich, 104; *Polte*, art value (Ausgabe 10) 2012, 27 (27 Fn. 3).

149 *Boll*, Kunst ist käuflich, 104 f.

150 Vgl. das Editoral zur ersten Ausgabe *Misani*, Printletter 1976, 1.

dorf ihre Fotografieklasse, welche den Nukleus für die heute weltweit bedeutenden deutschen Vertreter der zeitgenössischen Fotokunst bilden sollte und Düsseldorf zu einem Zentrum zeitgenössischer Fotografie machte.[151] Die bedeutende Kunstmesse „Art Basel“ widmete im Jahre 1994 der Fotografie zum ersten Mal einen eigenen Bereich.[152]

a) Gründe für die rasante Entwicklung des Markts für Fotokunst ab ca. 1970

Warum es gerade zu dieser Zeit zu einem exponentiellen Wachstum des Markts für Fotokunst kam, ist naturgemäß schwierig zu sagen.[153] Ein einzelner Auslöser für die rasante Entwicklung des Fotomarkts ab genau diesem Zeitpunkt kann nicht ohne Weiteres ausgemacht werden. Vielmehr ist anzunehmen, dass es sich um ein multikausales Phänomen handelt, dessen Ausgangspunkt wiederum bei Protagonisten der historischen Fotografie wie Alfred Stieglitz, Ansel Adams und Edward Steichen gesucht werden muss.

(1) Die Ausstellung „Family of Man“ (1955)

Die praktische wie theoretische Vorarbeit von Stieglitz, Adams und anderen hatte zunächst in einigen kleinen Kreisen das Bewusstsein für Fotografie als Kunstform geschärft. Auch das New Yorker „Museum of Modern Art“ hatte (im Gegensatz zu vielen anderen Institutionen) frühzeitig die künstlerische Bedeutung der Fotografie erkannt und durch Einrichtung einer entsprechenden Abteilung im Jahre 1940 gefördert sowie das öffentliche Bewusstsein für das neue Medium durch Veranstaltungen wie z. B. die Ausstellung „Family of Man“ im Jahre 1955[154] geschärft.[155] Für diese Ausstellung hatte der Foto-

151 Die Professur an der Kunstakademie hatte offiziell nur Bernd Becher inne. Das Paar arbeite und lehrte jedoch in der Regel gemeinschaftlich. Vgl. insoweit auch den Wikipedia-Artikel „Bernd und Hilla Becher“, https://de.wikipedia.org/wiki/Bernd_und_Hilla_Becher, abgerufen am 01.06.2016.

152 *Hoffmann*, FAS vom 4. Juni 2006, 49.

153 Bereits die Zeitzeugen stellten sich diese Frage. Vgl. *Dennis/Dennis*, Collecting Photographs, 55: „But why this major takeoff for photography in the mid-1970s?“.

154 Der Katalog zu dieser Ausstellung ist noch heute sehenswert: *Mason*, Jerry (Hrsg.), The Family of Man – created by Edward Steichen for the Museum of Modern Art, 1955; zur Rezeptionsgeschichte der Ausstellung vgl. auch *Bauret*, in: Enzyklopädie Fotografie, 130 f.; *Hirsch*, Seizing the Light, 354 f.; *Back/Schmidt-Linsenhoff*, Family of Man.

155 *Pitnick*, Black & White Magazine June 2002, 58 (62, 60).

graf Edward Steichen in seiner Eigenschaft als Kurator für Fotografie des „Museum of Modern Art" eine Ausstellung von 503 Fotografien aus 68 Ländern zusammengetragen, die einen zeitgenössischen Überblick über die „Familie der Menschheit" verschaffen sollten. Zum ersten Mal verschwamm in dieser Ausstellung die Grenze zwischen Reportagefotografie bzw. den Fotostrecken aus Illustrierten wie dem „Life Magazine" und der Kunst.

In diesem Zusammenhang ist auch an die von dem Philosophen *George Dickie* formulierte „Institutionentheorie" der Kunst zu denken, wonach die Einordnung von Objekten als „Kunst" entscheidend davon abhängen soll, ob sie von den am Kunstbetrieb beteiligten *Institutionen* als solche anerkannt und präsentiert werden.[156] Plakativ lässt sich die Aussage *Dickies* so formulieren, dass „Kunst ist, was im Museum hängt".[157] Selbst wenn man *Dickies* Institutionentheorie als nicht ausreichend für eine philosophische Erklärung der Kunst ansehen will,[158] so bleibt doch eine nicht unerhebliche und vor allem intuitive Überzeugungskraft von *Dickies* Argument. Für den Fall der „Family of Man"-Ausstellung lässt sich jedenfalls mit guten Gründen vermuten, dass die Präsentation der Fotografie im musealen Kontext des „Museum of Modern Art" in der Wahrnehmung der breiten Bevölkerung einen erheblich aufwertenden Einfluss auf die Fotografie als Kunstform hatte.

(2) Neue Sehgewohnheiten

Nicht vergessen werden darf außerdem der Umstand, dass der visuelle Erfahrungsschatz der Bevölkerung sich in der ersten Hälfte des 20. Jahrhunderts rasant gewandelt hatte.[159] Während für die Menschen an der Wende vom 19. zum 20. Jahrhundert Visualisierungen z. B. in Tageszeitungen oder Büchern und damit auch die visuelle Kompetenz dieser Personen noch hauptsächlich durch Zeichnungen, Stiche oder Gemälde bestimmt waren, kam es mit Aufkommen der ersten fotografisch illustrierten Zeitschriften zu einem Wandel. So erschien im Jahre 1936 zum ersten Mal das amerikanische „Life Magazine" und setzte damit neue Maßstäbe für den Fotojournalismus, der ursprünglich eine europäische Erfindung gewesen war.[160] Mehrseitige Fotoreportagen wurden zum Erkennungszeichen des Magazins und begründeten eine völlig neue Form der Berichterstattung. Gleichzeitig prägten die Zeit-

156 *Dickie*, Art and the Aesthetic, insbes. 19 ff., 147 ff.
157 *Bertram*, Kunst, 34.
158 Wie etwa *Bertram*, Kunst, 34 f.
159 *Alexander*, in: Neue Geschichte der Fotografie, 695 f.
160 *Newhall*, Geschichte der Photographie, 269 ff.; *Noble*, Collecting Photographs, 40 ff.

schrift und ihre vielfältigen Nachahmer die Sehgewohnheiten der breiten Bevölkerungsschichten, die nun insbesondere von der Fotografie bestimmt wurden.[161] Die „ästhetische Schulung“ einer ganzen Bevölkerung durch neue Medien wie insbesondere das „Life Magazine“ führte in der Folge dazu, dass diese Generation (im Unterschied zu der noch durch Malerei geprägten Elterngeneration) das Medium Fotografie auch im künstlerischen Bereich als das Medium ihrer Zeit identifizierte.[162]

Es ist anzunehmen, dass die aggregierte Wirkung der oben genannten Faktoren schließlich Anfang der 1970er Jahre dazu führte, dass diese „fotografische Generation“ schließlich auch ihre ästhetischen Bedürfnisse mit der Fotografie befriedigen wollte und für eine entsprechende Nachfrage auf dem Kunstmarkt sorgte.[163] Ein vorteilhafter Nebeneffekt war sicherlich auch, dass die Fotografie, verglichen z. B. mit der Malerei, zu jenem Zeitpunkt noch eine sehr günstige Möglichkeit war, in das Sammeln von Kunst einzusteigen,[164] handelte es sich doch damals bei dem Markt für Fotokunst noch um einen „Käufermarkt“[165].[166]

Der initiale Nachfrageaufschwung der 1970er Jahre wird in den folgenden Jahren zu einem sich selbst verstärkenden Effekt,[167] bei dem Preissteigerungen im Bereich der Fotokunst weitere Interessenten anlocken und der gesamte Sektor einen unerwarteten[168] und im Großen und Ganzen bis heute andauernden Aufschwung erfährt.

(3) Rückwirkungen der neuen Wertschätzung auf das Medium Fotografie

Die Anerkennung bzw. „Entdeckung“ der Fotografie als sammelwürdige Kunstform um das Jahr 1970 wirkt aber auch auf das Medium zurück. Das neu entstandene Interesse erzeugt eine Sogwirkung, welche die Zahl der er-

161 Vgl. zu diesem Erklärungsansatz *Pitnick*, Black & White Magazine June 2002, 58 (62 f.).

162 *Alexander*, in: Neue Geschichte der Fotografie, 695 f.; *Dennis/Dennis*, Collecting Photographs, viii f..; *Pitnick*, Black & White Magazine June 2002, 58 (62 f.); auch *Noble*, Collecting Photographs, 54.

163 Vgl. *Pitnick*, Black & White Magazine June 2002, 58 (64 f.).

164 Vgl. die Aussage von *Steve Perloff* bei *Pitnick*, Black & White Magazine June 2002, 58 (64) sowie *Dennis/Dennis*, Collecting Photographs, 56 ff.

165 Mit einem „Käufermarkt“ bezeichnet man eine Marktsituation in der die Käufer die Vertragsbedingungen diktieren können. Die Gründe hierfür können unterschiedlich sein und z. B. darin liegen, dass das Angebot größer ist als die Nachfrage.

166 *Stein Greben*, Artnews February 2003, 108 (110).

167 Von „momentum“ spricht *Joshua Mann Pailet* bei *Pitnick*, Black & White Magazine June 2002, 58 (64).

168 Vgl. das Zitat von *Weston Naef* bei *Stein Greben*, Artnews February 2003, 108 (109).

klärten Fotokünstler drastisch steigert[169] und gleichzeitig deren Selbstverständnis und fotografische Konzepte sowie Praktiken beeinflusst.[170] So geht die Entwicklung des Markts für Fotokunst in den 1970er Jahren auch unmittelbar mit der Einführung der limitierten Auflage in der Fotokunst einher.[171] Man spricht ab diesem Zeitpunkt auch von „zeitgenössischer Fotografie".[172] Der Schwerpunkt des Markts für Fotokunst liegt nicht mehr auf Fotografien, die gewissermaßen von den Sammlern „als Kunst" entdeckt wurden. Vielmehr bildet sich die grundsätzliche Anerkennung der Fotografie als Kunstform heraus, sodass Künstler anfangen, Fotografien explizit „als Kunst" zu produzieren und sie somit letztlich für einen *bereits existierenden Markt* herzustellen. Das Bewusstsein, die Fotografien einem bestimmten Markt anzubieten, führt aufseiten der Künstler dazu, auch die Ansprüche bzw. Gepflogenheiten dieses Markts anzuerkennen und selbst einzuhalten.

b) Zusammenfassung: Die Bedeutung der Auflagenlimitierung

Den entscheidenden Unterscheid zwischen den beiden Segmenten des Fotomarkts kann man auch so formulieren, dass für den Markt der historischen Fotografie häufig die *Artefaktqualität* des einzelnen Abzugs im Zentrum der Wertschätzung steht, wohingegen es sich beim Abzug im Bereich der zeitgenössischen Fotografie regelmäßig um ein *durchkonzeptioniertes Kunstmarktprodukt* handelt.[173]

Während es somit aus der Zeit von vor 1970 praktisch keine Fotografien gibt, die als limitierte Auflage geschaffen wurden, gibt es ab 1970 immer mehr Fotografien in limitierten Auflagen, bis letztlich heutzutage eine Fotografie, die nicht als limitierte Auflage angeboten wird, praktisch undenkbar geworden ist.[174]

---

169 Vgl. *Hirsch*, Seizing the Light, 389 ff.

170 *Docquiert*, in: Enzyklopädie Fotografie, 191.

171 Vgl. insoweit die zeitgenössischen Beobachtungen bei *Hamann*, Film und Recht 1976, 667; *Hamann*, UFITA 90/1981, 45 (56).

172 Für viele vgl. z. B. *Klein*, art value (Ausgabe 10) 2012, 52 (53); *Vogel*, in: Schricker/Loewenheim, § 44 Rn. 27. Letztlich handelt es sich hierbei um einen genauso schlechten oder zumindest unscharfen Begriff wie den der „zeitgenössischen Kunst", da der Begriff den Anachronismus ja geradezu in sich trägt.

173 Diese durchaus plakative Formulierung ist an dieser Stelle notwendig, um den entscheidenden Unterschied herauszuarbeiten. Es sollte sich von selbst verstehen, dass der zugrunde liegenden künstlerischen Intention hiermit kein Abbruch getan werden soll.

174 Vgl. *Badger*, Collecting, 73 f.; *Badger*, Genius of Photography, 205; *Noble*, Collecting Photographs, 196; *Phillips*, Contemporary Photography, 18 ff; *Smyth*, British Journal of Photography, The numbers game (Internetquelle); weiterhin auch *Finkel*, Fotogeschichte

Deutlich wird jedoch, dass sich die „Sehnsucht" des Markts nach Exklusivität und kleinen Stückzahlen auch auf den Bereich der historischen Fotografie erstreckt. Zwar kann man hier im Regelfall nicht nachträglich eine limitierte Auflage herstellen, jedoch hat der Begriff des „Vintage Print" bzw. die Unterscheidung zwischen Vintage Prints und Later Prints eine sehr ähnliche Funktion. Die Bevorzugung von Vintage Prints wird zwar häufig mit der besonderen Nähe zum Künstler oder auch Vorteilen des Materials begründet.[175] Ein entscheidender Vorzug von Vintage Prints ist jedoch auch stets, dass es sie nur in einer begrenzten und regelmäßig sehr niedrigen Anzahl gibt.[176] Die *quantitative* Begrenzung (man kann die Zahl der Vintage Prints definitionsgemäß nicht nachträglich erhöhen) und das geringe Angebot sind jedoch Eigenschaften, die eben auch eine Auflagenlimitierung kennzeichnen, wie sie in der zeitgenössischen Fotokunst üblich ist.

Mit dem Aufkommen der limitierten Auflagen werden in der zeitgenössischen Fotografie folgerichtig „Hilfsbegriffe" wie „Vintage Print" überflüssig.[177] Zwar werden teilweise auch zeitgenössische Fotografien mit den Begriffen „Vintage" etc. versehen, doch enthält dieser Begriff für zeitgenössische Fotos keinen Informations*mehr*wert. Wird eine Fotografie aus dem Jahr 2005 als „Vintage" deklariert, so hat dies deswegen keine wesentliche Bedeutung, da auch ein im Jahre 2015 hergestellter Abzug nach den gängigen Definitionen des „Vintage"-Begriffs noch durchaus als Vintage Print bezeichnet werden könnte. Es ergibt sich somit durch die Verwendung des Begriffs (jedenfalls zum jetzigen Zeitpunkt) noch überhaupt kein Unterscheidungskriterium. Der Begriff des „Vintage" als abgrenzender und wertbildender Faktor ist nur sinnvoll, wenn man ihm andere Abzüge mit Begriffen wie „Later Print" entgegenstellen kann. Können von einem Foto definitionsgemäß überhaupt *nur* „Vintages" existieren, verliert der Begriff seine ihm zugedachte unterscheidende und den Markt segmentierende Bedeutung.

Es bleibt dann die Frage, was in der zeitgenössischen Fotografie als „Authentizität" [178] oder auch mit *Benjamin* als „Aura"[179] bezeichnet werden kann bzw. was bei einer zeitgenössischen Fotografie die Authentizität und Aura

105/2007, 59; *González*, Kunstinvestment, 269 f.; *Mercker*, in: Original und Fälschung, 69 f.; *Mercker*, in: Was kostet Kunst?, 37, 41.

175 Vgl. oben B.I.1.b)(2), S. 44.

176 Vgl. oben das Beispiel von Ansel Adams' „Moonrise, Hernandez, New Mexico 1941" unter B.I.1.b)(2)(cc), S. 46.

177 *Ganteführer-Trier*, art value (Ausgabe 10) 2012, 58 (60 f.); *Maaßen*, PROFIFOTO 5/2007, 69; *Mercker*, in: Original und Fälschung, 69; *Vogel*, in: Schricker/Loewenheim, § 44 Rn. 27.

178 *Mercker*, FAZ vom 2. April 2005, 49; sinngemäß wohl auch *Bullinger*, KUR 2006, 106 (111).

179 Vgl. oben A.

ausmacht. Hiermit verknüpft ist die Frage, ob es sich um eine *Original*fotografie im urheberrechtlichen Sinne handelt.[180] Im Unterschied zu früher produziert der zeitgenössische Künstler seine Abzüge bewusst für den Fotomarkt.[181] Nachträgliche Hilfskonstruktionen zur Bewertung der Authentizität sind daher entbehrlich. Vielmehr können sich die Anforderungen an die Authentizität des fotografischen Werks am Kunstmarkt in einem Wechselspiel zwischen Anbietern (Künstlern) und Nachfragern (Sammlern) sowie der Intermediäre bilden.

Als das bedeutsamste und scheinbar fast allgemein akzeptierte Merkmal der „Authentizität" zeitgenössischer Fotografie hat sich neben der Signatur des Künstlers die limitierte Auflage etabliert.[182] War diese im Bereich der Druckgrafik, aus dem sie ursprünglich stammt, zumindest zum Teil in der Tatsache begründet, dass sich Druckplatten abnutzten und somit die Qualität der Abzüge mit der Anzahl der ausgeführten Blätter abnahm, so hat die Limitierung im Bereich der Fotografie keine solche in praktischen Notwendigkeiten begründete Grundlage. Sie ist stattdessen ein reines „Marketing-Tool"[183] bzw. eben die Möglichkeit, Exklusivität und Aura (künstlich) zu erzeugen. Dass ein zeitgenössischer Fotokünstler, der sich auf dem Kunstmarkt behaupten will, die Auflagen seiner Werke nicht limitiert, erscheint einem Großteil der Marktbeobachter nahezu undenkbar.[184]

3. Digitale Fotografie (ab ca. 2000)

Etwa ab dem Jahr 2000 kommt es in der zeitgenössischen Fotografie zu einem weiteren tiefgreifenden Umbruch. Die bislang gebräuchliche *analoge* Fototechnik unter Verwendung eines lichtempfindlichen Films wird in den meisten Bereichen sukzessive durch digitale Techniken verdrängt bzw. zumindest ergänzt.[185] Vor allem in den Fotokameras selbst wird zunehmend der lichtempfindliche Negativfilm durch einen lichtempfindlichen Chip ersetzt. Das Bild ist nicht mehr unmittelbar physisch im Negativ manifes-

180 Dazu ausführlich unten C, S. 101.

181 Vgl. *Mercker*, in: Original und Fälschung, 69.

182 Die Auflagenlimitierung wurde wohl zunächst bei sogenannten „Portfolios" eingeführt. Vgl. für eine zeitgenössische Stellungnahme *Dennis/Dennis*, Collecting Photographs, 107 ff.

183 *Finkel*, Fotogeschichte 105/2007, 59 (61). Ähnlich *Benhamou-Huet*, The Worth of Art, 112 f.

184 Vgl. *Badger*, Collecting, 73 f.; *Bauschke*, FAZ v. 22.08.2015, 15; *Finkel*, Fotogeschichte 105/2007, 59; *Mercker*, in: Original und Fälschung, 69 f.; sinngemäß auch *Ganteführer-Trier*, Photonews September 2009, 4. Vgl. auch *Klein*, art value (Ausgabe 10) 2012, 52 (54).

185 Vgl. hierzu z. B. *Hempel*, in: Hoeren/Nielen, Rn. 29 ff.

tiert, sondern elektronisch auf einem Chip gespeichert. Durch die Möglichkeit, das Ergebnis des fotografischen Prozesses am Computer (statt in der Dunkelkammer) zu bearbeiten, ergeben sich vielfältige neue künstlerische Möglichkeiten.[186] Gleichzeitig wird die Produktion hochwertiger Fotografien mithilfe darauf spezialisierter Labore zunehmend einfacher und preiswerter. Die manuelle Herstellung von Papierabzügen in der eigenen Dunkelkammer – wie sie z. B. für Ansel Adams üblich war – ist jedoch aufgrund der im Bereich der digitalen Fotografie dafür benötigten Technik geradezu unerschwinglich und bleibt damit wohl nur eine theoretische Möglichkeit.

Bei der Herstellung von Fotografien kommt es außerdem zu Mischformen, wenn Künstler wie z. B. Gregory Crewdson[187] Fotografien analog mit einer Plattenkamera aufnehmen, die Bilder dann digitalisieren (scannen), am Computer aus den gescannten Vorlagen ein neues „kompiliertes" Foto zusammenstellen (zum Beispiel, um eine möglichst perfekte Tiefenschärfe über das gesamte Foto hinweg zu erzielen) und dieses dann drucken lassen.[188]

Wieder andere – auch rechtliche – Probleme können sich durch die Digitalisierung auch für eigentlich als abgeschlossen geltende Werke ergeben. So hat der kanadische Fotokünstler Jeff Wall sein 1988 hergestelltes Werk „Eviction Struggle" im Jahre 2004 mittels digitaler Technik und der alten Negative noch einmal neu „komponiert". Die ursprüngliche, suburbane Straßenszene wurde dabei durch Hinzufügung bzw. Entfernung von Personen und Fahrzeugen deutlich sichtbar verändert. Zudem gab Wall dem neuen Foto auch einen leicht veränderten Titel: „An Eviction". Wall begründete sein Vorgehen damit, dass ihm die neuen digitalen Techniken die Möglichkeit gegeben hätten, das Bild so zu komponieren, wie er es schon 1988 eigentlich geplant hatte, damals aber technisch nicht realisieren konnte, und erklärte die Version von 2004 zur „endgültigen Fassung".[189]

Ob diese „technische Revolution" der Digitalisierung von Fotografie jedoch auch Änderungen in den grundsätzlichen juristischen und ökonomischen Bewertungsmaßstäben für Fotokunst mit sich bringt,[190] ist jedenfalls in denjenigen Fällen äußerst fraglich, in denen am Ende – wie häufig –

186 Vgl. zu diesem Phänomen auch *Badger*, Pleasure of Photographs, 234 ff.

187 Mit einem ähnlichen Verfahren arbeiten auch Jeff Wall sowie Andreas Gursky.

188 Vgl. *Badger*, Pleasure of Photographs, 239.

189 Eine Schilderung dieses Falls und auch die Aussage von Jeff Wall finden sich in einem Faltblatt der Münchener Pinakothek der Moderne, in deren Sammlung sich beide Fotografien befinden. Zu dieser Problematik auch *Mercker*, in: Was kostet Kunst?, 39.

190 Vgl. zur Einführung in die Problematik *Maaßen*, ZUM 1992, 338.

als Kunstwerk doch wieder ein mehr oder weniger „herkömmlicher" Papierabzug steht.[191]

4. Zum Zustand des Markts für Fotokunst im Jahre 2015

Seit den siebziger Jahren des vergangenen Jahrhunderts hat die Fotokunst eine beachtliche Erfolgsgeschichte erfahren. Von einem Medium, dessen grundsätzliche Qualität als „Kunst" zunächst umstritten war,[192] ist sie zu einem der künstlerischen Leitmedien unserer Gegenwart aufgestiegen.[193] Sowohl auf Angebots- wie auf Nachfrageseite ist es zahlenmäßig zu einer beispiellosen Ausweitung gekommen. Dies sei kurz an einigen Zahlen der vergangenen Jahre dargestellt:

Im Jahr 2013 machte der Handel mit Fotografie 1,2 % des weltweiten Umsatzes bei Kunstauktionen und 4 % aller Lose aus.[194] Gemälde kamen demgegenüber auf einen Anteil an den Losen von 37 % und einen Erlösanteil von 54 %.[195] Dieser vergleichsweise geringe relative Anteil darf jedoch nicht darüber hinwegtäuschen, dass in den letzten zehn Jahren die Preise für Fotografie im Schnitt um 25 % anzogen.[196] Weiterhin wurden 2013 insgesamt 33 Lose der Fotografie für mehr als 500.000 USD zugeschlagen, wobei die meisten aus dem Bereich der zeitgenössischen Fotografie stammten.[197] Um die Jahrtausendwende erzielten nur ein bis zwei Lose aus dem Bereich der Fotografie derart hohe Bewertungen.[198] Insgesamt steigerte sich der Jahresumsatz mit Fotografien in der Zeit von 1998 bis 2008 um 1.270 %.[199]

Inzwischen haben mehrere Fotografien auf Auktionen die Grenze von 3 Mio. USD durchbrochen.[200] Diese Auktionsrekorde in der Fotografie werden auch regelmäßig von einem entsprechenden Medienecho begleitet, was

191 Ausführlicher unten bei C.II.9.c), S. 149.

192 Eine weitere lesenswerte Auseinandersetzung mit diesem Aspekt der Geschichte der Fotografie findet sich bei *Badger*, Genius of Photography, 15 ff.

193 *Hierholzer*, FAZ vom 13. März 2008, 52; artprice.com (Hrsg.), The Art Market in 2013, 66.

194 *artprice.com* (Hrsg.), The Art Market in 2013, 62.

195 *artprice.com* (Hrsg.), The Art Market in 2013, 63.

196 *artprice.com* (Hrsg.), The Art Market in 2013, 65.

197 *artprice.com* (Hrsg.), The Art Market in 2013, 65.

198 *artprice.com* (Hrsg.), The Art Market in 2013, 65.

199 *artprice.com* (Hrsg.), Artprice Jahresbericht 2009/2010, 27.

200 Eine relativ verlässliche und aktuelle Auflistung der Auktionsrekorde für Fotografie findet sich im Internet bei Wikipedia unter der Adresse: http://en.wikipedia.org/wiki/List_of_most_expensive_photographs, abgerufen am 01.06.2016.

mittelfristig das Interesse an diesem Medium und damit die Nachfrage weiter steigern dürfte.

Als teuerste Fotografie gilt derzeit „Phantom“ des australischen Naturfotografen Peter Lik. Im Dezember 2014 wurde durch eine Pressemitteilung seines Unternehmens bekannt, dass seine Naturfotografie des „Antilope Canyon“ in den USA im Rahmen eines Privatverkaufs von einem Sammler, dessen Name geheim gehalten wurde, für 6,5 Mio. USD gekauft wurde.[201] Derselbe Sammler soll noch zwei weitere Werke des Künstlers erworben haben, sodass der „Deal“ insgesamt ein Volumen von 10 Mio. USD erreichte. Das Werk ist eine Schwarz-Weiß-Version eines bereits unter dem Titel „Ghost“ in Farbe und einer Auflage von 950 Stück nebst 45 Artist's Prints veröffentlichten Fotos[202] von Lik und soll in dieser Form ein Unikat sein.[203] Die Tatsache, dass der Preis im Rahmen eines Privatverkaufs erzielt wurde und auch das – nach Ansicht vieler Beobachter – vergleichsweise unspektakuläre Motiv lassen jedoch Zweifel zu, ob ein solcher Preis auf einer Auktion[204] zu erzielen gewesen wäre.[205] In einem Gespräch mit dem Informationsdienst „ArtNews“ erklärt Peter Lik, dass der Preis des Werks aufgrund der Überlegung zustande gekommen sei, dass er üblicherweise mit dem Verkauf einer Auflage (950 + 45 Artist's Prints) etwa 6 Mio. bis 8 Mio. USD erlösen kann. Da „Phantom“ ein Unikat ist, sei also ein Preis in diesem Bereich „angemessen“ gewesen.[206] Es bleibt die Frage offen, ob es sich hier nicht auch um einen geglückten „PR-Coup“ handeln könnte, der das Ziel hatte, die Nachfrage und das Preisniveau bezüglich der anderen Werke des

201 Die Pressemitteilung findet sich unter: http://www.ibtimes.com/pulse/peter-lik-sells-most-expensive-photo-all-time-similar-images-available-online-free-1748119, abgerufen am 01.06.2016.

202 http://www.lik.com/thework/canyons-arches/ghost.html, abgerufen am 01.06.2016.

203 So der „Director of Branding and Marketing“ des Künstlers gegenüber dem Informationsdienst ArtNews: *Duray*, Here's how Peter Lik priced that $6.5 M. photograph (Internetquelle). Für weitere Hintergründe zu Peter Liks Geschäftsmodell vgl. auch den lesenswerten Artikel von *Segal, David*, Peter Lik's Recipe for Success: Sell Prints. Print Money., N.Y. Times vom 21.02.2015, im Internet abrufbar unter: http://www.nytimes.com/2015/02/22/business/peter-liks-recipe-for-success-sell-prints-print-money.html?_r=0, abgerufen am 01.06.2016.

204 Ähnlich *Duray*, Here's how Peter Lik priced that $6.5 M. photograph (Internetquelle).

205 Eine vernichtende Kritik zu der Fotografie verfasst von *Jonathan Jones*, der in der Fotografie eine Rückfall in den „Piktorialismus“ des 19. Jahrhunderts erblickt, erschien im „Guardian“ und findet sich unter: http://www.theguardian.com/artanddesign/jonathanjonesblog/2014/dec/10/most-expensive-photograph-ever-hackneyed-tasteless#gsc.tab=0, abgerufen am 01.06.2016. Eine Replik von *Sean O'Hagan* ebenfalls erschienen im „Guardian“ findet sich unter: http://www.theguardian.com/artanddesign/2014/dec/11/photography-is-art-sean-ohagan-jonathan-jones, abgerufen am 01.06.2016.

206 *Duray*, Here's how Peter Lik priced that $6.5 M. photograph (Internetquelle).

nun „teuersten Fotografen der Welt" Peter Lik zu steigern, der im Übrigen seine Werke über eigene Galerien in der Art von LUMAS[207] an die Käufer bringt.

Als teuerster und begehrtester Fotograf auf Auktionen gilt derzeit der Deutsche Andreas Gursky.[208] Er hielt auch lange den Rekord für die wertvollste Fotografie. Sein aus einer Auflage von sechs Exemplaren entstammendes Werk „Rhein II"[209] wurde am 8. November 2011 durch das Auktionshaus Christie's in New York zu einem Hammerpreis[210] von 3,8 Mio. USD zugeschlagen.[211] Im Juni 2013 konnte sein Werk „Chicago Board of Trade III" mit einem Zuschlagspreis von 2.154.500 britischen Pfund fast an diese Summe heranreichen.[212] Ebenfalls zu den teuersten Fotografien aller Zeiten zählt zum einen sein Unikat „99 cent II" (ein Diptychon) mit einem (umgerechneten) Hammerpreis von 2.946.450 USD, zum anderen die Fotografie „Los Angeles" von 1998, die in einer Auflage von sechs Exemplaren hergestellt wurde (zugeschlagen für umgerechnet 2.561.520 USD). In einer „Top 10"-Aufzählung des Recherchedienstes „Artprice.com" für Auktionsergebnisse zeitgenössischer Fotokunst im Jahr 2012 nimmt Andreas Gursky allein vier Positionen ein.[213]

Was die Bedeutung im Hinblick auf Auktionsrekorde angeht, folgt Andreas Gursky die amerikanische Künstlerin Cindy Sherman. Für kurze Zeit konnte sie ebenfalls für sich beanspruchen, das teuerste Werk der Fotokunst geschaffen zu haben, als eine auf zehn Exemplare limitierte und unbetitelte Fotografie[214] aus der sogenannten „Centerfold"-Serie aus dem Jahre

207 Zu LUMAS unten ausführlich bei B.I.5, S. 62.

208 *artprice.com* (Hrsg.), Deutschland auf dem Kunstmarkt 2012, 16 bezeichnet ihn als den „internationalen leader".

209 Andreas Gursky, „Rhein II", 1999, chromogenic color print face-mounted to Plexiglas, 185,4 x 363,5 cm (Abzug) bzw. 207 x 385,5 x 6,2 cm (insgesamt), 1/6; vgl. das Auktionsarchiv von Christie's im Internet unter: http://www.christies.com/LotFinder/lot_details.aspx?intObjectID=5496716, abgerufen am 01.06.2016.

210 Zum Begriff des „Hammerpreises" vgl. oben Fn. 132.

211 Der Hammerpreis ist zitiert nach *Zeitz*, FAZ vom 12. November 2011, 38.

212 Andreas Gursky, "Chicago Board of Trade III", signed on a label affixed to the reverse, C-Print mounted on Plexiglas in artist's frame, image: 201 by 285 cm.; 79 by 112 1/4 in., overall: 223 by 307 cm.; 87 7/8 by 120 7/8 in., executed in 1999–2009, this work is number 2 from an edition of 6; vgl. das Auktionsarchiv von Sotheby's im Internet unter: http://www.sothebys.com/en/auctions/ecatalogue/2013/contemporary-art-evening-auction-l13022/lot.26.html, abgerufen am 01.06.2016.

213 Artprice.com (Hrsg.), ArtMarketInsight (23. November 2012), Top 10: Photography, abrufbar nach Log-in unter: http://www.artprice.com, abgerufen am 29.04.2016.

214 Cindy Sherman, „Untitled", 1981, color coupler Print, 61 x 121,90 cm, 10/10; vgl. das Auktionsarchiv von Christie's im Internet unter: http://www.christies.com/LotFinder/

1981 zu einem Preis von 3,4 Mio. USD und somit fast dem doppelten Schätzpreis versteigert werden konnte.[215]

Regelmäßig in den Aufzählungen der teuersten Fotokünstler tauchen auch Werke des Künstlerduos Gilbert & George auf. Deren collagenartige Zusammenstellung von 37 thematisch verknüpften Fotografien „To her Majesty“ aus dem Jahr 1973 erlöste bei Christie's in London am 30. März 2008 einen Hammerpreis von umgerechnet 3.292.410 USD und galt damit ebenfalls eine Zeit lang als das wertvollste Werk der Fotokunst.[216] Das Werk ist für den zeitgenössischen Fotomarkt jedoch in zweierlei Hinsicht unrepräsentativ. Zum einen handelt es sich nicht um ein einzelnes Foto, sondern um eine umfangreiche, räumlich geordnete Zusammenstellung von Fotos, welche die selbsternannten „living-sculptures“ Gilbert und George bei einer Kneipentour zeigt. Man könnte das Werk daher auch durchaus dem Bereich der dokumentierten Performance und Konzeptkunst zuordnen. Zum anderen handelt es sich bei der Arbeit um ein Unikat.

Auch der Amerikaner Richard Prince taucht regelmäßig in den Listen der teuersten Fotografen auf.[217] So erzielte seine Fotografie „Cowboy“ aus den Jahren 2001/2002 in einer Auflage von „2 Exemplaren + 1 Artist's Print“ einen Hammerpreis von 3 Mio. USD. Auch bei Richard Prince stellt sich jedoch die Frage, inwieweit er überhaupt dem Kernsegment der zeitgenössischen Fotokunst zuzuordnen ist. Seine Fotografien sind nämlich in der Regel keine von ihm neu geschaffenen Werke, sondern abfotografierte Ausschnitte anderer Fotografien (insbesondere von Werbeanzeigen),[218] was Richard Prince zu einem Vertreter der (urheberrechtlich nicht unproblematischen)[219]

---

lot_details.aspx?from=salessummary&intObjectID=5437823&sid=a5268f72-ce7b-489a-9a 33-05d750261dda, abgerufen am 01.06.2016.

215 *Zeitz*, FAZ vom 14. Mai 2011, 35. Der Hammerpreis ist dem zitierten Beitrag entnommen.

216 Die zur besseren Vergleichbarkeit teilweise aus anderen Währungen in USD umgerechneten Hammerpreise und Informationen sind – soweit nicht anders angegeben – artprice.com, ArtMarketInsight (10. Juli 2010), The top 10 best auction results for Photography, abrufbar nach Log-in unter: http://www.artprice.com, abgerufen 01.06.2016, entnommen.

217 So auch bei *Badger*, Genius of Photography, 206.

218 So z. B. auch im Fall von „Cowboy“, bei dem es sich um einen Ausschnitt aus einer Werbung für Marlboro Zigaretten handelt. Für eine Abbildung vgl. *Blume Huttenlauch*, Appropriation Art, 208 (Abb. 15)

219 So wurde Richard Prince von einem Fotografen, dessen Werk er als Ausgangsmaterial verwendet hatte, in New York verklagt. In zweiter Instanz wurde Richard Prince durch das Berufungsgericht Recht gegeben, da die Verwendung der Vorlage unter die „fair use“-Doktrin falle. Vgl. die Berichterstattung in der Tagespresse: *Bahners, Patrick*, Die Kunst der Kopie – Richard Prince siegt vor Gericht, FAZ vom 30. April 2013, S. 30. Vgl. zu den urheberrechtlichen Fragen im Zusammenhang mit der „Appropriation Art“ die

„Appropriation Art“ macht, deren Vertreter ihre künstlerische Handlung in der (regelmäßig unveränderten) Neuherstellung bzw. Kopie bereits existierender Kunstwerke sehen.[220] Der Kommentar eines prominenten Sammlers hierzu lautete: „I just think it is too bad that [...] the first [photograph] to sell at auction for more than $ 1million is a photograph of another photograph.“[221]

Neu in der Liga der wirtschaftlich erfolgreichsten Fotografen angekommen ist der kanadische Fotokünstler Jeff Wall. Seine enorme künstlerische Bedeutung ist seit Jahren unumstritten. Bislang hatte sich dies jedoch nicht in den Auktionspreisen seiner Werke niedergeschlagen. Dies hat sich 2012 geändert.[222] Sein Werk „Dead Troops Talk (A Vision after an Ambush of a Red Army Patrol, near Moqor, Afghanistan, Winter 1986)" aus dem Jahr 1992 erzielte am 8. Mai 2012 bei Christie's in New York einen Hammerpreis von 3,2 Mio. USD.[223] Die Fotografie (ein Positivdia in einem Leuchtkasten) existiert in einer Auflage von zwei Exemplaren und einem Artist's Print.[224]

Beachtenswert ist ebenfalls, dass sich im Jahr 2013 unter den 5 teuersten Fotografien nur ein Werk der *historischen* Fotografie befand: die Fotografie „The Pond, Moonlight“ von Edward Steichen aus dem Jahr 1904 (versteigert durch Sotheby's New York im Jahr 2006) mit 2,6 Mio. USD.[225] Mittlerweile (2015) werden die „Top 5“ ausschließlich von zeitgenössischen Fotografen besetzt.

Lediglich eine interessante Anekdote stellt die Tatsache dar, dass das „teuerste Foto“ mitnichten auf dem Kunstmarkt gehandelt wurde, sondern es sich hierbei wohl um die erste Aufnahme der neugeborenen Zwillinge des US-amerikanischen Schauspielerehepaares Angelina Jolie und Brad Pitt

---

umfangreiche Arbeit von *Blume Huttenlauch*, Appropriation Art. Die Problematik nicht nur im rechtlichen, sondern auch kunsthistorischen Kontext aufarbeitend und insbesondere zum Urteil im Fall *Cariou v. Prince*: *Jayme*, Die Kopie als Original, dort insb. S. 15 f. Ebenfalls hierzu sowie mit einem weiteren Fallbeispiel: *Jayme*, Bulletin Kunst & Recht 2/2013-1/2014, 52 (72 ff.).

220 Für eine Einführung in diese Kunstform vgl. *Blume Huttenlauch*, Appropriation Art, 22 ff., 35 ff. Zur Wirkung der Appropriation Art auf den Originalbegriff auch *von Gruben*, Entstellungsverbot, 21.

221 *Paul Sacks* zitiert nach *Badger*, Genius of Photography, 220.

222 Ausführlich zum neuen wirtschaftlichen Erfolg der Arbeiten Jeff Walls: *artprice.com*, The Art Price Annual Report 2011/2012, 30 f.

223 Dead Troops Talk (A vision after an ambush of a Red Army patrol, near Moqor, Afghanistan, winter 1986), transparency in lightbox, 229,2 x 417,2 cm: vgl. das Auktionsarchiv von Christie's im Internet unter: http://www.christies.com/lotfinder/photographs/jeff-wall-dead-troops-talk-5559203-details.aspx, abgerufen am 01.06.2016.

224 Vgl. das Auktionsarchiv von Christie's im Internet unter: http://www.christies.com/lotfinder/photographs/jeff-wall-dead-troops-talk-5559203-details.aspx, abgerufen am 01.06.2016.

225 http://en.wikipedia.org/wiki/List_of_most_expensive_photographs, abgerufen am 01.06.2016.

handelt. Die Abdruckrechte für diese Fotografie wurden an die Zeitschriften „Hello“ und „People“ für 15 Mio. USD verkauft.[226]

Dieser kurze, kursorische Überblick zeigt zum einen, dass in finanzieller Hinsicht die zeitgenössische Fotografie die historische Fotografie jedenfalls im Hochpreissegment abgelöst hat. Weiterhin zeigt sich, dass die theoretisch unbegrenzte Möglichkeit zur Vervielfältigung der Erzielung von Höchstpreisen nicht entgegensteht. Dies gilt jedenfalls dann, wenn das Werk in einer limitierten Auflage erscheint bzw. bei der historischen Fotografie aus anderen Gründen nur in einer geringen Anzahl existiert (was eben insbesondere für die Vintage Prints gilt).

Festzuhalten ist auch, dass es sich bei solchen Werkstücken keineswegs um Unikate handeln muss. Vielmehr liegen die üblichen Auflagenhöhen für Werke im Hochpreissegment der zeitgenössischen Fotokunst regelmäßig immerhin im unteren einstelligen Bereich.

5. Ein bemerkenswertes Marktphänomen: LUMAS

Eine interessante Erscheinungsform des neu bestehenden Interesses an Fotokunst stellt die Galerienkette LUMAS dar.[227] LUMAS wurde im Jahre 2004 gegründet und bezeichnet sich selbst als „Editionsgalerie“. Inzwischen betreibt das Unternehmen weltweit über 30 Verkaufsstätten und hat im Jahre 2009 13,5 Mio. Euro[228] und im Jahre 2012 bereits 16,7 Mio. Euro Umsatz[229] erzielt. Ein sehr ähnliches Geschäftsmodell verfolgt seit 2006 das Unternehmen YELLOWKORNER.[230]

Zum Konzept des Unternehmens gehört es nach eigener Aussage, die Hemmschwelle beim Kauf von Kunst zu senken, indem z. B. auch unkompliziert über das Internet bestellt werden kann.[231] Erklärtes Ziel der Unternehmensgründer ist es außerdem, Fotokunst „zu erschwinglichen Preisen“

226 *Wombell*, Photonews November 2008, 4 f. In diesem Zusammenhang interessant ist auch die Tendenz der englischen Gerichte, angesichts des hohen wirtschaftlichen Werts von z. B. Exklusivfotos von Berühmtheiten eine Art „Immaterialgüterrecht an Persönlichkeitslizenzen“ bei „Celebrities“ anzuerkennen; hierzu *Westkamp*, ZVglRWiss 110 (2011), 149 ff.

227 Zu LUMAS auch *Fricke*, in: frame # 1, 162 ff.

228 Pressemitteilung des Unternehmens „Die Editionsgalerie LUMAS wird fünf Jahre alt“ vom 25.11.2009.

229 Laut der Gründerin und Geschäftsführerin Stefanie Harig im Interview mit Creditreform; abrufbar im Internet: http://creditreform-magazin.de/2013/09/02/erfolgreich/admin/unser-kunde-verliebt-sich/, abgerufen am 01.06.2016.

230 http://de.yellowkorner.com/, abgerufen am 01.06.2016.

231 *Lorch*, Weltkunst 11, 2006, 44 (46).

anzubieten.[232] Erreicht wird dies durch relativ hohe Auflagen, die für den Markt etablierter Fotokunst eigentlich unüblich sind. LUMAS bietet im aktuellen Katalog[233] die Werke entweder in Auflagen zu 75, 100, 150 oder 250 Stück an. Teilweise werden auch höhere und niedrigere Auflagen angeboten.[234] Der Großteil der Fotografien scheint jedoch im dreistelligen Bereich limitiert zu sein. Interessant ist, dass einzelne Werke (als sogenannte „LUMAS MINIS") auch als „small open edition"[235] vertrieben werden. Der Zusatz „small" bei einer „open edition" lässt vielfältige Spielräume und erscheint im Hinblick auf seine Transparenz fragwürdig, jedoch spiegelt sich diese Uneindeutigkeit auch in dem (moderaten) Preis, beginnend bei 49 Euro pro Stück, wider.

Die Reaktionen von Künstlern wie auch Galeristen auf das neue Galeriekonzept waren insbesondere in der Anfangszeit von LUMAS von Skepsis geprägt. Teilweise ist diese Skepsis inzwischen zumindest der Erkenntnis gewichen, dass das Konzept bei den Kunden offenbar erfolgreich ist. Weniger bekannte Fotografen und Nachwuchskünstler scheinen LUMAS als Absatzmöglichkeit für ihre Schöpfungen wahrzunehmen, sodass die Galerie inzwischen Werke von rund 200 Künstlern im Programm hat.[236] Andererseits ist z. B. die gestalterische Ähnlichkeit einiger von LUMAS angebotener Werkgruppen mit den Fotografien etablierter Fotokünstler nicht von der Hand zu weisen. Dieser Umstand war auch schon entsprechender Kritik ausgesetzt.[237]

---

232 So *Stefanie Harig* bei *Hoffmann*, FAS vom 4. Juni 2006, 49.

233 LUMAS Prospekt „10 Jahre LUMAS – 10 Jahre Freiheit für die Kunst", zur Verfügung gestellt durch LUMAS im Februar 2015.

234 Ein Werk von Damien Hirst („Fort he love of God – Lenticular", 180 x 120 cm) wird sogar in einer Auflage von 1.000 Stück angeboten.

235 So die Werke der Serie „LUMAS MINIS", in denen die „best-seller" einiger Künstler in einem kleinen Format auflegt werden. Zu einem früheren Zeitpunkt wurde auch noch zwischen „open edition" und „small open edition" differenziert. Dies scheint derzeit nicht mehr der Fall zu sein (Februar 2015).

236 Vgl. *Oberhuber*, FAS vom 4. Januar 2009, 32 sowie die Eigenwerbung auf der Internetseite von LUMAS http://www.lumas.de/ueber-lumas/prinzip/, abgerufen am 01.06.2016.

237 Siehe insoweit *Hanselle*, TAZ vom 21. Juni 2008, 11. Vgl. auch das bebilderte Fallbeispiel bei *Maaßen*, in: FS Pfennig, 147. In diesem Fall nahmen die Fotografen Horst & Daniel Zielske im Jahre 2002 die „Nanpu Bridge" in Shanghai aus demselben erhöhten Blickwinkel und mit fast identischem Bildausschnitt bei Nacht auf, wie es im Jahre zuvor Peter Bialobrzeski ebenfalls getan hatte. Die Fotografie von Bialobrzeski wurde bei „World Press Photo" ausgezeichnet. Die Fotografie von Horst & Daniel Zielske wird von LUMAS vertrieben. Eine Urheberrechtsverletzung liegt nicht vor, weil kein Urheberrechtsschutz für Bildmotive existiert, sofern sie nicht vom Fotografen extra für die Aufnahme kreiert wurden. Zu diesem Fall ebenfalls *Bullinger/Garbers-von Boehm*, GRUR 2008, 24 (29 f.).

In den meisten Fällen kosten die Fotografien bei LUMAS entsprechend den vergleichsweise hohen Auflagen mittlere dreistellige Beträge, wobei teilweise auch Preise im niedrigen vierstelligen Bereich verlangt werden.[238]

a) „Radha doing her nails by the pool“ von Stefanie Schneider

Die Fantasie der Kunden bei LUMAS beflügeln Geschichten wie die von Stefanie Schneider,[239] einer Folkwang-Schülerin, welche eine der ersten Künstlerinnen im Sortiment von LUMAS war.[240] Künstlerisch zeichnet sich ihr Werk vor allem durch die Verwendung abgelaufener Polaroidfilme aus, was zu einem starken Gelbstich bei den Fotografien führt. Ein Exemplar ihrer aus dem Jahr 1999 stammenden und damals bei LUMAS für (umgerechnet) 439 Euro verkauften Erstauflage[241] wurde 2006 bei dem Auktionshaus Christie's für nahezu 1.500 Euro versteigert.[242] Ein weiteres Werk konnte im Jahre 2008 ebenfalls bei Christie's für über 1.700 Euro versteigert werden.[243] Zwischenzeitlich hatten sich Stefanie Schneider und LUMAS getrennt.[244] Stefanie Schneider schien jedoch das Marketingkonzept von LUMAS teilweise beizubehalten. Wenngleich ihre Fotografien nunmehr von anderen Galerien in typischen einstelligen Auflagen vertrieben wurden, so konnte man auf ihrer Homepage auch noch „Minis“ ausgewählter Werke in einer „open edition“ für 49 Euro bestellen.[245] Mittlerweile ist Stefanie Schneider (nach einer Pause von sieben Jahren)[246] bei LUMAS wieder im Programm.[247]

Für die vorliegende Arbeit interessant ist auch das weitere „Editions-

238 Dies ist jedenfalls das Ergebnis eines Überblicks, den sich der Autor am 01.06.2016 auf der Internetseite von LUMAS machen konnte.

239 LUMAS stellt die Auktionsergebnisse auf seiner Internetseite wirksam heraus: http://www.lumas.de/ueber-lumas/auktionsergebnisse/, abgerufen am 01.06.2016.

240 *Oberhuber*, FAS vom 4. Januar 2009, 32.

241 Stefanie Schneider, „Radha Doing Her Nails by the Pool“, 1999, lambda colour print, 102 x 100cm, 100/100; vgl. das Auktionsarchiv von Christie's im Internet unter http://www.christies.com/LotFinder/lot_details.aspx?intObjectID=4688124, zuletzt abgerufen am 01.06.2016.

242 *Lorch*, Weltkunst 11, 2006, 44 (50); *Oberhuber*, FAS vom 27. Juli 2008, 43.

243 Stefanie Schneider, „Daisy in Front of Trailer“, 2005, lambda colour print, 61,50 x 60 cm, 43/100; vgl. das Auktionsarchiv von Christie's im Internet unter http://www.christies.com/LotFinder/lot_details.aspx?intObjectID=5111154, abgerufen am 01.06.2016.

244 *Langer*, FAZ vom 2. Oktober 2009, 38.

245 http://www.instantdreams.net/media/minis/minis.html, abgerufen am 01.06.2016.

246 So die Künstlerin selbst in einem Werbevideo von LUMAS: https://youtu.be/E0MboOuTXng, abgerufen am 01.06.2016.

247 http://www.lumas.de/search/?id=STEFANIE+SCHNEIDER&search=STEFANIE+SCHNEIDER, abgerufen am 01.06.2016.

schicksal“ der besonders erfolgreichen Werke von Stefanie Schneider: Dasselbe Motiv,[248] welches Gegenstand des bei Christie’s 2006 versteigerten Werks „Radha doing her nails by the pool“ war, wird seit 2014 wieder von LUMAS, aber jetzt zum Preis von 3.339 Euro angeboten.[249] Geändert hat sich der Titel, welcher nunmehr „Radha doing her nails“ lautet. Auch das Format liegt nicht mehr bei den ursprünglichen 102 x 100 cm, sondern wurde in 180 x 180 cm geändert. Die neue Auflage wird von LUMAS (erneut) als „Limited Edition, Auflage: 100“ angeboten. Die bestehenden anderen Auflagen werden im Angebotstext nicht erwähnt.[250]

Weiterhin findet man dasselbe Motiv[251] im Internet noch einmal zum Verkauf angeboten bei „Saatchi Art“ in einer Edition von 5 und 2 Artist’s Prints für 1.000 USD in der Größe 7,9 x 7.9 inch (20 x 20 cm).[252] Angeboten wird dort der Artist’s Print Nr. 1. Alle fünf Exemplare der Auflage von fünf seien bereits verkauft. Auch bei diesem Angebot wird nicht explizit auf andere, bereits bestehende Auflagen desselben Motivs hingewiesen.

Stefanie Schneiders Motive „Radha doing her nails by the pool“ und „Daisy in front of trailer“, welche Gegenstand der erfolgreichen Christie’s Auktionen waren, wurden von ihr selbst auch noch (jedenfalls bis) 2011 als „Minis“ in einer „open edition“ für 49 Euro angeboten.[253] Ein „Mini“ von „Rahda doing her Nails by the Pool“ wird auch weiterhin von Stefanie Schneider auf ihrer eigenen Internetseite angeboten, allerdings kostet es mittlerweile 85 Euro.[254]

Letztlich deuten sich hier die Probleme bzw. Folgen einer fehlenden nachhaltigen „Editionsverwaltung“ an, insbesondere wenn ein Künstler die ihn vertretenden Galerien häufig wechselt bzw. auch zusätzliche Auflagen in Eigenregie vertreibt.

---

248 Soweit sich dies anhand von Fotos im Internet beurteilen lässt.

249 http://www.lumas.de/pictures/stefanie_schneider-2/radah_doing_her_nails_ssc/; 01.06.2016. Dies gilt für die Ausführung als „Echter Foto-Abzug unter Acrylglas“. Die Variante „Lambda Color Photograph“ (der Sammler wählt bei der Bestellung) kostet 2.130 Euro.

250 So jedenfalls auf der Internetseite von LUMAS am 01.06.2016: http://www.lumas.de/pictures/stefanie_schneider-2/radah_doing_her_nails_ssc/.

251 Jedenfalls soweit dies aus der dem Angebot beigefügten Abbildung hervorgeht.

252 Radha doing her Nails by the Pool (29 Palms, CA), Edition of 5; 5 sold, this is AP1/2, Photography, Size: 7.9 H x 7.9 W x 0.4 in; http://www.saatchiart.com/art/Photography-Radha-doing-her-Nails-by-the-Pool-29-Palms-CA-Edition-of-5-5-sold-this-is-AP1-2/49402/1777513/view, abgerufen am 01.06.2016.

253 Unter http://www.instantdreams.net/media/minis/minis.html, abgerufen am 21.04.2011.

254 Polaroid sized Editions, 1999–2011, LAMBDA DIGITAL COLOR PHOTOGRAPHS, 10.7 x 8.8 cm,with signature brand,exquisite high quality, approved by the artist, mounting included: sandwiched between plexi glass; http://www.instantdreams.net/media/minis/minis.html, abgerufen am 01.06.2016.

b) Die Geschäftspraxis von LUMAS

Die Grenze zwischen Innenausstattung und Kunst verschwimmt im Fall von LUMAS.[255] So suchte das Unternehmen neue Mitarbeiter mit der Anforderung „Verkaufserfahrung im gehobenen Möbeleinzelhandel“ und die Unternehmenschefin bezeichnet LUMAS selbst als „eine Art IKEA für die Wand“.[256] In der Tat kann man sich die Frage stellen, wo genau der Unterschied zwischen einem bei LUMAS gekauften Foto und einem bei dem schwedischen Möbelhändler IKEA gekauften Wandschmuck liegt.

Insbesondere bei den günstigen und in „(small) open edition“ verlegten „LUMAS MINIS“ liegt es nahe, dass es einen solchen Unterschied *de facto* gar nicht gibt. Dennoch besteht bei allen anderen von LUMAS angebotenen Werken ein sehr entscheidender Unterschied zur durchschnittlichen Wandschmuckware: Es ist die Präsentation der Ware und ganz besonders die Limitierung der Auflage, mit der ein Gefühl von Exklusivität bei den Kunden erzeugt werden soll. Diese Exklusivität grenzt das von LUMAS vertriebene Produkt von trivialem bzw. profanem „Wandschmuck“ ab und verleiht ihm eine „Aura“ sowie das Versprechen von „Authentizität“. LUMAS selbst schrieb hierzu noch im Jahr 2011 auf der Firmenhomepage:

> *„LUMAS vereinbart vertraglich mit allen Künstlern im Detail, wie oft ein Kunstwerk insgesamt angeboten werden darf. Darüber hinaus verpflichtet sich der Künstler für immer, keine weiteren Exemplare anzubieten. Zusätzlich sei zu Ihrer abschließenden Sicherheit erwähnt, daß Sie nach BGB gar einen Rechtsanspruch gegen LUMAS und (!) den Künstler selbst haben, dass eine Editionsauflage in der angegebenen Größe eingehalten und niemals überschritten wird.“* [257]

Darüber, welcher Anspruch konkret gemeint sein könnte, schwieg sich der Informationstext aus.[258] Bemerkenswert ist, dass der Text in dieser Konkretheit heute nicht mehr auf der Homepage zu finden ist.

Inzwischen lauten die entsprechenden Passagen:

---

255 *Fricke*, in: frame # 1, 163 schreibt, es handele sich um ein „standardisiertes Endprodukt“ mit „industriellem Charakter“.

256 Zitiert nach *Langer*, FAZ vom 29. September 2007, 45.

257 http://www.lumas.de/index.php?id=554, abgerufen am 18.04.2011.

258 Im Verlauf dieser Arbeit wird die Frage noch ausführlich geklärt werden. Siehe unten ab D, S. 175.

> *„Gerade weil bei Fotografien technisch beliebig viele Originale hergestellt werden können, ist für den Kunstmarkt eine Limitierung der Auflage von großer Bedeutung. Bei LUMAS wird vertraglich genau festgehalten, wie stark eine Edition limitiert ist. So garantieren wir, dass weder LUMAS noch der Künstler in Zukunft weitere Exemplare anbieten.*
> *Die handschriftliche Signatur des Künstlers auf der Rückseite jeder LUMAS Edition macht sie zum Original und erhöht ihren Wert auf dem Kunstmarkt. Das sogenannte „Editionszertifikat" bürgt für die Authentizität der Künstler-Signatur. Außerdem werden hier alle wesentlichen Daten der Edition wie deren Format, Datierung, Gesamtauflage und die fortlaufende Nummer ausgewiesen. Diese Form der Signatur entspricht dem internationalen Standard, welchem alle großen Auktionshäuser folgen. Zuweilen behält der Künstler sich vor, wenige Abzüge der exklusiven LUMAS Edition in meist deutlich größeren Formaten an Galerien oder Museen abzugeben, was die Bekanntheit seines Werks steigert."*[259]

Zum jetzigen Zeitpunkt sind die Aussagen von LUMAS im Hinblick auf die vorliegende Arbeit ein weiterer Hinweis auf die Wichtigkeit der Auflagenlimitierung und vor allem auch auf die große Bedeutung ihrer *Einhaltung*.

Der Käufer einer LUMAS-Fotografie erhält laut Internetseite von LUMAS neben der Fotografie einen auf der Rückseite der Fotografie angebrachten „Editionsaufkleber" bzw. inzwischen wohl ein sogenanntes „Editionszertifikat".[260] Das „Editionszertifikat" wird dem Käufer beim Kauf in den Ladengeschäften nachträglich via Post zugesendet.[261] Darauf werden der Name des Künstlers sowie die Werkdaten und die Auflagenbezeichnung wiedergegeben. Der Künstler signiert die „Editionsaufkleber" bzw. „Editionszertifikate" eigenhändig. Der laut der ursprünglichen Eigenwerbung auf der Homepage bestehende „Unterlassungsanspruch" gegenüber LUMAS und dem Künstler ist jedoch – soweit bekannt – nirgendwo ausdrücklich verbrieft. Weitere mögliche „Vorbehalte" des Künstlers bzw. von LUMAS werden auf der Homepage zwar angesprochen, jedoch anscheinend nicht ausdrücklich in das Editionszertifikat aufgenommen. So hieß es auf der Homepage von LUMAS ursprünglich weiter:

> *„Neben den Größen bei LUMAS in genau definierten Auflagen, behält sich der Künstler zuweilen vor, zusätzlich wenige Abzüge meist in deutlich*

259 http://www.lumas.de/ueber-lumas/prinzip/, abgerufen am 01.06.2016.
260 Vgl. http://www.lumas.de/ueber-lumas/prinzip/, abgerufen am 01.06.2016.
261 So die Auskunft im Heidelberger Ladengeschäft im Februar 2015.

größerem Format an Galerien oder Museen abzugeben. Dies ist für die Bekanntheit eines Werks natürlich sehr förderlich. Wenn Sie eine umfassende Auskunft wünschen, kann Ihnen die LUMAS Hotline gerne mitteilen, wie eines unserer Werke insgesamt im Kunstmarkt repräsentiert ist. [...] Zusätzlich existieren zu jeder Edition neben den nummerierten Abzügen zwei bis zehn so genannte Artist Proofs. Dies sind Exemplare, die zu Prüfzwecken für den Künstler angefertigt werden und ihm zur Verfügung stehen. In Einzelfällen werden sie, entsprechend gekennzeichnet, nach Verkauf der Auflage zu erhöhten Preisen über LUMAS abgegeben. Wenn Sie also ein Werk mit dem Status „sold" erwerben, kann es sich mit ein wenig Glück um einen der begehrten Artist Proofs handeln."[262]

Auch hier haben sich die entsprechenden Passagen im Laufe der Zeit verändert:

„[...] Zuweilen behält der Künstler sich vor, wenige Abzüge der exklusiven LUMAS Edition in meist deutlich größeren Formaten an Galerien oder Museen abzugeben, was die Bekanntheit seines Werks steigert.
[...] Der Preis steigt kontinuierlich bis zur höchsten Preisstufe „Sold". Das Werk ist dann online nicht mehr verfügbar. Mit etwas Glück finden Sie in einer unserer LUMAS Galerien noch vereinzelt Exponate. Darunter können Rücklieferungen von Kunstmessen sein aber auch so genannte Artist Proofs: Abzüge, die nur zu Prüfzwecken für den Künstler angefertigt wurden. Die Suche lohnt sich also. Wenn eine Edition ausverkauft ist, steigt ihr Wert weiter – der regen Nachfrage steht nun kein Angebot mehr gegenüber."[263]

Hieraus ergeben sich weitere Befunde, die auch im übrigen Markt für Fotokunst anzutreffen sind: Zum einen scheint LUMAS ein „formatbezogenes"[264] Limitierungsverständnis zugrunde zu legen. Zum anderen werden die von LUMAS so bezeichneten „Artist Proofs" offensichtlich nicht zur Limitierung hinzugezählt und auch nicht ohne Weiteres ausgewiesen (z. B. auf dem „Editionsaufkleber"). Zudem ist die Anzahl der „Artist Proofs" von Fall zu Fall unterschiedlich. Die angesprochene Praxis, wonach die „Artist Proofs", welche ausdrücklich „zu Prüfzwecken *für* [Hervorhebung durch den Verfasser] den Künstler" hergestellt wurden, anscheinend mit einer gewissen Selbstverständlichkeit in den Markt gegebenen werden, wenn die Auflage ausverkauft

262 http://www.lumas.de/index.php?id=554, abgerufen am 21.04.2011.
263 http://www.lumas.de/ueber-lumas/prinzip/, abgerufen am 01.06.2016.
264 Zu diesem Begriff unten B.II.4.b), S. 86.

ist, sollte ein Kunde kritisch hinterfragen.[265] Dies gilt insbesondere im Lichte der weiteren Aussagen von LUMAS auf der Internetseite des Unternehmens:

> *„[...] Eine Signatur und strikte Kontrolle der Auflage sind daher unserer Meinung nach auch bei Editionen unabdingbar – eine Ausnahme bilden unsere im Gegenzug besonders preiswerten, kleinformatigen Open Editions. Einmal ausverkauft, steigt ein limitiertes Original im Wert: Der offensichtlich regen Nachfrage steht kein verfügbares Angebot mehr gegenüber. Einige Zeit später kommt es dann zu Transaktionen im Sekundärmarkt, z. B. bei verschiedenen Auktionshäusern. Wie die unten aufgeführten Auktionsergebnisse zeigen, weisen Editionen ähnlich verblüffende Potenziale auf wie führende Galerie-Angebote – gerade gemessen am geringen „Einsatz". [...] Aber in Zeiten, in denen Beständigkeit und Nachhaltigkeit eine große Rolle in der Entscheidung spielen, ist es gut zu wissen, dass Wertsteigerungen mathematisch und faktisch erwartbar sind und es einen funktionierenden Sekundärmarkt gibt. So bleibt Kunst wohl der einzige Luxus, der beständig im Wert steigt."*[266]

6. Das Problem der begrenzten Haltbarkeit von Fotografie und Lösungsversuche des Kunstmarkts

Die Frage nach der Einhaltung einer einmal gewählten Limitierung wäre ein geringeres Problem, wenn die Fotografen, nachdem alle Exemplare einer Auflage abgezogen wurden, das Negativ bzw. die Datei vernichten würden.[267] Auf diese Weise ist z. B. Ansel Adams bei der Erstellung eines seiner Portfolios vorgegangen.[268] Diese Praxis scheint im Bereich der Druckgrafik verbreiteter zu sein, wo nach Abschluss der Auflagenherstellung häufig die Druckplatte bzw. der Druckstock zerkratzt oder anderweitig unbrauchbar gemacht wird.[269] Die Forderung, der Fotograf möge das Negativ bzw. die Datei vernichten, vernachlässigt jedoch eine ganz entscheidende technische Eigenheit von Fotografien: sie haben – insbesondere unter Ausstellungsbedingungen – nur eine sehr begrenzte Haltbarkeit.[270]

265 Ausführlich unten C, S. 101.

266 http://www.lumas.de/ueber-lumas/auktionsergebnisse/, abgerufen am 03.07.2015.

267 *Ehrler*, Folgerecht, 186 hält dies für ein wünschenswertes Vorgehen des Fotografen.

268 B.I.1.a), S. 38.

269 *Schneider*, Kunstverlag, 166; vgl. auch *Wyler*, Film und Recht 1983, 481.

270 Vgl. die Vorschläge für optimale Archiv- bzw. Ausstellungsbedingungen bei *Schmidt*, Fotografien, 71 ff., 87 ff. Oder auch bei *Schmidt*, art value (Ausgabe 10) 2012, 67 ff.

a) Fotografische Abzüge unterliegen einem zerstörerischen Alterungsprozess

Obwohl es eine ganze Reihe von im Detail unterschiedlichen Techniken der Fotoentwicklung gibt, ist das Grundprinzip der meisten Fotoabzüge gleich.[271] Jedes Fotopapier besteht prinzipiell aus einem Trägerpapier, auf welchem sich eine Emulsion mit lichtempfindlichen Chemikalien befindet. Durch den Vorgang der Belichtung verändern diese Chemikalien dauerhaft ihre Struktur und sorgen so (nach Entwicklung, d. h. insbesondere der Fixierung) für die dauerhafte Wiedergabe des Lichtbildes. Bei einem Schwarz-Weiß-Foto handelt es sich nur um eine bis zwei lichtempfindliche Schichten, bei Farbfotos um drei lichtempfindliche Schichten, jeweils eine für jede der Primärfarben. Auf die Haltbarkeit einer Fotografie wirkt sich einerseits die Stabilität der Chemikalien, andererseits die Haltbarkeit des schichtenhaften Aufbaus des Fotopapiers aus. Durch dauerhafte Lichteinstrahlung (z. B. unter Ausstellungsbedingungen),[272] aber insbesondere bei älteren Farbfotopapieren selbst schon bei Lagerung in Dunkelheit,[273] zersetzen sich die Chemikalien der Emulsion und mit der Zeit verblasst die Fotografie bzw. der Farbfilm bekommt häufig einen Gelbstich.[274] Zudem kann sich z. B. aufgrund von Kontakt mit Feuchtigkeit die Emulsion vom Trägerpapier ablösen oder es bilden sich bestimmte Schimmel.[275] Aber auch Ozon in der Raumluft setzt den Abzügen auf Dauer zu.[276] Die von einigen zeitgenössischen Künstlern verwendeten „Inkjet Prints“ (Ausdrucke, hergestellt mit hochwertigen Tintenstrahldruckern) scheinen weniger schnell zu verblassen, stellen aber aufgrund dessen, dass sich die Farbpartikel *auf* dem Papier und nicht *in* einer Emulsion befinden und darum entsprechend berührungsempfindlich sind, wiederum neue Herausforderungen an den Umgang mit ihnen.[277]

---

271 Eine detaillierte Auseinandersetzung mit den unterschiedlichen Techniken und ihrer Unterscheidung findet sich bei *Schmidt*, Fotografien, 16 ff. Die wohl umfangreichste und gleichzeitig aktuellste Sammlung von Informationen zum Thema „Haltbarkeit von Fotografien“ gibt es im Internet unter: http://www.wilhelm-research.com/, abgerufen am 01.06.2016, sowie bei *Wilhelm*, Color Photographs.

272 *Schmidt*, art value (Ausgabe 10) 2012, 67 (70).

273 *Wilhelm*, Color Photographs, 101 ff.

274 *Badger*, Collecting, 110 f.; *Phillips*, Contemporary Photography, 191 f.; *Wilhelm*, Color Photographs, 103 f.

275 *Schmidt*, Fotografien, 72; *Schmidt*, art value (Ausgabe 10) 2012, 67 ff.

276 *Badger*, Collecting, 107 ff.; *Kesberger*, Photonews Thema 10/2008, 8 (9).

277 *Jürgens*, Photonews Thema 09/2009, 14.

Einerseits sind Fotografien somit häufig einem viel schnelleren Alterungsprozess ausgesetzt als zum Beispiel Ölgemälde. Andererseits gestaltet sich aber auch ihre Aufarbeitung bzw. Konservierung schwierig. Dies hängt auch damit zusammen, dass der Markt für Fotokunst noch recht jung ist und es somit lange Zeit an ausreichenden Erfahrungswerten für die Restaurierung mangelte.[278] In den letzten Jahren hat es insoweit große wissenschaftliche Fortschritte gegeben,[279] die jedoch für eine ganze Zahl von Abzügen zu spät kommen werden.[280]

Es ist somit schon im Hinblick auf die Erhaltung des kulturellen Erbes für nachfolgende Generation zu fordern, dass Fotografen die Negative bzw. Dateien ihrer Werke gerade *nicht* vernichten, da ansonsten binnen weniger Generationen keine ausstellungswürdigen Werkexemplare mehr vorhanden wären. In der Regel wird dies von den Fotografen auch so gehandhabt, weshalb die meisten das Negativ bzw. die Datei nach Abzug der Auflage einem Archiv zuführen, es jedoch nicht mehr für die Herstellung von Abzügen verwenden.[281]

b) „Exhibition Prints“

Eine andere in der Praxis zu beobachtende Vorgehensweise ist, dass Künstler für Ausstellungen sogenannte „Exhibition Prints“[282] (Ausstellungsabzüge; auch „Exhibition Copies“) anfertigen, die außerhalb einer unter Umständen bestehenden Auflage liegen und nach Abschluss der Ausstellung wieder zerstört werden.[283] Auf diese Weise können die Fotografien bedenkenlos auch unter für ihren Erhalt suboptimalen, aber für die Betrachtung optima-

278 *Badger*, Collecting, 103.

279 Diese Entwicklung ist ausführlich dokumentiert in der Aufsatzsammlung *Norris, Debra Hess/Gutierrez, Jennifer Jae* (Hrsg.), Issues in the Conservation of Photographs, Los Angeles 2010.

280 Vgl. hierzu auch *Badger*, Collecting, 103 ff.

281 *Noble*, Collecting Photographs, 196.

282 Ein Beispiel bildet Andreas Gurskys Münchener Ausstellung von 2007, die ausschließlich aus „frischen“, extra nur für die Ausstellung angefertigten Abzügen bestand; vgl. *Ziegler*, Photonews 4/2007, 3 sowie *Bonnet*, in: frame # 2, 89. Zu „Exhibition Prints“ auch ein Kommentar bei *Michl*, Handelsblatt (Onlineausgabe), Teuer bezahlte Versprechen verpflichten (Internetquelle).

283 Vgl. *Jacobs*, in: FS Samwer, 148 f.; *Maaßen*, in: Wandtke – Medienrecht, 2. Teil/Kapitel 4/Rn. 123; *Mosimann*, in: Kunst & Recht, 21. Eine andere Definition des Begriffs findet sich bei *Badger*, Collecting, 138, der hierunter einen Abzug verstehen will, der eine „Ausstellungsgeschichte“ vorzuweisen hat, das heißt: auf bedeutenden Ausstellungen gezeigt wurde und dem daher ein besonderer Wert zugemessen wird.

len Bedingungen (z. B. starker Ausleuchtung) ausgestellt werden. Ein weiterer positiver Nebeneffekt der Verwendung von Exhibition Prints sind zudem die in der Regel geringeren (oder ganz entfallenden) Versicherungskosten, die dem Ausstellungsträger die Möglichkeit bieten, seine Kosten zu reduzieren. Probleme könnten sich aber ergeben, wenn diese zusätzlichen Exemplare nicht nur temporär für eine bestimmte Ausstellung hergestellt werden, sondern in Konkurrenz zur eigentlichen Auflage treten würden (zum Beispiel, weil sie dauerhaft in einem Museum verbleiben oder sogar in den Kunsthandel gelangen, was eigentlich nicht passieren darf[284]). Im Normalfall sollte ein Exhibition Print daher als solcher gekennzeichnet sein und vom Fotografen nicht signiert[285] werden. Weiterhin sollte er im Eigentum des Künstlers stehen und verbleiben sowie mit einem Hinweis im Sinne von „not for sale“ versehen sein.[286] Dass ein Exhibition Print auf dem Kunstmarkt „keinerlei Wert“ habe,[287] ist nämlich in höchstem Maße zweifelhaft. Selbst wenn man Kauf und Verkauf solcher Stücke auf dem Kunstmarkt unter Umständen als „anrüchig“ empfinden würde, so spricht die Lebenserfahrung eher dafür, dass sich Personen finden, die bereit sind, auch für einen Exhibition Print einen (vielleicht sogar hohen) Preis zu zahlen. Dies ist vor allem denkbar, wenn die Originale des Motivs vergriffen sind und vielleicht der Exhibition Print unter den Ausstellungsbedingungen weniger gelitten hat, als normalerweise zu erwarten gewesen wäre.

Teilweise wird die gerade beschriebene Vorgehensweise insofern abgewandelt, als dass der Käufer einer Fotografie bereits beim Kauf ein identisches Zweitexemplar ausgehändigt bekommt. Dieses Zweitexemplar ist als „Exhibition Print“ gekennzeichnet und kann vom Sammler bei sich aufgehängt oder für Ausstellungen verliehen werden, während das ebenfalls ausgehändigte Original unter optimalen Bedingungen archiviert werden kann. Der Käufer macht zudem regelmäßig die vertragliche Zusage, Original und Exhibition Print nicht zu trennen, sondern (z. B. im Fall einer Weiterveräußerung) nur paarweise abzugeben.[288]

---

284 So auch *Smyth*, British Journal of Photography, The numbers game (Internetquelle).

285 Vgl. *Maaßen*, in: Wandtke – Medienrecht, 2. Teil/Kapitel 4/Rn. 123.

286 So offenbar die Handhabung durch Andreas Gursky. Vgl. *Schreiber*, Handelsblatt (online), Korrekter Umgang mit einer Neuauflage (Internetquelle).

287 *Jacobs*, in: FS Samwer, 149.

288 Die dauerhafte rechtliche Durchsetzbarkeit einer solchen Vereinbarung ist jedoch fraglich. Zudem werden absehbar Ereignisse wie Scheidungen und Erbfolgen zur Trennung solcher „Pärchen“ führen.

c) Herstellung von Ersatzabzügen

In der Praxis wird auch noch eine weitere Lösung für das Problem der begrenzten Haltbarkeit von Fotografien für die Werke zeitgenössischer Fotografen angewendet: Viele Fotografen bieten insbesondere institutionellen Sammlern (aber teilweise auch ganz grundsätzlich) an, den Abzug – wenn er Schaden genommen hat oder ausgeblichen ist – zum Selbstkostenpreis gegen einen neuen Abzug auszutauschen.[289] Der beschädigte Abzug wird dann vernichtet und der neue Abzug übernimmt die Nummer des alten.[290] Diese Praxis ist allerdings nur zu Lebzeiten des Fotografen möglich. Sie spricht jedoch ebenfalls dafür, dass die Fotografen Archive ihrer Negative und Dateien unterhalten, eben um solche Ersatzabzüge herstellen zu können. Die Praktikabilität dieser Praxis kommt jedoch dort an ihre Grenzen, wo ein erfolgreicher Künstler bereits so viele Werke hergestellt hat, dass der Zeitaufwand, verblichene Werke zu erneuern (was im schlechtesten Fall bereits nach wenigen Jahren notwendig werden kann), von ihm aufgrund der hohen Zahl der „Rückläufer" schlicht nicht mehr zu leisten ist. So sehr zum einen also ein Interesse des Sammlers besteht, sich die Herstellung eines Ersatzabzugs bereits beim Kauf zusichern zu lassen, so wenig ratsam erscheint es für den Fotografen, dahin gehend verbindliche Zusagen zu machen.

Weiterhin stellen sich interessante Fragen (z. B. für öffentliche Sammlung aus konservatorischer Sicht), wenn Künstler die Bitte um Anfertigung eines Ersatzabzuges nutzen, um das Werk neu zu interpretieren.[291] In diesem Zusammenhang ist institutionellen Sammlern mit einem derartigen

---

289 Zu diesem Themenkomplex veranstaltete die DZ Bank Kunstsammlung zusammen mit der Deutschen Gesellschaft für Photographie am 21.11.2014 in Frankfurt ein Symposium unter dem Titel: „Erhalt des Originals – Neuproduktion oder Interpretation". Die Redebeiträge und Diskussionen sind unter http://www.dzbank-kunstsammlung.de/de/sammlung/symposium/ abrufbar, abgerufen am 01.06.2016. Weitere Hinweise zur Vorgehensweise in der Praxis bei *Fricke*, Handelsblatt (online), Vertrauen ist gut, Kontrolle aber besser (Internetquelle). Zudem auch *Mosimann*, in: Kunst & Recht, 21; *Mosimann* führt die Möglichkeit an, dass der Künstler dem Eigentümer des Werks gestattet, selbst einen neuen Abzug herzustellen. Voraussetzung hierfür wäre, dass dem Eigentümer auch die Datei bzw. das Negativ überlassen worden sind. Von einer solchen Vorgehensweise ist jedoch dringend abzuraten; vgl. unten C.II.9.c), S. 149.

290 *Bauschke*, FAZ v. 22.08.2015, 15; *Smyth*, British Journal of Photography, The numbers game (Internetquelle).

291 Vgl. dazu den oben beschriebenen Fall des Werks „Eviction Struggle/An Eviction" von Jeff Wall bei B.I.3, S. 55. Anlass für das in Fn. 289 erwähnte Symposium bot ein Fall, in dem ein in der Sammlung der DZ Bank befindliches Werk Andreas Gurskys erneuert wurde und dabei ebenfalls diverse Änderungen (Format, Rand, Bildausschnitt, digitale Retusche) vorgenommen wurden.

kunsthistorischen Interesse am Originaleindruck des ursprünglichen Prints zu raten, bereits beim Ankauf eines Werks der Fotografie – soweit dies die eigene Verhandlungsmacht erlaubt – mit dem Künstler schriftlich zu fixieren, dass und unter welchen Modalitäten ein Ersatzabzug gegebenenfalls herzustellen sein wird.

Eine weitere Spielart im Bereich der Exhibition Prints liegt darin, statt der Aushändigung eines zusätzlichen Exhibition Prints beim Kauf[292], einen „Sicherheitsausdruck" zu übergeben, der nach Zerstörung des „Erstausdrucks" nach dem Willen des Künstlers zum Original wird.[293]

d) Exkurs: Existiert eine stillschweigende vertragliche Verpflichtung des Künstlers zur Herstellung von Ersatzabzügen?

Ob der Künstler im Rahmen einer ergänzenden Vertragsauslegung auch ohne eine ausdrückliche Zusage zur Herstellung von Ersatzexemplaren verpflichtet sein kann, wird unterschiedlich beurteilt.[294] Voraussetzung hierfür wäre zunächst einmal ein Vertrag zwischen Künstler und Sammler, dem man einen solchen Inhalt in ergänzender Auslegung zumessen könnte.[295] Häufig besteht z. B. ein Kaufvertrag jedoch gar nicht unmittelbar zwischen Sammler und Künstler. In den wenigen Fällen, in denen eine solche Vertragsbeziehung vorliegt, wäre es dennoch eine stark einseitig benachteiligende Regelung, eine derart weite Verpflichtung des Künstlers anzunehmen. Man stelle sich nur vor, dass der Künstler gegen Ende seines Lebens nur noch damit beschäftigt wäre, Ersatzabzüge der vielen Werke zu schaffen, die er im Laufe seines Lebens verkaufen konnte. Er hätte keine Zeit mehr, sich neuen Werken zu widmen. Das Problem würde sich sicher noch dadurch verstärken, dass Sammler beizeiten (d. h. vor dem Ableben des Künstlers) einen neuen Abzug wünschen, damit dieser dann wieder die gewünschte „Mindesthaltbarkeit" hat. Letztlich sähe sich der Künstler dann einer ähnlichen Situation ausgesetzt wie Ansel Adams in seinen späten Jahren.[296] Die Beschränkung einer entsprechenden Verpflichtung des Künstlers auf die Fälle, in denen eine

292 Vgl. oben unter B.I.6.b), S. 71.

293 *Jacobs*, in: FS Samwer, 149. *Schlütter*, Original, 242 geht hingegen davon aus, dass es sich dann bei beiden Abzügen jeweils um ein Original handelt.

294 Wohl grundsätzlich für eine solche Verpflichtung *Schack*, Kunst und Recht, Rn. 875; dagegen *Jacobs*, in: FS Samwer, 150.

295 Zu den vertraglichen Verhältnissen auf dem Kunstmarkt vgl. die Ausführungen unten bei E.I, S. 265.

296 Vgl. oben B.I.1.a), S. 38.

solche Zusage tatsächlich gemacht wurde (abgesehen vom Bereich der Kulanz[297]), ermöglicht zudem eine entsprechende wirtschaftliche Bewertung dieser Option bereits beim Verkauf. Werke mit einer solchen Zusage sollten einen höheren Wert haben und daher auch vom Künstler teurer verkauft werden als Werke ohne einen solchen „value added benefit“. Da inzwischen weitgehend bekannt sein dürfte, dass Fotografien nicht unendlich lange haltbar sind[298] und zudem beim Verkauf in der Regel auch darauf hingewiesen wird, gibt es für den Käufer keine „bösen Überraschungen“. Aber selbst eine Täuschung über die Haltbarkeit der Fotografie dürfte eher Mängelgewährleistungsansprüche[299] oder geldwerte Schadensersatzansprüche auslösen als eine unbedingte Pflicht zur Lieferung eines Ersatzabzugs durch den Künstler. Letztlich sprechen die besseren Gründe gegen eine solche Verpflichtung des Künstlers im Wege ergänzender Vertragsauslegung.

e) Einräumung einer Reproduktionslizenz

Relativ neu und letztlich eine Folge der Möglichkeiten, welche die Digitalisierung geschaffen hat, ist die Vorgehensweise, dem Käufer eines fotografischen Werks zu gestatten, bei Beschädigung seines Abzugs *selbst* einen neuen Abzug herzustellen bzw. herstellen zu lassen.

Dem Käufer einer Fotografie wird hierzu entweder bereits beim Kauf ein Datenträger (z. B. eine sogenannte „scan data CD“[300]) mit einer reproduktionsfähigen Datei der erworbenen Fotografie ausgehändigt. Alternativ wird ein solcher Datenträger bei einem Dritten (z. B. einem Notar) hinterlegt. Der Künstler hinterlässt zudem genaue Anweisungen, auf welchem Papier und mit welchem Herstellungsverfahren (z. B. Fabrikat und Typ des Druckers) bei Beschädigung des Originals oder als Exhibition Print ein weiterer Abzug hergestellt werden kann.[301] Die Authentizität des Kunstwerks soll durch ein beigefügtes Zertifikat, welches vom Künstler signiert wird, dokumentiert werden.[302] Voraussetzung für die Herstellung des neuen Abzugs ist stets die Vernichtung des ursprünglichen Abzugs.[303] Ist ein unparteiischer

297 Vgl. *Jacobs*, in: FS Samwer, 150.
298 *Jacobs*, in: FS Samwer, 150.
299 Anders wohl *Jacobs*, in: FS Samwer, 150.
300 *Mosimann*, in: Kunst & Recht, 20 ff.
301 Vgl. die beispielhaft angeführten Klauseln in Fn. 35 und 36 bei *Mosimann*, in: Kunst & Recht, 21.
302 Eine Signierung des Werks selbst wäre wenig zielführend, da es ja ausgetauscht werden kann.
303 *Mosimann*, in: Kunst & Recht, 21.

Dritter involviert (z. B. der oben angesprochene Notar), so besteht die Möglichkeit, die Vernichtung des ursprünglichen Abzugs sowie die Herstellung eines neuen Abzugs relativ sicher zu überwachen. Bei Aushändigung der Datei unmittelbar an den Käufer ist der Künstler jedoch auf dessen Verlässlichkeit angewiesen. Eine solche Vorgehensweise begegnet daher starken Bedenken.[304] Unklar ist bei dieser vergleichsweise neuen Vorgehensweise zudem, ob sie dauerhaft von den Marktteilnehmern akzeptiert wird. Letztlich wird die Produktion des Abzugs in diesen Fällen auf einen rein technischen Vorgang reduziert und eine Kontrolle des Ergebnisses durch den Künstler für entbehrlich gehalten.[305] Die damit einhergehende Beschränkung der künstlerischen Leistung auf eine präzise formulierte „Ausführungsanweisung" rückt diese Art der Fotografie in den Bereich der Konzeptkunst. Es stellt sich daher durchaus die Frage, ob hier noch der Abzug das eigentlich Kunstwerk ist oder nicht vielmehr der vom Künstler entworfene „Plan" der Ausführung des Kunstwerks. Soweit ersichtlich, ist ein derartiges Vorgehen momentan jedoch (noch) nicht repräsentativ für den Bereich der zeitgenössischen Fotokunst, sondern stellt ein begrenztes Phänomen dar. Die weiteren Entwicklungen sind zu beobachten.

Letztlich bleibt vor allem der Befund, dass die Fotografie ein Medium ist, welches schlicht nicht in der Lage ist, dieselbe Dauerhaftigkeit zu erzielen, die der Markt beispielsweise von Ölgemälden gewohnt ist. Das neue Medium beansprucht neue Lösungen, die sich erst im Laufe der Zeit herausbilden können. Insbesondere die zukünftige Akzeptanz von einzelnen Werken auf dem Markt wird zeigen, welche Vorgehensweisen sich insbesondere auch im Hinblick auf die Werterhaltung der Abzüge als vorteilhaft erweisen und sich damit dauerhaft durchsetzen werden.

7. Schlussfolgerungen

Eine historische Betrachtung des Markts für Fotokunst zeigt, dass es eigentlich zwei[306] verschiedene Märkte gibt: denjenigen für die sogenannte historische Fotografie und denjenigen für die sogenannte zeitgenössische Fotografie. Eine Trennlinie zwischen den Märkten kann etwa bei dem Jahr 1970

304 So auch *Mosimann*, in: Kunst & Recht, 21; zu weiteren Problemen einer solchen Vorgehensweise unten in C.II.9.c), S. 149.

305 Vgl. zur Kontrolle des Abzuges durch den Künstler (Autorisation) auch unten C.II.9.b), S. 144.

306 Teilweise wird die „historische Fotografie" auch noch einmal in „historische" und „klassische" Fotografie unterschieden; *Klein*, art value (Ausgabe 10) 2012, 52 (53).

angesetzt werden, wobei es hier auch Grenzfälle geben wird, deren genaue Zuordnung zu einer der beiden Epochen schwierig sein kann. Für die ganz große Mehrzahl der Fotografien lässt sich jedoch ziemlich exakt angeben, ob sie der einen oder der anderen Epoche zuzuschlagen sind. Diese Vorstellung einer Trennung des Markts wird heute von einer großen Zahl von Fachleuten geteilt.[307]

Aus dieser, auf historischen Umständen begründeten, Trennung müssen Konsequenzen gezogen werden. Eine ganz entscheidende Konsequenz ist es, an historische und zeitgenössische Fotokunst unterschiedliche Maßstäbe anzulegen, was z. B. das Erfordernis einer Limitierung und deren Ausgestaltung angeht. Die gravierenden tatsächlichen Unterschiede auf beiden Märkten verbieten eine verallgemeinernde Betrachtung der Fotografie *als solcher.* Die weiteren Ausführungen dieser Arbeit werden sich daher, insbesondere was die limitierte Auflage betrifft, nur auf den Bereich der sogenannten *zeitgenössischen* Fotografie beziehen. In diesem Bereich wiederum spielt die strenge Limitierung der von einem Motiv hergestellten Abzüge eine herausragende Rolle für die ideelle wie materielle Wertschätzung des konkreten Werkstücks. Im Bereich der historischen Fotografie hingegen kann das Konzept des „Vintage Print" als funktionelles Äquivalent zur Auflagenlimitierung begriffen werden.

Es konnte zudem gezeigt werden, dass die Märkte für Fotokunst und dabei insbesondere der Markt für zeitgenössische Fotokunst sich immer noch in Entwicklung befinden. Mit zunehmendem Preisniveau in der Fotokunst wird auch das Interesse am Schutz der Werthaltigkeit von Fotografien steigen und sich infolgedessen ein Bedürfnis nach größerer rechtlicher Sicherheit einstellen. Im Bereich der zeitgenössischen Fotokunst stellt sich dabei aufgrund der nahezu unendlichen Reproduktionsmöglichkeiten (abgesehen von unikalen Fototechniken wie z. B. Polaroid) insbesondere die Frage nach der rechtlichen Verbindlichkeit der Auflagenlimitierungen und der Durchsetzung eines eventuell aus ihr fließenden Anspruchs.

II. Praxis der limitierten Auflage in der Fotokunst

Bevor man Fragen über die rechtliche Relevanz einer limitierten Auflage beantworten kann, ist es notwendig, sich ihrer Erscheinungsform in der Praxis bewusst zu werden. Insbesondere die Art und Weise, in der eine limitier-

307 Vgl. nur *Vogel*, in: Schricker/Loewenheim, § 44 Rn. 27 sowie die oben bei B.I.1 und 2, S. 36/49, genannten Quellen.

te Auflage durch den Künstler umgesetzt wird, ist entscheidend für die später[308] zu untersuchende Frage, welchen rechtserheblichen Gestaltungswillen man den Handlungen des Künstlers entnehmen kann.

In der Praxis werden die Limitierungen im Einzelfall durchaus unterschiedlich umgesetzt. Einige grundsätzliche Regeln wiederum werden von fast allen Marktteilnehmern beachtet. Im Folgenden werden die verschiedenen Erscheinungsformen der limitierten Auflage sowie einige Marktgebräuche beschrieben. Eine systematische, empirische Erfassung im Hinblick darauf, welche Marktpraxis als überwiegend anerkannt gelten kann, wurde nicht vorgenommen und ist aufgrund der hohen Diskretion und der damit verbundenen Intransparenz des Kunstmarkts vermutlich unmöglich. Im Anschluss an die rechtlichen Überlegungen dieser Arbeit werden jedoch Vorschläge für „best practices" gemacht werden, die sowohl Marktanerkennung finden als auch einer rechtlichen Überprüfung standhalten sollten.[309]

1. Die Auflagenlimitierung

Die meisten Gebräuche bezüglich der Limitierungsbezeichnungen in der Fotografie wurden aus dem Bereich der Druckgrafik übernommen. So wird jeder Abzug einer Auflage im Allgemeinen wie in der Druckgrafik mit einem Bruch bezeichnet, wobei der Zähler die Nummer des einzelnen Abzugs und der Nenner die Gesamtauflage angibt (also hat z. B. die Bezeichnung „2/4" die der Bedeutung: Abzug Nr. 2 aus einer Auflage von vier Stück).[310] In der frühen Druckgrafik sollte durch die Nummerierung vor allem die Reihenfolge der Drucke festgehalten werden, da mit jedem Druck dessen Qualität abnahm, sodass frühe Drucke (z. B. wegen der besseren Detailwiedergabe) besonders begehrt waren. Diese Funktion ist durch langlebigere Druckverfahren[311] und spätestens bei der Fotografie mit ihrem schier unbegrenzten Reproduktionspotenzial irrelevant geworden, da sich die einzelnen Werkexemplare hier in ihrer Qualität normalerweise nicht mehr voneinander unterscheiden.[312]

---

308 Siehe unten D, S. 175.

309 Siehe unten F, S. 325.

310 Vgl. *Koschatzky*, Graphik, 12 f. sowie *Mercker*, in: Original und Fälschung, 70.

311 Vgl. *Bleicher/Stiebner*, Druckgraphik, 170; *Koschatzky*, Graphik, 12.

312 Da Auflagen jedoch häufig in der Reihenfolge der Nummerierung der Abzüge verkauft werden, könnte man noch mutmaßen, dass Sammler eine niedrige Nummer begehren, um damit zu belegen, dass sie besonders frühzeitig auf den Künstler bzw. die Auflage aufmerksam geworden sind; so *Bleicher/Stiebner*, Druckgraphik, 170.

2. „Artist's Prints"

Über die eigentliche Auflage hinaus werden häufig „Artist's Prints"[313] (häufig abgekürzt „A. P.") bzw. „Artist's Proofs"[314] produziert. Auch diese Praxis hat die Fotografie von der Druckgrafik übernommen. Die Künstlerdrucke sind dort von den Probedrucken und anderen „Abzügen vor der Auflage" zu unterscheiden.[315] Ursprünglich sind „Artist's Prints" als Belegexemplare[316] für den Künstler oder auch die Galerie gedacht und sollten eigentlich nicht gehandelt werden (daher auch die französische Bezeichnung „hors de commerce", abgekürzt als „h. c."[317]).[318] Nicht selten gelangen sie aber dennoch in den Handel.[319] Die Artist's Prints werden nicht als Teil der eigentlichen Auf-

313 Zum Teil auch (grammatikalisch wohl falsch) „Artist Prints". So z. B. die Terminologie bei LUMAS (oben B.I.5.b), S. 66).

314 Im Folgenden wird der Begriff „Artist's *Print*" Verwendung finden. Dieser stellt im Bereich der zeitgenössischen Fotografie die bessere Terminologie dar. „Artist's *Proofs*" (auch dieser Begriff stammt aus dem Bereich der Druckgrafik) bezeichnen dem Namen nach Probeabzüge, die vor der eigentlichen Auflage abgezogen werden und anhand derer der Künstler (insbesondere noch während der Herstellung der Platte) das Druckergebnis kontrollieren kann. Das Druckbild der „Artist's Proofs" dürfte also in der Regel nicht mit dem der abschließenden Auflage identisch sein. Probeabzüge in der Fotografie werden – wenn sie nicht das Gefallen des Künstlers finden – vernichtet. „Artist's Proofs" sollte es hier also gar nicht geben bzw. es kann eigentlich nicht im Interesse des Künstlers sein, wenn diese auf den Kunstmarkt gelangen. Bewirbt ein Verkäufer im Bereich der zeitgenössischen Fotokunst „Artist's Proofs" als besonders sammelwürdige Probedrucke zum Zwecke des Verkaufs, so ist nicht nur die Begriffswahl verfehlt. Es kann sich vielmehr um eine als unseriös einzustufende Auflagenerweiterung handeln. So drängt sich nämlich insbesondere die Frage auf, warum ein Künstler zu Prüfzwecken mehr als einen Probedruck benötigen sollte. Vgl. auch (noch zur Druckgrafik): *Bleicher/Stiebner*, Druckgraphik, 168 f. *Koschatzky*, Graphik, 13.

315 *Koschatzky*, Graphik, 13.

316 *Bleicher/Stiebner*, Druckgraphik, 169. Sie sind in der Regel gerade keine Testdrucke; vgl. *Koschatzky*, Graphik, 13.

317 *Bleicher/Stiebner*, Druckgraphik, 168 f.; *Koschatzky*, Graphik, 13. Teilweise will man im Bereich der Druckgrafik unter den „hors de commerce"-Stücken sogenannte „Verlegerabzüge" verstehen. Überdies sollen dann auch noch „Druckerabzüge" üblich sein. Zählt man diese zusätzlichen Abzüge zusammen, so können sie leicht auf eine Gesamtzahl kommen, welche die eigentliche Auflage um 20 % und mehr erhöht. Vgl. insoweit die Ausführungen und Beispiele bei *Schneider*, Kunstverlag, 190 ff. Letztlich waren dies die Auswüchse des Grafikmarkts, welche ihm mehr geschadet als genutzt haben. In der Fotografie ist insoweit im Großen und Ganzen eine sehr viel bewusstere und vor allem strengere Auflagengestaltung zu beobachten. Ob dies jedoch auch in Zukunft gilt, bleibt abzuwarten.

318 Sollte es jemals eine Differenzierung zwischen „Artist's Prints" und „hors de commerce" Abzügen gegeben haben (*Bleicher/Stiebner*, Druckgraphik, 168 f. legen dies nahe), so ist diese jedenfalls im heutigen Sprachgebrauch des Kunstmarkts abhandengekommen.

319 *Smyth*, British Journal of Photography, The numbers game (Internetquelle) sowie *Phillips*, Contemporary Photography, 20, welche den Vorgang deutlich unkritischer sieht.

lage begriffen und daher häufig auch nicht im Rahmen der auf dem Werkstück genannten Auflagenhöhe berücksichtigt. Teilweise wird die Anzahl der Artist's Prints allerdings auch genannt, wenn z. B. in einem Auktions- oder Verkaufsangebot die Gesamtauflage genannt wird. Dies kann bedeutend sein, wenn z. B. eine Fotografie wie „Untitled (Cowboy)" von Richard Prince aus den Jahren 2001/2002 in einer Auflage von „2 + 1 A. P." (bedeutend: Auflage von zwei Exemplaren und zusätzlich ein „Artist's Print") besteht, also die eigentliche Auflage durch die A. P.s um ganze 50 % gesteigert wird.[320]

Zu beobachten ist, dass die eben beschriebene Form der Bezeichnung (z. B. „1/2 + 1 A. P."), bei der die Anzahl der Artist's Prints von Anfang an kommuniziert wird, inzwischen auch von vielen, um Transparenz bemühten Künstlern und Galeristen verwendet wird.

Den Artist's Prints kann auch dann Bedeutung zukommen, wenn der Künstler sich vorbehält, nach Ausverkauf der eigentlichen Auflage weitere A. P.s anzufertigen, z. B. um ein bestimmtes Werk einem Museum oder einer Ausstellung zur Verfügung zu stellen. Letztlich bewegt er sich dann aber in einem unklaren Grenzbereich zwischen Artist's Prints und Exhibition Prints[321].

Letztlich ist die Anfertigung solcher Werkexemplare *außerhalb* der eigentlichen Auflage kritisch zu hinterfragen. Nicht selten wird sich hierdurch ein „Türchen offen gehalten", um nach dem Ausverkauf der Auflage weitere Stücke produzieren bzw. auf den Markt bringen zu können.[322] Dann muss jedoch gefragt werden, ob es nicht ehrlicher wäre, von Anfang an eine höhere Auflage zu produzieren und aus dieser offiziell ausgewiesenen Auflage Stücke für den späteren Verkauf zurückzuhalten. Zur Veranschaulichung kann man die Situation mit einem Künstler vergleichen, der in einem Medium wie der Ölmalerei arbeitet, welches stets nur Unikate hervorbringt. Ein solcher Künstler muss sich bei jedem fertiggestellten Stück fragen, ob er es direkt in den Markt gibt oder für persönliche Zwecke bzw. den späteren Verkauf (unter Umständen zu einem höheren Preis) zunächst zurückhalten möchte. Der Fotograf hat hingegen von Anfang an die Mög-

---

320 Vgl. das Los im Archiv von Sotheby's unter: http://www.sothebys.com/de/auctions/ecatalogue/2014/contemporary-art-evening-auction-l14024/lot.43.html, abgerufen am 01.06.2016. Vgl. zu dieser Form, die Artist's Prints im Rahmen der Auflagenangabe zu nennen auch *Bauschke*, FAZ v. 22.08.2015, 15.

321 Zu diesen oben B.I.6.b), S. 71. Anders *Bauschke*, FAZ v. 22.08.2015, 15 („[...] der Künstler kann über sie [die Artist's Prints] wie über die nummerierten Exemplare frei verfügen.").

322 *Smyth*, British Journal of Photography, The numbers game (Internetquelle). Vgl. auch (bereits zur Druckgrafik) *Bleicher/Stiebner*, Druckgraphik, 168 f.

lichkeit, mehrere Werkstücke desselben Werks zu produzieren. Es erscheint daher auch nicht unbillig, wenn man dann von einem seriösen Fotokünstler verlangt, dass er überhaupt keine Artist's Prints produziert,[323] sondern sich Stücke aus der eigentlichen Auflage zurücklegt und auf diese Weise die Höhe des Gesamtbestandes seiner Werke transparent hält. Eine andere gangbare Möglichkeit wäre es, die Menge der A. P.s stets bei der Auflagenangabe (also auch auf jedem Abzug der eigentlichen Auflage) auszuweisen (z. B. in der Form „1/7+2 A. P.").

Die oben vorgestellte Praxis, Exhibition Prints[324] für bestimmte (temporäre) Ausstellungen herzustellen, ist von den dauerhaften Artist's Prints zu unterscheiden. Exhibition Prints im eigentlichen Sinne haben nach ihrem Zweck eine klar begrenzte Lebensdauer und können daher bei Angaben zur Limitierung unberücksichtigt bleiben. Im Idealfall sind sie auch nicht signiert und können daher überhaupt nicht in Konkurrenz zu den Exemplaren der eigentlichen Auflage treten.

3. Die Kundgabe der Auflagenlimitierung

Der bloße Wille des Künstlers, eine limitierte Auflage zu schaffen, wäre für den Kunstmarkt und die Sammler nicht ausreichend und letztlich unbedeutend. Der Wille des Künstlers zur Auflagenlimitierung muss sich auch nach außen manifestieren. Im Idealfall natürlich auf dem Werk selbst, damit der Besitzer der Fotografie auch stets die Rarität des Objektes wortwörtlich „vor Augen hat".

a) Limitierungsangaben auf dem Abzug

Die meisten Fotokünstler haben die Praxis anderer künstlerischer Medien übernommen und signieren ihre Fotografien mit Namenszug. Teilweise, aber eher selten geschieht dies auf der Vorderseite des Abzugs. Häufig findet man die Signaturen auf der Rückseite des Abzugs oder auch auf dem Passepartout, wenn die Bilder gerahmt verkauft werden. In der Regel werden im Zusammenhang mit der Signierung des Werks auch die Auflagenangaben in der oben beschriebenen Form handschriftlich auf der Abzugsrückseite

323 In diesem Sinne der Galerist *Keith Cananagh* bei *Smyth*, British Journal of Photography, The numbers game (Internetquelle).

324 Vgl. oben B.I.6.b), S. 71.

angebracht. Weitere Angaben wie Datum des Abzugs, Titel des Motivs, Laborstempel oder eine Negativnummer können ebenfalls vorkommen.[325]

b) Limitierungsangaben auf einem Zertifikat

Gearbeitet wird aber auch mit „Echtheitszertifikaten" oder „Certificates of Authenticity",[326] wobei diese vor allem im Bereich der Medien- und Konzeptkunst Verwendung finden.[327] Auf Echtheitszertifikaten werden häufig Werktitel und Auflagenzahl angegeben und sie sind vom Künstler signiert. Teilweise werden diese Zertifikate rückseitig auf der Fotografie bzw. der Rahmenrückwand dauerhaft angebracht (z. B. aufgeklebt).[328] Insoweit ist die Grenzziehung zwischen einer Limitierungsangabe auf dem Abzug und einem Zertifikat, welches z. B. durch Aufkleben mit dem Abzug untrennbar verbunden wurde, nicht exakt zu ziehen. Manchmal enthalten solche Zertifikate auch weitergehende Informationen und Vereinbarungen z. B. dahin gehend, dass der Künstler bereit ist, einen verblichenen Abzug[329] zum Selbstkostenpreis gegen einen neuen Abzug auszutauschen.[330] Dass der Eigentümer einer Fotografie im Fall des Verkaufs ein vorhandenes Echtheitszertifikat an den Käufer zu übergeben hat, wird teilweise explizit auf den Zertifikaten vereinbart. Die Aushändigung eines solchen Zertifikats (wo es vorhanden ist) an den Käufer, wird aber auch als Teil seiner kaufvertraglichen Nebenpflichten zu betrachten sein.

Wird eine Limitierungsangabe in der üblichen Form (hand-)schriftlich angebracht und außerdem noch ein Echtheitszertifikat ausgehändigt, so sind die Angaben stets im Zusammenhang zu sehen.

Im Bereich der Konzeptkunst enthalten solche Zertifikate in der Regel auch noch die Anleitung des Künstlers zur „Herstellung" bzw. „Ausführung" des Kunstwerks.

Ein einheitlicher Standard oder einheitliche Ausstattungsmerkmale für Echtheitszertifikate haben sich bislang nicht etabliert. Die Gestaltung ist

---

325 Vgl. *Phillips*, Contemporary Photography, 19.

326 Zu Echtheitszertifikaten allgemein *Hapgood/Lauf*, in: In Deed, 77 ff. Weiterhin *Phillips*, Contemporary Photography, 19, welche Sammlern vorschlägt, Fotografen grundsätzlich um ein solches Zertifikat zu bitten, selbst wenn diese es nicht standardmäßig anbieten.

327 Für Beispiele von Echtheitszertifikaten vgl. den Katalog *Hapgood/Lauf* (Hrsg.), In Deed. Für ein abgedrucktes Beispiel eines Echtheitszertifikats für eine Filminstallation von Christian Jankowski siehe *Horowitz*, Art of the Deal, 59.

328 Vgl. z. B. die Editionsaufkleber von LUMAS; oben B.I.5, S. 62.

329 Vgl. oben B.I.6.c), S. 73.

330 Vgl. *Mosimann*, in: Kunst & Recht, 21.

sehr individuell. Letztendlich sind dem weiten Feld der Echtheitszertifikate auch handschriftliche „Bestätigungsschreiben" des Künstlers zur Auflagenhöhe und Authentizität des Werks zuzurechnen, wie sie in der Praxis immer wieder angetroffen werden.[331]

c) Registrierung einer Limitierung bei entsprechenden Anbietern im Internet

Dem ambitionierten Hobbyfotografen wie auch dem professionellen Fotokünstler bieten inzwischen unterschiedliche Anbieter die Möglichkeit, Kunstwerke und insbesondere deren Limitierungen im Internet zu registrieren.

Der Papierhersteller „Hahnemühle"[332] gibt Interessenten unter www.myartregistry.com die Möglichkeit, ohne großen Aufwand ein Limitierungszertifikat für seine Werke zu schaffen. Das Konzept sieht vor, dass der Künstler ein aufwändig gestaltetes und mit Hologramm und anderen Sicherheitsmerkmalen versehenes blanko Echtheitszertifikat erwirbt und es mit den entsprechenden Daten ergänzt (Künstlername, Angaben zum Werk, Limitierung). Anschließend bringt der Künstler auf der Rückseite des Werks ein selbstklebendes Hologramm an, das eine fortlaufend vergebene, einmalige Nummerierung trägt, die ebenfalls auf dem Echtheitszertifikat angebracht ist. Echtheitszertifikate und Hologrammaufkleber werden paarweise verkauft. Hierdurch soll die Zuordnung des Echtheitszertifikates zum einzelnen Werkstück dauerhaft sichergestellt werden. Auf der Internetseite „www.myartregistry.com" kann der Künstler anschließend das Werk mit Foto und Beschreibung sowie Angaben zur Auflage „registrieren" und dadurch die Limitierung publik machen.

Vergleichbar ist die Dienstleistung des britischen Unternehmens „Bluelabel".[333] Auch dieses Unternehmen bietet eine dauerhafte, virtuelle Registrierung von Kunstwerken an, inklusive der Möglichkeit, Daten in Bezug auf das Kunstwerk (wie z. B. zur Auflagenhöhe) zu hinterlegen. Die hinterlegten Daten können im Nachhinein nicht mehr geändert werden. Jedoch fehlt bei dem von „Bluelabel" bislang angebotenen Service eine physische

331 So in einem dem Autor bekannten Fall. Eine Vorlage für ein Echtheitszertifikat findet sich unter F, S. 325.

332 Hahnemühle produziert unter anderem hochwertige Papiere für Fotoabzüge.

333 Ursprünglich angeboten unter http://www.bluelabel.net. Derzeit (01.06.2016) ist die Internetseite offline. Eine Zusammenfassung der Unternehmenstätigkeit findet sich noch unter http://en.wikipidea.org/wiki/BlueLabel; abgerufen am 01.06.2016.

Zuordnung des tatsächlichen Werkstücks, wie sie bei www.myartregistry.com mithilfe des aufklebbaren Siegels vorgenommen wird.

Bislang kann allerdings nicht festgestellt werden, dass diese Form einer Dokumentierung der Limitierung weite Verbreitung gefunden hätte; dies gilt insbesondere für das „Hochpreissegment"[334] der Fotokunst. Es bleibt abzuwarten, ob sich die genannten Geschäftsmodelle dauerhaft etablieren werden können.

d) Individualvertragliche Vereinbarung einer Limitierung

Einen Sonderfall stellt die Situation dar, dass zwischen Künstler und Sammler eine individualvertragliche Vereinbarung über das Kunstwerk getroffen wird, die auch Bestimmungen zur Limitierung enthält. Entscheidend dafür, ob es zu einer solchen Vereinbarung kommt, ist insbesondere die Verteilung der Verhandlungsmacht zwischen Künstler und Sammler. Ein „unbedeutender" Privatsammler, der sein Werk auf dem Sekundärmarkt[335] ersteht, wird kaum Gelegenheit haben, derartige Vereinbarungen mit dem Künstler zu schließen. Selbst wenn er die Möglichkeit hat, auf dem Primärmarkt ein Stück zu erwerben, so liegt hier im Fall von renommierten Künstlern die Verhandlungsmacht häufig bei diesen, sodass es für den Sammler auf eine „Take it or leave it"-Transaktion hinausläuft. Anders kann sich der Fall darstellen, wenn der Erwerber eine bedeutende Sammlung ist und der Künstler selbst ein großes Interesse daran hat, dort mit einem Werk vertreten zu sein. Gleiches gilt bei einem noch „unentdeckten" Künstler, auf den ein bedeutender Sammler aufmerksam geworden ist. In diesen zuletzt genannten Fällen ist es durchaus möglich, dass ein Vertrag zwischen Sammler und Künstler aufgesetzt wird, der unter Umständen nicht einmal den Kauf selbst (der Kaufvertrag besteht auch im Primärmarkt regelmäßig zwischen Galerie und Sammler), sondern vielmehr die vielfältigen, vor allem urheberrechtlichen Beziehungen zwischen Urheber, Werk und Sammler regeln soll. Häufig beinhaltet ein solcher Vertrag die Vereinbarung einer gewillkürten Prozessstandschaft,[336] damit der Sammler bestimmte Urheberrechtsverletzungen in Bezug auf das konkrete Werk eigenständig verfolgen kann. Ein weiterer

334 Kritisch zur Segmentierung des Kunstmarkts in dieser Weise, jedoch im Hinblick auf die Sorgfaltspflichten von Auktionshäusern *Jayme*, Kunst & Recht Bulletin 1/2013, 5.

335 Als Sekundärmarkt bezeichnet man im Unterschied zu den Atelier- oder Direktverkäufen (Primärmarkt), den Umsatz von bereits auf dem Kunstmarkt zirkulierenden Kunstwerken im Rahmen des Kunsthandels bzw. bei Auktionen; vgl. *Anton*, in: FS Siehr, 337.

336 Vgl. dazu *Bullinger/Bretzel/Schmalfuß*, Urheberrechte, Rn. 293.

typischer Inhalt im Bereich der Fotografie ist die Vereinbarung, dass der Künstler bei Bedarf eine „Exhibition Copy“[337] zum Selbstkostenpreis für den Sammler anfertigt.

Im Kontext dieser Arbeit ist entscheidend, dass auch eine Bestätigung der Auflagenlimitierung Gegenstand eines solchen Vertrages zwischen Künstler und Sammler sein kann. Eine bestehende Limitierung kann so detaillierter vereinbart und konkretisiert werden. Gleichzeitig kann der Sammler mit dem Künstler eine Enthaltungspflicht bezüglich der Herstellung weiterer Exemplare desselben Werks ausdrücklich vereinbaren und die Bedeutung der limitierten Auflage auf diese Weise zementieren.

4. Die Auflagendefinition

Eine Limitierungsangabe in der Form „1/7“ gibt zunächst einmal an, dass die gesamte Auflage eines bestimmten Werks sieben Exemplare umfassen soll. „Ausformuliert“ müsste die Angabe daher in etwa lauten: „Dies ist Abzug Nr. 1 aus einer Auflage von insgesamt sieben Exemplaren dieses Werks.“ In der Praxis finden sich jedoch Bestrebungen der Hersteller solcher Auflagen, die oben genannte Aussage um Einschränkungen zu ergänzen und so diese „Definition der Auflage“[338] in der einen oder anderen Weise zu verändern. Diese Veränderungen führen in der Regel zu einer Ausweitung der Gesamtauflage. Eine weitverbreitete Praxis ist z. B. die Herstellung von Abzügen desselben Motivs in unterschiedlichen Formaten, wobei die Zählung der Auflage für jedes Format gesondert vorgenommen wird.[339] In diesem Fall müsste die „ausformulierte“ Limitierungsangabe lauten: „Dies ist Abzug Nr. 1 aus einer Auflage von insgesamt sieben Exemplaren dieses Werks *im Format* [...].“ Häufig ist eine solche Festlegung der konkreten Ausgestaltung der Limitierung der entscheidende Inhalt von Echtheitszertifikaten, insoweit sie Verwendung finden.[340]

Soweit ersichtlich, existiert bislang kein Versuch einer systematischen Beschreibung der verschiedenen praktizierten Definitionen von Auflagenlimitierungen. Überblickshaft sollen daher zunächst die möglichen Formen einer Auflagenlimitierung dargestellt werden, wie sie auf dem Kunstmarkt anzutreffen sind. Zudem werden die typischen Auflagendefinitionen mit schlagwortartigen Bezeichnungen versehen, um im weiteren Verlauf der

337 Siehe dazu oben B.I.6.b), S. 71.
338 *Mosimann*, in: Kunst & Recht, 21.
339 Hierzu ausführlich sogleich unten bei B.II.4.b), S. 86.
340 Vgl. *Mosimann*, in: Kunst & Recht, 21.

Arbeit die Bezugnahme zu erleichtern. Die Auslegung der Auflagendefinition wird später bei der Begründung der rechtlichen Verbindlichkeit von Auflagenlimitierungen eine entscheidende Rolle spielen.[341]

a) „Motivbezogene" Limitierung

Eine erste Möglichkeit ist es, die Limitierung auf das konkrete Motiv der Fotografie, mithin (rechtlich gesprochen) auf das urheberrechtliche Werk zu beziehen.

Jede Herstellung weiterer Abzüge desselben Werks über die festgelegte Auflage hinaus (beispielsweise auch in anderen Techniken oder Formaten) würde einer solchen Limitierung dann grundsätzlich widersprechen. Fraglich bliebe, ob hierdurch generell jede Vervielfältigung ausgeschlossen wäre (so z. B. auch der Druck von preiswerten Postern und anderen Artikeln für den „Museumsshop") oder ob sich das Versprechen des Künstlers, sich der Herstellung von weiteren Werkexemplaren zu enthalten, stets nur auf „hochwertige", d. h. „sammlungswürdige" Herstellungstechniken und Ausstattungsmerkmale beschränkt.[342]

Fragen können sich auch im Hinblick darauf stellen, ab wann von einem „anderen" Werk (Motiv) gesprochen werden kann. Dies kann z B. dann relevant werden, wenn der Künstler eine Fotografie nachträglich durch digitale Technik verändert oder schlicht den Bildausschnitt anders beschnitten hat.[343]

b) „Formatbezogene" Limitierung

Wie bereits in der Einleitung dieses Abschnitts erwähnt, kann eine Limitierung auch nur auf das konkrete Motiv *in dem konkreten Format* bezogen werden. So ist es durchaus üblich, dass ein Fotograf dasselbe Motiv in einem großen (deutlich teureren) Format in wenigen Stücken abziehen lässt und gleichzeitig eine größere (zusätzliche und neu nummerierte) Auflage des

341 Unten D.II.2.c), S. 188.

342 Diese Frage wird unten in D.II.2.c)(3)(ff), S. 200, ausführlich beantwortet.

343 Ein Beispiel bildet insoweit das von ihm unbetitelte aber allgemein als „Tricycle" bezeichnete Werk von William Eggleston, von welchem sowohl Abzüge existieren, die im rechten Bildrand die Front eines geparkten Fahrzeugs zeigen, als auch solche, bei denen das Bild noch *vor* dem Fahrzeug beschnitten ist. Ein Beispiel für die Veränderung der gesamten Bildkomposition bildet das Werk „An Eviction" von Jeff Wall (dazu bereits oben B.I.3, S. 55).

Motivs in einem kleineren (und dadurch preiswerteren) Format anbietet.[344] Auf dem einzelnen Werkstück wird dabei aber häufig nur die Höhe der Teilauflage des konkreten Formats vermerkt, sodass sich der Sammler tendenziell im Unklaren über den tatsächlichen Angebotsumfang eines bestimmten Motivs befindet. Teilweise wird diese Praxis für intransparent gehalten[345] und daher vorgeschlagen, dass – wenn schon mehrere Formate aufgelegt werden – die Auflage immer (d. h. insbesondere auf jedem Werkstück) als *Gesamt*auflage angegeben werden sollte, welche alle Abzüge in sämtlichen Formaten umfasst.[346] Eine Auflage, bei der zwei Exemplare in einem Monumentalformat und 25 Exemplare in einem kleineren Format abgezogen wurden, sollte dann auf allen Abzügen die Zahl 27 als Auflagenhöhe ausweisen. Bislang kann jedoch nicht festgestellt werden, dass eine solche Praxis in größerem Maße branchenüblich wäre.

Eine solche Vorgehensweise wirft allerdings stets die Frage auf, ab wann überhaupt von einem „anderen" Format gesprochen werden kann. Plakativ formuliert: Reicht es hierzu aus, eine Fotografie statt im Format 8 x 10 cm in einem Format 8,1 x 10,1 cm anzubieten?[347] Auch insoweit fehlt es bislang an klaren Richtlinien, was dazu führt, dass der Sammler auf sein Vertrauen in die Redlichkeit des Künstlers bzw. dessen Vertreter verwiesen ist.

c) „Ausstattungsbezogene" Limitierung

Eine weitere im Kunstmarkt anzutreffende Praxis ist es, zusätzliche Abzüge desselben Motivs in einem verwandten, aber doch anderen als dem ursprünglichen Medium als neue Auflage herauszugeben (typischerweise

344 Vgl. zu dieser Praxis *Badger*, Collecting, 74; *Finkel*, Fotogeschichte 105/2007, 59 (60); *Phillips*, Contemporary Photography, 19 f. Ein Beispiel für eine Auflage mit unterschiedlichen Formaten stellt auch eine der teuersten Fotografien, Andreas Gurskys „Rhein II", dar. Auf dem Abzug ist als Auflagenhöhe „6" vermerkt, wobei die einzelnen Fotografien der Auflage in unterschiedlichen Größen abgezogen wurde. Der „Rekordabzug" ist gleichzeitig derjenige im größten Format. Vgl. http://www.bbc.co.uk/news/entertainment-arts-15689652, abgerufen am 01.06.2016.

345 *Badger*, Collecting, 74; vgl. auch schon bei *Dennis/Dennis*, Collecting Photographs, 110. Vgl. weiterhin *Schricker*, VerlagsR, § 2 VerlG Rn. 41, der im Bereich des Kunstverlagswesens dem Künstler grundsätzlich eine Enthaltungspflicht für Werkexemplare in anderen Größen auferlegt, da sie in „unzumutbarer Konkurrenz" zu den anderen Werkstücken stünden.

346 *Finkel*, Fotogeschichte 105/2007, 59 (60).

347 Vgl. *Dennis/Dennis*, Collecting Photographs, 110. Beispiele bilden die Neuabzüge von William Eggleston (oben B.III.2, S. 92) sowie die zusätzlichen Abzüge von Stephanie Schneider (oben B.I.5.a), S. 64.

nach dem Ausverkauf der ersten Auflage).[348] Dies geschieht häufig in Form sogenannter „Portfolios".[349]

Ein Beispiel für dieses Vorgehen findet sich bei dem japanischen Fotografen Hiroshi Sugimoto, der unter anderem für seine Fotoserien von Meeresansichten bekannt geworden ist, auf denen ausschließlich Wasser, Horizont und Himmel zu sehen sind und die jeweils mit einer Angabe versehen sind, um welche Wasserfläche es sich handelt. Die Fotografien aus dem Zeitraum von 1980–1991 waren zunächst als Fotoabzüge im Format 42,3 x 54,2 cm in einer Auflage von 25 Stück erschienen.[350] Anlässlich einer großen Retrospektive im Jahre 1991 wurden dieselben Motive als Offset-Lithografien[351] noch einmal aufgelegt. Dabei wurden 50 Motive aus dem genannten Zeitraum in einem sogenannten „Portfolio" mit dem Titel „Time Exposed" zusammengefasst. Die Portfolios (von denen also jedes 50 Lithografien enthielt) wurden auf eine Gesamtzahl von 500 Stück limitiert.[352] Letztlich kamen somit von jedem Motiv weitere 500 Exemplare als Lithografien auf den Markt, da die Portfolios keine feste Einheit bilden, sondern einzelne Blätter sind, die in einem Schmuckkarton zusammengefasst werden. Regelmäßig kommt es im Laufe der Zeit (und so auch bei „Time Exposed") dazu, dass die Portfolios in ihrem Wert steigen und dass die einzelnen Blätter des Portfolios von geschäftstüchtigen Personen getrennt verkauft werden.

Ähnlich gestaltet sich die Praxis der Herausgabe von Portfolios, die *nicht* in einem anderen Medium hergestellt werden.[353] Diese werden ebenfalls häufig erst im Nachhinein (beispielsweise im Zusammenhang mit Retrospektiven) aufgelegt und sind meistens – auch aufgrund der höheren Auflage – preiswerter als die vorangegangenen Werkstücke.[354] Denkt man sich Portfolios im Bereich der historischen Fotografie, so würden die in ihnen

348 *Badger*, Collecting, 76; aus der Anfangszeit dieser Praxis *Dennis/Dennis*, Collecting Photographs, 107 ff. vgl. auch *Mosimann*, in: Kunst & Recht, 21.

349 Zu einem Rechtsstreit im Zusammenhang mit einem limitierten Portfolio vgl. sogleich unten B.III.1, S. 91.

350 *Mosimann*, in: Kunst & Recht, 21.

351 Nach der in dieser Arbeit vertretenen Ansicht würde ein solches Portfolio aufgrund des deutlichen Abstands der „Anmutung" einer Lithografie von einem Silbergelatineabzug grundsätzlich nicht die ursprünglich vereinbarte Limitierung verletzen. Ausführlich später bei D.II.2.c)(3)(ee), S. 199, sowie D.II.2.c)(3)(ff), S. 200.

352 Vgl. für ein Auktionsangebot aus diesem Portfolio das Archiv des Auktionshauses Phillips de Pury: http://www.phillips.com/detail/HIROSHI-SUGIMOTO/NY000109/59, abgerufen am 01.06.2016.

353 *Dennis/Dennis*, Collecting Photographs, 107 ff., 179 ff. Ein Beispiel bilden die oben erwähnten „Parmelian Prints of the High Sierras" von Ansel Adams; oben B.I.1.a), S. 38.

354 Vgl. *AIPAD* (Hrsg.), Collecting Photographs, 41.

enthaltenen Abzüge aufgrund des zeitlichen Abstands zur Aufnahme im Regelfall auch nicht mehr als Vintage-Abzüge bezeichnet werden können.

Bei den Fotobüchern, die immer häufiger werden und inzwischen ein eigenes Marktsegment bilden, besteht die Gefahr, dass zusätzliche Abzüge auf den Markt kommen, von vorneherein nicht. Im Übrigen ist davon auszugehen, dass die Fotobücher ohnehin nicht unter ein mit der Auflagenlimitierung abgegebenes Limitierungsversprechen gefasst werden können.[355]

Zu beachten ist jedoch, dass diese Bücher häufig ebenfalls als limitierte Auflagen angeboten werden (Bezugsobjekt der Limitierung ist dann das konkrete Fotobuch) und dass für diese Limitierung natürlich sinngemäß gilt, was im Rahmen der vorliegenden Arbeit zu limitierten Abzügen ausgeführt wird.

d) „Open Edition"

Als „Open Edition" werden im Kunstmarkt zahlenmäßig nicht begrenzte Auflagen bezeichnet.[356] Es stellt sich hier schon die Frage, ob man in diesem Zusammenhang überhaupt noch sinnvoll von einer „Auflage" sprechen kann. Der Begriff der Auflage setzt sprachlich voraus, dass mit diesem eine bestimmte (zahlenmäßig abgrenzbare) Gruppe von Objekten eindeutig bestimmt werden kann (gleichsam dem Begriff der „Charge"). De facto wird das Kunstobjekt einer Open Edition jedoch auf Nachfrage immer wieder hergestellt, und es wird zwischen den bereits hergestellten und noch herzustellenden Objekten nicht weiter differenziert. Das in einer „Open Edition" verlegte Kunstwerk ist zumindest potenziell ein echtes „Massenprodukt". Der Begriff der Open Edition ist daher eigentlich der Hinweis, dass es sich gerade *nicht* um eine (limitierte) Auflage handelt. Der Fall ist vergleichbar dem „Books-on-Demand"-Service im Bereich der Buchherstellung.[357] Auch dort kann nicht mehr im eigentlichen Sinne von einer „Auflage" gesprochen werden, da das Buch nur aufgrund einer konkreten Nachfrage und in Höhe dieser Nachfrage gedruckt wird.[358]

---

355 Dazu ausführlich unten D.II.2.c)(3)(ff), S. 200.

356 Beispielsweise werden die „LUMAS minis" in einer „open edition" verlegt, siehe oben B.I.5, S. 62. Aber auch einige etablierte Fotokünstler wie z. B. der US-Amerikaner Lee Friedlander verlegen ihre Fotografien in „unlimitierten Auflagen".

357 Vgl.zu dieser Form der Verlegung von Büchern: http://www.bod.de/, abgerufen am 01.06.2016.

358 Vgl. den Wikipedia-Artikel „Auflage einer Publikation"; http://de.wikipedia.org/wiki/Auflage_einer_Publikation, abgerufen am 01.06.2016.

Eine Open Edition ist daher gerade keine Auflage und darf unter keinen Umständen mit einer *limitierten* Auflage verwechselt werden. Ein Begriff wie „small open edition“[359] muss letztlich als selbstwidersprüchlich eingestuft werden.

5. Preisgestaltung bei limitierten Auflagen

Zunächst unterliegen auch künstlerische Fotografien dem allgemeinen Gesetz von Angebot und Nachfrage, sodass davon auszugehen ist, dass der Preis für ein einzelnes Werk umso höher ausfällt, je geringer das Angebot, das heißt, desto kleiner die Auflage ist.[360]

Weiterhin verbindet sich mit Auflagenlimitierungen häufig auch eine typische Form der Preisgestaltung, die als „step pricing“ bezeichnet werden kann.[361] Hierbei verkauft ein Galerist die einzelnen Abzüge mit zunehmendem Ausverkauf immer teurer. So könnten z. B. bei einer Auflage von neun Exemplaren die ersten drei Exemplare für 1.000 Euro, die nächsten drei für 1.500 Euro und die letzten drei für 2.000 Euro angeboten werden. Das System belohnt somit die Entscheidungsfreudigkeit des Sammlers, der schnell bzw. frühzeitig zugreift.[362] Zugleich wird jedoch auch das Prinzip der Wertsteigerung durch die Limitierung unterstrichen, indem sogar innerhalb der abgeschlossenen Limitierung noch einmal nach unterschiedlichen (fortschreitenden) Knappheitsgraden des Angebots differenziert wird. Dies schürt gleichzeitig die Erwartungshaltung des Käufers eines Editionswerks dahin gehend, dass sich die Steigerung des Preises erst recht nach Ausverkauf der gesamten Edition weiter fortsetzen wird.

Zudem existiert die bereits oben angesprochene Praxis, dasselbe Motiv in verschiedenen Formaten zu unterschiedlichen Preisen anzubieten. Dort,

359 Vgl. dazu oben B.I.5.b), S. 66.

360 Vgl. z. B. die Aussagen von Jonathan Sobel bei *Walker*, Q&A: Art Collector Jonathan Sobel Explains His Beef with William Eggleston (Internetquelle). Vgl. weiterhin *Albin*, Photography in New York International May/June 2002, 32; *Doenitz*, art on paper, May/June 2007, 20 (21) und *Finkel*, Fotogeschichte 105/2007, 59 (60). Vgl. auch *artprice.com*, The Art Price Annual Report 2011/2012, 29, wo es in Bezug auf eine Fotografie von Cindy Sherman, welche in 2012 um 450.000 USD niedriger zugeschlagen wurde als im Jahr davor, heißt: „This counter-performance repositioned the work in the estimated 2011 range, which seems more reasonable considering that there are 10 copies of this photograph.“ Zuletzt auch *Bauschke*, FAZ v. 22.08.2015, 15.

361 Vgl. *Badger*, Collecting, 77; *Dixon*, A Short History of Photograph Collecting (Internetquelle); *Phillips*, Contemporary Photography, 20; *Smyth*, British Journal of Photography, The numbers game (Internetquelle).

362 *Badger*, Collecting, 77.

wo eine formatbezogene Limitierung verfolgt wird, sind häufig eine geringere Anzahl von Exemplaren in einem Großformat zu höherem Preis sowie eine höhere Menge von Exemplaren in einem kleineren Format zu entsprechend niedrigerem Preis im Angebot.[363] Ob die unterschiedlichen Formate dann eine einheitliche oder zwei getrennte (und auch unabhängig voneinander gezählte) Editionen bilden, wird unterschiedlich gehandhabt.[364]

Möglich ist selbstverständlich auch die Herstellung unterschiedlicher Motive in verschiedenen Auflagenhöhen, mit dem Ziel, eine Preisdifferenzierung innerhalb des Gesamtwerks zu erreichen. So hat die amerikanische Fotokünstlerin Cindy Sherman – neben ihren inzwischen teilweise im Millionenbereich gehandelten Motiven in einstelligen Auflagenhöhen – zudem bewusst bestimmte Motive in dreistelligen Auflagenhöhen aufgelegt, um deren Erwerb „demokratischer" zu gestalten.[365] Erwartungsgemäß werden die Motive in höheren Auflagen zu deutlich niedrigeren Preisen gehandelt.[366]

III. Praktische Relevanz der Fragestellungen dieser Arbeit

Die praktische Relevanz der im Laufe dieser Arbeit zu beantwortenden Fragen verdeutlichen zwei Gerichtsverfahren, die auch von einem entsprechenden Echo in der Presse begleitet wurden.

1. Der Fall „Areal der Zeit"

Es handelt sich hierbei um ein Gerichtsverfahren aus dem Jahre 2004, das leider vor einer richterlichen Entscheidung durch Vergleich beigelegt wurde:[367] Ein Unternehmer hatte einen Fotokünstler damit beauftragt, über mehrere Jahre hinweg die bauliche Entwicklung einer Industriebrache künstlerisch zu begleiten, indem er sie fotografisch festhielt (Titel „Areal der Zeit"). Über zehn Jahre hinweg fertigte der Künstler jährlich eine von den Beteiligten als „Portfolio" bezeichnete Mappe an, in der eine Auswahl der in dem jeweiligen

363 *Smyth*, British Journal of Photography, The numbers game (Internetquelle).

364 Vgl. oben B.II.4.b), S. 86, sowie das Beispiel bei *Smyth*, British Journal of Photography, The numbers game (Internetquelle).

365 Vgl. den Artikel *Kutscher*, Handelsblatt vom 9./10./11. März 2012, 90 (91).

366 *Kutscher*, Handelsblatt vom 9./10./11. März 2012, 90 (91).

367 Die nachfolgende Zusammenfassung beruht auf der Berichterstattung aus der Tagespresse: *Wiedemann*, SZ vom 3. Februar 2004, 44. Zum Ausgang des Verfahrens durch Vergleich: *Sachs*, FAZ vom 3. April 2004, 47.

Jahr entstandenen Fotografien thematisch zusammengefasst war. Vereinbarungsgemäß wurden die „Portfolios“ in einer Auflage von drei Stück (je eines für den Auftraggeber, den Künstler und dessen Galeristen) hergestellt. Nach Abschluss des Projekts begannen zunehmend Sammler auf den Künstler aufmerksam zu werden, und es fanden Ausstellungen der bei dem Bauprojekt entstandenen Fotografien statt. Schließlich kam es zum Streit, als der Künstler anfing, Fotografien, die auch in den limitierten „Portfolios“ enthalten waren, in einer Auflage von elf abzuziehen und an Sammler zu verkaufen. Der Unternehmer und Auftraggeber des Projektes, der zu diesem Zeitpunkt mehr als 100.000 Euro in das Projekt investiert hatte, versuchte, den Künstler auf Unterlassung von weiteren Vervielfältigungen und des Vertriebes der Fotografien in Anspruch zu nehmen, da der Künstler hierdurch die bei den „Portfolios“ vereinbarte Auflagenbegrenzung verletze. Der Auftraggeber argumentierte unter anderem damit, dass er die hohen Produktionskosten von 100.000 Euro nicht getragen hätte, wenn er nicht die Aussicht auf ein auf lediglich drei Exemplare limitiertes Kunstwerk gehabt hätte. Der Künstler hielt dem entgegen, „nur“ die „Portfolios“ seien limitiert, was jedoch nichts über die nachträgliche Vervielfältigung in Form von „Auflagen“ aussage. Am Ende wurde der Streit in einem Vergleich beigelegt, was von der Presse mit Enttäuschung quittiert wurde, hätte doch die Möglichkeit bestanden, den „Wert der Auflagenkennzeichnung in der Fotografie“[368] richterlich zu überprüfen. Eine insoweit klärende, richterliche Entscheidung – jedenfalls vor einem deutschen Gericht – steht (soweit mitgeteilt) bis heute aus.

2. Der Fall „Sobel v. Eggleston“

Bei dem Fall „Sobel *versus* Eggleston“[369] handelt es sich um ein Gerichtsverfahren aus den Vereinigten Staaten von Amerika, bei dem der Sammler Jonathan Sobel den Fotokünstler William Eggleston sowie dessen Söhne in ihrer Eigenschaft als „Trustees“ des „Eggleston Artistic Trust“[370] vor dem „United States District Court for the Southern District of New York“ ver-

368 *Wiedemann*, SZ vom 3. Februar 2004, 44.

369 *Sobel v. Eggleston*, United States District Court for the Southern District of New York, Az. 12 CIV 2551.

370 Der „Eggleston Artistic Trust“ ist eine Stiftung amerikanischen Rechts mit folgender Zielsetzung: „It is an organization dedicated to the representation and preservation of the work of William Eggleston.“. Näheres im Internet unter http://www.egglestontrust.com. Zu Kunststiftungen und ihrer Bedeutung aus Sicht des deutschen Rechts vgl. *Mercker*, Der Sammler.

klagte.[371] Eggleston (geboren 1939) gilt als einer der Wegbereiter im Bereich der künstlerischen Farbfotografie. Er rückt auf den von ihm gewählten Motiven zumeist völlig alltägliche Anblicke des „American Way of Life" in besondere Blickwinkel und überhöht dadurch die eigentlich unspektakulären Sujets. Charakteristisch für seine Fotografien und von Sammlern geschätzt ist deren starke Farbsättigung.[372] Sobel sammelt Werke von Eggleston seit über zehn Jahren[373] und schätzt den Wert der um die 190 Fotografien in seinem Eigentum (vor der Auflagenüberschreitung) auf 3 Mio. bis 5 Mio. USD. Ausgangspunkt des Rechtsstreits sind nur acht Fotografien aus seiner Sammlung, die Jonathan Sobel zwischen den Jahren 2008 und 2011 insbesondere von Auktionshäusern gekauft hatte. Zu diesen Fotografien gehört auch eine „Ikone" aus Egglestons Œuvre: Eine Fotografie, die ein Dreirad („Tricycle") in einer Vorstadtstraße zeigt, wobei das Motiv aus der Froschperspektive aufgenommen ist und das Dreirad hierdurch eine monumentale Wirkung erhält.

Die acht streitgegenständlichen Fotografien waren zum Zeitpunkt des Kaufs durch Sobel in einer Höhe von 20 Exemplaren limitiert und 1980 mit einer als „dye transfer"[374] bezeichneten Technik im Format 16 x 20 Zoll (40,64 x 50,8 cm) hergestellt worden. Am 31. Januar 2012 kündigte das Auktionshaus Christie's in einer Pressemitteilung an, dass auf einer Auktion am 12. März 2012 in New York neu hergestellte Fotografien von Eggleston versteigert würden. Für diese Fotografien, die in der Technik des „pigment print"[375] produziert wurden, fanden teilweise bislang unveröffentlichte Ne-

371 Die hier wiedergegebenen Fallinformationen stammen – soweit nicht anders angegeben – aus den Verfahrensdokumenten, insbesondere der Klageschrift, welche sämtlich im Internet unter http://www.pacer.gov öffentlich zugänglich sind. Zur Berichterstattung in der deutschen Presse vgl. *Kutscher*, Gute Stimmung bei Sammlern, Handelsblatt vom 13./14./15.04.2012, 75. Weiterhin *Michl*, art value (Ausgabe 10) 2012, 62 (63 ff.); *Michl*, Photonews 6/2012, 1.

372 *Risch*, Eggleston's First-Ever Large Pigment Prints Earn 5.9 Million at Auction (Internetquelle).

373 So Jonathan Sobel selbst im Interview bei *Walker*, Q&A: Art Collector Jonathan Sobel Explains His Beef with William Eggleston (Internetquelle).

374 Im Deutschen wird das Verfahren auch als „Reliefdruck" bezeichnet. Es handelt sich hierbei um eine äußerst aufwändige Technik für den Druck von Fotografien. Das Verfahren wird vom Hersteller Eastman Kodak seit 1996 nicht mehr angeboten, obwohl die Druckergebnisse gegenüber allen heute gebräuchlichen Techniken sowohl im Hinblick auf Farbqualität als auch Haltbarkeit als überlegen angesehen werden. Heute bieten spezialisierte Unternehmen eine zeitgemäße Variante des Verfahrens wieder für den Druck von künstlerischer Fotografie an. Vgl. auch *AIPAD* (Hrsg.), Collecting Photographs, 33.

375 Die Technik entspricht der des „inkjet print", wobei bei den als „pigment print" bezeichneten Drucken in der Regel mit wasserunlöslichen Pigmenten gearbeitet wird, was

gative, teilweise jedoch auch einige seiner „Meisterwerke“ Verwendung. Im Rahmen der Neuauflage wurden die Motive im Format 44 x 60 Zoll (111,76 x 152,40 cm) in einer Auflage von zwei Exemplaren aufgelegt. Erklärtes Ziel des Verkaufs der Monumentalformate war es, den Künstler Eggleston auch bei den (häufig finanziell sehr potenten) Sammlern zeitgenössischer Kunst bekannt zu machen, die angeblich großformatige Werke besonders schätzen.[376] Versteigert wurde jeweils nur ein Exemplar der neu aufgelegten Fotografien, während das andere im Eigentum des „Eggleston Artistic Trust“ verblieb, der sich zudem verpflichtete, diese Fotografien jedenfalls binnen der nächsten drei Jahre nicht zu verkaufen.[377] So wurde unter anderem die erwähnte Fotografie des Dreirads versteigert, welche sich in ihrer ursprünglichen Auflage in der Sammlung von Sobel befindet. Diese setzte mit einem Kaufpreis von 578.500 USD einen neuen Preisrekord für Werke von Eggleston.[378]

Mit seiner am 3. April 2012 eingereichten Klage machte Sobel gegenüber Eggleston und dessen Söhnen Ansprüche auf Schadensersatz und Unterlassung geltend. Sobel argumentierte, dass er sich beim Kauf der Werke in limitierter Auflage auf das Exklusivitätsversprechen des Künstlers verlassen hätte, während dieser jedoch – wie sich durch den Verkauf bei Christie's jetzt gezeigt habe – (arglistig oder zumindest fahrlässig) niemals zu seinem Wort hätte stehen wollen.[379] Weiterhin berief sich der Kläger auf den Gesetzeszweck des „New York Art and Cultural Affairs Law“[380], welches be-

unter anderem die Haltbarkeit der Drucke erhöht. Vgl. *AIPAD* (Hrsg.), Collecting Photographs, 37.

376 So die Aussage des Christie's Mitarbeiters Joshua Holdeman bei *Risch*, Eggleston's First-Ever Large Pigment Prints Earn 5.9 Million at Auction (Internetquelle).

377 *Risch*, Eggleston's First-Ever Large Pigment Prints Earn 5.9 Million at Auction (Internetquelle).

378 *Risch*, Eggleston's First-Ever Large Pigment Prints Earn 5.9 Million at Auction (Internetquelle). Vgl. auch das Los im Internetarchiv des Auktionshauses Christie's unter http://www.christies.com/lotfinder/photographs/william-eggleston-untitled-1970-5536850-details.aspx?from=salesummary&intObjectID=5536850&sid=4bb21ca9-b6f1-4c8c-ab36-e094e803544c, abgerufen am 01.06.2016.

379 Die Klage beruft sich insoweit auf eine „fraudulent misrepresentation“ bzw. „negligent misrepresentation“. Im Übrigen wird die Klage auf die Rechtsgrundsätze des „unjust enrichment“ sowie „promissory estoppel“ gestützt.

380 Im Volltext abrufbar unter http://codes.lp.findlaw.com/nycode/ACA, abgerufen am 01.06.2016. Der Kläger berief sich insbesondere auf die Definition des Art. 11.01 (10) des Gesetzes, welcher jedoch für sich noch keinen Anspruch gewährt. Art. 15 des Gesetzes, welcher Ansprüche des Käufers beinhaltet, krankt jedoch an demselben Problem wie das deutsche Kaufrecht, indem bei *nachträglichen* Auflagenerhöhungen keine Ansprüche vermittelt werden (dazu ausführlich unten E.III.1.c), S. 291). Ein Anspruch aus Art.

stimmte Aspekte des Verkaufs von Kunstwerken in limitierten Auflagen regelt.

Jonathan Sobel ließ vortragen, aufgrund der Herstellung der zusätzlichen Fotografien seien acht seiner Fotografien, die vor dem Verkauf bei Christie's einen Wert von geschätzten 850.000 USD gehabt hätten, nun signifikant in ihrem Wert gemindert. Die konkrete Wertminderung sollte im Laufe des Verfahrens bewiesen werden. Aufgrund der Behauptung, dass Eggleston und seine Söhne vorsätzlich gehandelt hätten, verlangte Sobel zudem die Verhängung eines Strafschadensersatzes („punitive damages")[381] gegenüber den Beklagten. Darüber hinaus verlangte Sobel, die Beklagten dahingehend zu verurteilen, für die Zukunft die Anfertigung zusätzlicher Abzüge von ursprünglich limitierten Werken zu unterlassen.

Der Prozess endete erstinstanzlich am 28. März 2013 damit, dass das Gericht einer „Motion to dismiss" der Beklagten statt gab. Dies entspricht einer Abweisung der Klage im deutschen Prozessrecht als „unschlüssig". Die Richterin entschied den Fall also ohne Durchführung einer mündlichen Verhandlung, da sie schon aufgrund der Aktenlage keinen Anspruch des Klägers erkennen konnte. Dabei warf sie der Klägerseite insbesondere vor, ungenügend substantiiert zu haben, dass das ursprüngliche Limitierungsversprechen auch die Produktion von „Subsequent Editions" ausschloss.[382] Der Vorwurf habe sich auf eine Ausweitung bzw. Erhöhung der ursprünglichen Auflage gerichtet. Die *ursprüngliche* Auflage sei hingegen nicht erweitert worden. Vielmehr handele es sich bei den vorliegenden, neuen Abzügen „offensichtlich" um eine „Subsequent Edition" („Nachauflage"), da sich die Abzüge sowohl in der Technik als auch im Format „signifikant" von der ursprünglichen Auflage unterschieden.[383]

Nach deutschen prozessualen Standards ist davon auszugehen, dass eine solche Klage jedenfalls nicht als „unschlüssig" abgewiesen worden wäre, sondern zumindest Beweis (und sei es durch Inaugenscheinnahme) über die

15.03 (6.(c)) des Gesetzes könnte sich jedoch für die Käufer der bei Christie's angebotenen Abzüge ergeben, wenn sie nicht auf die Existenz der Vorauflagen hingewiesen wurden.

381 Es handelt sich hierbei um ein dem deutschen Recht dem Grunde nach unbekanntes, im anglo-amerikanischen Rechtskreis hingegen übliches Instrument. Während der Schadensersatz nach deutscher Rechtstradition den Zweck hat, die Einbußen des Geschädigten zu kompensieren, ihn jedoch keinesfalls besser zu stellen, als er ohne den Schadenseintritt gestanden hätte, kommt den „punitive damages" zudem eine erzieherische Funktion im Hinblick auf den Schädiger zu. Sie können deshalb in ihrer Höhe den eigentlich wirtschaftlich entstandenen Schaden weit übersteigen. Im Detail *Mörsdorf-Schulte*, Punitive Damages, 53 ff., 60 ff.

382 *Memorandum and Order* („Klageabweisung") vom 28.03.2013, S. 12 f.

383 *Memorandum and Order* („Klageabweisung") vom 28.03.2013, S. 13.

Frage hätte erhoben werden müssen, ob sich die Abzüge tatsächlich signifikant unterscheiden. Weiterhin hätte sich die Richterin unter Geltung des deutschen Rechts wohl nicht auf den Standpunkt zurückziehen können, dass der Kläger die Existenz des „Limitierungsversprechens" und dessen Inhalt ungenügend substantiiert habe. Vielmehr hätten sich die entscheidenden Fragen im Rahmen der rechtlichen Würdigung des Limitierungsversprechens gestellt. Zu dieser Rechtsfrage hätte der Kläger aber nicht vortragen müssen. Grundsätzlich kritikwürdig erscheint auch die Auffassung der Richterin, dass eine „Subsequent Edition" prinzipiell möglich sein soll, widerspricht dies doch dem inhärenten Zweck (bzw. sogar dem Wortsinn) einer Auflagenlimitierung relativ offensichtlich.

Gegen die Entscheidung der Richterin wurde vom Kläger Berufung eingelegt, diese jedoch wenig später zurückgenommen. Dieses Vorgehen legt zumindest den Verdacht nahe, dass sich die Beteiligten doch noch außergerichtlich geeinigt haben könnten.

Als wesentlicher Unterschied zum deutschen Recht bleibt auch noch festzuhalten, dass die in diversen amerikanischen Bundesstaaten (und so eben auch in New York) existierenden „Cultural Affairs Laws" teilweise sehr genaue Vorschriften zu den Informationspflichten des Verkäufers von Kunstwerken in limitierten Auflagen enthalten, sodass insoweit zumindest ein gesetzlicher Anknüpfungspunkt für eine richterliche Entscheidung besteht. Entsprechende Gesetzgebung existiert in Deutschland bislang nicht, sodass vor einem deutschen Gericht eine Antwort auf die Frage, inwieweit eine Auflagenlimitierung verbindlich sein kann, durch das erkennende Gericht nur aus dem Vertragsinhalt und dabei praktisch notwendig im Wege der „ergänzenden Vertragsauslegung" unter Berücksichtigung der Verkehrsanschauung geschöpft werden müsste.

Im Ergebnis ist der (juristische) Erkenntnisgewinn aus dem New Yorker Beschluss für die Situation unter deutschem Recht daher gering, wenngleich der Fall die Aktualität und praktische Relevanz der aufgeworfenen Fragestellungen deutlich unterstreicht.

IV. Zusammenfassung der wesentlichen Ergebnisse dieses Kapitels

Die Fotografie ist mit noch nicht einmal 200 Jahren ein vergleichsweise junges Medium. Noch jünger ist ihre breite Anerkennung als genuines künstlerisches Ausdrucksmittel. Einen echten Markt für Fotokunst kann man erst seit den 1970er Jahren beobachten. Der Aufschwung der Fotografie als Kunstgattung, welcher sich in einem ständig breiter werdenden Angebot sowie kontinuierlich steigenden Preisen äußert, hält immer noch an.

Aufgrund der späten Herausbildung eines Markts waren Fotografien vor 1970 in der Regel auch nicht für den Kunsthandel geschaffen worden. Ihre erst „nachträglichen Entdeckung“ als sammelwürdige Kunstobjekte macht sie in gewisser Weise zu einem „Zufallsprodukt“. Diese Fotografien kann man unter dem Begriff der historischen Fotografie zusammenfassen.

Eine wertmäßige Differenzierung zwischen verschiedenen Abzügen aus dem Bereich der historischen Fotografie wird auf dem Kunstmarkt im Regelfall danach vorgenommen, wann der Abzug hergestellt wurde. Ein in möglichst unmittelbarer zeitlicher Nähe zur Aufnahme des Motivs entstandener Abzug erreicht dabei als sogenannter Vintage Print häufig die höchste Wertschätzung.

Erst mit der Herausbildung eines eigenen Markts und der breiten Anerkennung der Fotografie als Kunst stieg die Zahl von erklärten Fotokünstlern und es bildeten sich medienspezifische Gepflogenheiten heraus. Eine besondere Bedeutung für die zeitgenössische Fotografie hat die Herstellung der Abzüge in limitierten Auflagen – eine Praxis, die in der historischen Fotografie weitgehend unüblich war. Im Gegenzug verlieren begriffliche Unterscheidungen wie der des Vintage Print für die zeitgenössische Fotografie ihre Bedeutung.

Funktionell hat die Unterscheidung von Vintage Prints und Later Prints im Bereich der historischen Fotografie große Gemeinsamkeiten mit der Anfertigung einer limitierten Auflage in der zeitgenössischen Fotografie. Beiden Vorgehensweisen ist gemein, dass sie ein quantitativ eindeutig abgegrenztes Spektrum von Werkexemplaren schaffen, die zudem außerordentlich rar sind. In unmittelbarem Zusammenhang hiermit steht die hohe finanzielle Wertschätzung von Vintage Prints und Auflagenwerken.

Heutzutage hat die Fotografie einen hohen Stellenwert im Bereich der zeitgenössischen Kunst, was sich z. B. auch durch eine entsprechende Begeisterung der breiten Massen bemerkbar macht. LUMAS ist ein Unternehmen, das von diesem Zeitgeist profitiert.

Problematisch für die Fotografie als werthaltiges Objekt (einige Exemplare werden inzwischen in Millionenhöhe gehandelt) ist, dass Fotoabzüge unter Ausstellungsbedingungen nur eine begrenzte Haltbarkeit aufweisen. Diese Tatsache, verbunden mit der Möglichkeit der qualitativ konstanten Reproduktion von Fotografien, führt dazu, dass für Ausstellungen häufig sogenannte Exhibition Prints außerhalb der limitierten Auflage angefertigt und nach Abschluss der Ausstellung vernichtet werden. Zudem bieten einige Fotografen an, verblasste Exemplare ihrer Werke zum Selbstkostenpreis gegen Neuabzüge auszutauschen.

Für den Bereich der zeitgenössischen Fotografie gilt die Herstellung der Abzüge in limitierter Auflage als Voraussetzung für den wirtschaftlichen Erfolg auf dem Kunstmarkt. Die Art der Bezeichnung einer solchen Limitierung (durch einen Bruch auf dem Abzug, welcher im Zähler die Nummer des Abzugs und im Nenner die Höhe der Auflage ausweist) wurde mehr oder weniger unverändert aus den anderen seriellen Medien, insbesondere der Druckgrafik, übernommen. Eine strenge Einheitlichkeit der Form der Auflagenlimitierung lässt sich gleichwohl noch nicht feststellen. Ein entscheidender Unterschied der Fotografie zur Druckgrafik ist zum Beispiel die Möglichkeit, dasselbe Lichtbildwerk in verschiedenen Formaten herzustellen. Hieraus hat sich die Gepflogenheit entwickelt, Motive in unterschiedlichen Formaten als jeweils eigene Auflage anzubieten und auch gesondert zu zählen (nach einer in dieser Arbeit vorgenommenen Systematisierung wird diese Form der Limitierung als formatbezogene Limitierung bezeichnet). Größere Transparenz im Hinblick auf die Auflagenhöhe verspricht die Verwendung einer motivbezogenen Limitierung, bei der die Angabe der Auflagenhöhe sämtliche Werkstücke desselben Motivs in allen Formaten umfasst. Auch sogenannte Artist's Prints sollten dann in die Auflagenhöhe eingerechnet werden, da sie – entgegen ihrem ursprünglichen Zweck – häufig später doch noch in den Handel gelangen.

Mit der Auflagenlimitierung gehen eine künstliche Verknappung des Angebots und damit eine Wertsteigerung der Abzüge einher. Letztere zeigt sich bereits bei der Preisbildung auf dem Primärmarkt (d. h. beim Erstverkauf eines Kunstwerks, sei es direkt aus dem Atelier oder über eine Galerie). So ist es üblich, die einzelnen Abzüge mit fortschreitendem Ausverkauf der Auflage zu höheren Preisen zu verkaufen (sogenanntes „step-pricing"). Folgerichtig wird auf dem Sekundärmarkt Abzügen aus einer niedrigen Auflage in der Regel ein höherer Wert zugemessen als solchen aus einer hohen Auflage.

Die hohe Bedeutung der limitierten Auflage im Bereich der zeitgenössischen Fotografie, welche sich aus diesen rechtstatsächlichen Umständen ergibt, rechtfertigt die Untersuchung ihrer rechtlichen Verbindlichkeit und Durchsetzbarkeit. Diese Bedeutung unterstützt auch die These, dass die urheberrechtliche Originaleigenschaft eines Werkstücks der zeitgenössischen Fotokunst von der Limitierung der Auflage abhängt. Deutlich wird die rechtliche Problematik sowie die praktische Relevanz der Fragestellungen insbesondere aufgrund des Gerichtsprozesses „Sobel v. Eggleston“.

C. Kapitel 2 – Die Bedeutung der Auflagenlimitierung für den urheberrechtlichen Originalbegriff in der zeitgenössischen Fotokunst

Die Frage nach dem „Original“ ist im Bereich der seriellen Medien immer wieder gestellt worden. Dies sowohl von kunsttheoretischer als auch von juristischer Seite. Im Bereich des Rechts stellt sich insbesondere die Frage, welche Werkexemplare ein „Original“ im Sinne des Urheberrechtsgesetzes sind, da dieses an die Originaleigenschaft verschiedene Rechtsfolgen knüpft. Eine erste Blüte in der Rechtswissenschaft hatte die Diskussion in den 1980er Jahren.[384] Dieser ging eine umfangreiche Berichterstattung in der Tagespresse voraus. Auslöser war der „Bauernfang mit Originalen“[385], der Kunstverlegern unterstellt wurde, die massenhaft hergestellte Druckgrafiken und Gussplastiken berühmter Künstler als „Originale“ anboten.

Auch im Bereich der Fotografie ist die Frage nach dem urheberrechtlichen Original jedenfalls nicht einfach zu beantworten. In den rechtstatsächlichen Untersuchungen des ersten Kapitels wurde gezeigt, dass limitierte Auflagen ein wesentlicher, wenn nicht sogar ein unerlässlicher Bestandteil des Markts für zeitgenössische Fotokunst sind. Das täglich im Handel mit Fotografien abgegebene und *weitergegebene* „Versprechen der Exklusivität“ ist für den ideellen wie materiellen Wert der Fotografien von entscheidender Bedeutung. Im Folgenden soll gezeigt werden, dass im Bereich der zeitgenössischen Fotografie die Auflagenlimitierung daher auch eine entscheidende Bedeutung für den urheberrechtlichen Originalcharak-

384 Vgl. zur damaligen rechtlichen Diskussion insbesondere *Hamann*, Originalbegriff; *Heinbuch*, NJW 1984, 15 ff.; *Heinbuch*, in: International Sales; *Sieger*, Film und Recht 1984, 119 ff.; aber auch *Bullinger*, KUR 2006, 106 (106).

385 So der Titel eines Artikels im Spiegel Nr. 19/1983. Der Artikel führte zu mehreren Gegendarstellungen der Betroffenen in den folgenden Ausgaben. Im Internetarchiv des Spiegels, welches auch die Ausgabe 19/1983 umfasst, fehlt der streitauslösende Artikel. Eine ausführliche Zusammenfassung der damaligen Debatte findet sich bei *Sieger*, Film und Recht 1984, 119 ff. Vgl. aber auch *Bleicher/Stiebner*, Druckgraphik, 167. Zu Recht weist *Fricke*, in: frame # 1, 164 darauf hin, dass die damaligen Entwicklungen im Bereich der Druckgrafik für den heutigen Markt der Fotografie ein „abschreckendes Beispiel“ darstellen. Es liegt an den Marktakteuren, hieraus die entsprechenden Lehren zu ziehen.

ter eines Abzugs hat. Gleichzeitig ergibt sich durch einen solchermaßen gefassten Originalbegriff die Möglichkeit, die Exemplare einer limitierten Auflage eindeutig gegen solche Nachabzüge abzugrenzen, die einen rechtlichen Abwehranspruch des Sammlers auslösen können. Wie die Frage nach der rechtlichen Verbindlichkeit von Auflagenlimitierungen baut auch die Diskussion des Originalbegriffs auf die im vorhergehenden Kapitel erörterten rechtstatsächlichen Umstände des Markts für Fotokunst auf. Die Auseinandersetzung mit dem urheberrechtlichen Originalbegriff liefert dabei zusätzliche Aspekte, die sich für die spätere Auseinandersetzung mit der rechtlichen Verbindlichkeit von Auflagenlimitierungen als hilfreich erweisen werden. Ein besonderes Augenmerk gilt hierbei dem noch zu wenig rezipierten Einfluss, den das Europarecht auf den urheberrechtlichen Originalbegriff nimmt. Im Ergebnis wird gezeigt werden, dass es an der Zeit ist, einen aus der heutigen Perspektive formulierten und insbesondere den europarechtlichen Anforderungen genügenden urheberrechtlichen Originalbegriff für den Bereich der zeitgenössischen Fotografie zu entwickeln. Dieser soll dann insbesondere auch in der Lage sein, die nach den bisherigen Definitionsversuchen offen gebliebenen Fragen zu klären.

I. Vorbemerkungen zum Originalbegriff

Zunächst muss man sich bei Überlegungen zum Originalbegriff über den jeweiligen Kontext, in dem er verwendet wird, bewusst sein. Natürlich können an das Original in kunsttheoretischer und juristischer Hinsicht unterschiedliche Ansprüche gestellt werden. Sogar innerhalb des „rechtlichen Originalbegriffs" wird von vielen Autoren noch einmal zwischen einem *steuer- und zollrechtlichen,*[386] einem *urheberrechtlichen* sowie einem *gewähr-*

386 Hierzu *Strittmatter/Lörken*, ZUM 2010, 155 ff. sowie *Pfennig*, Museen, 42 f.; *Schlütter*, Original, 140 ff. Was den steuerrechtlichen Originalbegriff angeht, so hat sich seine Relevanz seit dem 01.01.2014 deutlich reduziert. Die bis dahin in Deutschland geltende Mehrwertsteuerermäßigung für „Originalkunstwerke" wurde aufgrund europarechtlicher Vorgaben für den gewerblichen Kunsthandel abgeschafft. Derzeit gilt ein ermäßigter Mehrwertsteuersatz nur für unmittelbar durch den Künstler getätigte Verkäufe von Kunstwerken (sogenannte „Atelierverkäufe"). Die derzeitige Rechtslage ist unausgegoren. Vonseiten der Bundesregierung war für den Kunsthandel eine (im Ergebnis eine geringere Belastung darstellende) Differenzbesteuerung nach französischem Vorbild geplant gewesen. Deren tatsächliche Umsetzung scheiterte bislang am Widerstand der Länder. Für Hintergründe: *Christiane Fricke*, Mehrwertsteuer-Erlass: Ein Schlag ins Kontor, Handelsblatt (online) v. 19.12.2014, abrufbar unter: http://www.handelsblatt.com/panorama/kultur-kunstmarkt/mehrwertsteuer-erlass-ein-schlag-ins-kontor/11146896-all.html, abgerufen am 01.06.2016. Umfassend aus Sicht des Kunsthandels *Sturm*, KUR 2014, 159 ff.

leistungsrechtlichen Originalbegriff unterschieden.[387] Die Tatsache, dass der Begriff in diesen Bereichen aufgrund unterschiedlicher funktioneller Anforderungen verschiedene Bedeutungen haben *kann*, heißt jedoch keineswegs, dass er auch verschiedene Bedeutungen haben *muss*. Letztlich soll im Rahmen dieser Arbeit dafür geworben werden, die Überlegungen zum *urheberrechtlichen* Originalbegriff auch für die anderen Bereiche, in denen der Begriff eine Rolle spielt, zumindest als eine hilfreiche Ausgangsbasis zu verwenden. Die Anerkennung eines solchen „überwölbenden" Originalbegriffs erscheint in vielerlei Hinsicht sinnvoller als in den jeweiligen Teilbereichen „das Rad neu zu erfinden". Eine Tendenz zur Konvergenz der Originalbegriffe zeigt sich auch in der Rechtsprechung des Bundesfinanzhofs. Die pauschale steuer- und zollrechtliche Klassifikation von „Originalwerken", welche ausschließlich an die konkrete Herstellungstechnik anknüpfte und somit z. B. Siebdrucke anders behandelte als Lithografien, war einst sogar vom Bundesverfassungsgericht als „im Interesse der Rechtssicherheit" bestätigt worden.[388] Inzwischen nähert aber auch der Bundesfinanzhof seine Betrachtungen dem urheberrechtlichen Originalbegriff an.[389]

Der urheberrechtliche Originalbegriff ist aufgrund der mit dem Urheberrecht verbundenen Zielsetzungen besonders „nah an der Kunst". Dies spricht dafür, ihn tatsächlich als Ausgangspunkt für eine allgemeine juristische Erfassung des Originals in der Kunst zu nehmen. Im Gegensatz hierzu ist der existierende steuer- und zollrechtliche Originalbegriff derart von besonderen Praktikabilitätserwägungen der Steuererhebung geprägt, dass er bei vielen Normadressaten auf großes Unverständnis stößt[390] und daher als Keimzelle für einen „überwölbenden" Originalbegriff ungeeignet ist.[391] Der urheberrechtliche Originalbegriff ist aber wiederum auch nah am tatsächlichen Kunstbetrieb, weil eine Regelung – wie die des Folgerechts[392] in

387 In diesem Sinne z. B. *Strittmatter/Lörken*, ZUM 2010, 155 (159 f.); wohl auch *Goepfert*, Haftungsprobleme, 64 f.; *Hamann*, Originalbegriff, 87; *Jayme*, in: Original und Fälschung, 23; *Katzenberger*, in: Schricker/Loewenheim, § 26 Rn. 27; *Schlütter*, Original, 113.

388 BVerfG, Beschluss vom 14.09.1995 – 1 BvR 1787/94 = NJW 1996, 1127 f.; kritisch hierzu *Jayme*, Wiener Vorträge, 229 f.

389 So *Pfennig*, Museen, 42 f.; *Strittmatter/Lörken*, ZUM 2010, 155 (159 f.) unter Verweis auf BFHE 201, 352.

390 Vgl. nur die Kritik von *Jayme*, Wiener Vorträge, 229 f. sowie *Strittmatter/Lörken*, ZUM 2010, 155 ff.

391 In diesem Sinne auch schon *Hamann*, Originalbegriff, 77 ff.

392 Das Folgerecht soll einen materiellen Ausgleich für die Tatsache schaffen, dass der bildende Künstler sein Werk im Regelfall nur einmal (nämlich durch Verkauf) sinnvoll verwerten und somit wirtschaftlich profitieren kann. Andere Urheber (wie z. B. Komponisten oder Schriftsteller) haben die Möglichkeit, dauerhaft Erträge in Form von Lizenzeinnahmen aus ihrem Werk zu generieren. Hinzu kommt, dass Werke der bildenden

§ 26 UrhG – für alle am Kunstmarkt und der Kunstproduktion Beteiligten ständig unmittelbar spürbare Folgen zeitigt.[393] Die Aussage von *Goepfert*, gegen eine Generalisierung des *urheberrechtlichen* Originalbegriffs spreche, dass dieser in der „breiten Öffentlichkeit" nicht verankert sei,[394] ist daher zu relativieren. Vielmehr dürfte bei vielen am Kunstmarkt beteiligten Personen das Gegenteil der Fall sein. Ob der Begriff bei Personen bekannt ist, die überhaupt nicht am Kunstmarkt agieren, kann dann vernachlässigt werden.

Weiterhin ist das UrhG als „eine der klarsten Kodifikationen der auf romanischem Verständnis beruhenden Normensammlungen"[395] in der Lage, z. B. mithilfe seiner abstrakten, aber weitgehend geklärten Systematisierungen (wie z. B. dem immateriellen „Werk" und dem materiellen „Werkstück") Hilfestellung bei der begrifflichen Erfassung des „Originals" zu geben.[396] Darüber hinaus lässt sich auf einen vergleichsweise umfangreichen Diskurs zurückgreifen, über den die gefundene Definition zusätzliche Legitimation sowie Transparenz in Bezug auf ihre Entwicklung erlangen kann.

Zum *gewährleistungsrechtlichen* Originalbegriff ist zu bemerken, dass er strenggenommen gar nicht existiert, jedenfalls aber eine andere Kategorie darstellt. Das Gewährleistungsrecht verwendet den Begriff des Originals – anders als das Urheberrecht[397] und das Steuerrecht[398] – nicht. Für das Mängel-

---

Kunst häufig erst bei einem Verkauf auf dem Sekundärmarkt (z. B. im Rahmen einer Auktion) ihre „richtige" Wertschätzung erfahren, diese Wertsteigerung jedoch ohne ein Folgerecht dem Künstler nicht mehr zugutekäme (vgl. zu den Motiven für die Einführung eines Folgerechtsanspruchs die ausführlicheren Darstellungen bei *Ehrler*, Folgerecht, 65 ff.; *Pfennig*, in: Handbuch des Urheberrechts, § 88 Rn. 1 ff.; *Schmidt-Werthern*, Richtlinie, 19 ff.; *Schneider-Brodtmann*, Folgerecht, 31 ff.). Das Folgerecht, welches das UrhG seit 1965 kennt und welches durch die Umsetzung der EU-Folgerechtsrichtlinie nun europaweit existiert, hilft dem bildenden Künstler, indem es ihm einen Teil des bei einem Verkauf erzielten Erlöses als geldwerten Anspruch gegenüber dem Verkäufer des Werkstücks einräumt. Der Folgerechtsanspruch nach dem UrhG ist gestaffelt (§ 26 Abs. 2 S. 1 UrhG), setzt einen Mindestverkaufserlös von 400 Euro voraus (§ 26 Abs. 1 S. 4 UrhG) und ist auf einen Maximalbetrag von 12.500 Euro begrenzt (§ 26 Abs. 2 S. 2 UrhG).

393 Vgl. auch *Schlütter*, Original, 28 f.

394 *Goepfert*, Haftungsprobleme, 66. Nach *Goepfert* soll das zum *urheberrechtlichen* Originalbegriff Gesagte jedoch nicht für den *steuerrechtlichen* Originalbegriff gelten. Letzterer sei aufgrund seiner Praxisrelevanz so verbreitet, dass er als bekannt gelten dürfe. Dies soll hier bezweifelt werden, wenngleich ein empirischer Nachweis für die Richtigkeit einer der beiden Behauptungen an dieser Stelle nicht erbracht werden kann.

395 *Mercker*, in: Was kostet Kunst?, 40.

396 Unabhängig von dem sprachlichen Reformvorschlag der in Bezug auf das UrhG zu machen sein wird; dazu unten unter C.II.3, S. 116.

397 Z. B. in § 26 UrhG.

398 Vgl. Nr. 53 der Anlage 2 zu § 12 Abs. 2 Nr. 1 und 2 UStG.

gewährleistungsrecht gilt primär der „subjektive Mangelbegriff“[399] (§ 434 Abs. 1 S. 1 BGB). Der Begriff des Originals kann daher gewährleistungsrechtlich nur dann eine Rolle spielen, wenn die Parteien sich darüber verständigt haben, indem beispielsweise die Lieferung eines „Originals“ Vertragsgegenstand geworden ist. Innerhalb der vertraglichen Gestaltung ist es jedoch ausschließlich eine Frage der Privatautonomie und somit des konkreten Vertragsinhalts, was unter einem „Original“ verstanden werden soll. Nach dem Grundsatz *falsa demonstratio non nocet* ist es daher unschädlich, wenn die Parteien z. B. übereinstimmend ein Kunstwerk als „Original“ bezeichnen, obgleich es vom Rest der Kunstwelt nicht als solches angesehen wird. Lediglich wenn die Parteivereinbarungen bzw. die Parteierwartungen inkongruent sind, kann es doch wieder notwendig werden, im Rahmen der Vertragsauslegung den Begriff des „Originals“ aus Sicht eines „objektiven Erklärungsempfängers“[400] zu bestimmen. Dabei kann es hilfreich sein, auf einen „unparteiischen“, also normativen Originalbegriff zurückzugreifen.[401] Die in diesem Kapitel zu entwickelnden Grundsätze für einen urheberrechtlichen Originalbegriff könnten insoweit herangezogen werden und dann auch mittelbar im kaufrechtlichen Gewährleistungsrecht Bedeutung erlangen. Relevant kann die Frage, was mit einem „Original“ versprochen wurde, weiterhin auch unter dem Aspekt eines Sachmangels im Sinne des § 434 Abs. 1 S. 3 BGB werden, wenn der Verkäufer Kunstwerke z. B. in einem Katalog als „Originale“ angepriesen hat.[402]

II. Das „Original“ im Sinne des UrhG in der Fotokunst

Das UrhG verwendet den Begriff des Originals in den §§ 6, 10, 17, 18, 25, 26, 27, 44, 69c, 107, 114, 116 UrhG.[403] Der Begriff wird jedoch nicht definiert, sondern vom Gesetz vorausgesetzt.[404] Dementsprechend hat sich um den Inhalt des Begriffs eine umfangreiche Diskussion entsponnen.[405] Aufgrund der

399 Für alle *Westermann*, in: MüKo BGB, § 434 Rn. 5 ff. Ausführlich auch unten E.III.1, S. 271.

400 Hierzu grundlegend unten bei D.II.1.b), S. 182.

401 So auch schon *Goepfert*, Haftungsprobleme, 65 ff.

402 Zur Frage, inwieweit im Rahmen der Sachmangelbegriffe des § 434 Abs. 1 S. 2 Nr. 1 und 2 BGB ein Original geschuldet sein kann vgl. auch unten bei E.III.1.a)(5), S. 282 sowie *Mangold*, Verbraucherschutz, 164.

403 Zur Bedeutung des Begriffs in den einzelnen Normen vgl. *Schlütter*, Original, 28 ff.

404 Vgl. z. B. *Bullinger*, KUR 2006, 106 (108).

405 Vgl. beispielhaft zur Diskussion in chronologischer Reihenfolge *Hamann*, Originalbegriff; *Sieger*, Film und Recht 1984, 119 (129 f.); *Schack*, Kunst und Recht, Rn. 22 ff.; *Bullinger*, KUR 2006, 106. Zuletzt sehr umfangreich *Schlütter*, Original.

sich ständig neu entwickelnden künstlerischen Ausdrucksformen wie auch der Weiterentwicklung von Reproduktionstechniken ist jede Definition des Begriffes naturgemäß einer wiederkehrenden Überprüfung ausgesetzt. Für den Bereich der Fotografie gilt, dass die Diskussion seit einigen Jahren mit Unterbrechungen geführt wird, ein eindeutiges Ergebnis und insbesondere eine höchstrichterliche Entscheidung bislang aber noch nicht vorliegen.[406]

Das Fehlen einer weithin akzeptierten Definition des fotografischen Originals ist umso erstaunlicher, als eine klare Vorstellung vom Originalbegriff für die Anwendung des UrhG unentbehrlich ist, da das Gesetz an die Originaleigenschaft bestimmte Rechtsfolgen (wie z. B. den Folgerechtsanspruch aus § 26 UrhG) knüpft. Im Folgenden soll gezeigt werden, dass bei limitierten Werken (d. h. bei praktisch allen Werken der zeitgenössischen Fotokunst) die Limitierung Auswirkungen auf die Originaleigenschaft haben muss und dass diese gleichzeitig die Bildung eines Originalbegriffs für den Bereich der zeitgenössischen Fotografie erheblich erleichtert.[407]

1. Urheberrechtliche Vorüberlegungen

Bevor die Auswirkungen einer limitierten Auflage auf den urheberrechtlichen Originalbegriff geprüft werden können, bedarf es einiger grundlegender Überlegungen zur Stellung der Fotografie im deutschen Urheberrecht. Nur Fotografien, die als urheberrechtlich relevantes *Werk* überhaupt unter das UrhG fallen, können Originale im Sinne des UrhG sein.

a) Unterscheidung von Lichtbild*werk* und Lichtbild

Das deutsche Urheberrecht unterscheidet, was das Medium der Fotografie angeht, zwischen Lichtbild*werken* (§ 2 Abs. 1 Nr. 5 UrhG)[408] und Licht*bildern* (§ 72 UrhG). Plakativ formuliert wird zwischen „besseren" und „schlechteren" Fotos unterschieden.[409] Ein „echtes" Urheberrecht wird nur den („besseren") Lichtbild*werken* zugestanden. § 72 UrhG bietet den („schlechteren") Licht*bildern* einen annähernd gleichen Schutz, jedoch nicht in Form eines

406 *Mercker*, FAZ vom 2. April 2005, 49; *Mercker*, in: Original und Fälschung, 68 ff.; *Maaßen*, PROFIFOTO 5/2007, 69.

407 Anders noch *Hamann*, UFITA 90/1981, 45 (56 f.).

408 Vgl. umfassend zu diesem Begriff und seiner Ausgestaltung *Nordemann*, Fotografie, 16 ff., 123 ff.

409 So *Nordemann*, in: Handbuch des Urheberrechts, § 9 Rn. 125.

Urheberrechts, sondern in Form eines bloßen Leistungsschutzrechts.[410] Unterschiedlich ist die Schutzdauer von 70 Jahren *post mortem auctoris* bei Lichtbildwerken (§ 64 UrhG) und 50 Jahren ab Erscheinen, öffentlicher Wiedergabe oder Herstellung bei Lichtbildern (§ 72 Abs. 3 UrhG).[411] Zudem unterfallen die Lichtbilder – anders seit dem 1. Januar 2006 die Lichtbild*werke*[412] – nicht dem Folgerechtsanspruch aus § 26 UrhG (vgl. § 26 Abs. 1 S. 1 UrhG).

Die Grenze zwischen Lichtbildwerken und Lichtbildern wird danach gezogen, ob es sich bei der fraglichen Fotografie um eine persönliche geistige Schöpfung (§ 2 Abs. 2 UrhG), d. h. insbesondere um ein Werk mit einer gewissen Schöpfungshöhe[413] handelt oder nicht.[414] Bloße Lichtbilder sind demnach alle „nicht künstlerischen Fotografien“.[415] Lichtbildwerke von Lichtbildern in jedem Einzelfall genau abzugrenzen, gestaltet sich außerordentlich schwierig. Aufgrund von Art. 6 der EU-Schutzdauerrichtlinie[416], die auch bei der Auslegung des deutschen UrhG zu beachten ist, darf die Schwelle zur Annahme eines Lichtbildwerks aber nicht zu hoch angenommen werden.[417] Art. 6 der EU-Schutzdauerrichtlinie unterscheidet nicht zwischen Lichtbildwerken und Lichtbildern, sondern unterstellt „Fotografien“ pauschal dem urheberrechtlichen Schutz, solange sie bestimmte Kriterien erfüllen. Insoweit setzt die EU-Schutzdauerrichtlinie lediglich voraus, dass die Fotografien individuelle, d. h. „eigene geistige Schöpfungen“ sind. Eine besondere Gestaltungshöhe wird gerade nicht verlangt.[418] Vielmehr werden sogar ausdrücklich alle anderen Kriterien außer den genannten (individuelle, d. h. eigene geistige Schöpfung) zur Bestimmung der Schutzfähigkeit für nicht anwendbar erklärt (vgl. Art. 6 S. 2 der EU-Schutzdauerrichtlinie). Der Unterschied der Definitionen („eigene“ statt „persönliche“) mag marginal erscheinen.[419] Entscheidend ist jedoch, dass nach dem Willen der EU-Schutzdauerrichtlinie ästhetische und wertende Betrachtungen bei der

410 *Thum*, in: Wandtke/Bullinger, § 72 Rn. 1 f.

411 *Lettl*, Urheberrecht, § 2 Rn. 86.

412 *Schulze*, in: Dreier/Schulze, § 26 Rn. 9.

413 Vgl. zu diesem Begriff *Schulze*, in: Dreier/Schulze, § 2 Rn. 20 f.

414 Umfassende Darstellungen der Abgrenzung finden sich bei *Nordemann*, Fotografie, 67 ff. (noch ohne die Implikationen der EG-Schutzdauerrichtlinie; dazu sogleich); *Heitland*, Fotografie, 31 ff. sowie *Maaßen*, in: FS Pfennig, 138 ff.

415 *Lutz*, Grundriss des Urheberrechts, Rn. 565.

416 Richtlinie 2006/116/EG des Europäischen Parlaments und des Rates vom 12. Dezember 2006 über die Schutzdauer des Urheberrechts und bestimmter verwandter Schutzrechte, ABl. Nr. L 372 vom 27.12.2006, 12.

417 Vgl. hierzu auch *Nordemann*, in: Handbuch des Urheberrechts, § 9 Rn. 147 sowie *Loewenheim*, in: Schricker/Loewenheim, § 2 Rn. 182; *Maaßen*, in: FS Pfennig, 140.

418 In diesem Sinne auch BGH, Urteil vom 3.11.1999 - I ZR 55/97 = BGH, MMR 2000, 218 (219).

419 Vgl. *Schulze*, in: Dreier/Schulze, § 2 Rn. 23.

Verleihung des urheberrechtlichen Schutzes außen vor bleiben und generell die Anforderungen an den urheberrechtlichen Schutz von Werken gesenkt werden sollen.[420] Bei Beachtung der EU-Schutzdauerrichtlinie ist daher im deutschen Urheberrecht im Zweifel zugunsten eines urheberrechtlichen Schutzes, also für die Einordnung als Lichtbild*werk*, zu entscheiden.[421] Letztlich dürften nur solche Fotografien, bei denen „jede schöpferische Individualität fehlt"[422] bzw. die ein bloßes Zufallsprodukt[423] sind, als reine Lichtbilder dem Leistungsschutzrecht des § 72 UrhG unterfallen. Dies betrifft Satellitenaufnahmen[424] oder sogenannte „Knipsbilder" wie z. B. Passbilder aus dem Fotoautomaten[425]. Wobei schon bei letzterem Beispiel eine genaue Einzelfallprüfung notwendig sein wird, da die Verwendung eines Passbildautomaten (genauso wie die Verwendung eines Selbstauslösers[426]) keineswegs *generell* ausschließt, dass der Benutzer dieses Automaten nicht doch individuell gestaltend – im Sinne einer eigenen geistigen Schöpfung – tätig wird.[427]

Für die Fotografien, welche in der vorliegenden Arbeit im Fokus stehen, besteht insoweit kein wesentlicher Zweifel. Dass ein Foto, welches auf dem Markt als künstlerisches Objekt gehandelt wird, nicht mehr unter den (weiten) Begriff des Lichtbildwerks fallen sollte, ist vielleicht nicht völlig ausgeschlossen, jedoch kann diese (theoretische) Möglichkeit für die folgenden Untersuchungen vernachlässigt werden.

b) Das urheberrechtlich geschützte *Werk* im Bereich der Fotokunst

Gemäß §§ 1, 2 UrhG setzt der urheberrechtliche Schutz ein „Werk" voraus. Der Begriff des Werks ist von dem des Werk*stücks* zu unterscheiden.[428] Als „Werk" bezeichnet das Urheberrecht den eigentlichen Anknüpfungsgegen-

---

420 *Schulze*, in: Dreier/Schulze, § 2 Rn. 32. Dies gestaltet sich im Schweizer Recht anders. Vgl. die Ausführungen von *Hug*, KUR 2015, 31 ff.

421 *Nordemann*, in: Handbuch des Urheberrechts, § 9 Rn. 148a. Vgl. auch *Heitland*, Fotografie, 60 ff. sowie *Dreyer*, in: Dreyer/Kotthoff/Meckel, § 2 Rn. 245.

422 *Thum*, in: Wandtke/Bullinger, § 72 Rn. 7.

423 *Maaßen*, in: FS Pfennig, 141.

424 *Dreyer*, in: Dreyer/Kotthoff/Meckel, § 2 Rn. 250, 254.

425 *Nordemann*, in: Handbuch des Urheberrechts, § 9 Rn. 148; auch *Fleer*, in: Hoeren/Nielen, 97 f.

426 Vgl. *Nordemann*, in: Handbuch des Urheberrechts, § 9 Rn. 131.

427 So arbeitet der Künstler Jan Wenzel ganz bewusst mit „Fotofix"-Automaten und schafft auf diese Weise Bildtableaus, denen man die Eigenschaft als Lichtbild*werk* nicht mehr absprechen kann; vgl. das Interview mit dem Künstler in Designers Digest 101, Heft 09/07.

428 *Rehbinder/Peukert*, Urheberrecht, Rn. 91. Für ausführliche Darstellungen vgl. *Wiesner*, Veräußerung des Werkstückes, 17 ff.; *Rehbinder/Peukert*, Urheberrecht, Rn. 210 ff.; *Schack*, Urheberrecht, Rn. 34 ff.

stand des urheberrechtlichen Schutzes: das geschützte Immaterialgut, die geistige Schöpfung des Urhebers, sozusagen die „Idee“ im Sinne der Philosophie Platons. Das Werkstück ist die konkrete *Sache*, in der ein immaterielles Werk zum handelbaren und rezeptionsfähigen Gut manifestiert ist. Bei den bildenden Künsten ist ein Werk*stück* für die Rezeption des *Werks* zwingend notwendig. Anders bei flüchtigen (ephemeren[429]) Werken wie z. B. der Musik oder einem Gedicht: Letztere können auch ohne einen handgreiflichen Träger, beispielsweise allein durch einen Vortrag, vermittelt werden.

Ein schutzfähiges Werk im Sinne des § 2 UrhG liegt vor, wenn es sich um eine „persönliche geistige Schöpfung“ handelt (§ 2 Abs. 2 UrhG). Bei künstlerischer Fotografie (in Abgrenzung zum Lichtbild, s. o.)[430] liegt eine solche persönliche geistige Schöpfung vor. Notwendig ist für die Erlangung des urheberrechtlichen Schutzes aber zudem eine wahrnehmbare Formgestaltung, das heißt, das Werk muss einen Festlegungsgrad erreicht haben, welcher es der Wahrnehmung durch menschliche Sinne zugänglich macht.[431] Die praktische Notwendigkeit dieses Kriteriums liegt darin, dass das immaterielle Werk ohne jegliche Manifestation außerhalb des Geists des Urhebers schlicht verkehrsuntauglich ist und somit nicht sinnvoll ein Gegenstand rechtlicher Regeln sein kann. So würde man ohne jegliche Manifestation des Werks z. B. bei der Rechtsdurchsetzung zu unlösbaren Beweisschwierigkeiten kommen, wenn etwa die Frage zu klären wäre, wer eine „Idee“ zuerst gehabt hat. Vor einer Manifestation in der Außenwelt ist ein urheberrechtliches Werk daher als bloße Idee grundsätzlich nicht schutzfähig.[432]

Für die analoge Fotografie bedeutet dies, dass die Konzeption einer Fotografie, solange sie sich nur „im Kopf“ des Fotografen befindet, kein schutzfähiges Werk darstellt. Regelmäßig wird bei der Fotografie (sofern ihr keine ausführlichen, schriftlichen Planungen vorhergehen) das urheberrechtliche Werk erst mit Auslösung des Verschlusses am Fotoapparat materiell fixiert und somit schutzfähig. Auf dem belichteten (Negativ-)Film ist das Werk zwar nicht für das menschliche Auge wahrnehmbar (anders z. B. bei Polaroidaufnahmen), jedoch genügt als Voraussetzung für die urheberrechtliche Schutzfähigkeit auch eine Fixierung, die den menschlichen Sinnen nur mit-

429 *Rehbinder/Peukert*, Urheberrecht, Rn. 83, 88

430 Allerdings bezieht sich auch der Schutz des Lichtbilds auf das immaterielle Gut, wenngleich man in diesem Zusammenhang nicht von einem urheberrechtlichen „Werk“ spricht, da ein „Werk“ im Sinne des § 2 Abs. 2 UrhG eben eine persönliche geistige Schöpfung voraussetzt; vgl. *Vogel*, in: Schricker/Loewenheim, § 72 Rn. 17.

431 *Rehbinder/Peukert*, Urheberrecht, Rn. 214 f.; *Schack*, Urheberrecht, Rn. 187 ff.; *Loewenheim*, in: Handbuch des Urheberrechts, § 6 Rn. 11.

432 Für die ganz h. M. *Loewenheim*, in: Schricker/Loewenheim, § 2 Rn. 20, 51. Mit anschaulichen Beispielen *Maaßen*, in: FS Pfennig, 144 ff.

telbar, d. h. unter Hinzuziehung technischer Hilfsmittel zugänglich ist.[433] Im Ergebnis sind daher bei der analogen Fotografie Negativ und Abzug dieses Negativs Werk*stücke* ein und desselben immateriellen *Werks*.

Für den Bereich der digitalen Fotografie kann grundsätzlich nichts anderes gelten.[434] Im Unterschied zur analogen Fotografie wird hier nicht ein (Negativ-)Film belichtet, sondern ein elektronisches Bauteil, welches dann die Bildinformationen als Computerdatei speichert. Auch wenn man das digitale Foto nicht als Lichtbildwerk im Sinne von § 2 Abs. 1 Nr. 5 1. Alt. UrhG bzw. als Lichtbild im Sinne des § 72 UrhG ansieht,[435] so fällt die digitale Fotografie jedenfalls unter die Auffangklausel des § 2 Abs. 1 Nr. 5 2. Alt. UrhG bzw. § 72 Abs. 1 2. Alt. UrhG, wonach gleichsam solche Werke und Erzeugnisse geschützt werden, die „ähnlich" einem Lichtbildwerk bzw. einem Lichtbild geschaffen wurden.[436] Da in allen Fällen die gleichen Regeln anzuwenden sind, ist es müßig, sich auf eine der Möglichkeiten festzulegen. Die Speicherung des fotografierten Wirklichkeitsausschnitts als Datei stellt die für den Beginn des urheberrechtlichen Werkschutzes entscheidende (mittelbar) wahrnehmbare Formgestaltung dar.[437]

Leicht abweichende Bewertungen können sich im Einzelfall – insbesondere bei der zeitgenössischen Fotokunst – ergeben. Einige Künstler arbeiten hier mit einem mehrstufigen Schaffensprozess, bei dem z. B. nach Aufnahme eines analogen Fotos und dessen Digitalisierung (Scannen) eine Überarbeitung und Neuzusammenstellung der Bildinformationen auf digitalem Wege stattfindet.[438] Das neu kompilierte Bild wird als Datei gespeichert. Erst der von dieser Datei hergestellte Papierabzug stellt das eigentliche (für den Kunstmarkt bestimmte) Kunstwerk dar.[439] Kein Zweifel kann jedoch auch in diesem Fall daran bestehen, dass bereits die erste Aufnahme (analog oder digital) ein schutzfähiges Werk ist, da es auf die subjektiven Beweggründe des Schöpfers, d. h. insbesondere auf seine Vorstellung von der „Werkvollendung", für die Anerkennung des urheberrechtlichen Schutzes nicht ankommt.[440] Der urheberrechtliche Schutz der schöpferischen Vorproduktion ist schon deshalb notwendig, da die „Vorprodukte" dem Künstler während des Schaffensprozesses abhandenkommen können oder der

433 BGHZ 37, 1 (7); *Loewenheim*, in: Handbuch des Urheberrechts, § 6 Rn. 11.
434 Anders (zum schweizerischen Recht) *Mosimann*, in: Kunst & Recht, 19 ff.
435 So aber z. B. *Platena*, Lichtbild, 143 und *Nielen*, in: Hoeren/Nielen, Rn. 225.
436 LG Hamburg, ZUM 2004, 675 (677); *Maaßen*, ZUM 1992, 338 (339 f.); *Reuter*, GRUR 1997, 23 (27).
437 LG Hamburg, ZUM 2004, 675 (677); *Jacobs*, in: FS Samwer, 145; *Nielen*, in: Hoeren/Nielen, Rn. 226; anders *Mosimann*, in: Kunst & Recht, 20.
438 Vgl. hierzu auch *Jacobs*, in: FS Samwer, 142 ff.
439 So z. B. bei Jeff Wall und Andreas Gursky, vgl. auch *Mosimann*, in: Kunst & Recht, 19 f.
440 *Jacobs*, in: FS Samwer, 144 f. Vgl. auch *Loewenheim*, in: Schricker/Loewenheim, § 2 Rn. 22.

Schaffensprozess aus anderen Gründen nicht fortgesetzt werden könnte.[441] Es muss daher für den urheberrechtlichen Schutz unerheblich sein, dass es sich nach Ansicht des Künstlers erst um ein „Vorprodukt" handelt, solange nach objektiven Kriterien bereits ein schutzfähiges Werk vorliegt.[442] Unter Umständen können daher bei den zeitgenössischen Schaffensprozessen je nach dem Grad der „Umgestaltung" mehrere urheberrechtlich relevante Werke[443] bzw. Bearbeitungen im Sinne von § 3 S. 1 UrhG entstehen, die jeweils einem selbständigen Schutz unterliegen.[444]

c) Internationales Urheberrecht[445] und der Anwendungsbereich des deutschen UrhG

Die Kunstwelt wie der Kunstmarkt sind zu globalen Erscheinungen geworden. Es ist nicht mehr außergewöhnlich, sondern gehört vielmehr zum allgemeinen Standard, wenn in einem Frankfurter Museum ein amerikanischer oder kanadischer Fotograf gleichberechtigt neben einem deutschen Fotografen ausstellt. Im Übrigen findet eine Trennung nach Nationalitäten der Künstler – natürlich abgesehen von entsprechenden, thematischen Sonderausstellungen – nicht mehr statt. Werden also Fotografien, die der ausländische Künstler im Ausland (vielleicht sogar auf Reisen in einem Drittland) aufgenommen hat, an ein inländisches Museum bzw. einen Sammler verkauft, so stellt sich zunächst die Frage, welche Rechtsordnung, das heißt konkret, das *Urheberrecht* welchen Landes über die aufgeworfenen Fragestellungen entscheidet. Die Antwort auf diese Frage ist im Internationalen Urheberrecht zu suchen.[446] Es gehört zu den Notwendigkeiten einer zeitge-

441 Vgl. auch die Überlegungen von *Hamann*, Originalbegriff, 119 f. sowie *Jacobs*, in: FS Samwer, 144 f.

442 *Jacobs*, in: FS Samwer, 144. Vgl. auch *Loewenheim*, in: Handbuch des Urheberrechts, § 52 Rn. 13; sowie *Loewenheim*, in: Schricker/Loewenheim, § 2 Rn. 22; *Rehbinder/Peukert*, Urheberrecht, Rn. 214; *Nordemann/Dustmann*, in: Ebling/Schulze, 2. Teil Rn. 77.

443 Vgl. *Thum*, in: Wandtke/Bullinger, § 7 Rn. 4, der von einzelnen, sich überlagernden Urheberrechten an den jeweiligen Vorstufen eines Werks spricht.

444 *Maaßen*, ZUM 1992, 338 (347); *Reuter*, GRUR 1997, 23 (29 ff.); *Schulze*, in: Dreier/Schulze, § 3 Rn. 40 f.; wohl anders *Mosimann*, in: Kunst & Recht, 20.

445 Eine umfassende Darstellung aller Fragen des Internationalen Urheberrechts mit umfangreicher Kritik an den gegenwärtigen Verhältnissen findet sich bei *Schack*, Urheberrecht, Rn. 904 ff.

446 „International" meint in diesem Zusammenhang nicht notwendig Normen, die Gültigkeit über Ländergrenzen hinweg beanspruchen. Vielmehr ist unter dem Begriff des „Internationalen Urheberrechts" genauso wie dem des „Internationalen Privatrechts" eine Metaebene *nationaler* Normen zu verstehen, die über die Anwendbarkeit des übrigen

mäßen Jurisprudenz, stets zumindest einen kurzen Blick auf diese Fragestellungen zu werfen.

(1) Rechtsquellen des Internationalen Urheberrechts

Echte Kollisionsnormen für urheberrechtliche Sachverhalte existieren im deutschen UrhG (noch) nicht. Stattdessen wird seit langem von der Rechtsprechung zur Bestimmung des anwendbaren Rechts auf das inzwischen wohl als Gewohnheitsrecht[447] zu bezeichnende Schutzlandprinzip zurückgegriffen.[448] Das Schutzlandprinzip besagt, dass auf einen Sachverhalt jeweils das Urheberrecht des Landes anwendbar ist, für dessen Gebiet urheberrechtlicher Schutz begehrt wird (*lex loci protectionis*).[449] Dieser Grundsatz hat durch die Artt. 8 Abs. 1, 13 Rom II-Verordnung[450] inzwischen für den Bereich der außervertraglichen Schuldverhältnisse eine positivrechtliche Regelung gefunden.[451] Die Begründung für die Anwendung des Schutzlandprinzips ist somit für den Bereich der außervertraglichen urheberrechtlichen Ansprüche heute in der Rom II-Verordnung und nicht mehr im Richterrecht zu suchen.[452] Das UrhG bedient sich zudem weiterhin zur Bewältigung von Sachverhalten mit Auslandsbezug Regelungen in Form eines Fremdenrechts (§§ 120 ff. UrhG). Eine Rechtswahl durch die Parteien ist aufgrund dessen, dass es sich beim Urheberrecht um ein absolutes Recht handelt, nicht möglich (vgl. auch Art. 8 Abs. 3 Rom II-Verordnung).[453]

(sogenannten *materiellen*) Rechts entscheiden. Vgl. hierzu *von Hoffmann/Thorn*, IPR, Rn. 34 ff.

447 Vgl. *Fezer*, Markenrecht, Einl H Rn. 12 ff.

448 Für die ständige Rspr. vgl. BGH, GRUR 2015, 264 (265 Rn. 24). Weiterhin *Lauber-Rönsberg*, in: BeckOK UrhR, Kollisionsrecht Rn. 7 ff.; *Walter*, in: Handbuch des Urheberrechts, § 58 Rn. 24 ff. Ein ausländisches Gericht kann durch sein Kollisionsrecht im Wege der Gesamtverweisung auf das deutsche Kollisionsrecht verwiesen werden und muss dann ebenfalls das („deutsche") Schutzlandprinzip anwenden. Zur Kritik am Schutzlandprinzip vgl. z. B. *Lauber-Rönsberg*, in: BeckOK UrhR, Kollisionsrecht Rn. 10.

449 Vgl. *Schack*, Urheberrecht, Rn. 1044.

450 Verordnung (EG) Nr. 864/2007 des Europäischen Parlamentes und des Rates vom 11. Juli 2007 über das auf außervertragliche Schuldverhältnisse anzuwendende Recht („Rom II"), ABl. L 199 vom 31.07.2007, 40.

451 Dazu *Walter*, in: Handbuch des Urheberrechts, § 58 Rn. 54.

452 Dies gilt unabhängig davon, ob der konkrete Sachverhalt Bezüge zum Gebiet der EU aufweist oder nicht, solange von einem dort ansässigen Gericht entschieden wird (sogenannte „Universelle Anwendung", vgl. Art. 3 Rom II-Verordnung).

453 BGHZ 118, 394 (397 f.); *von Welser*, in: Wandtke/Bullinger, Vor §§ 120 ff. Rn. 23.

Der *persönliche* Anwendungsbereich des deutschen UrhG (wenn es aufgrund des Schutzlandprinzips für anwendbar erklärt worden ist) erstreckt sich gemäß der §§ 120 Abs. 2, 121, 122, 123 UrhG nicht nur auf Inländer, sondern auch auf Ausländer, insofern bestimmte Voraussetzungen erfüllt sind. Besondere Bedeutung hat in diesem Zusammenhang § 121 Abs. 5 und 6 UrhG, wo einerseits auf die Inländergleichbehandlung von Ausländern aufgrund von völkerrechtlichen Abkommen verwiesen wird (insbesondere die „Baseler revidierte Übereinkunft" und das TRIPS-Abkommen) und andererseits klargestellt wird, dass als Mindestschutz die Rechte der §§ 12 bis 14 UrhG allen ausländischen Urhebern zugutekommen.

(2) Das sogenannte Territorialitätsprinzip

Sachlich beschränkt im Urheberrecht das sogenannte „Territorialitätsprinzip" den Anwendungsbereich des UrhG.[454] Ein Schutz nach dem UrhG wird dadurch auf das Staatsgebiet der Bundesrepublik Deutschland beschränkt. Umgekehrt können ausländische Urheberrechte in Deutschland nicht geltend gemacht werden.[455] Vielmehr unterliegt der Schutz eines ausländischen Urhebers in Deutschland (z. B. gegen die unerlaubte Vervielfältigung einer Fotografie) ausschließlich dem deutschen UrhG. Das oben[456] angesprochene Schutzlandprinzip ist *de facto* die kollisionsrechtliche Formulierung des Territorialitätsprinzips.

Dem durch Anwendung des Schutzlandprinzips gewonnenen „Urheberrechtsstatut" werden alle urheberrechtlichen Fragen entnommen.[457] Das gilt insbesondere auch für alle originären und derivativen Rechtserwerbe, die dem streiterheblichen Rechtsverhältnis vorgelagert sind. So richtete sich bei einem vor einem deutschen Gericht anhängigen Streit über die Fotografie eines amerikanisches Künstlers, die in den Vereinigten Staaten aufgenommen wurde, auch die Entstehung des Urheberrechts nach deutschem Recht, selbst wenn zum Zeitpunkt der Aufnahme eine Berührung mit dem deutschen Recht noch gar nicht vorherzusehen war. Im Ergebnis führen Schutzland- und Territorialitätsprinzip daher dazu, dass deutsche Gerichte auch in Fällen mit internationalem Bezug meistens das deutsche UrhG anwenden.

454 Kritisch zum Territorialitätsprinzip *Schack*, Urheberrecht, Rn. 911 ff.

455 *Schack*, Urheberrecht, Rn. 915.

456 C.II.1.c)(1), S. 112.

457 BGHZ 136, 380 (387 f.); OLG Hamburg GRUR 1979, 235 (237); OLG Düsseldorf ZUM-RD 2007, 465 (467); LG München ZUM-RD 2002, 21 (24); *von Welser*, in: Wandtke/Bullinger, Vor §§ 120 ff. Rn. 4; dagegen *Schack*, Urheberrecht, Rn. 918.

Eine weitere Folge des Territorialitätsprinzips ist zudem, dass einem in internationalen Beziehungen tätigen Urheber nicht ein einziges Urheberrecht zusteht, sondern dass der Urheber stattdessen ein ganzes Bündel[458] von verschiedenen nationalen und deshalb jeweils nur territorial wirksamen Schutzrechten erhält.[459] Die damit verbundenen Schwierigkeiten bei der internationalen Durchsetzung von urheberrechtlichen Ansprüchen (komplizierte Rechtslage, dadurch hohe Rechtsverfolgungskosten etc.) sprechen für eine grundsätzliche Neukonzeption des Internationalen Urheberrechtsrechts. Vorschläge werden in der Literatur vor allem unter dem Stichwort des „Universalitätsprinzips“ gemacht.[460] Letztlich geht es um die Anerkennung eines einheitlichen „Welturheberrechts“[461] und eine Überwindung der noch im Privilegienrecht wurzelnden,[462] territorialen Zersplitterung von urheberrechtlichen Ansprüchen.[463]

(3) Praktische Konsequenzen

Ausgangspunkt für die Ermittlung des anzuwendenden Rechts ist stets die Frage, welches Gericht angerufen wurde. Ein Gericht geht zunächst immer von seinem eigenen Kollisionsrecht (dem der sogenannten *lex fori*) aus.[464] Für ein deutsches Gericht heißt dies, dass es (abgesehen für die in den Artt. 8 Abs. 1, 13 Rom II-Verordnung geregelten Fälle der außervertraglichen Schuldverhältnisse) im Bereich des Urheberrechts keine positiv geregelten Kollisionsnormen vorfindet. Mangels ausdrücklicher Kollisionsnormen für den Bereich des Urheberrechts bestimmt sich das anwendbare Recht dann nach dem Schutzlandprinzip.[465]

---

458 BGHZ 152, 317 (322).

459 *Schack*, Urheberrecht, Rn. 915; *Rehbinder/Peukert*, Urheberrecht, Rn. 1388.

460 *Schack*, Urheberrecht, Rn. 919 ff.

461 *Wandtke*, in: Wandtke/Bullinger, Einl Rn. 81.

462 *Schack*, Urheberrecht, Rn. 911 f.

463 Die daraus folgenden Probleme haben immer wieder den Ruf nach Rechtsvereinheitlichung befördert. Zur jüngsten deutsch-französischen Initiative für ein einheitliches europäisches Urheberrecht vgl. z. B. die Meldung in der FAZ v. 30.03.2015, Berlin und Paris für europäisches Urheberrecht, abrufbar unter: http://www.faz.net/aktuell/politik/internet-berlin-und-paris-fuer-europaeisches-urheberrecht-13514350.html, abgerufen am 01.06.2016.

464 *von Hoffmann/Thorn*, IPR, § 1 Rn. 48 mit weiteren Ausführung zu der hieraus folgenden Möglichkeit des „*forum shopping*“, d. h. der Beeinflussung des anwendbaren Rechts durch die Parteien (z. B. durch Anrufung eines bestimmten Gerichts) mit dem Ziel, hieraus einen Vorteil zu erlangen.

465 Dazu bereits oben C.II.1.c)(1), S. 112.

Entscheidend nach dem Schutzlandprinzip ist, für welches Gebiet der urheberrechtliche Schutz verlangt wird.[466] Das deutsche UrhG ist danach immer dann anwendbar, wenn der Schutz für das Gebiet der Bundesrepublik Deutschland beansprucht wird, das heißt also insbesondere dann, wenn die Verletzungs- und/oder Verwertungshandlungen auf deutschem Staatsgebiet liegen. Da die Antworten auf alle urheberrechtlichen Fragen (insbesondere auch der Frage nach der originären Entstehung des urheberrechtlichen Schutzes) dem aufgrund des Schutzlandprinzips bestimmten Urheberrechtsstatut entnommen werden,[467] kann sogar für „ausländische Werke“ die Frage nach der Entstehung des urheberrechtlichen Schutzes unter dem deutschen UrhG relevant werden.

Für die kautelarjuristische Praxis ergibt sich hieraus ein Problem: Das Schutzlandprinzip kann erst im Prozess durch das „Schutzbegehren“ ausgefüllt werden. Anders als z. B. im Kaufrecht, wo das anwendbare Recht durch bereits bei Vertragsschluss bekannte Fakten (z. B. den Ort der Leistungserbringung) oder eine Rechtswahl der Parteien bestimmt wird, müsste ein Vertrag, der sich auch auf urheberrechtliche Sachverhalte bezieht (z. B. ein Lizenzvertrag), grundsätzlich im Hinblick auf *alle* möglicherweise anwendbaren Rechtsordnungen konzipiert werden.[468] Vollständige Aussagen zu grenzüberschreitenden urheberrechtlichen Fragen lassen sich somit immer nur unter Berücksichtigung aller in Frage kommenden Rechtsordnungen und ihrer jeweiligen Urheberrechte beantworten.

Für die vorliegende Arbeit hat dies zur Folge, dass die Betrachtungen zum Originalbegriff und die damit zusammenhängenden urheberrechtlichen Fragen auf das deutsche Urheberrecht beschränkt werden. Das Ergebnis ist mithin für alle urheberrechtlichen Fragen, die sich (zumindest *auch*) auf bundesrepublikanisches Territorium beziehen, von Relevanz.

466 Umfassend zum Schutzlandprinzip, seiner Grundlagen sowie Bedeutung im gesamten Bereich des Immaterialgüterrechts auch *Drexl*, in: MüKo BGB[6], Internationales Immaterialgüterrecht Rn. 6 ff.

467 So jedenfalls die ständige Rechtsprechung und herrschende Meinung vgl. *Walter*, in: Handbuch des Urheberrechts, § 58 Rn. 24.

468 Auch wenn ein urheberrechtlicher Vertrag grundsätzlich den Regelungen der VERORDNUNG (EG) Nr. 593/2008 DES EUROPÄISCHEN PARLAMENTS UND DES RATES vom 17. Juni 2008 über das auf vertragliche Schuldverhältnisse anzuwendende Recht (Rom I-Verordnung) unterliegt, so können sich dennoch Vorfragen stellen (etwa wenn die Entstehung oder Übertragung eines Urheberrechts zu klären ist), die unabhängig von dem durch die Rom I-Verordnung bestimmten Vertragsstatut gesondert nach dem Schutzlandprinzip anzuknüpfen wären. Vgl. zur Problematik m. w. N. *Martiny*, in: MüKo BGB[6], VO (EG) 593/2008 Art. 4, Rn. 203 ff.

2. Begriffsbestimmungen für den weiteren Untersuchungsverlauf

Im Folgenden sollen durchweg die Worte „Original“ bzw. „Originalbegriff“ verwendet werden, wenn auf den *urheberrechtlichen* Originalbegriff Bezug genommen wird.

Teilweise wird von anderen Autoren in demselben Zusammenhang das Wort „Originalität“ verwendet.[469] Dieser Begriff ist jedoch insofern unglücklich gewählt, als dass er zum einen weder vom UrhG noch der EU-Folgerechtsrichtlinie in diesem Kontext verwendet wird und zum anderen in der Literatur teilweise mit den Kriterien der Neuheit bzw. Individualität im Zusammenhang mit dem Werkbegriff des § 2 Abs. 2 UrhG Verwendung findet.[470] Um Verwirrungen vorzubeugen, wird der Begriff der Originalität daher in der vorliegenden Arbeit vermieden.

Auch die Begriffe des „Originalwerks“ bzw. „Werks“ sind von dem des „Originals“ zu unterscheiden.[471] Die Begriffe „Original*werk*“ bzw. „Werk“ beziehen sich einmal mehr auf das immaterielle Rechtsgut,[472] während der Begriff des „Originals“ sich nur auf ein körperliches Werk*stück* bezieht.[473] Keineswegs sind diese Begriffe synonym zu verstehen.[474]

3. Der Wortlaut des deutschen UrhG

Das Dilemma des urheberrechtlichen Originalbegriffs beruht unter anderem darauf, dass der Begriff des Originals in bestimmten künstlerischen Bereichen tatsächlich unproblematisch ist. Unproblematisch sind insbesondere diejenigen bildenden Künste, bei denen es von jedem Werk nur ein einziges vom Künstler selbst geschaffenes Werkstück (das „Unikat“) gibt[475]; so z. B. normalerweise in der Malerei, Zeichnung und unter bestimmten Umständen in Skulptur und Plastik. Das Werkstück, welches als Unikat geschaffen wurde, ist zwangsläufig auch ein Original im Sinne des UrhG.

---

469 So bei *Ehrler*, Folgerecht, 159 ff.

470 *Schlütter*, Original, 41. So z. B. bei *de Werra*, in: Mosimann/Renold/Raschèr, 7. Kapitel Rn. 7; vgl. zur Nomenklatur auch *Behrens/de Lazzer*, Kunstmarkt, 241 sowie *Rehbinder/Peukert*, Urheberrecht, Rn. 225 dazu, dass die „Originalität“ der „Zentralbegriff“ des Urheberrechts der EU sei.

471 *Bullinger*, KUR 2006, 106 (106 f.).

472 Siehe dazu auch schon oben C.II.1.b), S. 108, sowie z. B. für den Kontext des § 3 UrhG; *Loewenheim*, in: Schricker/Loewenheim, § 3 Rn. 1.

473 Vgl. zu dem Prinzip dieser Differenzierung bereits *Fackler*, Begriff des Originals, 21 f.

474 So aber explizit *Pfennig*, in: Posthume Güsse, 18.

475 *Gerstenberg*, Die Urheberrechte, 132 f.; *Bullinger*, KUR 2006, 106 (109).

Dafür, dass der Gesetzgeber bei der Verwendung des Worts „Original“ diese Fälle vor Augen hatte, spricht, dass der Begriff des Originals insbesondere in § 44 Abs. 1 UrhG, aber auch in §§ 6 Abs. 2 S. 2, 10 Abs. 1, 17 Abs. 1 und 2, 18, 25 Abs. 1 und 2, 44 Abs. 2, 114 Abs. 2, 116 Abs. 2 Nr. 2 UrhG mit dem bestimmten Artikel („*das* Original“), der des Vervielfältigungsstückes jedoch mit dem unbestimmten Artikel („oder *ein* Vervielfältigungsstück“) verwendet wird. Für die im Fokus der vorliegenden Untersuchung liegenden Fotografien besonders aufschlussreich ist insoweit § 18 UrhG, der das Ausstellungsrecht regelt. Er bezieht sich ausdrücklich auf „*das* Original [...] eines Lichtbildwerks [Hervorhebung durch den Autor]“.[476] Anders gehalten sind nur die Formulierungen in §§ 27 Abs. 2 S. 1 und 137e Abs. 2 S. 1 UrhG, die erst 1995 so gefasst wurden[477] und bei denen der Wortlaut (Plural, unbestimmter Artikel) auch die Möglichkeit zulässt, dass es mehrere Originale *desselben* Werks gibt. Jedoch geben die Gesetzgebungsmaterialien keinen Hinweis darauf, dass diese sprachliche Anpassung bewusst erfolgt ist.

Ein weiteres Beispiel für die Grundannahme des Gesetzes, Originale seien stets Unikate, findet sich in § 6 Abs. 2 S. 1 UrhG, der eine Legaldefinition des Begriffs des „Erscheinens“ enthält. Während in § 6 Abs. 2 S. 2 UrhG wieder das Begriffspaar „Original oder Vervielfältigungsstück“ verwendet wird, ist in S. 1 ausschließlich von Vervielfältigungsstücken, nicht jedoch von Originalen die Rede. Hieraus wird teilweise geschlossen, die Regelung in S. 1 sei auf Originale nicht anwendbar.[478] Es liegt jedoch nahe, dass Originale allein deshalb nicht aufgeführt wurden, weil ein Anbieten an die Öffentlichkeit „in genügender Anzahl“, wie es die Norm verlangt, bei einem unikalen Original denklogisch ausgeschlossen ist. Richtigerweise kann der Tatbestand daher über seinen Wortlaut hinaus auch durch das Inverkehrbringen von Mehrfachoriginalen (z. B. der Druckgrafik oder Fotografie) erfüllt werden, solange es sich eben um eine „genügende Anzahl“ handelt.[479] Systematisch zeigt aber auch diese Regelung, dass das UrhG eigentlich davon ausgeht, dass es stets nur ein einziges Original gibt.

Die vom Gesetzeswortlaut nahegelegte Interpretation, ein Original sei grundsätzlich ein Einzelstück, ist heute jedoch nicht mehr zu halten. Die

476 Ähnlich, wenngleich nicht so plakativ, in § 44 Abs. 2 UrhG.

477 Vgl. BGBl. I 1995, 842 ff.

478 *Schiefler*, UFITA 48/1966 81 (93); *Bueb*, Veröffentlichungsbegriff, 55; *vom Dorp*, Zustimmung des Urhebers, 68.

479 So auch *Katzenberger*, in: Schricker/Loewenheim, § 6 Rn. 33 sowie *Marquardt*, in: Wandtke/Bullinger, § 6 Rn. 26 m. w. N; vgl. auch unten C.III.2, S. 168.

inzwischen im Kunstbetrieb weite Verbreitung von seriellen Medien (wie insbesondere Druckgrafik, Lithografie und Fotografie) hat in der Praxis und im Schrifttum zu der Einsicht geführt, dass es von demselben Werk durchaus mehrere Originale geben kann.[480] Dies gilt insbesondere für den Originalbegriff im Kontext von § 26 UrhG. Hier ist die Auslegung des Begriffs nämlich zwingend an den Minimalanforderungen der EU-Folgerechtsrichtlinie auszurichten und sie umfasst nach deren Wortlaut auch Fotografien und andere „Mehrfachoriginale". Angesichts der großen Bedeutung von seriellen Medien bzw. Auflagenwerken im Kunstmarkt und ihrer inzwischen weitgehend unumstrittenen Anerkennung als Kunst, muss ein praxisnaher Originalbegriff aber auch im restlichen UrhG die seriellen Medien umfassen.[481]

Der unbefangen zur Kenntnis genommene Wortlaut einiger Vorschriften des UrhG ist daher irreführend und sollte bei Gelegenheit durch den Gesetzgeber behutsam angepasst werden. Auch ein korrekter Wortlaut, der eine Mehrzahl von Werkoriginalen desselben Werks umfasst, entbindet den Rechtsanwender jedoch nicht davon, den Begriff des Originals mit einer subsumtionsfähigen Bedeutung zu füllen.

4. Definition des urheberrechtlichen Originals – die „herrschende Meinung"

Bei einem schnellen Blick in die aktuellen Übersichtswerke könnte man fast den Eindruck gewinnen, dass der Begriff des Originals nach der grundlegenden Untersuchung von Hamann[482] als geklärt gelten könnte.

Differenziert wird zumeist auf der einen Seite zwischen denjenigen Kunstgattungen, die grundsätzlich Unikate hervorbringen, was sie für den urheberrechtlichen Originalbegriff weitgehend unproblematisch macht, sowie den seriellen Künsten auf der anderen Seite. Für die seriellen Künste[483] klärt die herrschende Literaturauffassung den Originalbegriff unter Rückgriff bzw. Verweis auf die „Anschauungen der am Kunstmarkt vertretenen

480 *Bullinger*, in: Wandtke/Bullinger, § 26 Rn. 6 ff.; *Katzenberger*, in: Schricker/Loewenheim, § 26 Rn. 27 ff.; *Schack*, Kunst und Recht, Rn. 23; *Schulze*, in: Dreier/Schulze, § 26 Rn. 10; *Freudenberg*, in: BeckOK UrhR, § 26 Rn. 22 f.

481 Dies entspricht heute dem allgemeinen Konsens; vgl. für alle *Bullinger*, in: Wandtke/Bullinger, § 26 Rn. 7. Anders noch *von Gamm*, Urheberrechtsgesetz, § 26 Rn. 5 (allerdings nicht explizit in Bezug auf Fotografie). Mit dieser heute nicht mehr vertretenen Meinung setzt sich ausführlich auseinander *Hamann*, Originalbegriff, 55 ff.

482 *Hamann*, Originalbegriff.

483 *Heitland*, Fotografie, 90 f.

Kreise“.[484] Höchstrichterliche Rechtsprechung, welche sich dezidiert mit dem *urheberrechtlichen* Originalbegriff auseinandersetzt, existiert bislang nicht.

Grundsätzlich würde es der Vorstellung einer gelungenen Gesetzessystematik entsprechen, wenn der Begriff des Originals an allen Stellen des UrhG, an denen er Verwendung findet, grundsätzlich dieselbe Bedeutung hätte. Dies wird offenbar auch von einem Großteil der Autoren in der Kommentarliteratur so gesehen. Der Begriff des Originals wird dort normalweise nicht jedes Mal gesondert kommentiert, sondern es wird auf eine zentrale Kommentierung des Begriffes verwiesen.[485] Insoweit gilt jedoch die Besonderheit, dass der Originalbegriff jedenfalls in § 26 UrhG nicht ausschließlich nach nationalen (systematischen) Erwägungen, sondern auch durch die (Mindest-)Vorgaben der EU-Folgerechtsrichtlinie definiert wird. Unabhängig davon, welchen Originalbegriff man verwendet, so muss dieser heute wenigstens im Rahmen von § 26 UrhG unter Umständen erweitert oder verengt werden, um den Anforderungen der EU-Folgerechtsrichtlinie zu genügen. Diesen europarechtskonformen Originalbegriff auch an den anderen, durch die EU-Folgerechtsrichtlinie nicht tangierten Stellen des UrhG zu verwenden, ist weder europarechtlich noch rechtsystematisch zwingend. Es wird jedoch im Folgenden gezeigt werden, dass die entscheidenden Vorgaben der EU-Folgerechtsrichtlinie bezüglich des Originalbegriffes auch unter Berücksichtigung der Kunstmarktpraxis zutreffend sind und der gewonnene europarechtskonforme Originalbegriff grundsätzlich als Originalbegriff des UrhG Verwendung finden sollte. Zuletzt sprechen auch Praktikabilitätsüberlegungen dafür, innerhalb des UrhG einen einheitlichen (d. h. den europarechtskonformen) Originalbegriff zu verwenden.

Was die konkrete Ausformung des Originalbegriffs angeht, so ist es zunächst richtig, ihn *gattungsspezifisch* zu bestimmen.[486] Aufgrund der substanziellen Unterschiede zwischen den Kunstgattungen, die insbesondere in

---

484 *Rudolph*, in: BeckOK UrhR, § 114 Rn. 8; *Schmid/Wirth*, in: Schmid/Wirth/Seifert, § 26 Rn. 4; *Vogel*, in: Schricker/Loewenheim, § 44 Rn. 23; sinngemäß auch *Gerstenberg*, Die Urheberrechte, 98, 132 f.; *Bullinger*, Kunstwerkfälschung, 26; *Katzenberger*, in: Schricker/Loewenheim, § 26 Rn. 27; ablehnend *Hamann*, Originalbegriff, 81 ff.

485 So bei *Dreier/Schulze*, *Schricker/Loewenheim*, *Wandtke/Bullinger*; anders wohl *Schmid/Wirth*, in: Schmid/Wirth/Seifert, § 26 Rn. 4, die zu den Originalen im Sinne des § 26 UrhG auch „Vervielfältigungsstücke (§ 16 UrhG) mit selbständiger künstlerischer Gestaltung“ zählen wollen.

486 Vgl. zu dieser herrschenden Herangehensweise für alle *Katzenberger*, in: Schricker/Loewenheim, § 26 Rn. 26 ff.; allerdings auch *Goepfert*, Haftungsprobleme, 74 dessen Gleichbehandlung aller „seriellen Medien“ ein zu grobes Raster bildet und insbesondere die technischen Eigenheiten der Fotografie nicht ausreichend berücksichtigt.

der Technik ihrer Werkhervorbringung bestehen, macht es wenig Sinn, eine Definition zu suchen, die alle Kunstgattungen umfasst. Eine solche Definition wäre derart generell und unpräzise, dass durch sie nichts gewonnen wäre. So ist zum Beispiel das Erfordernis, der Künstler müsse ein Original „eigenhändig“[487] geschaffen haben, jedenfalls in seiner wortwörtlichen Bedeutung offensichtlich nicht für alle Kunstgattungen zur Bestimmung des Originalbegriffs geeignet.[488] Vielmehr gilt es, den technischen Unterschieden im Schöpfungsprozess der einzelnen Kunstwerke gerecht zu werden. Diese setzen je nach Kunstform die Eigenhändigkeit zwingend voraus (wie z. B. in der Malerei[489] oder Zeichnung) oder machen sie größtenteils entbehrlich (so z. B. bei der Gussplastik und auch der Fotografie[490]).

Der Rückgriff der herrschenden Literaturmeinung auf die Anschauung des Rechtsverkehrs macht es einerseits möglich, den Begriff flexibel zu halten und neue Entwicklungen der Praxis aufzugreifen.[491] Andererseits bringt dieser Rekurs einen reichlich „schillernden“[492] Begriff hervor, der zu systematischen Reibungen innerhalb des UrhG führt. Denn: die Verkehrskreise „definieren“ ihren Originalbegriff ohne jede Rücksicht auf seine systematische Verwendung innerhalb des UrhG. Die Verwendung des Originalbegriffs an unterschiedlichen Stellen im UrhG, beispielsweise im Unterschied zum Begriff des Vervielfältigungsstückes, macht jedoch eine Definition des Begriffs auch von systematischen Erwägungen abhängig. Letztlich dient das UrhG dem als fair empfundenen Interessenausgleich zwischen dem Urheber und Dritten, welcher notfalls auch mit staatlichem Zwang durchgesetzt

487 Vgl. *Goepfert*, Haftungsprobleme, 61 *Hamann*, Originalbegriff, 36, 40 ff.; *Jayme*, in: Original und Fälschung, 31 f.

488 Zur Frage ob dieses Kriterium nicht redundant und damit grundsätzlich entbehrlich ist, weil es in der Definition der persönlichen geistigen Schöpfung aufgeht: *Ehrler*, Folgerecht, 159 f.

489 Interessante Fragen zur Originaleigenschaft stellen sich insoweit für Kunstwerke, wie sie beispielsweise der durch schwerste Krankheit körperlich gelähmte Maler Jörg Immendorff bis kurz vor seinem Tod durch seine Werkstatt malen ließ; vgl. *Bullinger*, Der Fall Immendorff, FAZ v. 13.08.2008, 21 sowie *Mahmoudi*, in: FS Siehr, 487 ff. Die auf dem „Werkstattbetrieb“ von Immendorff beruhenden rechtlichen Problematiken waren zuletzt Gegenstand eines Rechtsstreits vor dem OLG Düsseldorf: OLG Düsseldorf, Urteil vom 5.8.2014 - I–20 U 167/12 (LG Düsseldorf), BeckRS 2014, 17490 = NJW 2014, 3455 (mit Anmerkung von *Elmenhorst*).

490 War eine Dunkelkammer zum Selbstentwickeln von Fotos früher sogar ein durchaus erschwingliches Hobby, so werden zur qualitativ hochwertigen Ausbelichtung von Digitalfotos heute Laserbelichter verwendet, deren Anschaffung für den Eigenbedarf völlig unerschwinglich ist. Im Regelfall wird der Künstler daher für die Ausbelichtung auf ein Fachlabor zurückgreifen müssen.

491 *Bullinger*, KUR 2006, 106 (108).

492 *Bullinger*, KUR 2006, 106 (108).

werden kann.[493] Allein aus diesem Grund kann die Definition des operativen Texts des UrhG niemals ausschließlich der Verkehrsanschauung überlassen bleiben, sondern ist auch von normativen Überlegungen abhängig.[494] Überdies führt ein nicht weiter ausdifferenzierter Verweis auf „die Verkehrsanschauung" dazu, dass erst im Prozess[495] dem Begriff seine eigentliche Bedeutung gegeben werden kann. Im Hinblick auf die Rechtssicherheit wäre es daher anzustreben, dass die juristische Forschung einen Originalbegriff entwickelt, der sich zwar durchaus an der Verkehrssitte orientiert, aber dennoch eine präzise juristische Definition ergibt, die zur Anwendung im Rechtsverkehr tauglich ist.

Daher muss eine brauchbare Definition des Originalbegriffs, innerhalb dessen durchaus für die verschiedenen Kunstgattungen differenziert werden kann, so beschaffen sein, dass sie einerseits nicht völlig an der Verkehrsauffassung vorbeigeht, andererseits aber auch als Rechtsbegriff innerhalb des UrhG noch systematisch Sinn ergibt und vor allem für die Auslegung des UrhG *hilfreich* ist. Ein bloßer Rekurs auf die Verkehrsanschauung kann diese Anforderung höchstens zufälligerweise erfüllen, da die Verkehrsanschauung keine Rücksicht auf die Systematik des UrhG nimmt.

5. Einfluss des Europarechts auf den Originalbegriff des UrhG

Wie bereits erwähnt, nimmt § 26 UrhG insofern einen besonderen Status bei der Auslegung des Originalbegriffs ein, da zumindest hier auch die Vorgaben der EU-Folgerechtsrichtlinie zu beachten sind. Die Auslegung des Originalbegriffs in § 26 UrhG muss sich daher zwingend an den Mindestanforderungen der Richtlinie orientieren.[496]

Die EU-Folgerechtsrichtlinie hat die unionsweite Harmonisierung des urheberrechtlichen Folgerechtsanspruchs zum Ziel.[497] Der Anwendungsbereich des Folgerechtsanspruchs wird (wie auch schon vorher in § 26 UrhG a. F.) auf „Originale" beschränkt. Was „Originale" im Sinne der EU-Folgerechtsrichtlinie sind, wird von der Richtlinie in deren Art. 2 definiert.

Art. 2 der Richtlinie lautet:

493 Vgl. *Rehbinder/Peukert*, Urheberrecht, Rn. 103 ff.

494 *Mosimann*, in: Kunst & Recht, 18 unter Verweis auf *Schack*, KUR 2006, 157.

495 Auch dort wohl erst nach Hinzuziehung eines Gutachters und wiederum vorausgesetzt, eine einheitliche Verkehrsanschauung ist überhaupt festzustellen.

496 So auch ausdrücklich BReg, Entwurf eines Fünften Gesetzes zur Änderung des Urheberrechtsgesetzes, BT-Drucks. 16/1107, 6.

497 Vgl. hierzu die Erwägungsgründe der Richtlinie sowie *Schmidt-Werthern*, Richtlinie, 91.

> *(1) Als „Originale von Kunstwerken" im Sinne dieser Richtlinie gelten Werke der bildenden Künste wie Bilder, Collagen, Gemälde, Zeichnungen, Stiche, Bilddrucke, Lithographien, Plastiken, Tapisserien, Keramiken, Glasobjekte und Lichtbildwerke, soweit sie vom Künstler selbst geschaffen worden sind oder es sich um Exemplare handelt, die als Originale von Kunstwerken angesehen werden.*

> *(2) Exemplare von unter diese Richtlinie fallenden Kunstwerken, die vom Künstler selbst oder unter seiner Leitung in begrenzter Auflage hergestellt wurden, gelten im Sinne dieser Richtlinie als Originale von Kunstwerken. Derartige Exemplare müssen in der Regel nummeriert, signiert oder vom Künstler auf andere Weise ordnungsgemäß autorisiert sein.*

Art. 2 der EU-Folgerechtsrichtlinie bringt in beiden Absätzen zum Ausdruck, dass der Originalbegriff auch Werkstücke in seriellen Medien und insbesondere auch Werke der Fotografie umfassen soll. Dies geschieht zum einen durch die ausdrückliche Aufzählung z. B. der Fotografie als dem Folgerecht unterliegendes Medium in Abs. 1. Zum anderen erfolgt dies aber auch durch die Einführung des Begriffs des „Exemplars" im Unterschied zum „Werk" sowie der in Abs. 2 beschriebenen Voraussetzungen, welche überhaupt nur für Werke in seriellen Medien von Interesse sind. Der Auffassung, dass nur Unikate Originale sein können, ist damit auch auf europarechtlicher Ebene eine Absage erteilt.[498]

Ansonsten ist der Wortlaut von Art. 2 der EU-Folgerechtsrichtlinie teilweise zirkulär und vor allem im Hinblick auf seine innere Systematik nicht frei von Widersprüchen. Wenn man die Gesetzgebungsmaterialien betrachtet, scheint dies auf die Beteiligung der verschiedenen Rechtssetzungsorgane auf EU-Ebene zurückzuführen zu sein,[499] die jeweils eigene Änderungen insbesondere in Art. 2 eingebracht haben, wobei die innere Systematik des Textes nicht gewahrt wurde.

a) Der Wortlaut von Art. 2 der EU-Folgerechtsrichtlinie

Nach dem unbefangen zur Kenntnis genommenen Wortlaut von Art. 2 der EU-Folgerechtsrichtlinie könnte man zu der Annahme gelangen, es gäbe drei Grundformen von Originalen im Sinne der Richtlinie. Zum einen wären

498 Vgl. *Ehrler*, Folgerecht, 161.
499 Zum Gesetzgebungsverfahren in dem konkreten Fall vgl. *Schmidt-Werthern*, Richtlinie, 76 ff.

demnach Originale solche Werkexemplare, die der Künstler *selbst* geschaffen hat (Art. 2 Abs. 1 1. Fall). Weiterhin wären Originale solche Werkstücke, die – so muss man es aufgrund der verwendeten Konjunktion „oder“ verstehen – zwar nicht notwendig vom Künstler selbst hergestellt wurden, jedoch *als Originale* (wohl von den am Kunstmarkt beteiligten Kreisen[500]) *angesehen* werden (Art. 2 Abs. 1 2. Fall). Drittens wären ebenfalls Werkexemplare, die keine Unikate sind, Originale, wenn sie vom Künstler selbst *oder* unter seiner Leitung in begrenzter Auflage hergestellt und (im Regelfall) auf eine bestimmte Weise autorisiert wurden (Art. 2 Abs. 2).[501] Der Wortlaut scheint zudem zwischen „Werken“ (Abs. 1 1. Fall) für Unikate und „Exemplaren“ (Abs. 1 2. Fall sowie Abs. 2) für Mehrfachoriginale („multiples“) unterscheiden zu wollen.

Der erste Grundfall würde bei einer solchen Auslegung auf das Merkmal der Eigenhändigkeit zurückgreifen. Bei konsequenter Beachtung des Wortlauts und einem Vergleich mit Abs. 2 S. 1, der darüber hinaus von Exemplaren spricht, die *unter der Leitung* des Künstlers entstanden sind, müsste die Eigenhändigkeit in Abs. 1 nämlich als *echte* Eigenhändigkeit aufgefasst werden, welche gerade nicht die Herstellung von Werkexemplaren *unter Leitung* des Künstlers beinhaltet.

Abs. 2 ist insofern verwirrend, als er von „Exemplare[n] von unter diese Richtlinie fallenden Kunstwerken“ spricht und regelt, dass diese unter bestimmten Voraussetzungen als „Originale von Kunstwerken“ angesehen werden, woraus eigentlich erst folgen würde, dass sie „unter die Richtlinie“ fallen (vgl. Art. 1 Abs. 1 der Richtlinie). Zudem bestimmt Art. 1 bereits, dass „Exemplare“ als „Originale von Kunstwerken“ gelten, soweit sie als solche „angesehen“ werden.

Ansonsten scheint der dritte Grundfall (Abs. 2) dann ausweislich seines Wortlauts explizit auf die Werke in seriell produzierbaren Medien abzustellen, während – wiederum im Umkehrschluss – der erste Grundfall den rechtlich und tatsächlich unproblematischen Fall des Unikats abbilden würde.

Schwierigkeiten bereitet bei einer solchen Auslegung die zweite Alternative in Abs. 1. Der Rückgriff auf die Anschauung des Kunstmarkts müsste grundsätzlich alle anderen Tatbestandsvarianten des Abs. 2 umfassen. Es sei denn, die Richtlinie wollte auch solche Werke als „Originale“ definieren, die nach dem Verständnis der Verkehrskreise gerade *nicht* als Originale angesehen werden. Da eine solche Intention des Gesetzgebers aber als offen-

500 Zu der Unklarheit darüber, auf wessen Anschauung abzustellen ist, *Schmidt-Werthern*, Richtlinie, 112, 115.

501 *Walter*, in: Original und Fälschung, 99.

sichtlich widersinnig ausscheidet, stellt sich die Frage, in welchem systematischen Verhältnis die einzelnen Varianten zueinander stehen und auf welche Weise ihnen eine sinnvolle Gesamtregelung zu entnehmen ist. Der Wortlaut alleine hilft dem Rechtsanwender hier nicht weiter.

b) Die Gesetzgebungsmaterialien zur EU-Folgerechtsrichtlinie

Aufgrund des deutungsoffenen Wortlauts von Art. 2 der EU-Folgerechtsrichtlinie soll im Folgenden eine Auslegung im Lichte der (umfangreichen) Gesetzgebungsmaterialien vorgenommen werden.

Im ursprünglichen Kommissionsentwurf[502] bestand Art. 2 der Richtlinie nur aus einem (wenngleich leicht anders formulierten) Absatz:

> *Als Originale von Kunstwerken im Sinne dieser Richtlinie gelten Handschriften und Werke der bildenden Künste wie Gemälde, Collagen, Zeichnungen, Bilddrucke, Stiche, Lithographien, Plastiken, Tapisserien, Keramiken und Lichtbildwerke, soweit sie vollständig vom Künstler geschaffen worden sind oder es sich um Exemplare handelt, die nach der Verkehrssitte in der Gemeinschaft als Originale von Kunstwerken angesehen werden.*

Nach der Begründung dieses Entwurfes sollte wohl die erste Tatbestandsalternative die Unikate umfassen, da als „Original [...] in jedem Fall ein Werk [gilt], von dem es nur ein einziges Exemplar gibt".[503] Nach Ansicht der Kommission seien jedoch „bestimmte Arten von Werken, die in begrenzter Zahl hergestellt werden, [...] ebenfalls einzubeziehen, soweit es sich um Exemplare handelt, die nach der Verkehrssitte als Einzelstücke [*sic!*] angesehen werden."[504] Diese Begründung findet sich fast wortlautgleich in der zweiten Tatbestandsalternative des Entwurfs wieder. Allerdings wird dort im letzten Halbsatz durch die Verwendung des Begriffs „Originale" anstelle von „Einzelstücke", das (vermutlich unbeabsichtigte) Oxymoron der Begründung („Exemplare, die [...] als Einzelstücke angesehen werden") vermieden.

502 Vorschlag für eine Richtlinie des Europäischen Parlaments und des Rates über das Folgerecht des Urhebers des Originals eines Kunstwerks, KOM(96) 97 endg., ABl. C 178 vom 21. Juni 1996, 27.

503 Vorschlag für eine Richtlinie des Europäischen Parlaments und des Rates über das Folgerecht des Urhebers des Originals eines Kunstwerks, KOM(96) 97 endg., ABl. C 178 vom 21. Juni 1996, 21.

504 Vorschlag für eine Richtlinie des Europäischen Parlaments und des Rates über das Folgerecht des Urhebers des Originals eines Kunstwerks, KOM(96) 97 endg., ABl. C 178 vom 21. Juni 1996, 21.

Wenngleich bei der konkreten Formulierung dieser Fassung der Gedanke der Eigenhändigkeit auch eine Rolle gespielt zu haben scheint („vollständig vom Künstler geschaffen“), so legt die Begründung die Auslegung nahe, dass die zweite Tatbestandsalternative vor allem eingefügt wurde, um gerade die Mehrfachoriginale zu erfassen. Der gedankliche Zusammenhang mit der Eigenhändigkeit erklärt sich dann dadurch, dass die Mehrfachoriginale meistens – jedoch keineswegs immer – mit einer „geringeren Eigenhändigkeit“ des künstlerischen Schaffens einhergehen. So ist es beispielsweise üblich, dass der Fotograf die Herstellung der Abzüge delegiert. Eine solche Vorgehensweise ist jedoch nicht zwingend. Vielmehr kann der Fotograf (in einem bestimmten Rahmen) nahezu den gesamten Prozess der fotografischen Bildschöpfung „eigenhändig“ vornehmen. Letztlich ist also die Konjunktion „oder“ in Art. 2 des Kommissionsentwurfs weniger als Gegenüberstellung von zwei gegensätzlichen Tatbestandsalternativen, sondern vielmehr als Verbindung von zwei unterschiedlichen, grundsätzlichen Originalauffassungen (Unikat[505] und Mehrfachoriginal) zu verstehen, wobei diese unterschiedlichen Erscheinungsformen des Originals im Gesetzestext nicht mehr konkret bezeichnet, sondern mit mehrdeutigen Klauseln („vollständig vom Künstler geschaffen“ und „von der Verkehrssitte [...] als Originale [...] angesehen werden“) umschrieben werden.

Dieses „verschleiernde“ Vorgehen des europäischen Gesetzgebers führt letztlich dazu, dass der Gesetzestext nicht mehr aus sich selbst heraus verständlich ist,[506] sondern sich erst nach dem Studium der Materialien (teilweise) offenbart.

Dass mit der zweiten Tatbestandsalternative insbesondere (wenn nicht sogar ausschließlich) die „Mehrfachoriginale“ gemeint waren, unterstreicht auch ein Änderungsvorschlag des Europäischen Parlaments nach der ersten Lesung. Das Europäische Parlament schlug in diesem vor, die zweite Tatbestandsalternative um den Zusatz zu ergänzen, dass es sich bei den – von der Verkehrsanschauung als Originale anerkannten – Werkstücken aber nur um solche handeln dürfe, die in einer maximalen Stückzahl von zwölf Exemplaren hergestellt wurden.[507] Die Kompromisshaftigkeit dieses Vorschlags wurde vom Europäischen Parlament selbst in der Begründung ein-

505 *Schmidt-Werthern*, Richtlinie, 112 bezieht ebenfalls die 1. Tatbestandsalternative von Abs. 1 auf die Unikate.

506 Was jedoch eigentlicher Sinn eines Gesetzes ist, vgl. *Zippelius*, Rechtsphilosophie, § 23 III.

507 Legislative Entschließung mit der Stellungnahme des Parlaments zu dem Vorschlag für eine Richtlinie des Europäischen Parlaments und des Rates über das Folgerecht des Urhebers des Originals eines Kunstwerks (KOM(96)0097 C4-0251/96 96/0085(COD)); ABl. C 132 vom 28.04.1997, 88.

geräumt,[508] wobei darauf verwiesen wurde, dass die Zahl eine Art „Mittelwert" der durchaus unterschiedlichen Limitierungspraxen in den verschiedenen Medien darstelle (wobei in der Grafik tendenziell höhere und in der Fotografie eher niedrigere Auflagen gewählt werden). Richtigerweise wurde die Begrenzung von „multiples" auf eine konkrete Auflagenzahl im weiteren Gesetzgebungsprozess wieder fallen gelassen.[509]

Die Gesetzgebungsmaterialien sind aber auch für das Verständnis von Abs. 2 hilfreich. Abs. 2 bereitet insbesondere systematische Schwierigkeiten, da sein vom Gesetzgeber angedachtes Verhältnis zu Abs. 1 nicht ohne Weiteres klar wird.

Art. 2 Abs. 2 der EU-Folgerechtsrichtlinie wurde im Laufe des Gesetzgebungsprozesses durch den Rat zur „Klarstellung" eingefügt.[510] Abs. 2 soll demnach lediglich die zweite Tatbestandsalternative von Abs. 1 näher erläutern. Im Hinblick auf dieses gesetzgeberische Anliegen wäre eine andere, den Definitionscharakter von Abs. 2 auch tatsächlich zum Ausdruck bringende, Formulierung der Richtlinie wünschenswert gewesen.

Auch wenn es der unmittelbare Gesetzeswortlaut nicht ohne Weiteres nahelegt, ist Abs. 2 daher als nähere Definition der in Abs. 1 bereits erwähnten „Exemplare" zu verstehen.[511] Der klarstellende Mehrwert von Abs. 2 hält sich dann jedoch in Grenzen. Übrig bleibt, dass nach Abs. 2 Satz 1 grundsätzlich eine *begrenzte* Auflage zwingende Voraussetzung für die Originaleigenschaft sein soll.[512] Insofern hat die vom Parlament vorgeschlagene Begrenzung der Auflagenhöhe Anklang gefunden, wenngleich auf eine konkrete zahlenmäßige Begrenzung bewusst verzichtet wurde.[513] Die in Satz 2 genannten Merkmale der Signatur oder Nummerierung sind hingegen nur beispielhaft genannt und weder eine notwendige noch hinreichende Voraussetzung für die Originaleigenschaft eines (multiplen) Werkexemplars.[514]

---

508 Bericht über den Vorschlag für eine Richtlinie des Europäischen Parlaments und des Rates über das Folgerecht des Urhebers des Originals eines Kunstwerks (KOM(96)0097-C4-0251/96 - 96/085(COD)); PE 217.568/end, A4-0030/97, S. 19 f.

509 Vgl. auch *Schmidt-Werthern*, Richtlinie, 114.

510 Mitteilung der Kommission an das Europäische Parlament gemäß Artikel 251 Absatz 2 Unterabsatz 2 EG-Vertrag betreffend den vom Rat angenommenen gemeinsamen Standpunkt im Hinblick auf den Erlaß der Richtlinie des Europäischen Parlaments und des Rates über das Folgerecht des Urhebers des Originals eines Kunstwerks, SEK/2000/1516 endg. sowie Gemeinsamer Standpunkt (EG) Nr. 42/2000 vom Rat festgelegt am 19. Juni 2000, ABl. C 300 vom 20.10.2000, 8.

511 Vgl. auch *Katzenberger*, GRUR Int 2004, 20 (24); *Schmidt-Werthern*, Richtlinie, 111 ff.

512 Ein Schluss der jedoch bis heute nicht von allen Autoren in letzter Konsequenz gezogen wird. Vgl. zuletzt *Schlütter*, Original, 200 ff.

513 Vgl. auch *Schmidt-Werthern*, Richtlinie, 114.

514 *Schmidt-Werthern*, Richtlinie, 114.

c) Schlussfolgerungen

Der Wortlaut der Richtlinie bestätigt den bereits oben[515] festgestellten Befund, dass Originale nicht notwendig Unikate sein müssen. Der Rekurs der Richtlinie auf die Marktauffassung, wonach als Originale auch solche Exemplare definiert werden, die „als Originale von Kunstwerken *angesehen* werden“, sieht sich grundsätzlicher Kritik ausgesetzt.[516] Durch eine solche Definition wird kaum Rechtssicherheit gewonnen. Wie bereits oben zum Originalbegriff des UrhG festgestellt,[517] definiert der Verkehr den Begriff des Originals manchmal gar nicht, und wenn, dann ohne Rücksicht auf juristische Bedürfnisse. Im Übrigen kann in dem gesetzgeberischen Hinweis auf die Verkehrsanschauung eigentlich überhaupt keine nennenswerte gesetzgeberische Entscheidung gesehen werden. Denn auch ohne diesen Hinweis hätten Rechtsprechung und Wissenschaft den Begriff (auch) unter Rückgriff auf die Verkehrsanschauung bestimmt. Dies zeigen auch die überwiegenden Ansichten zum Originalbegriff des UrhG.[518] Einen umstrittenen Begriff dadurch zu bestimmen, dass man ihn als das definiert, „als das er angesehen wird“, ist eine schwache Leistung des Gesetzgebers. Im Ergebnis ist daher *Ehrler*[519] im Hinblick auf die gesetzgebungstechnische Untauglichkeit der Definition durchaus zuzustimmen.[520] Retten lässt sich diese „Definition“ allein dadurch, dass man sie – wie oben gezeigt – bei Hinzuziehung der Materialien als eine etwas gequälte sprachliche Fassung der Aussage „Auch ‚multiples‘ können Originale sein“ versteht.

Entscheidend für die vorliegende Untersuchung ist, dass die Richtlinie – im Gegensatz zu den in Art. 2 Abs. 2 S. 2 genannten *fakultativen* Eigenschaften – in Abs. 2 S. 1 die *Begrenztheit* der Auflage zu einem *notwendigen* Merkmal von Originalen erhebt.[521] Zwar handelt es sich bei der Folgerechtsrichtlinie um

515 C.II.4, S. 118.

516 *Ehrler*, Folgerecht, 152 hält diesen Rekurs für tautologisch und somit ungeeignet. Ebenso kritisch äußert sich *Schmidt-Werthern*, Richtlinie, 114 f. Anders *Katzenberger*, GRUR Int 2004, 20 (24).

517 C.II.4, S. 118.

518 Vgl. oben C.II.4, S. 118.

519 *Ehrler*, Folgerecht, 152. Ähnlich *Schlütter*, Original, 110 f.

520 *Pfennig*, Museen, 83 führt den komplizierten Gesetzestext der Richtlinie auch auf die Hinhaltetaktik und den Widerstand des britischen Kunsthandels gegen eine Einführung des Folgerechts zurück.

521 *Walter*, in: Walter, Art. 2 Folgerechts-RL Rn. 5; *Schmidt-Werthern*, Richtlinie, 114; *Katzenberger*, GRUR Int 2004, 20 (24); dieses Erfordernis weitgehend nivellierend *Schlütter*, Original, 204.

einen Rechtsakt mit Umsetzungsspielraum[522], wodurch eine „überschießende" Umsetzung in der Form gestattet sein könnte, dass auch unlimitierte Auflagen von einem nationalen Originalbegriff umfasst sind. Der Zweck der Richtlinie, den Folgerechtsanspruch europaweit zu *harmonisieren* (vgl. Erwägungsgründe 9–11 der Richtlinie),[523] gebietet es jedoch, nationale Abweichung auf die ausdrücklich vorgesehenen Bereiche (wie z. B. die Festlegung des Mindestbetrages nach Art. 3 der Richtlinie)[524] zu beschränken (sogenannte „Vollharmonisierung"[525]). Die Definition der Werkoriginale gehört nicht zu den Bereichen, bei denen die EU-Folgerechtsrichtlinie eine solche Abweichungsmöglichkeit vorsieht. Zumindest im Rahmen des Folgerechtsanspruchs von § 26 UrhG ist daher die Auflagenlimitierung zwingende Voraussetzung von Originalen.[526]

Zur Frage, welche konkreten weiteren Kriterien bei einem Medium wie der Fotografie für die Unterscheidung zwischen Originalen und anderen Werkexemplaren hinzutreten müssen, lässt sich der EU-Folgerechtsrichtlinie nichts entnehmen.

Es bleibt somit die Notwendigkeit einer Definition des Originalbegriffs, welche sich (natürlich) an den Marktgebräuchen zu orientieren hat, gleichzeitig aber für die Gesetzesanwendung tauglich ist und dabei die europarechtlichen Vorgaben berücksichtigt.

6. Lösungsversuch aus der Praxis I: Der Begriff der „Sammelwürdigkeit"

Die gesetzgeberische Unzulänglichkeit des bloßen Verweises auf die Kunstmarktpraxis unterstreicht die Tatsache, dass eben diese Kunstmarktpraxis mit der zunehmenden Unschärfe des Originalbegriffs zu kämpfen hat und sich mit einer klaren Definition schwer tut. Ein „Lösungsvorschlag" für dieses Problem stammt vom „Bundesverband des deutschen Kunst- und Antiquitätenhandels e. V." (BDKA). „Angesichts der Fragwürdigkeit aller Definitionsversuche des ‚Original-Kunstwerks'"[527] hat der BDKA versucht, den

522 Vgl. zur Umsetzung von EU-Richtlinien *Haratsch/Koenig/Pechstein*, Europarecht, Rn. 385 ff.; *König*, in: Schulze/Zuleeg/Kadelbach, § 2 Rn. 44 ff.

523 Vgl. auch *Schmidt-Werthern*, Richtlinie, 91.

524 Vgl. zu weiteren Umsetzungsspielräumen der Richtlinie *Weller*, ZEuP 2008, 252 (254 f.).

525 *Weller*, ZEuP 2008, 252 (255).

526 So auch *Maaßen*, in: Wandtke – Medienrecht, 2. Teil/Kapitel 4/Rn. 123; *Walter*, in: Walter, Folgerecht-RL Art. 2 Rn. 5; wohl auch *Schmidt-Werthern*, Richtlinie, 114 ;vgl. dazu auch *Weller*, ZEuP 2008, 252 (257 f.).

527 *Bundesverband des Deutschen Kunst- und Antiquitätenhandels e.V.*, Der Begriff des „Originals" und die „Sammelwürdigkeit" (Internetquelle).

Begriff der „Sammelwürdigkeit“ zu prägen.[528] Obwohl in der Begründung beispielhaft auch angeführt wird, ab wann man bei Möbeln (z. B. nach einer Restaurierung) noch von einem Original sprechen könne, scheint sich die Umschreibung des Begriffs der Sammelwürdigkeit doch in erster Linie auf den Bereich der seriellen Künste zu beziehen. So heißt es beim BDKA in den Ausführungen zur Sammelwürdigkeit:[529]

> *Sammelwürdig sind hiernach nur Kunstwerke, deren nummerierte Gesamtauflage bei*
> *a) Grafik 300 (einschließlich Probedrucken)*
> *b) Plastik 25 (einschließlich Gießer-Exemplaren)*
> *c) Keramik 100*
> *Exemplare nicht übersteigt.*
>
> *Posthume Auflagen sind, auch wenn sie vorstehende Auflagenhöhen nicht übersteigen, nur dann sammelwürdig, wenn sie*
> *a) als solche gekennzeichnet und datiert sind sowie*
> *b) nachweisbar in Ausführung, Größe und Auflagenhöhe dem Willen des Künstlers entsprechen.*
>
> *Nicht sammelwürdig sind unabhängig von der Höhe der Auflage Arbeiten aus zweiter Hand und Reproduktionen selbst dann, wenn sie vom Künstler autorisiert und/oder von diesem signiert sind. Dies gilt insbesondere dann, wenn die Arbeiten in anderen Medien ausgeführt sind als in der Originalvorlage des Künstlers (z. B. Bronze-Nachguss nach einem Original aus Holz, Lithografie nach einem Gemälde etc.).*

An dem Begriff der Sammelwürdigkeit kann man kritisieren, dass allein durch den Austausch von Begriffen das zugrunde liegende materielle Problem nicht hinreichend gelöst werden kann. So hätte der BDKA auch seinen „Originalbegriff“ entsprechend definieren können. Die Einführung eines neuen Begriffs ist daher höchstens eine Scheinlösung,[530] eher aber eine Strategie, die Schwierigkeiten einer konkreten Festlegung des Originalbegriffs zu umgehen.

Interessant für die vorliegende Untersuchung ist jedoch an diesem Vorschlag aus der Handelspraxis dreierlei: Erstens scheinen Fotografien bei der Formulierung des Sammelwürdigkeitsbegriffs noch nicht auf der Agenda

528 Vgl. auch *Behrens/de Lazzer*, Kunstmarkt, 239 ff. sowie *Schlütter*, Original, 194 f.

529 Auf der Internetseite des Verbandes unter: http://www.bdka.de/de/sachgebiete_bdka.htm, abgerufen am 03.07.2015.

530 Sinngemäß auch *Schack*, Kunst und Recht, Rn. 34.

des BDKA gestanden zu haben, obwohl sich das Problem des Originalbegriffs hier ja evident genauso wie bei den vom BDKA aufgeführten Medien stellt. Zweitens ist es interessant zu sehen, dass der BDKA die Sammelwürdigkeit maßgeblich über den Exklusivitätsgrad und somit die Auflagenlimitierung sowie die Autorisation durch den Künstler bestimmen möchte. Unlimitierte Werke serieller Medien scheinen nach Ansicht des BDKA genauso wenig sammelwürdig zu sein wie (zumindest grundsätzlich) postum hergestellte Werkstücke. Einmal mehr zeigt sich an dieser Stimme aus der Praxis, dass die Exklusivität des Werkstücks in Verbindung mit einer Autorisation durch den Künstler als entscheidende Einflussgröße für die Wertschätzung und Anerkennung (bzw. dadurch auch mittelbar für die Frage des Originals) gilt. Drittens belegen die Aussagen des BDKA, dass die juristische Forschung aufgrund dessen, dass das Recht den Originalbegriff verwendet, aufgerufen ist, einen konkreten juristischen Originalbegriff zu erarbeiten. Der vom Gesetzgeber wie auch von vereinzelten Literaturmeinungen bemühte, bloße Verweis auf die Kunstmarktpraxis läuft nämlich offensichtlich ins Leere, wenn sich dort sogar eine maßgebliche Standesvertretung nicht in der Lage sieht, den Begriff nachhaltig zu konkretisieren.

7. Lösungsversuch aus der Praxis II: Der Standpunkt der VG Bild-Kunst[531]

Die VG (Verwertungsgesellschaft[532]) Bild-Kunst ist ein rechtsfähiger Verein kraft staatlicher Verleihung. Sie wurde 1969 gegründet und soll Urheber aus den Bereichen der bildenden Kunst, der Fotografie sowie des Films gebündelt gegenüber den Verwertern ihrer Werke vertreten. Hierzu schließt die

531 Bis Ende 2014 erfolgte die Wahrnehmung der Folgerechtsansprüche über die – von der VG Bild-Kunst seit 1980 unterhaltene – „Ausgleichsvereinigung Kunst". Diese wurde durch die VG Bild-Kunst zum 31.12.2014 gekündigt. Die „Ausgleichvereinigung Kunst" diente der Abgeltung der Künstlersozialabgabe sowie der Folgerechtsansprüche durch den Kunsthandel in Form einer auf alle Verkäufe von nach dem 01.01.1900 entstandenen Werkstücken erhobenen Pauschale (häufig als „Folgerechtsabgabe" bezeichnet). Auf Basis des nun von der VG Bild-Kunst angebotenen Vertragswerks zieht die VG Bild-Kunst die aus dem Folgerecht erwachsenden Ansprüche nicht mehr über eine Pauschale sondern einzelfallbezogen ein, wenn die Anspruchsvoraussetzungen des § 26 Abs. 1 UrhG durch einen Verkauf erfüllt werden. Eine Folgerechtsabgabe für urheberrechtlich nicht mehr geschützte Werke wird somit nicht mehr erhoben. Die vorliegenden Darstellungen beruhen notwendigerweise noch auf der alten Rechtslage. Im Hinblick auf den Originalbegriff stellen sich jedoch auch unter der neuen Vorgehensweise ähnliche Fragen.

532 Die anderen großen Verwertungsgesellschaften sind die GEMA und die VG Wort. Vgl. *Melchiar*, in: Handbuch des Urheberrechts, § 46 Rn. 4 ff.

VG Bild-Kunst sogenannte Wahrnehmungsverträge mit den Urhebern ab und lizenziert dann stellvertretend für die Urheber z. B. die Abdruckrechte für die Abbildung eines Gemäldes an einen Verlag.[533] Ein Vorteil für den Urheber ist die professionelle Vertretung seiner Ansprüche. Die Verwerter profitieren ebenfalls, da sie sich mit der VG Bild-Kunst für alle Ansprüche nur einem Ansprechpartner gegenüber sehen.

Zu den Aufgaben der VG Bild-Kunst gehört auch die Erhebung des Folgerechtsanspruchs gemäß § 26 UrhG[534] für die von ihr vertretenen Urheber. Grundsätzlich kann ein Anspruchsberechtigter seinen Folgerechtsanspruch auch ohne einen Wahrnehmungsvertrag mit der VG Bild-Kunst eigenständig geltend machen. Jedoch können die Auskunftsansprüche gegenüber dem Handel nach § 26 Abs. 4 und 5 UrhG, die eine Bezifferung des Anspruchs häufig überhaupt erst möglich machen, gemäß § 26 Abs. 6 UrhG nur durch eine Verwertungsgesellschaft geltend gemacht werden. *Sinnvoll* bzw. effektiv kann das Folgerecht daher nur über die VG Bild-Kunst wahrgenommen werden.[535]

Der Begriff des Originals in der Fotografie hat für die VG Bild-Kunst also insofern praktische Bedeutung, als er gemäß § 26 Abs. 1 S. 1 UrhG Voraussetzung für den Folgerechtsanspruch ist. Zudem ist auch die Unterscheidung von Lichtbild*werken* und Lichtbildern[536] für die VG Bild-Kunst von Bedeutung, da ein Folgerechtsanspruch nur für die Lichtbild*werke* besteht.[537]

Die Lösung, welche die VG Bild-Kunst zur Beantwortung dieser offenen Fragen gewählt hat, ist die folgende: Nach der VG Bild-Kunst sind grundsätzlich *alle* von Kunsthändlern angebotenen Fotografien als Werkoriginale von Lichtbildwerken folgerechtspflichtig. Man könne nämlich davon ausgehen, dass der seriöse Kunsthandel *nur* Originale und Lichtbild*werke* anbiete und darauf hinweisen würde (oder sogar *müsste*), wenn es sich um Nicht-Originale oder bloße Lichtbilder handelte.[538] Nicht-Originale würden im Übrigen kaum die Schwelle von 400 Euro (§ 26 Abs. 1 a.E. UrhG) zur Entstehung des Folgerechtsanspruchs überschreiten.[539] Postume Werkstücke will auch die VG Bild-Kunst grundsätzlich nicht als Original anerkennen.[540]

533 Vgl. *Melchiar*, in: Handbuch des Urheberrechts, § 46 Rn. 8 f. sowie die Selbstdarstellung der VG Bild-Kunst unter http://www.bildkunst.de/vg-bild-kunst/ueber-die-vg-bild-kunst/wer-wir-sind.html, abgerufen am 01.06.2016.

534 Vgl. zum Folgerechtsanspruch oben Fn. 392.

535 *Pfennig*, in: Handbuch des Urheberrechts, § 88 Rn. 26.

536 Vgl. oben C.II.1.a), S. 106.

537 *Pfennig*, in: Handbuch des Urheberrechts, § 88 Rn. 13.

538 *Pfennig*, in: Handbuch des Urheberrechts, § 88 Rn. 14 f.

539 *Pfennig*, in: Handbuch des Urheberrechts, § 88 Rn. 14 f.

540 *Pfennig*, in: Posthume Güsse, 18.

Einem Folgerechtsanspruch auf die von ihm gehandelten Fotografien kann sich der Handel nach der Argumentation der VG Bild-Kunst also nur dadurch entziehen, dass er sie ausdrücklich als „Nicht-Originale", bloße „Lichtbilder" oder „postume Abzüge" anbietet.

So pragmatisch diese Herangehensweise aus Sicht der VG Bild-Kunst sein mag, so unbefriedigend ist sie wohl für die Kunsthändler. Es drängt sich der Eindruck auf, dass hier lediglich die Verantwortung, eine Originaldefinition zu finden, weitergeschoben wurde. Selbstverständlich ist es die Aufgabe der VG Bild-Kunst die Rechte ihrer Mitglieder möglichst umfangreich und erfolgreich wahrzunehmen. Es bestehen jedoch erhebliche Zweifel daran, ob nach den gesetzgeberischen Vorgaben wirklich für alle Fotografien, die aktuell von der VG Bild-Kunst in die Folgerechtsabgabe einbezogen werden, tatsächlich auch ein Folgerechtsanspruch besteht (denkbar z. B. beim Verkauf von Pressefotos, aber auch bei unlimitierten[541] Werken der historischen Fotografie[542]). Vor einer pauschalen Wahrnehmung von Interessen sollte daher die Frage stehen, ob diese Interessen überhaupt eine rechtliche Fundierung haben.[543] Allerdings fehlt es in der Praxis an einer Lobby,[544] um dieser Frage nachzugehen. Der unmittelbar von der durch die VG Bild-Kunst erhobenen Folgerechtsabgabe betroffene Handel ist im Ergebnis desinteressiert, weil er die Abgabe an die Endkunden durchreicht.[545]

541 Vgl. unten C.II.9.d), S. 150.

542 Eine Benachteiligung dieser Fotografen ist jedoch nicht gegeben, da diese – mangels des Versprechens einer Limitierung – auch weiterhin Abzüge herstellen und auf diese Weise Einkommen generieren dürfen. Nachteile ergeben sich höchstens für die Erben dieser Künstler.

543 Diese Problematik wird sich aufgrund der seit 2015 erfolgenden, einzelfallbezogenen Abrechnung wahrscheinlich deutlich entschärfen.

544 Vgl. *Jayme*, in: FS Krämer, 285.

545 Kritisch aus Sammlersicht zu dieser Praxis am Beispiel der Folgerechtsumlage für Gemälde gemeinfreier Künstler: *Jayme*, in: FS Krämer, 277 ff. *Jayme* hält die Klauseln in den Versteigerungsbedingungen, welche dem Verbraucher Folgerechtsabgaben für Werke aufbürden, die gar nicht mehr urheberrechtlich geschützt sind, für unwirksam aus Sicht des AGB-Rechts (§§ 307 Abs. 1 S. 2, 307 Abs. 2 Nr. 1 BGB) sowie wettbewerbswidrig im Sinne der §§ 5 und 5a UWG. Der EuGH entschied mittlerweile, dass eine Vereinbarung darüber, wer im Ergebnis die Folgerechtsabgabe trägt, jedenfalls solange nicht europarechtswidrig ist, wie der Anspruch des Urhebers hierdurch nicht beeinträchtigt wird; EuGH, Urteil vom 26.2.2015 (Rechtssache C-41/14, Christie's France SNC / Syndicat national des antiquaires) = GRUR Int. 2015, 492-494. Durch die Aufkündigung der „Ausgleichsvereinigung Kunst" (vgl. oben Fn. 531) hat sich mit Eintritt in das Jahr 2015 zumindest ein Teil dieser Problematik erledigt, da nun nur noch von urheberrechtlich geschützten Werken die Folgerechtsansprüche eingezogen werden.

Leider bringt die Verfahrensweise der VG Bild-Kunst für die im Rahmen dieser Arbeit aufgeworfenen Fragen keine neuen Hinweise, wie der urheberrechtliche Originalbegriff zu fassen ist. Sie bestätigt allerdings die Analyse, dass es nach wie vor an einem allgemein akzeptierten und somit für die praktische Anwendung geeigneten Originalbegriff mangelt und dass die Wissenschaft, aber vielleicht auch der Gesetzgeber, gefordert ist.

8. Vorschläge für einen urheberrechtlichen Originalbegriff der Fotokunst aus der Rechtswissenschaft

Während eine höchstrichterliche Entscheidung bislang fehlt, existieren verschiedene, sich teilweise widersprechende Meinungen in der Literatur, was die Konkretisierung des Originalbegriffs für den Bereich der Fotokunst betrifft. Im Folgenden werden diejenigen Stimmen zusammengefasst, die sich explizit zum Original in der Fotokunst äußern. Fast alle Autoren nehmen dabei mehr oder weniger stark Bezug auf die „Verkehrsauffassung“ oder „Marktanschauungen“. Im Einzelnen lassen sich folgende Auffassungen unterscheiden:

- *Pierredon-Fawcett* vertritt in ihrer Studie zum Folgerecht noch die Auffassung, dass die Fotografie aufgrund ihrer spezifischen technischen Eigenheiten (keine Eigenhändigkeit der Formherstellung, da das Negativ durch chemische Reaktionen entsteht) überhaupt nicht in der Lage sei, ein Original bzw. Originale hervorzubringen.[546] Da *Pierredon-Fawcett* jedoch gleichzeitig die Möglichkeit, Originale zu schaffen, für die Druckgrafik durchaus anerkennt,[547] muss man ihre Auffassung auch im Hinblick auf den inzwischen stattgefundenen Siegeszug der Fotografie als Kunstform als zu technizistisch und kaum mehr zeitgemäß ablehnen. Dies erst recht, seit die EU-Folgerechtslinie die Anwendbarkeit des Folgerechts auf Fotografie ausdrücklich statuiert, somit die Originaleigenschaft von Lichtbildwerken voraussetzt und dies auch für das Urheberrecht in § 26 Abs. 1 S. 1 UrhG kodifiziert worden ist.
- *Goepfert* scheint ebenfalls noch grundlegende Zweifel daran zu haben, ob Fotografien überhaupt Originale sein können oder ob nicht ein Begriff wie „Original-Fotografie“ eine „contradictio in adiecto“ sei.[548] Die

546 *Pierredon-Fawcett*, Droit de Suite, 60 f.

547 *Pierredon-Fawcett*, Droit de Suite, 59 f.

548 *Goepfert*, Haftungsprobleme, 73; jedoch nicht explizit auch für einen urheberrechtlichen Originalbegriff, sondern hauptsächlich für einen gewährleistungsrechtlichen; vgl. *Goepfert*, Haftungsprobleme, 64 ff.

Tatsache, dass dem Kunsthandel solche Bedenken eher fremd sind, spricht aber auch nach *Goepfert* für die Anerkennung eines fotografischen Originals; jedenfalls solange, als es sich um „künstlerische Fotografie" handele.[549] Für solche Originale seien deren „Eigenhändigkeit" und „Ursprünglichkeit" entscheidend, sodass nur vom Künstler selbst – ohne Delegation von anderen als „rein mechanischen Hilfsarbeiten" – hergestellte Abzüge als Originale gelten könnten.[550] Signierung, Billigung[551] und wohl auch Limitierung[552] hält *Goepfert* ausdrücklich für keine geeigneten Kriterien zur Bestimmung der Originaleigenschaft. Postume Originale schließt er aus.[553]

- Für *Hamann* ist die Qualität des Negativs (bzw. heute wohl der Datei) als „Vororiginal" entscheidend. Wird von diesem „Vororiginal" ein exakter Abzug reproduziert, so soll nach *Hamann* immer ein Original vorliegen.[554] So z. B. auch dann noch, wenn der Abzug postum, d. h. ohne Autorisation geschweige denn Beisein des Künstlers, hergestellt wird.[555] Explizit keine konstitutive Bedeutung für die Originaleigenschaft einer Fotografie sollen Auflagenhöhe, Auflagenbegrenzung, Nummerierung und Signatur haben.[556]
- *Ehrler* scheint diesen Überlegungen grundsätzlich zu folgen, verlangt jedoch, dass der Fotograf zudem die Herstellung des Abzugs persönlich vornimmt bzw. wenigstens überwacht.[557] Postume Originale wären demnach ausgeschlossen. Die gleichen Anforderungen stellt *Heitland* an das fotografische Original.[558]
- *Platena* widerspricht den Feststellungen *Hamanns*. Das nach *Platenas* Ansicht für die Originaleigenschaft notwendige Merkmal der *Erstverkörperung* sei bei der Fotografie bereits im Negativ bzw. der Datei erfüllt.[559] Der Papierabzug von einem Negativ sei genauso wie die Projektion eines Dias bereits eine (auf die Erstverkörperung folgende) Vervielfältigungshandlung und könne damit kein Original mehr sein.[560]

549 *Goepfert*, Haftungsprobleme, 73.
550 *Goepfert*, Haftungsprobleme, 74 f.
551 *Goepfert*, Haftungsprobleme, 74.
552 Vgl. *Goepfert*, Haftungsprobleme, 69.
553 *Goepfert*, Haftungsprobleme, 74.
554 *Hamann*, UFITA 90/1981, 45 (52 f.).
555 *Hamann*, UFITA 90/1981, 45 (51, 55).
556 *Hamann*, UFITA 90/1981, 45 (56 f.).
557 *Ehrler*, Folgerecht, 184 f.
558 *Heitland*, Fotografie, 90 f.
559 *Platena*, Lichtbild, 248, 250; in diesem Sinne wohl auch *Schlütter*, Original, 250, 290.
560 *Platena*, Lichtbild, 248.

Genauso lautete die ursprüngliche Einschätzung von *Picker*.[561] Für den Fotografen ergäbe sich hieraus die missliche Lage, ohne ein Folgerecht auf seine Abzüge leben zu müssen.[562] Dies will *Platena* dadurch ausgleichen, dass er mithilfe einer Analogie zum Originalbegriff das Folgerecht dann doch auch auf die Papierabzüge anwendet. Als Argument für die Analogie führt er ins Feld, dass im Bereich der Fotografie regelmäßig nur die Abzüge Gegenstand des Kunsthandels seien und das Folgerecht daher nach Sinn und Zweck auch auf sie Anwendung finden müsse.[563]

– Nach *Mosimann* ist zwischen analoger und digitaler Fotografie zu unterscheiden. Im analogen Bereich sollen sowohl das Negativ als auch der Abzug urheberrechtliche Originale sein können.[564] Während das Negativ immer ein Original sein soll, solange es sich bei der Fotografie um ein schutzfähiges Lichtbildwerk handelt, soll dies für den Abzug jedoch nur dann gelten, wenn er in zeitlicher Nähe zum Negativ hergestellt wird (also im Bereich der historischen Fotografie als Vintage Print[565] bezeichnet würde).[566] Ansonsten sei der Abzug nur dann ein Original, wenn er wiederum (z. B. durch Manipulation bei der Herstellung des Abzugs) ein eigenständiges, vom Negativ verschiedenes Werk mit eigenem urheberrechtlichem Schutz bilde.[567] Für die digitale Fotografie wählt *Mosimann* eine völlig neue Herangehensweise. So geht er davon aus, dass bei der digitalen Fotografie ein zweiteiliges Original vorliege, dass aus der auf einem Datenträger übergebenen Datei des Fotos („scan data CD“) und dem durch den Künstler selbst oder unter seiner Aufsicht ausgeführten Abzug besteht.[568] Diese Ansicht bezieht sich jedoch offensichtlich nur auf den Sonderfall, dass dem Sammler neben dem Papierabzug tatsächlich auch ein Datenträger mit der Datei der Fotografie übergeben wird.[569] Da dies jedoch wohl nicht die überwiegende Marktpraxis darstellt,[570] bleibt unklar, was nach *Mosimann* das Original sein soll, wenn keine „scan data CD“ übergeben wird.

561 *Picker*, Kunstrecht, 65. *Picker* hat diese Einschätzung inzwischen offenbar revidiert und vertritt nunmehr, dass der Abzug und nicht das Negativ das Original sei: *Picker*, Antiquitäten[3], 62 f.; *Picker*, Antiquitäten[4], 97.

562 *Platena*, Lichtbild, 249 f.

563 *Platena*, Lichtbild, 250, 254.

564 *Mosimann*, in: Kunst & Recht, 18.

565 Zu diesem Begriff ausführlich oben bei B.I.1.b)(2)(aa), S. 44.

566 *Mosimann*, in: Kunst & Recht, 18.

567 *Mosimann*, in: Kunst & Recht, 18.

568 *Mosimann*, in: Kunst & Recht, 20.

569 Vgl. zu dieser Vorgehensweise oben B.I.6.e), S. 75.

570 Vgl. insoweit unten C.II.9.c), S. 149.

- *Bullinger* stellt (sowohl für den analogen[571] wie digitalen[572] Bereich) vornehmlich auf die subjektiven Vorstellungen des Urhebers und seine Autorisation von Werkstücken als Originale ab.[573] Dieser Ansicht scheint sich auch *Schlütter*[574] weitgehend anzuschließen. Aufgrund dessen, dass insbesondere das digitale Bild ohne Qualitätsverlust vervielfältigt und theoretisch in unbegrenzten Auflagen verbreitet werden kann, soll die Vorstellung des Urhebers, bestimmten Werkstücken eine hervorgehobene Stellung einzuräumen, entscheidend sein.[575] Indizien für diese subjektiven Vorstellungen soll insbesondere das Vermarktungskonzept des Künstlers liefern.[576] Die Zugehörigkeit zu einer limitierten Auflage, der hohe technische Standard der Abzüge oder die Auswahl bevorzugter Materialien sollen für die Originaleigenschaft des Werkstückes streiten.[577] Notwendige Voraussetzung sollen diese Kriterien aber (wohl) nicht sein. Die Eigenhändigkeit ist für *Bullinger* ausdrücklich kein Kriterium mehr, sodass nicht nur Handabzüge, sondern auch massenhafte Laborabzüge Originale sein können, wenn der Künstler sie entsprechend autorisiert hat, das heißt insbesondere, wenn die Abzüge auf seine Weisung hergestellt wurden.[578] Auch für *Bullinger* scheidet ein postumes Original denklogisch aus.[579]
- Eine mit der Ansicht von *Bullinger* weitgehend übereinstimmende Definition des Originals verwendet auch *Jacobs* – wenngleich ausdrücklich nur für den Bereich der digitalen Fotografie.[580] Auch für *Jacobs* kommt nur der Ausdruck als Original in Betracht. Dieser muss vom Künstler in einem Willensakt („Ritterschlag“[581]) zum Original erhoben werden. Exhibition Prints sind erklärtermaßen keine Originale.[582] Ist beim Verkauf eines Werks zugleich ein zweites Exemplar als „Sicherheitsdruck“ übergeben worden, so soll dieses Exemplar nach *Jacobs* zunächst kein Original sein. Zum Original wird es erst durch Zerstörung bzw. Rückgabe des

571 Hierzu insbesondere *Bullinger*, in: Wandtke/Bullinger, § 26 Rn. 10.
572 Hierzu insbesondere *Bullinger*, KUR 2006, 106.
573 *Bullinger*, KUR 2006, 106 (111); *Bullinger*, in: Wandtke/Bullinger, § 26 Rn. 10.
574 *Schlütter*, Original, 236 ff.
575 *Bullinger*, KUR 2006, 106 (110 f.); *Bullinger*, in: Wandtke/Bullinger, § 26 Rn. 10.
576 *Bullinger*, KUR 2006, 106 (111).
577 Letzteres wird bei *Bullinger*, in: Wandtke/Bullinger, § 26 Rn. 10 wieder etwas relativiert.
578 *Bullinger*, in: Wandtke/Bullinger, § 26 Rn. 10.
579 *Bullinger*, KUR 2006, 106 (111).
580 *Jacobs*, in: FS Samwer, 146 ff.
581 *Jacobs*, in: FS Samwer, 147.
582 *Jacobs*, in: FS Samwer, 148 f.

„Erstexemplars“.[583] Letztlich wird damit konstruktiv die Willenserklärung des Künstlers bezüglich der Originaleigenschaft des „Sicherheitsdrucks“ zusätzlich unter eine Bedingung (die Vernichtung des anderen Abzugs) gestellt.

- Dem vergleichsweise großzügigen und vor allem primär aus Sicht des Künstlers definierten Originalbegriff von *Bullinger* sowie *Jacobs* widerspricht in bestimmten Punkten *Maaßen*[584]. *Maaßen* sieht zwar ebenfalls eine Grundvoraussetzung der Originaleigenschaft in der Autorisation durch den Urheber. Sei es, dass er den Abzug eigenhändig angefertigt hat, sei es, dass die Produktion des Abzugs „mit seinem Wissen und unter seiner künstlerischen Verantwortung“[585] erfolgte. Zudem soll aber nach *Maaßen* auch die Limitierung konstitutiv für die Originaleigenschaft sein, da – so *Maaßen* – eine Beschränkung der Auflage unabdingbare Voraussetzung für die Wertschätzung und Anerkennung eines Abzugs durch den Kunstmarkt sei.[586] *Maaßen* lässt dabei aber auch nicht jede beliebige Auflage ausreichen, sondern meint, eine Orientierung solle an den Vorgaben der „großen Namen“ der Fotokunst erfolgen.[587] In diesem Zusammenhang verweist er beispielhaft auf den deutschen Fotokünstler Andreas Gursky, dessen Auflagenhöhen bei maximal sechs Exemplaren lägen.[588] Im Endeffekt geht *Maaßen* daher wohl von einstelligen Auflagenhöhen als Voraussetzung für die Originaleigenschaft aus.

Zusammenfassend lässt sich somit feststellen, dass der Originalbegriff in der Fotografie – wenngleich in einigen Punkten Einigkeit zu bestehen scheint – *de facto* ungeklärt ist. Als mittlerweile geklärt gelten kann lediglich, dass

1. Fotografien durchaus Originale sein können. Es kommt in der Folge – wie schon bei der Druckgrafik – dazu, dass es nicht mehr nur ein (unikales) Original, sondern mehrere Originale desselben Werks geben kann;
2. eine wortwörtliche „Eigenhändigkeit“ durch den Urheber bei der Herstellung der Abzüge schon deswegen nicht zu verlangen ist, weil es sich bei der Fotografie um einen technischen Prozess handelt, der zu einem gewis-

583 *Jacobs*, in: FS Samwer, 149.

584 *Maaßen*, PROFIFOTO 5/2007, 69; *Maaßen*, in: Wandtke – Medienrecht, Kapitel 4 Rn. 122 f.

585 *Maaßen*, PROFIFOTO 5/2007, 69.

586 *Maaßen*, PROFIFOTO 5/2007, 69; *Maaßen*, in: Wandtke – Medienrecht, Kapitel 4 Rn. 123. *Maaßen*, in: Wandtke/Ohst, Kapitel 5 Rn. 131 verweist in diesem Zusammenhang außerdem auf die Vorgaben der EU-Folgerechtsrichtlinie.

587 *Maaßen*, PROFIFOTO 5/2007, 69.; *Maaßen*, in: Wandtke – Medienrecht, 2. Teil/Kapitel 4/ Rn. 123; *Maaßen*, in: Wandtke/Ohst, Kapitel 5 Rn. 131.

588 *Maaßen*, in: Wandtke - Medienrecht, 2. Teil/Kapitel 4/Rn. 123; *Maaßen*, in: Wandtke/ Ohst, Kapitel 5 Rn. 131.

sen Grad die Inanspruchnahme von Fachpersonal unabdingbar macht (dies ist vergleichbar mit der Inanspruchnahme einer Gießerei im Fall der Gussplastik). Eine tatsächliche „Eigenhändigkeit" zu verlangen hieße, eine realitätsferne Anforderung zu stellen.[589] Es muss ausreichen, dass der Künstler die Herstellung der Abzüge insoweit „überwacht", als dass die dem Kunstmarkt übergebenen Werke von ihm für gut, d. h. seiner künstlerischen Intention entsprechend befunden und somit *autorisiert* wurden.

Offen geblieben sind hingegen folgende Fragen:

1. Ist eine Unterscheidung zwischen analoger und digitaler Fotografie in Bezug auf den urheberrechtlichen Originalbegriff geboten oder sogar notwendig?
2. Können postume Abzüge überhaupt als Originale angesehen werden? Wenn ja, unter welchen (zusätzlichen) Bedingungen?
3. Wie wirkt sich eine limitierte Auflage aus? Ist sie lediglich ein Indiz für die Originaleigenschaft oder (zumindest im Bereich der zeitgenössischen Fotografie) sogar konstitutives Merkmal?

9. Eigener Vorschlag: der europarechtskonforme Originalbegriff in der Fotokunst

Die dargestellte Meinungsvielfalt zum Originalbegriff spiegelt nicht nur unterschiedliche Ansichten, sondern auch eine zeitliche Entwicklung wider. Zwischen dem von *Hamann* entwickelten Originalbegriff in der Fotokunst und *Mosimanns* Überlegungen liegen ziemlich exakt 30 Jahre. In diesen Jahren hat sich nicht nur die Wahrnehmung der Fotokunst in der Öffentlichkeit von einem neuen, noch erheblichen Zweifeln ausgesetzten Medium hin zu einer *der* künstlerischen Ausdrucksformen unserer Zeit gewandelt. Auch technische Neuerungen haben Einzug gehalten, wobei insbesondere der Wechsel von der analogen zur digitalen Aufnahmetechnik einen epochalen Schritt darstellt. Der französische Publizist *Jean Prouvost* hat diese Entwicklung treffend zusammengefasst als er sagte: „In unserem Zeitalter ist die Fotografie Königin. Wir wollen nicht mehr nur wissen, wir müssen sehen."[590]

589 *Ehrler*, Folgerecht, 166 f.

590 Zitiert nach *Wombell*, Photonews November 2008, 4; zu diesem „iconic turn" und seinen möglichen Auswirkungen auch auf die Rechtswissenschaften vgl. *Boehme-Neßler*, Bilderrecht. Zu den möglichen Beiträgen des Rechts zu den Bildwissenschaften vgl. auch *Jayme*, in: Original und Fälschung, 23 ff.

Es ist daher an der Zeit, einen urheberrechtlichen Originalbegriff für den Bereich der zeitgenössischen Fotografie zu entwickeln, der insbesondere dazu imstande ist, auch die nach den bisherigen Definitionsversuchen offen gebliebenen Fragen zu klären. Ein besonderes Augenmerk erhält dabei vor allem das Kriterium der Auflagenlimitierung, wie es auch das EU-Recht fordert.

Hierbei steht eine Erkenntnis im Vordergrund: Der eigentlich selbstverständliche Begriff des Originals ist durch die Entwicklung und Anerkennung serieller künstlerischer Medien unscharf geworden. Das („eine“ bzw. „unikale“) Original im herkömmlichen Sinne und wie es von der ursprünglichen Regelungssystematik des UrhG vorausgesetzt wurde, existiert in dieser eindeutigen Form nicht mehr. Das Original in der zeitgenössischen Fotokunst ist ein „Konstrukt“[591]. Dies spricht aber keineswegs dagegen, dass es von der Rechtsordnung als solches auch anerkannt und dass das von den Marktteilnehmern entgegengebrachte Vertrauen in die Beständigkeit des Konstrukts von der Rechtsordnung geschützt werden kann.

Im Einzelnen sind die Voraussetzungen für einen zeitgemäßen Originalbegriff in der zeitgenössischen Fotografie:

a) Rezipierbare Erstverkörperung

Der urheberrechtliche Begriff des Originals bezieht sich stets auf das Werk*stück*,[592] also die real existierende Verkörperung und den menschlichen Sinnen unmittelbar zugängliche Manifestation des *immateriellen* urheberrechtlichen Werks. Grundbestandteil der Definition des Originals muss daher sein, dass es sich bei dem fraglichen Objekt um eine rezipierbare, d. h. den menschlichen Sinnen zugängliche Verkörperung handeln muss.

Weiterhin entspricht es der allgemeinen Vorstellung sowie dem natürlichen Sprachverständnis[593] und eigentlichen Wortsinn[594], dass es sich bei einem „Original“ nicht um irgendein beliebiges Werkstück, sondern die *Erstverkörperung* des Werks handelt.[595] Hierunter ist allgemein das „Urstück

591 *Mercker*, in: Original und Fälschung, 70; *Mercker*, in: Was kostet Kunst?, 34; ebenso *Ehrler*, Folgerecht, 153.

592 Für alle *Bullinger*, KUR 2006, 106 (106 f.).

593 Vgl. hierzu auch eine erste Auseinandersetzung mit dem Begriff bei *Fackler*, Begriff des Originals, 12 ff.

594 Aus dem Lateinischen: *originalis* = ursprünglich bzw. *origo* = Abstammung, Ursprung, Quelle, Stamm.

595 Vgl. für die ganz herrschende Ansicht und m. w. N. *Katzenberger*, in: Schricker/Loewenheim, § 26 Rn. 26 sowie im Detail *Hamann*, Originalbegriff, 42 ff., 112 ff., 157 f. Anders

eines Werks zu verstehen, d. h. diejenige reproduktionsfähige Werkverkörperung, die das Werk erstmals in vollendeter Weise wiedergibt und nicht nur ihrerseits Reproduktion, Kopie oder Nachbildung ist."[596] Auch das Kriterium der *Erstverkörperung* ist daher Bestandteil der Originaldefinition und gilt im Übrigen sowohl im Bereich der Unikate als auch in dem der seriellen Medien.[597] Die *Erstverkörperung* ist auch stets auf ein bestimmtes Medium bezogen, nämlich dasjenige, das der Künstler für das konkrete Werk bestimmt hat. So ist der Abdruck eines Gemäldes oder einer Fotografie in einem Katalog ersichtlich nur eine Reproduktion, nicht jedoch das Original.[598] Dies lässt sich auch damit begründen, dass bei der Übertragung eines Werks in ein anderes Medium stets ein Teil des Kunstgenusses verloren geht bzw. sich verändert. Das Werk wird in einer Reproduktion niemals in „vollendeter Weise" wiedergegeben.

Bei den seriellen Medien stellt sich jedoch dann immer noch die problematische Frage, ob alle oder nur bestimmte Werkstücke (von demselben Negativ bzw. derselben Platte; d. h. in *demselben* Medium) als *Erstverkörperung* angesehen werden können.[599] Diesem Problem kann durch weitere Kriterien[600] Rechnung getragen werden, sodass die Voraussetzung, dass es sich bei dem fraglichen Werkstück um eine *Erstverkörperung* handelt, auch für die seriellen Medien und insbesondere die Fotografie Bestand haben kann.

Für die Frage, was unter einer *rezipierbaren* Erstverkörperung verstanden werden kann, ist erneut streng zwischen dem *immateriellen* Werk und dem materiellen Werk*stück* zu unterscheiden.

Das *immaterielle* Werk entsteht unabhängig von der Entstehung des ersten Werk*stücks* im Zeitpunkt seiner erstmaligen Fixierung. Diese Erstfixierung des immateriellen Werks fällt z. B. bei einer Federzeichnung zeitlich und physisch mit der Schöpfung des (unikalen) Werk*stücks* zusammen.[601] Bei analoger Fotografie ist die erstmalige Fixierung bereits das belichtete Negativ, bei der digitalen Fotografie ist es die gespeicherte Datei.[602] Diese Fixierungen ermöglichen zwar noch nicht unmittelbar den vom Künstler angestrebten Werkgenuss, genügen aber als unzweideutiger Nachweis der

wohl für Serienwerke: *von Gruben*, Entstellungsverbot, 17. Ebenfalls für eine „lockere" Handhabung des Kriteriums der Erstverkörperung bei der Fotografie: *Schlütter*, Original, 241.

596 *Dreyer*, in: Dreyer/Kotthoff/Meckel, § 26 Rn. 13.

597 Vgl. *Ehrler*, Folgerecht, 157 ff.

598 Vgl. *Pfennig*, Museen, 41 sowie *Schlütter*, Original, 211 f.

599 Zur Diskussion *Katzenberger*, in: Schricker/Loewenheim, § 26 Rn. 27.

600 Dazu unten C.II.9.d), S. 150.

601 Vgl. *Maaßen*, PROFIFOTO 5/2007, 69.

602 Siehe oben C.II.1.b), S. 108.

Manifestation der persönlichen geistigen Schöpfung des Urhebers und somit der Beweisführung gegenüber Dritten. Fraglich und umstritten ist, ab wann von einer *rezipierbaren* Erstverkörperung als Voraussetzung für ein fotografisches Original gesprochen werden kann.

Teilweise wird in diesem Zusammenhang davon ausgegangen, dass auch die Druckform oder das Negativ bzw. die Datei Erstverkörperungen seien und daher als „Vororiginal“[603] analog den urheberrechtlichen Vorschriften über das Original unterfallen. Dem ist jedenfalls für den Bereich der Fotografie zu widersprechen. Der Begriff des Vororiginals beinhaltet bereits sprachlich die Gründe für die Ablehnung einer analogen Anwendung der Vorschriften für das Original. Ein *Vor*original ist eben kein Original. Die Normen des UrhG, die den Originalbegriff verwenden, zielen auf die Regelung von Rechtsverhältnissen in Bezug auf ein rezeptionsfähiges Werk*stück* ab. Weder eine Druckplatte, noch das Negativ oder die Datei stellen ein solches, rezeptionsfähiges Werkstück dar. Sie sind technische Hilfsmittel bzw. Zwischenstufen *auf dem Weg zum* Original.[604] Dass auch der Entwurf urheberrechtlich geschützt sein kann, spricht nicht für eine andere Betrachtung.[605] Nicht alles, was urheberrechtlichen Schutz genießt, ist ein Original.[606] Sonst müsste das Gesetz auch nicht die Originale einer Sonderbehandlung unterstellen. Das Gesetz gibt Originalen jedoch zu Recht einen besonderen Status. Druckplatten und Negative sind jedoch genauso wenig ein mit dem Original vergleichbares „Vororiginal“ wie z. B. eine grundierte Leinwand für die Malerei in Öl.[607]

Zudem verfangen die von *Hamann* ins Feld geführten Argumente nicht, die er für die Ausweitung des Originalbegriffs auf produktionstechnische Vorstufen anführt. Zunächst kann der dogmatische Vergleich *Hamanns* mit dem Anwartschaftsrecht nicht überzeugen. Nach Hamann sollen Negative als „Vororiginale“ auch deshalb analog den Originalen geschützt werden,

603 *Hamann*, Originalbegriff, 152; *Hamann*, UFITA 90/1981, 45 (50 ff.); *Ehrler*, Folgerecht, 165 f., 183 f.; *van Waasen*, Urheberrecht und Eigentum, 7. Zumindest missverständlich ist auch die Formulierung bei *Reis*, Bulletin Kunst & Recht 1/2011, 48 (49 f., 51), wonach Abzüge Vervielfältigungen „des Werks ‚Druckplatte‘ [bzw. bei der Fotografie dann wohl des Werks ‚Negativ‘]“ sein sollen. Ein urheberrechtliches Werk ist jedoch stets immateriell. Es gibt kein Werk „Druckplatte“. Unentschlossen bezüglich des „Vororiginals“, aber letztlich wohl auch Vorstufen als „Original“ anerkennend: *Schlütter*, Original, 42 f., 207 ff., 418.

604 Vgl. *Fackler*, Begriff des Originals, 34 f.; *Katzenberger*, Folgerecht, 92.

605 So aber (für die Druckgrafik) *Schöfer*, Rechtsverhältnisse, 33 f.; für die hier vertretene Ansicht vgl. auch *Dreyer*, in: Dreyer/Kotthoff/Meckel, § 26 Rn. 13.

606 Vgl. *Dreyer*, in: Dreyer/Kotthoff/Meckel, § 26 Rn. 13.

607 In diesem Sinne mit einem ähnlichen Vergleich auch *Mercker*, in: Original und Fälschung, 67.

weil sie dem „Anwartschaftsrecht auf den Erwerb des Eigentums" vergleichbar seien.[608]

Der Vergleich scheitert aber bereits an der ersten von *Hamann* gezogenen Parallele, nämlich der, dass es sich bei dem Negativ um die „Vorstufe des werdenden Vollrechts" handele.[609] Weder das „Vororiginal" noch das „Original" sind ein *Recht*. Es handelt sich um Sachen, an deren tatsächliche Eigenschaften das Gesetz bestimmte Rechtsfolgen knüpft, jedoch keineswegs um Rechte. Schon insofern erscheint es fraglich, ob man die in der Rechtssphäre durchaus handhabbaren Fiktionen z. B. eines „wesensgleichen Minus"[610] überhaupt auf tatsächliche Fragen übertragen kann. Letztlich liegt *Hamanns* Argumentation mit den Überlegungen zum Anwartschaftsrecht ein Kontextfehler zugrunde. Die von ihm angedachte Übertragung von Überlegungen, die für das Anwartschaftsrecht anerkannt sind, auf die Frage des urheberrechtlichen Originals verlässt die rein rechtliche Sphäre und ist daher in keiner Weise zwingend. Ein *Gegenstand* ist schlicht nicht die Vorstufe zu einem *Recht*.

Auch *Hamanns* zweite Argumentationslinie, die einmal „an einem Negativ begründeten urheberschaftlichen Verhältnisse" könnten nicht mehr bei der späteren Herstellung des Abzugs erlöschen, sondern würden sich „akzessorisch" am Positiv fortsetzen,[611] ist kein Argument für die von *Hamann* angestrebte Analogie. Es fragt sich schon, welche „urheberschaftlichen Verhältnisse" am Negativ *Hamann* meint. Auch hier wird der oben angesprochene Kontextfehler sichtbar. Zunächst bestehen nämlich urheberrechtliche Verbindungen in erster Linie zum immateriellen *Werk*,[612] welches ohnehin grundsätzlich von jeder konkreten Verkörperung in Werk*stücken* unabhängig ist und beispielsweise auch bei einer Vernichtung sämtlicher Negative und Abzüge bestehen bleiben würde.[613] Insofern ist auch nicht klar, welche „Verhältnisse" am Negativ (welches eben nicht das Werk an sich, sondern höchstens ein Werk*stück* ist) sich dann „akzessorisch" am Positiv fortsetzen sollen. Selbstverständlich materialisiert sich in beiden physischen Mitteln (Negativ und Positiv) auf *irgendeine* Weise das immaterielle Werk. Dies führt jedoch keineswegs dazu, dass das Negativ zu einer Art „urheberrechtlichen Vorstufe" für das Positiv wird. Noch we-

608 *Hamann*, UFITA 90/1981, 45 (50 f.).

609 *Hamann*, UFITA 90/1981, 45 (50).

610 Als das teilweise das Anwartschaftsrecht am Eigentum auch bezeichnet wird. Vgl. z. B. BGHZ 28, 16 (21).

611 *Hamann*, UFITA 90/1981, 45 (51).

612 Vgl. *Joos*, Erschöpfungslehre, 52.

613 Vgl. *Fackler*, Begriff des Originals, 37 ff.

niger lässt sich hieraus der Schluss ziehen, dass deshalb die urheberrechtlichen Regeln zum Original auf Negativ wie Positiv gleichermaßen anzuwenden seien.

Als letztes Argument führt *Hamann* an, dass der Schöpfer einer Druckplatte bzw. eines Negatives den Vollstreckungsschutz für unveröffentlichte Werke aus § 114 UrhG genießen müsse.[614] Dagegen spricht jedoch, dass dieser Vollstreckungsschutz bei einem „Vororiginal" gerade nicht notwendig ist. Der Künstler soll durch § 114 UrhG vor einer zwangsweisen Veröffentlichung eines bislang unveröffentlichten Werks geschützt werden.[615] Die Veröffentlichung des in der Druckplatte fixierten Werks würde jedoch zunächst dessen Druck bzw. Abzug voraussetzen. Dieser wäre (vorgenommen durch einen Dritten) eine Vervielfältigungshandlung, die nach § 16 UrhG zunächst ausschließlich dem Urheber vorbehalten ist. Das bedeutet, wer eine Druckplatte oder ein Negativ pfändet, ohne auch das Vervielfältigungsrecht inne zu haben, pfändet in erster Linie ein graviertes Stück Metall bzw. ein Stück Kunststoff, also wertmäßig ausschließlich den Materialwert. Mithilfe dieser Druckplatte bzw. des Negativs einen Abzug anzufertigen, wäre eine Urheberrechtsverletzung, die dem Gläubiger ohne eine entsprechende Rechteeinräumung nicht gestattet ist.[616] Eben deswegen gibt es § 119 UrhG, der explizit Platten und Negative als Gegenstände seines Anwendungsbereichs nennt und diese herstellungstechnischen Zwischenstufen einem besonderen Pfändungsschutz unterstellt, um solch wirtschaftlich sinnlose Pfändungen zu verhindern.[617] Eine Ausdehnung des Anwendungsbereichs von § 114 UrhG auf die sogenannten „Vororiginale" ist somit gar nicht notwendig, weil diese schon umfassend vom weiten Anwendungsbereich[618] des § 119 UrhG geschützt werden.[619]

614 *Hamann*, Originalbegriff, 153; *Hamann*, UFITA 90/1981, 45 (51).

615 Begründung des Regierungsentwurfs zum UrhG, BT-Drucks. IV/270, S. 27 116 abgedruckt in UFITA Bd. 45 (1965), 240 (329); *Bullinger*, KUR 2006, 106 (108).

616 Vgl. *Wild*, in: Schricker/Loewenheim, § 119 Rn. 2.

617 *Wild*, in: Schricker/Loewenheim, § 114 Rn. 4; so aber auch *Hamann*, Originalbegriff, 153.

618 *Wild*, in: Schricker/Loewenheim, § 119 Rn. 4. Mit wenig überzeugenden Argumenten gegen den Gesetzeswortlaut möchte *Schlütter*, Original, 209 die Druckstöcke schon als „Originale" über §§ 114, 116 UrhG schützen.

619 Im Übrigen stellt sich für den Anwendungsbereich des § 114 Abs. 2 Nr. 3 UrhG die Frage, ob dieser überhaupt Lichtbildwerke umfasst, da er eigentlich auf Werke der „bildenden Kunst" beschränkt ist, und es unklar ist, ob damit nur die in § 2 Abs. 1 Nr. 4 UrhG genannten Werke gemeint sind oder auch die Lichtbildwerke (§ 2 Abs. 1 Nr. 5 UrhG) umfasst sind. Inzwischen sprechen die Entwicklung auf dem Fotomarkt sowie der Gesetzeszweck des § 114 UrhG dafür, auch die Lichtbildwerke als von § 114 Abs. 2 Nr. 3 UrhG erfasst anzusehen. Vgl. ebenso *Schulze*, in: Dreier/Schulze, § 114 Rn. 16; anders wohl *Wild*, in: Schricker/Loewenheim, § 114 Rn. 7.

Eine *rezeptionsfähige Erstfixierung* als Voraussetzung für das fotografische Original kann also mangels der Möglichkeit der Rezeption des Werks in der vom Künstler intendierten Formgebung weder im Negativ noch in der Datei, sondern lediglich in einem ausgeführten, verkehrsfähigen[620] Abzug (bzw. in den ausgeführten Abzügen) gesehen werden.[621]

Das Kriterium der *Erstfixierung* setzt zudem voraus, dass es sich bei der körperlichen Manifestation um einen Vorgang handelt, der so vorher noch nicht durchgeführt wurde. *Hamann* weist insofern zutreffend darauf hin, dass *Erstmaligkeit* nicht mit *Einmaligkeit* verwechselt werden darf.[622] Die *Erstmaligkeit* ist eine Frage der Priorität.[623] Einer zeitlichen Erstmaligkeit steht die bei multiplen Werken fehlende Einmaligkeit nicht entgegen. Während jedoch *Hamann* davon ausgeht, dass jedes nach derselben Druckform bzw. nach demselben Negativ hergestellte Werkstück gleichermaßen *erstmalig* ist und damit ein Original sein kann,[624] soll im Rahmen des hier vorgeschlagenen Originalbegriffs eine zusätzliche Einschränkung über das Kriterium der Limitierung erfolgen.[625]

Nach dem hiesigen Verständnis kommen als rezipierbare Erstverkörperungen in der Fotografie daher nur die Abzüge, nicht jedoch die Negative oder Dateien in Betracht. Hieraus folgt jedoch noch nicht notwendig, dass *sämtliche* Abzüge, die von demselben Negativ bzw. derselben Datei hergestellt werden, ein Original sind.[626] Vielmehr müssen noch weitere Kriterien erfüllt sein, zu denen im Folgenden Stellung bezogen wird.

b) Autorisation durch den Künstler/Urheber

Statt dem früher verwendeten und vor allem mit anderen Techniken der seriellen Kunst in Zusammenhang stehenden Begriff der „Eigenhändigkeit"[627] sollte in der zeitgenössischen Fotografie der Begriff der „Autorisation"[628] zur Umschreibung der Nähebeziehung zwischen Künstler (Urheber) und

620 Vgl. *Katzenberger*, Folgerecht, 92 am Beispiel der Druckgrafik.

621 Bei der Auseinandersetzung mit der Argumentation *Hamanns* zum gegenteiligen Schluss kommt *Schlütter*, Original, 208 f., 250, 278 ff.

622 *Hamann*, Originalbegriff, 157.

623 *Hamann*, Originalbegriff, 157; ebenso *Schlütter*, Original, 199.

624 *Hamann*, Originalbegriff, 157 f.; *Hamann*, UFITA 90/1981, 45 (52 ff.).

625 Dazu sogleich unten unter C.II.9.d), S. 150.

626 So aber *Hamann*, UFITA 90/1981, 45 (52 ff.).

627 Vgl. hierzu die Diskussionen des Begriffs bei *Hamann*, Originalbegriff, 95 ff.; *van Waasen*, Urheberrecht und Eigentum, 9 f. sowie *Behrens/de Lazzer*, Kunstmarkt, 246 ff.

628 Vgl. *Bullinger*, KUR 2006, 106 (109, 111); auch *Walter*, in: Walter, Folgerechts-RL Art. 2

Originalwerkstück verwendet werden. Letztlich ist ein wesentlicher Teil dessen, was das Original ausmacht und was seine besondere ideelle wie finanzielle Wertschätzung begründet, dass ihm die „Aura“ der „meisterlichen Hand“ anhaftet.[629] Das Original ist *authentisch*[630]. Diese Eigenschaft sticht z. B. bei einem Ölgemälde evident hervor, wenn es dort Fachleuten möglich zu sein scheint, anhand einer stilkritischen Analyse teilweise aus dem Pinselstrich (Duktus) Rückschlüsse auf die Urheberschaft zu ziehen. Bei einem technischen Verfahren wie der Fotografie kann man solche Rückschlüsse nicht ziehen. In den meisten Fällen wird es möglich sein, eine Fotografie derart neu aufzunehmen, dass zur ursprünglichen Aufnahme kein Unterschied zu erkennen ist.[631] Auch Abzügen von einem Negativ bzw. einer Datei wird man in der Regel nicht ohne Weiteres ansehen können, wer sie angefertigt hat, woraus teilweise der Schluss gezogen wurde, dass sogar nach dem Tode des Künstlers hergestellte Abzüge noch als Originale dieses Künstlers angesehen werden können.[632] *Walter Benjamin* ging sogar so weit, zu schreiben, dass „die Frage nach dem echten Abzug [...] keinen Sinn [hat].“[633] Die Frage der „Authentizität“ und der mit ihr verbundenen „Aura“ muss daher für die Fotografie anders beantwortet werden als z. B. für die Malerei.[634]

Richtig verstanden bedeutet „Authentizität“ in der Fotokunst zum einen die Gewissheit, dass der Künstler den Abzug geprüft und für gut befunden hat.[635] Das Ergebnis des technischen Prozesses wurde von ihm für mit seinen künstlerischen Vorstellungen kongruent erklärt, d. h. autorisiert. Gerade bei einem technischen Prozess wie der Fotografie, bei der zudem einzelne Arbeitsschritte Dritten überlassen werden, können Fehler wie Farbabweichungen oder Beschneidungen auftreten, die der künstlerischen Intention

---

Rn. 5; weiterhin *Wild*, in: Schricker/Loewenheim, § 114 Rn. 2 und *Gräfin von Brühl*, in: FS Siehr, 308 f.

629 Man kann auch von einem „Fetischwert” des Originals sprechen, *Reicher*, in: Original und Fälschung, 63. Vgl. außerdem auch *Dennis/Dennis*, Collecting Photographs, 102 ff., 178.

630 Vgl. zu dem Begriff *Knaller*, Wort aus der Fremde, 10 ff.

631 Vgl. insoweit bei *Ullrich*, in: Original und Fälschung, 93 ff. die Tatsache, dass es offenbar eine ganze Bewegung gibt, die es sich zum Hobby gemacht hat, Fotografien ihrer Lieblingsfotografen (wie z. B. Andreas Gursky) möglichst authentisch nachzustellen, was teilweise in beeindruckender Form gelingt.

632 Hamann, UFITA 90/1981, 45 (55).

633 Benjamin, Kunstwerk, 20.

634 „Gesetzesnormen, die sich diesen Entwicklungen verschließen, verlieren an Sinngehalt“; Jayme, Wiener Vorträge, 230.

635 In diesem Sinne Badger, Collecting, 64 ff., 67; wohl auch Bullinger, KUR 2006, 106 (109 f.); Maaßen, PROFIFOTO 5/2007, 69; vgl. auch Knaller, Wort aus der Fremde, 120, 124.

zuwiderlaufen.[636] Für den seriösen Fotokünstler ist eine persönliche Begleitung und Überprüfung des Herstellungsprozesses und seines Endergebnisses daher eine Selbstverständlichkeit.[637]

Die Autorisation umfasst zum anderen aber auch die vom Künstler vorgenommene, subjektive Bestimmung eines oder mehrerer Werkexemplare als Original, d. h. als für den Kunstmarkt geschaffenes und mit einer besonderen Exklusivität versehenes Objekt.[638] Sie ist damit auch Ausdruck seines Vermarktungskonzepts[639] und als solche wertbildender Faktor auf dem Fotomarkt.

Die Autorisation des Künstlers wird zweckmäßigerweise durch das Anbringen seiner Signatur auf dem Werkstück oder durch ein vom Künstler unterschriebenes und dem Werkstück beigefügtes „Echtheitszertifikat" bzw. „Certificate of Authenticity" dokumentiert.[640] Die Signatur der Abzüge bzw. die Ausstellung eines Zertifikats kann für den Bereich der zeitgenössischen Fotografie inzwischen als Marktstandard bezeichnet werden.[641]

Aus den hier vorgeschlagenen Anforderungen an die Autorisation des Werks folgt notwendig, dass eine Autorisation nach dem Ableben des Künstlers ausgeschlossen ist. Es kann somit nach der hier vertretenen Auffassung keine postumen Originale geben.[642]

Eventuell ist eine Autorisation durch den Künstler sogar schon früher ausgeschlossen, nämlich z. B. dann, wenn der Künstler stark erkrankt (Demenz, Bewusstlosigkeit) und bei objektiver Betrachtung schlicht nicht mehr in der Lage ist, sich über die Güte seiner eigenen Werkstücke ein Urteil zu bilden.[643]

---

636 Für ein anschauliches Beispiel dieses Vorganges ist eine Szene in Folge 6 der BBC Four-Dokumentation „The Genius of Photography" zu empfehlen, in der gezeigt wird, wie der US-amerikanische Fotograf Alec Soth im Fotolabor die gerade hergestellten Abzüge überprüft und teilweise sofort wieder vernichten lässt, weil sie seinen künstlerischen Vorstellungen nicht entsprechen. Interessant in diesem Zusammenhang ist auch eine Meldung, in welcher berichtet wird, dass Andreas Gursky sich empört über den Verkauf einer seiner Fotografien aus der Sammlung der Deutschen Telekom AG äußerte, da der Abzug in denkbar schlechtem Zustand sei, weil er „jahrelang im helle[n] Tageslicht in der Kantine der Telekom in Leipzig hing"; Photonews 12/13-1/14, 11.

637 Vgl. auch *Jacobs*, in: FS Samwer, 143, 148.

638 *Bullinger*, KUR 2006, 106 (111). Zum Beispiel in Abgrenzung zu den oben bei B.I.6.b), S. 71, erwähnten „Exhibition Copies". Zu diesen weiterhin unten bei C.II.10.e), S. 162.

639 *Bullinger*, KUR 2006, 106 (111).

640 Vgl. auch *Pierredon-Fawcett*, Droit de Suite, 62.

641 Vgl. auch *Heiting*, Photonews Thema 09/2009, 15 sowie oben B.II.3, S. 81.

642 So auch *Bullinger*, KUR 2006, 106 (111); *Bullinger*, in: Wandtke/Bullinger, § 26 Rn. 8; anders *Reis*, Bulletin Kunst & Recht 1/2011, 48 (51).

643 Die Entscheidung des OLG Düsseldorf, NJW 2014, 3455 (3456) – dazu auch oben Fn. 489 – legt nahe, dass prozessual in derartigen Konstellationen auch schon der „Anschein" einer Autorisation des Künstlers ausreichend sein kann.

In der Autorisation ist ein Realakt[644] zu sehen, zu dessen Wirksamkeit zwar keine Geschäftsfähigkeit, zumindest aber ein „natürlicher Handlungswille“ vorliegen muss.[645] Für dessen Vorliegen genügt die tatsächliche Erkenntnis- und Willensfähigkeit des Handelnden im Hinblick auf den von ihm durch seine Handlung angestrebten Erfolg.[646] Mehr kann von der Autorisation übrigens auch deshalb nicht verlangt werden, da der für die Entstehung eines urheberrechtlichen Schutzes notwendige Schöpfungsakt (vgl. § 7 UrhG) ebenfalls ein Realakt ist.[647] Würde man an die Autorisation strengere Anforderungen als an die Schöpfung stellen, so könnte man im Einzelfall zu dem absurden Ergebnis gelangen, dass z. B. das Gemälde einer geschäftsunfähigen Person zwar urheberrechtlichen Schutz genießen, jedoch kein urheberrechtliches Original sein könnte.

Selbst wenn ein theoretisch identischer Abzug bzw. Ausdruck von einer ursprünglich vom Künstler „autorisierten“ Urform (Negativ, Datei) hergestellt wird, so kann dies allein nicht für die Schaffung eines Originals ausreichen,[648] da Abweichungen keineswegs vollständig ausgeschlossen sind und zudem auf diese Weise jede gelungene Reproduktion zum Original erklärt werden könnte. Insbesondere bei der Fotografie gilt, dass sich die „Anmutung“[649] der verschiedenen Abzüge trotz gleicher Urform stark unterscheiden kann.

Beweisfragen im Hinblick auf die Autorisation eines konkreten Werks sollten, was die für außenstehende Dritte schwer zu ermittelnden Umstände (zum Beispiel, ob der Künstler das konkrete Werkstück tatsächlich vor Augen gehabt hat) angeht, mithilfe einer Beweiserleichterung bzw. rechtlichen Vermutung der Autorisierung gelöst werden: Das Vorliegen einer dem Künstler zuzuordnenden Signatur auf der Fotografie selbst bzw. ein ihm zuzuordnendes Echtheitszertifikat sollten zunächst einmal die Vermutung der Autorisation in sich tragen.[650] Sodann kann die Originaleigenschaft nur noch

---

644 Zum Realakt grundlegend z. B. *Knothe* (2012), in: Staudinger, Vorb zu §§ 104–115 Rn. 89 ff.

645 Anderes gilt für das später zu erörternde Limitierungsversprechen. Dieses ist ein Rechtsgeschäft und setzt daher für seine Wirksamkeit die Geschäftsfähigkeit des Erklärenden voraus. Ausführlich unten D.III.2, S. 215.

646 *Knothe* (2012), in: Staudinger, Vorb zu §§ 104–115 Rn. 89.

647 *Thum*, in: Wandtke/Bullinger, § 7 Rn. 3 ff.

648 Wohl anders für den Bereich der Gussplastik *Raue*, in: FS Krämer, 656 f., der in der Verwendung des Begriffs des „Originals“ keine juristische, sondern eher eine „Geschmacksfrage“ sehen will. Explizit anders auch *Hamann*, UFITA 90/1981, 45 (52 ff.).

649 In diesem Zusammenhang stammt der Begriff von dem Fotografen Axel Hütte, der ihn auf dem oben in Fn. 286 erwähnten Symposium der DZ Bank verwendete.

650 In diesem Sinne auch *Nordemann-Schiffel*, in: Fromm/Nordemann, § 26 Rn. 11 sowie *Pierredon-Fawcett*, Droit de Suite, 62.

dadurch entfallen, dass sich z. B. herausstellt, dass die Signatur oder das Echtheitszertifikat nicht vom Künstler stammen oder das Zertifikat dem falschen Abzug zugeordnet ist. Es läge dann an demjenigen, der die Originaleigenschaft anzweifelt, die notwendigen Beweise zu erbringen, die bei einer entsprechenden Überzeugungskraft wiederum dazu führen können, dass die Autorisierung und damit die Originaleigenschaft des Werks entfallen.

Der Grundgedanke einer solchen Vermutung findet sich ähnlich bereits im geltenden Recht. § 10 Abs. 1 UrhG statuiert, dass die Urheberkennzeichnung (also z. B. die Signatur) auf einem Werkstück die Vermutung der Werkurheberschaft zugunsten desjenigen beinhaltet, dem die Urheberkennzeichnung zuzuordnen ist. Urheberschaft und Autorisierung sind zwar nicht dasselbe, weil sich die Urheberschaft auf das Werk bezieht, die Autorisierung jedoch auf das konkrete Werkstück. So genügt für die Vermutung der Urheberschaft auch, dass der Urheber z. B. eines literarischen Textes erst in der zweiten Auflage genannt wird. Da es nur ein einziges immaterielles Werk gibt, von dem alle Drucke Vervielfältigungsstücke sind, wirkt auch eine Nennung in der zweiten Auflage auf dasselbe Werk zurück und löst die rechtliche Vermutung des § 10 Abs. 1 UrhG aus.[651] Anders liegt der Fall bei der Autorisation. Die Autorisation des einen Exemplars besagt gerade nicht, dass ein anderes – nicht gekennzeichnetes Werkstück – ebenfalls autorisiert sein soll. Vielmehr liegt hier der gegenteilige Schluss nahe, nämlich dass der Künstler gerade zwischen autorisierten und nicht-autorisierten Werken differenzieren wollte oder dass es sich bei dem nicht unterschriebenen Werkstück um eines handelt, dass z. B. nach dem Tod des Künstlers von dritter Hand hergestellt wurde. Dennoch liegt insgesamt der Vermutung der Urheberschaft eine ähnliche Situation wie derjenigen der Autorisation zugrunde. So ist anzunehmen, dass ein Künstler, welcher ein Werk signiert, um seine Urheberschaft zu dokumentieren, mit dieser Handlung auch kundtun möchte, dass das Werkstück seinen künstlerischen Vorstellungen entspricht (er dieses für „reif" erachtet) bzw. dass er die Signatur unterlassen würde, wenn er das Werk für misslungen hielte.

Zu „üblichen Weisen" der Urheberkennzeichnung (wie sie auch von § 10 Abs. 1 UrhG verlangt werden) gehört nach den oben gemachten rechtstatsächlichen Feststellungen im Bereich der Fotokunst[652] insbesondere die Signatur des Künstlers auf der Rückseite des Abzugs (z. B. mit Faserstift). Eine weitere Möglichkeit ist die Nennung und Signatur des Künstlers auf einem beigefügten oder aufgebrachten Echtheitszertifikat. Für die Vermu-

---

651 Vgl. *A. Nordemann*, in: Fromm/Nordemann, § 10 Rn. 17.

652 B.II.3, S. 81.

tung der Autorisation ist jedoch – anders als bei der Vermutung der Urheberschaft des § 10 Abs. 1 UrhG – zu verlangen, dass es sich um eine persönliche Kennzeichnungsform handelt, d. h. insbesondere ein eigenhändiges Handzeichen des Künstlers, wodurch z. B. eine „postmortale Autorisation“ durch Dritte ausgeschlossen oder zumindest erschwert werden kann.

Dem zeitgenössischen Fotokünstler ist somit zu empfehlen, seine für den Markt bestimmten und von ihm als Originale geschaffenen Abzüge zu signieren oder mit entsprechenden Zertifikaten auszustatten. Eine solche Praxis kann für den Bereich der zeitgenössischen Fotografie inzwischen als etablierter Marktstandard bezeichnet werden.[653] Gleichsam sollte der Sammler beim Kauf von Fotokunst auf einen solchen „Autorisationsbeweis“ bestehen. Dies erkennt z. B. auch die EU-Folgerechtsrichtlinie an, wenn sie in Bezug auf die Mehrfachoriginale in Art. 2 Abs. 2 feststellt, dass diese „in der Regel“ vom Künstler nummeriert und *signiert* sind.

c) Keine Notwendigkeit einer Unterscheidung zwischen analogen und digitalen Verfahren

Es gehört zu den allgemeinen Erfahrungssätzen, dass neuartige Techniken zunächst als etwas scheinbar völlig anderes wahrgenommen werden als das bisher Dagewesene. Im Laufe der Zeit, mit der häufig eine Konsolidierung der Erwartungen an die neuen Techniken und eine Gewöhnung im Umgang mit ihnen eintreten, relativiert sich zumeist dieser Ersteindruck. So sind (teilweise nach anfänglicher Unsicherheit) letztlich doch die gleichen mehr oder weniger unveränderten Regeln des BGB zum Zustandekommen eines Kaufvertrags sowohl auf den Kauf an der Theke des Krämers im Jahre 1900 als auch auf den Kauf an der Supermarktkasse des Jahres 1955 wie auch auf den Kauf im Internet im Jahre 2000 anzuwenden. Letztlich gilt das Gleiche für die Anwendung des Urheberrechts auf den Bereich der digitalen Fotografie.

Was die Herstellung von digitalen Fotografien und ihren Werkcharakter angeht, so scheint inzwischen Einigkeit dahin gehend zu bestehen, dass digitale Fotografien entweder Lichtbilder im Sinne des UrhG oder zumindest als solche zu behandeln sind.[654] Nichts anderes gilt für den Begriff des Originals. Das gehandelte Gut ist im Falle eines auf digitalem Wege hergestellten Fotos mit dem eines Analogabzugs dem Grunde nach identisch. Ge-

653 Oben B.II.3, S. 81; anders wohl noch *Heitland*, Fotografie, 91 f.

654 Siehe oben C.II.1.b), S. 108.

handelt wird das Werkstück (regelmäßig ein Papierabzug), dem man häufig auf den ersten Blick nicht einmal ansieht, ob es mithilfe digitaler Techniken oder auf herkömmlichem Weg (oder gar durch eine hybriden Herstellungsprozess) gewonnen wurde. Da der urheberrechtliche Originalbegriff an das Werkstück anknüpft,[655] das Werkstück jedoch in beiden Fällen de facto identisch ist, besteht kein Anlass, für den Originalbegriff zwischen analoger und digitaler Fotografie zu unterscheiden.[656] Darüber hinaus ist auch keine Marktpraxis festzustellen, nach der bei der Wertschätzung von Fotokunst zwischen digital oder analog aufgenommenen Fotografien unterschieden würde.

Die rechtstatsächlichen Umstände, die beispielsweise von *Mosimann* als Argument für einen zweiteiligen Originalbegriff bei digitaler Fotografie angeführt werden (Aushändigung einer „scan data CD")[657], sind zu hinterfragen. Die Aushändigung der Fotodatei beim Verkauf der Fotografie stellt wohl noch nicht die allgemein übliche Handelspraxis dar. Jedenfalls ist Fotografen von einer solchen Praxis nachdrücklich abzuraten, da sie auf diese Weise bei vertragswidrigem oder schlicht fahrlässigem Verhalten des Sammlers (Hochladen der Datei ins Internet, Kopieren der Datei etc.) die Kontrolle über ihre Fotografien verlieren und unzulässigen Nachdrucken („Piraterie") Tür und Tor öffnen.

Eine Unterscheidung zwischen analoger und digitaler Fotografie ist für den Originalbegriff daher im Ergebnis nicht notwendig.[658] Dies ist scharf zu trennen von einer Unterscheidung zwischen Werken der historischen und der zeitgenössischen Fotografie,[659] die auf jeden Fall bei Ermittlung der Originaleigenschaft zu beachten ist.

d) Abzug ist Teil einer limitierten Auflage

Im Unterschied zur Mehrzahl der bislang vertretenen Ansichten ist es spätestens seit der EU-Folgerechtsrichtlinie geboten, die Limitierung der Auflage als konstitutives Merkmal der Originaleigenschaft bei seriellen Werken aufzufassen.[660]

---

655 Siehe oben C.II.2, S. 116.

656 Anders *Mosimann*, in: Kunst & Recht, 20 ff.

657 Vgl. oben C.II.8, S. 133.

658 So auch *Bullinger*, KUR 2006, 106 (111); *Schlütter*, Original, 239.

659 Zu diesen Begriffen bereits oben bei B.I, S. 36.

660 So auch *Maaßen*, in: Wandtke – Medienrecht, 2. Teil/Kapitel 4/Rn. 123; *Walter*, in: Walter, Folgerecht-RL Art. 2 Rn. 5; im Prinzip wohl auch *Schmidt-Werthern*, Richtlinie, 114. Vgl.

Eine Auflagenlimitierung für die Originaleigenschaft vorauszusetzen, entspricht im Übrigen auch den (bereits vor Erlass der EU-Folgerechtsrichtlinie üblichen) Gepflogenheiten auf dem nicht unbedeutenden französischen Kunstmarkt.[661] Eine Fotografie darf dort höchstens in einer Auflage von 30 Stück produziert werden, um *steuerrechtlich* noch als Original zu gelten.[662] Der Gesetzgeber im Vereinigten Königreich setzt bei Umsetzung der EU-Folgerechtsrichtlinie in Art. 4 Abs. 2 der „Artist's Resale Right Regulations 2006“ die Limitierung (wenngleich ohne konkrete Obergrenze) für die Anwendung des Folgerechts auf „copies“[663] ebenfalls voraus.[664]

Auch der Bundesfinanzhof hat sich – jedoch zum zollrechtlichen Originalbegriff – in der Form geäußert, dass „ab einem gewissen Umfang der Gesamtauflage von in einem Reproduktionsverfahren hergestellten Skulpturen sich der Originalcharakter eines Werks verflüchtigt“.[665] Jedoch hat es auch der Bundesfinanzhof vermieden, konkrete Maximalzahlen für die Auflage vorzugeben. Im entschiedenen Fall, bei dem es um Gussplastik ging, sah der Bundesfinanzhof bei einer Auflage von 250 Stück diese Grenze jedenfalls noch nicht als erreicht an.[666] Unmissverständlich ist jedoch die Kernaussage des Bundesfinanzhofes, dass eine Auflage jedenfalls nicht

---

zu den Vorgaben der EU-Folgerechtsrichtlinie ausführlich oben C.II.5. *Schlütter*, Original, 241 f., 404 f. lehnt eine konkrete Auflagenbegrenzung ab und lässt die Tatsache einer potenziell begrenzten Auflage genügen, was jedoch das Kriterium der Auflagenbegrenzung bei ihr im Ergebnis weitgehend irrelevant macht. Gleichzeitig will sie „bei sehr hohen Auflagen“ untersuchen, „ob nicht schon Vervielfältigungsstücke“ vorliegen; *Schlütter*, Original, 203.

661 Vgl. *Ehrler*, Folgerecht, 165; *Pierredon-Fawcett*, Droit de Suite, 63.

662 Vgl. Steueranweisung des französischen Finanzministeriums (instruction fiscale) Nr. 115 vom 02.07.2003 – 3 C-3-03; auch *Schmidt Werthern*, Richtlinie, 34.

663 Dem Begriff „copy” entspricht in der deutschen Fassung der EU-Folgerechtsrichtlinie derjenige des „Exemplars“.

664 Art. 4 Abs. 2 der „Artist's Resale Right Regulations 2006” lautet: „However, a copy of a work is not to be regarded as a work unless the copy is one of a limited number which have been made by the author or under his authority.” Offenbar besteht aber noch Klärungsbedarf, was unter einer „limited number“ zu verstehen ist; vgl. *Stokes*, Art Antiquity and Law Vol. XI, 2006, 109 (112).

665 BFH, Urteil v. 08.01.2003, VII R 11/02, Rn. 16 = DStRE 2003, 751 (753); zu diesem Urteil auch *Strittmatter/Lörken*, ZUM 2010, 155 (159 f.). Ähnlich dem BFH allerdings in anderem Zusammenhang auch schon *Schiefler*, UFITA 48/1966 81 (93); *Bueb*, Veröffentlichungsbegriff, 55; *vom Dorp*, Zustimmung des Urhebers, 68.

666 In dem nicht veröffentlichten Beschluss des BFH v. 09.09.2010, VII B 63/10, Rn. 8 f. scheint der BFH ebenfalls in Bezug auf Bronzeplastik diese Grenze bei Hinzuziehung von weiteren Indizien bei 1.000 Exemplaren als überschritten anzusehen.

beliebig groß, sondern begrenzt sein muss. Eine Open Edition[667] beispielsweise würde dieser Anforderung nicht gerecht.

Aus der Tatsache, dass die ursprünglich im Kommissionsentwurf vorgesehene absolute Auflagenbegrenzung auf eine Anzahl von maximal zwölf Exemplaren letztlich nicht umgesetzt wurde, wird teilweise auch geschlossen, dass den nationalen Gesetzgebern die Aufgabe einer zahlenmäßigen Konkretisierung der Auflagenhöhe bei der Umsetzung der Richtlinie zukomme.[668]

Zu Recht hat es jedoch in Deutschland bislang keine Festlegung einer konkreten Obergrenze gegeben. Dies liegt auch daran, dass der von der Kommission ursprünglich eingeschlagene Weg, eine für *alle* Kunstgattungen gültige, allgemeine Obergrenze festzulegen, schlichtweg nicht praktikabel ist.[669] Auch wenn inzwischen bei allen seriellen Medien eine Auflagenlimitierung ein übliches Vorgehen darstellt, so bestehen bezüglich der Auflagenhöhe in der Marktpraxis noch immer große Unterschiede. So sind Auflagen von Werken der Grafik tendenziell höher limitiert (bis zu dreistellig), während Werke der Fotokunst eher niedrig limitiert werden (meistens maximal zweistellig).[670]

Dennoch stellt sich die Frage, ob man bei der Auslegung des Originalbegriffs *gattungsspezifisch* eine Begrenzung der Auflage bis zu einer bestimmten Höhe voraussetzen sollte, wie es *Maaßen* für die Fotografie vorschlägt.[671] Hiergegen spricht jedoch, dass es auch auf dem Markt für Fotografie sehr unterschiedliche Auflagengrößen gibt. Würde man sich an den (teilweise sehr niedrigen) Limitierungen der „Großen der Zunft" orientieren, wie *Maaßen* vorschlägt (er nennt als Beispiel die Zahl sechs unter Verweis auf Andreas Gursky),[672] so wäre dies eine krasse Benachteiligung der vielen (finanziell) weniger erfolgreichen Fotokünstler. Letzteren ist es nicht möglich, drei Exemplare für einen jeweils sechsstelligen Betrag zu verkaufen. Vielmehr können sie sich glücklich schätzen, wenn es ihnen gelingt, mit einer mittleren zweistelligen Limitierung ihre Werke zu Preisen anbieten zu können, mit denen es ihnen möglich ist, sich eine Existenzgrundlage zu sichern. Diesen Künstlern über eine strenge Limitierung (die sie notgedrungen überschreiten müssten, um sich ihren Lebensunterhalt zu verdienen) im Ergeb-

---

667 Oben B.II.4.d), S. 89.

668 *Schmidt-Werthern*, Richtlinie, 114.

669 Im Ergebnis so auch *Schlütter*, Original, 201 f.

670 In diesem Sinne auch *Schlütter*, Original, 202.

671 *Maaßen*, PROFIFOTO 5/2007, 69; *Maaßen*, in: Wandtke – Medienrecht, 2. Teil/Kapitel 4/Rn. 122 f., wobei er als Richtschnur auf die Auflagen der „Großen" der Fotokunst verweist; vgl. auch oben C.II.8, S. 133.

672 *Maaßen*, in: Wandtke – Medienrecht, 2. Teil/Kapitel 4/Rn. 123.

nis die Originaleigenschaft ihrer Werke und somit z. B. auch noch das Folgerecht an ihren Werken zu entreißen, widerspräche den Grundintentionen des Folgerechts wie des Urheberrechts überhaupt.

Grundsätzlich wäre es zwar möglich, eine sehr hohe absolute Zahl (wohl mindestens im dreistelligen Bereich) anzusetzen. Dann würde sich jedoch die Frage stellen, ob eine solche Zahl, die wohl über den Maximalzahlen der meisten Auflagen liegen wird, überhaupt noch einen regulatorischen Zweck haben kann und somit nicht auch wieder entbehrlich ist.

Letztendlich ist eine *konkrete* Auflagenbegrenzung abzulehnen.[673] Entscheidend für die Originaleigenschaft ist lediglich, *dass* es sich um eine begrenzte, also limitierte Auflage handelt. Insofern greift auch die von *Ehrler* geäußerte Kritik an der Auflagenbegrenzung zu kurz. *Ehrler* zählt nämlich nur Argumente gegen eine absolute Begrenzung der Auflage (d. h. einer konkret bezeichneten Höchstzahl wie in Frankreich) auf.[674] So führt er insbesondere an, dass sich die einzelnen Exemplare einer Auflage in ihrer Güte nicht wesentlich unterschieden[675] (was insbesondere bei der Fotografie richtig ist) und zudem regelmäßig auch gar nicht in der Produktionsreihenfolge nummeriert würden.[676] Letzteres Argument zeigt jedoch schon, dass es bei der Nummerierung von zeitgenössischen Auflagen (im Gegensatz zur frühen Druckgrafik[677]) auch schon lange nicht mehr darum geht, die Entstehungsreihenfolge festzuhalten, sondern lediglich die Zugehörigkeit zu einer (exklusiven) Auflage zu dokumentieren.

Ehrler setzt sich jedoch nicht mit der Idee auseinander, die an dieser Stelle vertreten werden soll. Nämlich der, dass eine *Begrenzung* der Auflage auch ohne Vorgabe einer konkreten Höchstzahl eine sinnvolle und im Interesse des Rechtsverkehrs liegende gesetzgeberische Anforderung sein kann.[678] Durch eine gesetzlich vorgeschriebene *Begrenzung* der Auflage ohne Vorgabe einer Höchstzahl wird die „limitierte Auflage" *als solche* zum entscheidenden Kriterium, unabhängig von ihrer konkreten Ausgestaltung im Einzelfall. Ruft man sich erneut die im rechtstatsächlichen Teil zur Er-

673 So auch *Schlütter*, Original, 202 f., 230.

674 *Ehrler*, Folgerecht, 169 ff. Ebenso *Schlütter*, Original, 202 f.

675 *Ehrler*, Folgerecht, 169 f.

676 *Ehrler*, Folgerecht, 170 unter Verweis auf *Pierredon-Fawcett*, Droit de Suite, 63.

677 Oben A.III, S. 25.

678 Zum Zeitpunkt der Erstellung der Studie von *Ehrler* stand allerdings auch noch nicht der endgültige Wortlaut der EU-Folgerechtsrichtlinie zur Verfügung. Ebenso wie *Ehrler*, aber zum endgültigen Wortlaut *Schlütter*, Original, 202 ff. *Schlütter* möchte die Festlegung einer Limitierung letztlich bei der Autorisierung des Kunstwerks durch den Künstler verorten; *Schlütter*, Original, 204. Im Ergebnis hat die Auflage aber bei ihr nur noch eine kaufrechtliche Bedeutung; *Schlütter*, Original, 202 f.

wartungshaltung des Kunstmarkts geäußerten Beobachtungen[679] ins Gedächtnis, so zeigt sich, dass die (urheber-)rechtliche Anerkennung der Auflagenbegrenzung auch eine rechtspolitische Begründung hat. Aufgrund der hohen Bedeutung der Auflagenlimitierung, insbesondere im Bereich der zeitgenössischen Fotokunst, entstehen Verkehrserwartungen, die von der Rechtsordnung als schützenswert anerkannt werden sollten.[680] Zudem ist es von Vorteil, keine *konkrete* Auflagenhöchstzahl zu verlangen, da es dem Künstler bzw. seinen Intermediären vorbehalten bleibt, die Limitierung der Auflage an den erwarteten Markterfolg bzw. ihre wirtschaftlichen Interessen anzupassen. Insofern ist es auch unter ordnungspolitischen Gesichtspunkten richtig, diese Entscheidung den eigentlichen Marktteilnehmern zu überlassen und keinesfalls staatlich zu oktroyieren. Letztlich muss jeder Künstler in der Entscheidung frei sein, ob er sein „Produkt“ z. B. bei LUMAS einer großen Zahl von Menschen zugänglich machen will oder ob er es bei einer kleinen, „intimen“ Auflage belassen möchte (jeweils auch mit den entsprechenden finanziellen Konsequenzen). Will der Künstler dabei ein urheberrechtliches Original schaffen, so muss er im Zeitpunkt der Produktion der rezipierbaren Erstverkörperung eine Auflage definieren, das heißt festlegen, wie viele Werkstücke maximal produziert werden dürfen.

Ein letztes Argument, welches häufig gegen die Bedeutung einer Auflagenlimitierung für die Originaleigenschaft genannt wird, ist, dass eine Limitierung allein eine „künstliche Rarität“[681] herbeiführe. Alle Abzüge stammten dennoch von derselben Form (Druckstock, Negativ, Datei) und ließen sich in nichts voneinander unterscheiden, was sie alle zu Originalen mache.[682] Dies ist jedoch eine *petitio principii*. Gerade die Limitierung der Auflage bzw. das auf eine bestimmte Quantität von Werkexemplaren bezogene Exklusivitätsversprechen des Künstlers hebt diese Werkstücke schon ganz offensichtlich von anderen Abzügen derselben Form ab. Dass diese Entscheidung des Künstlers vielleicht willkürlich erscheint und die Motive zur Limitierung rein psychologischer Natur[683] sind, ist jedoch keineswegs ein Grund, sie für unbedeutend zu erachten. Vielmehr zeigen die weite Ver-

679 Oben B.I.2.b), S. 53.

680 Anders noch *Ehrler*, Folgerecht, 170 u. a. unter Verweis auf *Walter*, in: Neues Recht, 113. *Walter* widerspricht jedoch nur der niedrigen konkreten Begrenzung des RL-Vorschlags, macht aber die Begrenztheit der Auflage grundsätzlich ebenfalls zum Kriterium des Originalbegriffs; vgl. *Walter*, in: Neues Recht, 100.

681 *Goepfert*, Haftungsprobleme, 69.

682 *Goepfert*, Haftungsprobleme, 69; *Hamann*, Originalbegriff, 192 ff.

683 *Hamann*, UFITA 90/1981, 45 (56).

breitung dieser Praxis und ihre Anerkennung durch die Marktteilnehmer, dass eine limitierte Auflage (jedenfalls für die zeitgenössische Fotografie) viel entscheidender ist als z. B. das Kriterium der „Eigenhändigkeit“.

Im Übrigen kann das Kriterium der Auflagenbegrenzung auch aus dem Zweck des Folgerechts geschlossen werden, welches in besonderem Maße mit dem Originalbegriff verbunden ist.[684] Das Folgerecht dient dazu, dem Künstler bei Weiterverkäufen des von ihm „aus der Hand gegebenen“ Werkexemplars einen Anteil zu sichern. Dieselbe Überlegung trifft auf denjenigen zu, der eine limitierte Auflage verkauft und sich damit der Möglichkeit künftiger Einkünfte aus dem Werk begibt. Derjenige jedoch, der sein Werk nicht als Auflagenwerk definiert, hat noch nichts „aus der Hand gegeben“. Er kann weiterhin Werkexemplare herstellen und verkaufen und sich hierdurch ein Einkommen sichern. Ihm zusätzlich auch ein Folgerecht einzuräumen, würde ihn letztlich doppelt begünstigen.

Statt die Limitierung als Voraussetzung für den Originalbegriff grundsätzlich abzulehnen, ist es erfolgversprechender, ihre Bedeutung anzuerkennen und die Möglichkeiten zu nutzen, die diese Anerkennung im Hinblick auf die Formulierung eines präziseren Originalbegriffs möglich macht. Voraussetzung für ein Original der zeitgenössischen Fotokunst ist daher, dass der fragliche Abzug Teil einer limitierten Auflage ist.

10. Konsequenzen für die Originaleigenschaft einzelner Abzüge nach dem hier vorgeschlagenen Originalbegriff

Nach der hier vertretenen Auffassung setzt ein urheberrechtliches Original der zeitgenössischen Fotokunst voraus:

1. Es muss sich um eine *rezipierbare Erstverkörperung* des Werks handeln.
2. Der konkrete Abzug muss vom Künstler *autorisiert* worden sein.
3. Es muss sich um eine *limitierte Auflage* handeln.

Eine Unterscheidung zwischen Werken der analogen und digitalen Fotografie ist im Übrigen grundsätzlich nicht geboten.

Die praktischen Konsequenzen des hier vorgeschlagenen Originalbegriffs sollen im Folgenden exemplarisch dargestellt werden.

684 Vgl. auch *Freudenberg*, in: BeckOK UrhR, § 26 Rn. 22 f.

a) Ausgangssituation: erstmalige Produktion eines Werks in limitierter Auflage

Unproblematisch sind nach dem hier vorgeschlagenen Originalbegriff solche Abzüge urheberrechtliche Originale, die erstmalig vom Künstler selbst oder unter seiner Aufsicht (also mit seiner Autorisation) hergestellt wurden und limitiert worden sind. Allen Abzügen einer solchen Auflage kommt im Hinblick auf die Originaleigenschaft derselbe Stellenwert zu. Dabei ist es auch möglich, eine Auflage sozusagen „auf Vorrat" zu definieren, selbst wenn sie nicht sofort vollständig produziert wird. Auf diese Weise kann der Künstler die Herstellungsgeschwindigkeit an die Nachfrage anpassen und kapitalintensive Vorleistungen vermeiden. Dabei handelt es sich um eine auf dem Kunstmarkt übliche und bekannte Praxis.[685] Entscheidend ist lediglich, dass dem Käufer des ersten Werkstücks bereits klar ist, mit wie vielen „konkurrierenden" Werkstücken er maximal zu rechnen hat.

Verzichtet der Künstler auf die Festlegung einer Auflagenlimitierung, so handelt es sich *de facto* um eine Open Edition. Eine Open Edition erfüllt jedoch nicht die Anforderung einer Begrenzung der Auflage.[686] Nach dem hier vertretenen Originalbegriff handelt es sich bei den Abzügen dann auch nicht um (urheberrechtliche) Originale.

b) Folgen einer nachträglichen Auflagenerweiterung

Es stellt sich jedoch die Frage, welche Folgen die nachträgliche Herstellung von Werkexemplaren – insbesondere nach dem Ausverkauf der ursprünglichen Auflage – haben kann.

Letztlich führt eine Neuauflage immer dazu, dass die Begrenztheit der ursprünglichen Auflage in Frage gestellt wird. Durch die Anfertigung von weiteren, über die Zahl der ursprünglichen Auflage hinausgehenden Abzügen wird die bestehende Auflage „verletzt". Werden die zusätzlichen Werkstücke in einer Ausstattung angeboten, die derjenigen der ursprünglichen Auflage weitestgehend entspricht (also nicht z. B. ein bloßer Abdruck der Fotografie in einem Ausstellungskatalog), so kann man die neuen Exemplare mit Recht als „inflationierende Reprints"[687] bezeichnen. Nur weil beispielsweise die Nummerierung erneut bei „1" beginnt, kann nicht der Werk-

685 Vgl. z. B. *AIPAD* (Hrsg.), Collecting Photographs, 24.
686 Siehe hierzu oben B.II.4.d), S. 89.
687 So *Florian Mercker*, Rechtsanwalt in München, in einem Gespräch mit dem Verfasser.

kontext aufgelöst werden, innerhalb dessen die neue Auflage erscheint. Solange sich die neue Auflage auf dasselbe urheberrechtliche (immaterielle) *Werk* bezieht und mithin keine Bearbeitung oder Neuschöpfung ist, kann einer solchen „kommerziellen Nachauflage" nicht die gleiche Bedeutung zukommen wie der ursprünglichen. Anderenfalls würde die obligatorische Bedingung der Limitierung für die Originaleigenschaft eine reine Makulatur.[688] Durch „kommerzielle Nachauflagen" ändert der Künstler einseitig die vorher durch die Limitierungsangabe vereinbarten „Spielregeln".[689]

Angesichts dieser Betrachtung zeigt sich eine Besonderheit der Auflagenlimitierung, welche sie von anderen Merkmalen, die von Originalen verlangt werden (wie z. B. der Autorisierung), unterscheidet: die Höhe der Auflage kann nachträglich verändert werden. So ist es *technisch* regelmäßig nicht ausgeschlossen,[690] dass der Künstler auch noch nach Abschluss der eigentlichen Auflage und Herstellung aller vorgesehenen Abzüge weitere Exemplare oder sogar weitere Auflagen desselben Werks herausgibt.[691]

Es ist daher zunächst zu prüfen, wie sich eine nachträgliche Erhöhung der Auflage bzw. der Druck einer „Nachauflage" auf die schon bestehende Auflage im Hinblick auf den urheberrechtlichen Originalbegriff auswirken kann.

(1) Möglichkeit 1: Eine Nachauflage zerstört insgesamt das „Konstrukt" der Limitierung

Man könnte der Ansicht sein, dass bei Herstellung einer Nachauflage die schon bestehende Limitierung zerstört wird. Mit Wirkung *ex nunc* oder sogar *ex tunc* könnte die urheberrechtliche Originaleigenschaft aller bisherigen Werkstücke entfallen.

Der Grund für diese „Radikallösung" wäre darin zu sehen, dass durch die Erweiterung der Auflage das Vertrauen in die *Begrenztheit* der ursprünglichen Auflage grundlegend erschüttert wird. Wie kann noch von einer Begrenzung die Rede sein, wenn offenbar nach Belieben weitere Werkexemplare geschaffen werden? Wer garantiert, dass die zweite Auflage tatsächlich

688 Vgl. insoweit auch unten D.II.2.c)(2), S. 190 sowie D.II.2.c)(3), S. 191.

689 Überdies setzt er sich nach der in dieser Arbeit vertretenen Ansicht einer vertraglichen Haftung aus. Ausführlich unten D, S. 175 und E, S. 265.

690 Da (siehe oben unter B.I.6, S. 69) die Negative bzw. Dateien regelmäßig und mit gutem Grund nicht vernichtet werden.

691 Vgl. dazu auch den oben unter B.III.2, S. 92, geschilderten, realen Fall.

die letzte gewesen ist und nicht vielmehr der *Unbegrenztheit* der Auflage Tür und Tor geöffnet wurde?

Würde die urheberrechtliche Originaleigenschaft der Abzüge durch eine nachträgliche Verletzung der Auflage zerstört, so müsste auch der Folgerechtsanspruch (§ 26 UrhG) des Künstlers in Bezug auf diese Werke entfallen, da es sich nicht mehr um Originale im Sinne des § 26 Abs. 1 UrhG bzw. Art. 2 Abs. 2 Satz 1 der EU-Folgerechtsrichtlinie handeln würde. Diese Einbuße nicht nur einer rechtlichen, sondern auch einer vermögenswerten Position könnte einen wesentlichen Anreiz für den Urheber bilden, Limitierungen gerade nicht zu verletzen. Die vorgestellte „Radikallösung" könnte sich daher mittelbar positiv auf die tatsächliche Verbindlichkeit, d. h. Achtung von Auflagenlimitierungen auswirken.

Gegen eine solche „Radikallösung" sprechen jedoch die schutzwürdigen Interessen der Eigentümer von Werkexemplaren aus der ursprünglichen Edition. Würde man ihnen im Nachhinein die urheberrechtliche Originaleigenschaft ihrer Werke nehmen, so wären sie durch das unseriöse Verhalten des Künstlers (dem sie zuvor vertraut hatten) doppelt geschädigt: Sie müssten die sehr wahrscheinlich wertverringernde Wirkung der neuen Abzüge auf ihre eigenen Abzüge hinnehmen und hätten zudem keine urheberrechtlichen Originale mehr.

Es ist anzunehmen, dass diejenigen, die das Merkmal der Limitierung nicht als konstitutiv für den Originalbegriff erachten wollen,[692] ihn gerade aufgrund der hier angedachten, nachträglichen Veränderbarkeit und damit latenten Unsicherheit ablehnen.[693] Die eigentlich als definitiv und unwandelbar verstandene Eigenschaft, ein Original zu sein, könnte durch eine Erweiterung der Auflage nachträglich wegfallen. Hierdurch käme es außerdem zur „Enttarnung" des Originalbegriffs als „Konstrukt"[694]. Aus gutem Grund ließe sich daher aus der oben angedachten „Radikallösung" auch der Schluss ziehen, dass die Begrenzung der Auflage kein notwendiges Kriterium zur Definition des Originalbegriffs sein dürfe, da die Limitierung aufgehoben werden könne und somit nicht geeignet sei, dauerhaft und somit rechtssicher das Original auszuzeichnen. Diese berechtigte Kritik spricht jedoch nur gegen die Annahme, dass die Originaleigenschaft durch eine Verletzung der Auflagenlimitierung *nachträglich* zerstört werden kann. Sie spricht nicht grundsätzlich gegen die Auflagenlimitierung als Voraussetzung für die urheberrechtliche Originaleigenschaft.

692 Wie z. B. *Ehrler*, Folgerecht, 169 f.; *Hamann*, UFITA 90/1981, 45 (56 f.).

693 Auch wenn dies – soweit ersichtlich – bislang von keinem der Autoren direkt ausgesprochen wurde.

694 *Mercker*, in: Original und Fälschung, 70; *Mercker*, in: Was kostet Kunst?, 34.

(2) Möglichkeit 2: lediglich Werkstücke der Nachauflage sind keine urheberrechtlichen Originale mehr

Die bessere und richtige Lösung besteht darin, aufgrund des oben formulierten Originalbegriffs Folgeauflagen, die über die erste Auflage hinausgehen, schlicht nicht als „Originale“ im Sinne des Urheberrechts anzuerkennen, da es sich bei ihnen nicht mehr um eine Erstverkörperung handelt. Ihnen fehlt die Eigenschaft, eine Erstverkörperung zu sein, da ja schon eine abgeschlossene Auflage mit rezipierbaren Erstverkörperungen vorliegt. Mit Abschluss der ersten Auflage ist somit die Möglichkeit des Urhebers, urheberrechtliche Originale des konkreten Werks herzustellen, erschöpft. Diese Form der Erschöpfung passt insofern zu urheberrechtlichen Grundgedanken, als im UrhG auch in anderem Zusammenhang eine besondere Befugnis des Urhebers (insbesondere das Verbreitungsrecht nach § 15 Abs. 1 Nr. 2 in Verbindung mit § 17 UrhG[695]) einmalig bzw. begrenzt sein kann und nach ihrer Nutzung dem „Erschöpfungsgrundsatz“ zum Opfer fällt.[696]

Demnach sind Abzüge, die nach Abschluss der ersten, begrenzten Auflage hergestellt werden, lediglich „Werkstücke ohne Originalcharakter“[697] und keine urheberrechtlichen Originale mehr.[698]

Würde der Künstler diese Werkstücke wie Originale signiert und nummeriert anbieten, so kann man an die Strafandrohung des § 107 Abs. 1 Nr. 2 UrhG denken, dessen Tatbestand durch eine solche Handlung wohl auch durch den Urheber selbst zu erfüllen wäre.[699] Aufgrund seiner Beschränkung auf Werke der „bildenden Kunst“ im Sinne des § 2 Abs. 1 Nr. 4 UrhG scheitert eine Anwendung des § 107 UrhG auf Lichtbildwerke (§ 2 Abs. 1 Nr. 5 UrhG) jedoch an der strafrechtlichen Wortlautgrenze.[700] Gleichsam wie im

---

695 Vgl. hierzu *Joos*, Erschöpfungslehre, 37 ff.

696 Vgl. beispielhaft *Rehbinder/Peukert*, Urheberrecht, Rn. 456 ff. zum Erschöpfungsgrundsatz beim Verbreitungsrecht des § 15 Abs. 1 Nr. 2 in Verbindung mit § 17 UrhG sowie generell zur „Erschöpfungslehre“ *Joos*, Erschöpfungslehre, 23 ff.; *Dustmann*, in: Fromm/Nordemann, § 17 Rn. 24 ff.

697 Diese Terminologie stammt von *Bullinger*, KUR 2006, 106 (111).

698 Unscharf bei *Schlütter*, Original, 203 ff., die als „Zweitauflagen“ wohl sowohl das „Fertigdrucken“ einer bereits teilweise hergestellten Auflage, als auch die Herstellung einer weiteren Auflage nach Abschluss der ursprünglichen Auflage zu verstehen scheint.

699 Vgl. *Dreier*, in: Dreier/Schulze, § 107 Rn. 1; anders *Hildebrandt*, Strafvorschriften, 195, der argumentiert, im UrhG müsse der Urheber keine gegen ihn gerichteten Strafvorschriften erwarten.

700 *Dreier*, in: Dreier/Schulze, § 107 Rn. 2; *Haß*, in: Schricker/Loewenheim, § 107 Rn. 3; anders wohl *Hildebrandt*, Strafvorschriften, 180. Im Übrigen wird die Vorschrift von *Hildebrandt* für mit Art. 3 Abs. 1 GG unvereinbar gehalten, weil die Beschränkung der Strafandrohung auf Werke der „bildenden Kunst“ eine ungerechtfertigte Ungleichbehandlung sei,

Bereich des Folgerechts wäre es auch hier dem fortschreitenden Siegeszug der Fotografie in der Kunstwelt geschuldet, die Norm nicht mehr lediglich auf die „bildenden Künste" im Sinne des § 2 Abs. 1 Nr. 4 UrhG zu begrenzen, sondern auch auf die Lichtbildwerke zu erweitern. Anders als beim Folgerecht des § 26 UrhG, bei dem man sich temporär mit einer Analogiebildung behelfen konnte,[701] muss aufgrund des strafrechtlichen Analogieverbotes (§ 1 StGB)[702] bei § 107 UrhG der Gesetzgeber tätig werden.[703] Eine solche gesetzgeberische Initiative sähe sich Forderungen der Literatur entgegengesetzt, § 107 UrhG solle abgeschafft werden, da er keinen nennenswerten praktischen Anwendungsbereich habe.[704] Zu beachten ist jedoch, dass gerade der Fall der Herstellung von unredlichen Auflagenwerken durch den Urheber selbst (sei es in Druckgrafik[705] oder Fotografie) ein Anwendungsbereich des § 107 Abs. 1 Nr. 2 UrhG sein könnte, welcher als Vorteil gegenüber dem § 263 StGB weder Täuschungs- noch Bereicherungsabsicht verlangt,[706] wenngleich diese Tatsache von vielen Autoren marginalisiert wird.[707]

Ebenfalls keine urheberrechtlichen Originale sind nachträglich hergestellte Portfolios und andere „Neuausgaben", solange es sich um das *dasselbe urheberrechtliche Werk* handelt. Dies wäre zum Beispiel der Fall, wenn eine Sammlung von Motiven eines bestimmten Fotografen als günstigerer Druck in einer hohen Auflage nachträglich noch einmal hergestellt würde. Als Kontrollüberlegung mag dienen, dass auch niemand daran zweifelt, dass es sich bei den Abbildungen in einem Ausstellungskatalog nicht um Originale des Künstlers handelt. Wird das Portfolio in *hochwertigerer* Ausstattung

---

Hildebrandt, Strafvorschriften, 202. Dieses Argument verfängt jedenfalls solange, wie die Norm nicht auch die (ebenfalls urheberrechtliche Originale hervorbringende) Fotografie ausdrücklich erfasst.

701 Vgl. für die damalige Ansicht *Heitland*, Fotografie, 90 f.

702 Zum Analogieverbot umfassend *Hassemer/Kargl*, in: Kindhäuser/Neumann/Paeffgen, § 1 Rn. 70 ff.

703 Anders wohl nur *Hildebrandt*, Strafvorschriften, 178 ff., der zur Ausfüllung des Begriffes „bildende Kunst" nicht notwendig auf § 2 Abs. 1 UrhG zurückgreifen möchte, die Norm jedoch sowie für verfassungswidrig hält; *Hildebrandt*, Strafvorschriften, 179.

704 So schon *Sieg*, Urheberbezeichnung, 194; weiterhin *Hildebrandt*, Strafvorschriften, 526 f. m. w. N.; *Hildebrandt*, in: Wandtke/Bullinger, § 107 Rn. 1.

705 Man denke nur an den Skandal im Rahmen von Dalí-Grafik; vgl. *Merryman/Elsen/Urice*, Law, Ethics and the Visual Arts, 1039 ff., wobei die Motive bei diesen teilweise nicht einmal von Dalí stammten.

706 *Locher*, Recht des bildenden Künstlers, 196; *Katzenberger*, GRUR 1982, 715 (719); *Löffler*, NJW 1993, 1421 (1429); auch *Haß*, in: Schricker/Loewenheim, § 107 Rn. 9.

707 In diesem Sinne auch *Locher*, Recht des bildenden Künstlers, 196, der davon spricht, dass die „praktische Bedeutung [der Norm] für die Bekämpfung des Kunstschwindels zu wenig erkannt" sei. Vgl. als Bestätigung dieser Analyse z. B. *Hildebrandt*, in: Wandtke/Bullinger, § 107 Rn. 1; *Ruttke/Scharringhausen*, in: Fromm/Nordemann, § 107 Rn. 2.

angeboten (wie z. B. als Lithografie) so kann grundsätzlich nichts anderes gelten, es sei denn, die dafür unter Umständen notwendigen Bearbeitungen an den Ausgangsmotiven hätten den Gehalt einer eigenen geistigen Schöpfung, sodass es sich um eine Bearbeitung im Sinne von §§ 3, 23 UrhG handeln würde. Würde ein Fotokünstler z. B. eine eigene Fotografie durch Ölmalerei neu umsetzen, so müsste man in diesem Gemälde wohl mindestens eine Bearbeitung (§ 3 UrhG), wenn nicht sogar ein neues urheberrechtliches Werk sehen. Von diesem neuen Werk bzw. von der Bearbeitung[708] wäre das Ölgemälde das (in diesem Fall unikale) Original, welches jedoch losgelöst von dem Original des ursprünglichen Werks ist, das als Vorlage diente.

c) „Auflagenerweiterungen“ bei formatbezogenen Limitierungen

Wie ist die Situation zu lösen, in der vom Künstler mehrere Teilauflagen in verschiedenen Formaten (formatbezogene Limitierung[709]) angeboten werden? Auch hier hat grundsätzlich das Gleiche zu gelten. Wer von einem Werk, das bereits in einer abgeschlossenen Auflage vorliegt, weitere Abzüge anfertigt, kann dies nicht machen, ohne dass das Merkmal der Begrenztheit der Auflage hierdurch berührt würde. Solange sich die Nachauflage daher auf dasselbe urheberrechtliche Werk bezieht, kann sie – auch wenn sie in einem anderen Format erscheint – kein urheberrechtliches Original mehr sein.

Etwas nur scheinbar anderes gilt jedoch in dem Fall, in dem ein Urheber *von Anfang an*[710] zwei Teilauflagen herstellt. Ein typisches Beispiel ist die gleichzeitige, erstmalige Herstellung bzw. Veröffentlichung von zwei Teilauflagen in unterschiedlichen Formaten. Hier handelt es sich bei beiden Auflagen um eine rezipierbare Erstverkörperung. Eine „juristische Sekunde“ zwischen den Auflagen gibt es nicht und muss es auch nicht geben. Entscheidend ist, dass auch die Käufererwartung den Tatbestand der Doppelauflage materiell wie ideell „einpreisen“ kann. Da es für den Originalcharakter keinen Unterschied macht, ob ein Werk in einer Auflage von zehn oder zwanzig Exemplaren hergestellt wird (solange es nur limitiert ist), ist es auch un-

708 Auch eine Bearbeitung (§ 3 UrhG) kann ihr eigenes Original haben, vgl. *Spautz*, in: Möhring/Nicolini, § 26 Rn. 7; *Dreyer*, in: Dreyer/Kotthoff/Meckel, § 26 Rn. 13.

709 Oben B.II.4.b), S. 86.

710 In dieser Unterscheidung muss wohl auch der wesentliche Unterschied zu der von *Schlütter*, Original, 203 ff., 240 ff. vertretenen Ansicht gesehen werden. Während *Schlütter* denselben technischen Ursprung der Neuauflage betont und deshalb ihr den Originalcharakter nicht absprechen kann, soll hier der entscheidende Schwerpunkt auf die willentliche Festlegung der Auflage durch den Künstler bei der erstmaligen Fixierung des Werkes gelegt werden.

erheblich, ob von zwanzig Exemplaren drei in einem Großformat und siebzehn in einem Kleinformat angeboten werden. Entscheidend ist, dass im Moment der Erstverkörperung die Gesamtzahl aller (Teil-)Auflagen, d. h. die Gesamtauflage auf eine absolute Zahl begrenzt ist. Nach Ausschöpfung dieser Zahl erlischt die Möglichkeit, Originale dieses konkreten Werks zu schaffen.

d) Ersatzabzüge für beschädigte Originalabzüge

Auch als Ersatz für beschädigte Abzüge geschaffene Nachabzüge sind urheberrechtliche Originale, solange die oben[711] formulierten Voraussetzungen für Originale eingehalten sind. Eine zusätzliche Voraussetzung ist, dass der alte Abzug restlos zerstört wird.[712] Hierdurch wird ein Platz innerhalb der limitierten Auflage frei (die Situation ist derjenigen vergleichbar, wo eine bereits festgelegte Auflage noch nicht vollständig produziert und somit unausgeschöpft ist).[713] Der neue Abzug muss die Nummerierung des alten Abzugs übernehmen.[714] Ein Hinweis darauf, dass es sich um einen Neuabzug handelt, ist aus konservatorischen Interessen sinnvoll,[715] sollte jedoch nicht als zwingend erachtet werden.

e) „Artist's Prints" und „Exhibition Prints"

Grundsätzlich möglich ist auch die Herstellung von Artist's Prints und Exhibition Prints. Für die Artist's Prints[716] gilt, dass sie sich eigentlich nicht

711 C.II.9, S. 138.

712 Den alten Abzug lediglich dem Kunstmarkt zu entziehen, ohne ihn zu vernichten, indem er zum „Exhibition Print" umgewidmet wird (wie in einem dem Autor bekannten Fall), ist grundsätzlich ebenfalls denkbar. Die zukünftige Marktentwicklung wird zeigen, ob eine derartige Praxis vom Markt akzeptiert wird. In dem erwähnten Fall handelte es sich jedoch um einen speziell gelagerten Einzelfall. Insbesondere ist dort weiterhin vereinbart worden, dass (alter) „Exhibition Print" und neuer Ersatzabzug nicht getrennt verkauft bzw. weitergegeben werden dürfen.

713 Vgl. oben C.II.10.a), S. 156.

714 Hierzu aus rechtstatsächlicher Sicht oben B.I.6.c), S. 73. Zuletzt *Bauschke*, FAZ v. 22.08.2015, 15.

715 Da der Herstellungszeitpunkt auch Rückschlüsse auf verwendete Materialien oder Chemikalien zulässt, kann die Kenntnis um den genauen Produktionszeitpunkt bei einer späteren Restaurierung (z. B. nach dem Tod des Künstlers) wichtig werden. Diesen Aspekt vernachlässigt *Jacobs*, in: FS Samwer, 149. Vgl. allgemein zur Praxis der Kennzeichnung von Ersatzabzügen auch *Bauschke*, FAZ v. 22.08.2015, 15.

716 Vgl. zu dem Begriff oben B.II.2, S. 79.

wesentlich von den anderen Exemplaren einer Auflage unterscheiden. Auch ihre Zahl muss daher von Anfang festgelegt und eindeutig mitgeteilt werden bzw. ihre Zahl darf zumindest nicht den durch die Marktkonventionen gesetzten Rahmen sprengen.[717] Auch die Artist's Prints haben dann den gleichen Originalstatus wie die anderen Abzüge der Edition. Genauso gilt aber, dass nachträglich hergestellte Artist's Prints nicht mehr als urheberrechtliche Originale angesehen werden können, wenn sie über die ursprünglich kommunizierte Auflagenhöhe hinausgehen.

Exhibition Prints[718] sind eine Möglichkeit, Fotografien in Ausstellungen zugänglich zu machen, ohne dass hierfür die dauerhafte Zerstörung des künstlerischen Œuvres hingenommen werden müsste. Die bei Exhibition Prints in Kauf genommene Zerstörung bzw. Beschädigung der Abzüge durch eigentlich „unsachgemäße“ (aber für den Kunstgenuss vorteilhafte) Präsentation, ist ein Grund, warum Exhibition Prints teilweise nach Ende der Ausstellung vernichtet werden. Aufgrund der bei einer Ausstellung erlittenen Qualitätseinbußen sind Exhibition Prints eigentlich keine für den Kunsthandel interessanten Objekte mehr.[719] Der Künstler sollte aber zur Sicherheit auch auf die Anbringung einer Signatur verzichten bzw. sicherstellen, dass die Abzüge als Exhibition Prints eindeutig erkennbar sind. Nach all dem sind die Exhibition Prints niemals Originale im urheberrechtlichen Sinn.[720]

f) Schlussfolgerungen für die Kunstmarktpraxis

Eine wichtige Voraussetzung für das weitere Gedeihen des internationalen Markts für Fotokunst ist das transparente und seriöse Verhalten der Marktteilnehmer. Dies kann unter Umständen auch durch eine gesetzgeberische Initiative gefördert werden.[721] Ein „Einpreisen“ der Gesamtauflage durch

717 Hierzu oben bei B.II.2, S. 79.

718 Vgl. zu dem Begriff oben B.I.6.b), S. 71.

719 Vielleicht beruht auf diesem Aspekt die ansonsten wohl nicht ohne Weiteres gültige Aussage *Jacobs*, „Exhibition Prints“ hätten auf dem Kunstmarkt „keinerlei Wert“; *Jacobs*, in: FS Samwer, 149.

720 In diesem Sinne wohl auch *Maaßen*, in: Wandtke – Medienrecht, 2. Teil / Kapitel 4 / Rn. 123.

721 In den USA haben verschiedene Staaten Gesetze erlassen, die für die notwendige Transparenz beim Verkauf von Auflagenwerken sorgen sollen. Regelmäßig werden hier dem Verkäufer Informationspflichten z. B. über die Auflagenhöhe des verkauften Kunstwerks auferlegt, deren Erfüllung er dokumentieren muss, wenn er sich vor Rückabwicklungs- bzw. Schadensersatzansprüchen schützen möchte. Vgl. hierzu *Merryman/Elsen/Urice*,

den Markt ist nämlich nur möglich, wenn die Gesamtauflage durch den Anbietenden, d. h. den Künstler kommuniziert wird. Eine wünschenswerte und seriöse Marktpraxis wäre es daher, wenn auf Auflagenwerken zukünftig die Anzahl der Gesamtauflage (d. h. einschließlich aller Formate und Ausstattungen) genannt würde.[722]

Durch das Erfordernis der Auflagenlimitierung erhält der Originalbegriff im Bereich der seriellen Medien wieder diejenige Verlässlichkeit, die er im Bereich der unikalen Künste stets hatte. Im Zeitpunkt der Veröffentlichung des Werks steht für alle Beteiligten fest, wie viele und welche Originale es geben wird, selbst wenn sie erst zeitlich versetzt auf den Markt gelangen. Auch ein „Portfolio" kann dann ein Original sein, wenn es im Hinblick auf seine Auflage die besagten Anforderungen erfüllt und somit insbesondere sein Umfang, Inhalt und die Limitierung zeitgleich mit dem Herausgeben der ersten Abzüge festgelegt werden.

Jederzeit möglich ist die Produktion eines (z. B. im Offsetverfahren gedruckten) Fotobuchs mit einer Werkschau des Künstlers, da hier eine deutliche qualitative Abgrenzung zu den eigentlichen Werken vorliegt und ein Fotobuch daher schon grundsätzlich weder ein urheberrechtliches Original der Fotografie noch eine echte Konkurrenz zu den Abzügen der Auflage sein kann.

Es zeigt sich an dieser Stelle, dass der vorgeschlagene Originalbegriff nicht nur systematischen Erwägungen des Urheberrechts genügt, sondern auch als Beitrag zu einer verantwortungsvollen und seriösen Auflagepraxis begriffen werden kann. Letztlich ist es sowohl eine künstlerische wie unternehmerische Entscheidung, auf wie viele Exemplare ein Werk der Fotokunst limitiert werden soll. Die Freiheit, diese Entscheidung zu treffen, soll und muss beim Urheber, d. h. beim Künstler verbleiben.[723] Ihm obliegt, ob es sich bei den Verkörperungen seines Werks um ein preiswertes Massenprodukt, ein exklusives Sammlerstück oder etwas in dem weiten Bereich zwischen diesen möglichen Polen handelt. Da diese Entscheidung jedoch eine unbestrittene Auswirkung auf die Wertschätzung hat, die dem Kunstwerk von Sammler- und d. h. eben auch *Käufer*seite entgegengebracht wird, entspricht es der Fairness, wenn die Kaufentscheidung auf Basis eines Informa-

---

Law, Ethics and the Visual Arts, 1040, 1049 ff. sowie *Hobart*, Art & The Law, Vol. 7 No. 3, 1983, 261 ff.

722 Diese Forderung erhebt im Prinzip bereits *Badger*, Collecting, 74 f.; vgl. auch *Finkel*, Fotogeschichte 105/2007, 59 (60).

723 So auch schon *Behrens/de Lazzer*, Kunstmarkt, 239, wenngleich dort ebenfalls noch nicht die Möglichkeit erkannt wird, die Auflagenbegrenzung an sich und nicht eine konkrete, zahlenmäßige Begrenzung zum entscheidenden Kriterium zu erheben.

tionsstandes getroffen wird, der vom Urheber bzw. Rechteinhaber später nicht mehr einseitig zu Ungunsten des ursprünglichen Käufers manipuliert werden kann.[724]

Letztlich wäre zu überlegen, ob ein derartig gefasster Originalbegriff nicht auch für das Steuer- und Zollrecht eine sinnvolle Lösung darstellen könnte,[725] wenngleich das Bedürfnis für einen solchen Begriff nicht mehr in gleichem Maße wie früher besteht.[726]

III. Exkurs: Das Verhältnis der Begriffe „Original" und „Vervielfältigungsstück"

Es wurde bereits erwähnt, dass das UrhG den Begriff des „Originals" häufig in Verbindung mit dem Begriff des „Vervielfältigungsstücks" verwendet.[727] Hierbei ist in einigen Fällen eine konkrete Zuordnung des Werkstücks zu einer der beiden Kategorien entbehrlich, da sich die jeweilige Regelung auf Originale *und* Vervielfältigungsstücke bezieht (z. B. die §§ 17 Abs. 1, 18, 25 UrhG). In anderen Fällen (z. B. §§ 26, 107 Abs. 1 UrhG) ist die Unterscheidung zwischen Originalen und Vervielfältigungsstücken jedoch entscheidend für den Anwendungsbereich der jeweiligen Norm.

Wie so häufig fällt die Unterscheidung von Original und Vervielfältigungsstück in vielen Fällen leicht bzw. ist offensichtlich: Ein Ölgemälde, welches nicht nach einem anderen Kunstwerk geschaffen wurde, ist ein Original. Seine Abbildung in einem Katalog hingegen ist eine Vervielfältigung.[728] Im Bereich der seriellen Medien wird diese Unterscheidung jedoch zunehmend schwierig. Zwar gibt es auch eindeutige Konstellationen. So ist der Abdruck einer Druckgrafik in einem Ausstellungskatalog (wie in jedem Fall, in dem das ursprüngliche Medium verlassen wird, ohne dass eine Bearbeitung im Sinne des § 3 UrhG vorliegt) jedenfalls kein Ori-

724 Der hierdurch gewonnene Interessenausgleich im Rahmen des urheberrechtlichen Originalbegriffs macht die Definition daher auch geeignet, zur Ausfüllung diesbezüglicher vertraglicher Abreden herangezogen zu werden (beispielsweise im Kaufrecht in Zusammenhang mit dem Sachmangelbegriff im Sinne des § 434 Abs. 1 BGB); vgl. dazu auch unten E.III.1.a)(5), S. 282.

725 Für einen ähnlichen Begriff des Originals im Steuerrecht (jedoch mit Begrenzung der Limitierung auf 30 Exemplare) werben *Strittmatter/Lörken*, ZUM 2010, 155 (164) unter Verweis auf Anhang IX Teil A der Richtlinie 2006/112/EG des Rates vom 28. November 2006 über das gemeinsame Mehrwertsteuersystem, ABl. L 347, 1.

726 Dazu oben Fn. 386.

727 C.II.3, S. 116.

728 *Bullinger*, Kunstwerkfälschung, 27 f.; *Bullinger*, in: Wandtke/Bullinger, § 26 Rn. 8.

ginal, sondern höchstens ein Vervielfältigungsstück. Wo aber hört bei Druckgrafik oder Fotografie, solange das ursprüngliche Medium nicht verlassen wird, das Original auf und beginnt das Vervielfältigungsstück? Gibt es hier überhaupt noch eine sinnvolle Unterscheidung zwischen den Begriffen?

Für die Klärung dieser Frage ist entscheidend, in welchem Verhältnis die Begriffe zueinander stehen, was sich insbesondere aus der gesetzgeberischen Zwecksetzung ergeben muss.[729] Über das Verhältnis der Begriffe zueinander herrscht jedoch in der Rechtswissenschaft Uneinigkeit. Gleichzeitig wirkt sich die zugrunde gelegte Definition des Originals auch auf diejenige des Vervielfältigungsstücks aus. Dies jedenfalls, solange man die Begriffe als Antipoden auffasst. Im Zusammenhang mit dem hier vorgeschlagenen europarechtskonformen Originalbegriff, der als genereller Originalbegriff für die zeitgenössische Fotografie im UrhG vorgeschlagen wird, ist daher ein kurzer Exkurs zum Verhältnis der Begriffe angebracht.

1. Diskussionsstand zum Verhältnis der Begriffe „Original" und „Vervielfältigungsstück" nach dem UrhG

Mehrheitlich wird offenbar davon ausgegangen, dass das Gesetz zwischen Originalen auf der einen und Vervielfältigungsstücken auf der anderen Seite im Sinne eines Gegensatzpaares unterscheide.[730] Nach *von Gamm* endet „der Begriff des Originals beim Beginn einer Vervielfältigung nach § 16 UrhG".[731] Anders formuliert sind Vervielfältigungsstücke nach dieser Ansicht stets nur „Kopien" von Originalen.[732]

Letztlich scheint auch dieser von vielen Autoren aus dem Gesetz übernommenen Dichotomie von Original und Vervielfältigungsstück die nicht mehr zeitgemäße Ausgangsposition zugrunde zu liegen, wonach es ein einziges Original gibt und alle weiteren Werkverkörperungen notwendig Ver-

729 So auch *Ahlberg*, in: Möhring/Nicolini, § 6 Rn. 21.

730 So ausdrücklich *Hamann*, Originalbegriff, 3; *Hamann*, UFITA 90/1981, 45 (48); *Schack*, Urheberrecht, Rn. 34; *Schack*, Kunst und Recht, Rn. 22, 25, 28; *Schneider-Brodtmann*, Folgerecht, 78; vgl. aber auch *Katzenberger*, in: Schricker/Loewenheim, § 26 Rn. 25; *Loewenheim*, in: Schricker/Loewenheim, § 16 Rn. 1; *Nordemann-Schiffel*, in: Fromm/Nordemann, § 26 Rn. 9. Zuletzt sich dieser Meinung anschließend: *Schlütter*, Original, 41 f.

731 *von Gamm*, Urheberrechtsgesetz, § 26 Rn. 5.

732 Jedenfalls dort, wo ein Original existiert. Von z. B. der erstmaligen Darbietung eines Musikstücks existiert kein Original(-werkstück). Dennoch wäre die Niederschrift in Form von Noten eine Vervielfältigung, vgl. *von Gamm*, Urheberrechtsgesetz, § 114 Rn. 4; *Rudolph*, in: BeckOK UrhR, § 114 Rn. 6.

vielfältigungen sind.[733] Diesem Verständnis entsprechen auch noch die älteren und inzwischen kaum noch vertretenen Ansichten, wonach in der Grafik bzw. der Fotografie der Druckstock und das Negativ das Original, sämtliche Abzüge jedoch Vervielfältigungsstücke sein sollen.[734] Erkennt man aber für die seriellen Medien an, dass es durchaus mehrere Originale geben kann,[735] so kann eine strenge Beibehaltung der Dichotomie von Original und Vervielfältigungsstücken zu Problemen führen.

So wirft *Bullinger* die Frage auf, ob der Urheber, der eine exklusive *Vervielfältigungs*lizenz z. B. an einen Verlag vergeben hat, weiterhin „Originale“ herstellen darf.[736] Ginge man tatsächlich davon aus, dass das Vervielfältigungsrecht nur Vervielfältigungsstücke und damit ausschließlich „Nicht-Originale“ umfasst, so müsste dem Urheber die Produktion von „Originalen“ weiterhin möglich sein.

Ahlberg führt als Beispiel § 6 Abs. 2 S. 1 UrhG an, der das „Erscheinen“ eines Werks davon abhängig macht, dass „Vervielfältigungsstücke des Werks nach ihrer Herstellung in genügender Anzahl der Öffentlichkeit angeboten oder in Verkehr gebracht worden sind“. Es sei – so *Ahlberg* – nicht nachvollziehbar, warum die Reproduktion eines Ölgemäldes, nicht jedoch das Ölgemälde selbst in der Lage sein sollte, das „Erscheinen“ des Werks nach der Legaldefinition in § 6 Abs. 2 S. 1 UrhG auszulösen. Dies sei aber das Ergebnis, wenn man an der strengen Dichotomie von Original und Vervielfältigungsstück festhalten wolle.[737] *Ahlberg* will daher unter den Begriff des Vervielfältigungsstücks (jedenfalls im Rahmen von § 6 Abs. 2 UrhG) nicht nur auch Mehrfachoriginale, sondern selbst unikale Originale fassen.[738]

Die Definition des Vervielfältigungsstücks, wie sie die Gesetzesbegründung vorsieht und wie sie von Rechtsprechung und Literatur auch immer noch wiedergegeben wird, lässt dieses von *Bullinger* und *Ahlberg* favorisierte und von der wohl h. M. abweichende, umfassendere Verständnis des Vervielfältigungsstücks zu. Nach dieser Definition soll eine Vervielfältigung sein: „die Herstellung *jeder* [Hervorhebung durch den Verf.] Art und Zahl von Vervielfältigungsstücken des Werks, d. h. körperlichen Festlegungen [eines Werks], die geeignet sind, das Werk den menschlichen Sinnen auf

733 Vgl. oben C.II.3, S. 116.

734 So z. B. für die Grafik *von Gamm*, Urheberrechtsgesetz, § 26 Rn. 5 und für die Fotografie *Platena*, Lichtbild, 248; vgl. auch oben C.II.8, S. 133.

735 So die inzwischen herrschende Meinung; vgl. oben C.II.4, S. 118.

736 *Bullinger*, KUR 2006, 106 (109).

737 *Ahlberg*, in: Möhring/Nicolini, § 6 Rn. 21.

738 *Ahlberg*, in: Möhring/Nicolini, § 6 Rn. 21.

irgendeine Weise unmittelbar oder mittelbar wahrnehmbar zu machen“.[739] Diese Definition erfasst bei unbefangener Betrachtung nicht nur Kopien von Originalen, sondern insbesondere bei Mehrfachoriginalen auch die Originale selbst.

Daher wird für das Verhältnis des Vervielfältigungsstücks zum Original entgegen der oben dargestellten, wohl herrschenden Ansicht ebenfalls vertreten, dass auch Originale Vervielfältigungsstücke seien, wenngleich von einer besonderen, sie von anderen Vervielfältigungsstücken abhebenden Qualität.[740] Durch eine solche Auslegung ergeben sich bezüglich der „*nur*-Vervielfältigungsstücke“ keine Änderungen. Jedoch wird der Anwendungsbereich z. B. von § 16 UrhG auch auf die (Mehrfach-)Originale erweitert.

2. Konsequenzen für den Streit nach dem hier vorgeschlagenen Originalbegriff

Es stellt sich die Frage, wie sich der hier vertretene Originalbegriff für den Bereich der zeitgenössischen Fotografie auf den dargestellten Streit auswirkt.

Das Problem, dass sich durch eine strenge Beibehaltung der Dichotomie von Original und Vervielfältigungsstück im Bereich der seriellen Medien ergibt, hängt insbesondere damit zusammen, dass der Originalbegriff nach den meisten herkömmlichen Auffassungen[741] viel zu weit ist und in der Folge fast alle Werkstücke (solange sie in demselben Medium ausgeführt werden) als Originale angesehen werden könnten.[742] Nach den meisten der bisher vertretenen Ansichten gibt es kein „hartes“ Kriterium, durch welches die Mehrfachoriginale begrenzt und somit trennscharf von den Vervielfältigungsstücken unterschieden werden können.[743]

Dies ist jedoch anders, wenn man den in dieser Untersuchung entwickelten Originalbegriff zugrunde legt. Aufgrund des Erfordernisses der limitierten Auflage ist der Bereich der Originale von vorneherein *quantitativ* abgegrenzt. Wenn der Künstler eine neue Fotografie abzieht und die Gesamt-

---

739 Begründung des Regierungsentwurfs zum UrhG, BT-Drucks. IV/270, S. 27–116 abgedruckt in UFITA Bd. 45 (1965), 240 (262).

740 *Ahlberg*, in: Möhring/Nicolini, § 6 Rn. 21; *van Waasen*, Urheberrecht und Eigentum, 8 f.; *Bullinger*, KUR 2006, 106 (109).

741 Jedenfalls derjenigen, die für die seriellen Medien überhaupt Originale zulassen.

742 So z. B. bei Zugrundelegung der Ansichten von *Hamann*, UFITA 90/1981, 45 (52 ff.).

743 In diesem Sinne für den Bereich der Druckgrafik *Merryman/Elsen/Urice*, Law, Ethics and the Visual Arts, 1037.

auflage dabei auf 20 Stück limitiert, steht fest, dass es zwanzig Originale und darüber hinaus „nur“ Vervielfältigungsstücke (d. h. Werkexemplare ohne Originalcharakter) geben wird. Der Bereich der Originale ist in diesem Zeitpunkt bereits unveränderlich festgelegt.

Das von *Bullinger* aufgeworfene Problem löst sich nach der hier vertretenen Definition des Originals wie folgt: Eine exklusive Vervielfältigungslizenz schließt die Produktion von Originalen durch den Urheber tatsächlich nicht aus. Im Übrigen könnte der Verlag selbst niemals Originale produzieren, da diese Möglichkeit nur dem Urheber gegeben ist. Jedoch weiß nach dem hier vertretenen Originalbegriff derjenige, der die exklusive Vervielfältigungslizenz erwirbt, im Zeitpunkt des Erwerbs genau, mit wie vielen Originalen er noch zu rechnen hat, weil die Auflagenhöhe ja bereits festgelegt sein muss. Der Lizenznehmer kann diese Information beim Lizenzerwerb einpreisen. Nach Ausschöpfung der Gesamtauflage wären weitere – auch die vom Urheber selbst hergestellten – Werkstücke keine Originale mehr, sondern Vervielfältigungsstücke. Diese dürfte der Urheber bei Vergabe einer *exklusiven* Lizenz dann tatsächlich nicht mehr herstellen. Dieses Ergebnis ist auch unter Berücksichtigung der Interessen des Urhebers fair.

Das von *Ahlberg* zitierte Beispiel hingegen spricht nicht zwingend für die Ausdehnung des Begriffs des Vervielfältigungsstücks. Vielmehr liegt das Problem auch hier in dem offensichtlich unvollständigen, weil nur von unikalen Originalen ausgehenden Wortlaut von § 6 Abs. 2 S. 1 UrhG.[744] Geht man jedoch – wie das UrhG – davon aus, dass es immer nur ein einziges Original gibt, so scheidet das Inverkehrbringen einer „genügenden Anzahl“ von Originalen von vornherein aus. Diese heutzutage nicht mehr zeitgemäße Betrachtungsweise des Gesetzes muss bis zu einer Korrektur des Wortlauts[745] im Wege einer entsprechenden Auslegung gelöst werden, nach der auch das Inverkehrbringen von Mehrfachoriginalen in ausreichender Zahl zum Erscheinen eines Werks führen kann.[746]

Zusammenfassend ist festzustellen, dass es unter dem in der vorliegenden Arbeit vertretenen Originalbegriff auch leichter fällt, die vom Gesetz scheinbar vorausgesetzte und von der h. M. wohl immer noch vertretene Dichotomie von Vervielfältigungsstück und Original auch bei den seriellen Medien beizubehalten. Gedanklich könnte man dann die Gesamtauflage auch als „Ge-

---

744 Vgl. auch oben unter C.II.3, S. 116.

745 *Bueb* schlägt insoweit die Verwendung des Begriffs „Werkstücke“ vor; *Bueb*, Veröffentlichungsbegriff, 156. Der übrigen Wortwahl des UrhG besser entsprechen würde wohl die Formulierung „Originale oder Vervielfältigungsstücke“.

746 *Katzenberger*, in: Schricker/Loewenheim, § 6 Rn. 33; *Marquardt*, in: Wandtke/Bullinger, § 6 Rn. 26.

samtoriginal" begreifen, auf dessen „Einzeloriginale" das UrhG mit seinen Vorschriften, die „*das* Original" betreffen, sinngemäß zu beziehen ist.

Besser wäre es allerdings, die durch den Wortlaut nur scheinbar „aufgezwungene" Dichotomie zugunsten einer gelungeneren Systematik aufzugeben und zukünftig Originale als durch den Urheber besonders ausgezeichnete Vervielfältigungsstücke zu begreifen.

IV. Ausblick: Überlegungen zu einem urheberrechtlichen Originalbegriff der *historischen* Fotografie

Nach den oben zu den rechtstatsächlichen Umständen der Fotokunst gemachten Ausführungen, stellt sich die Frage, ob an dieser Stelle auch ein Originalbegriff für die *historische* Fotografie vorgeschlagen werden kann. Klar ist, dass die für die *zeitgenössische* Fotografie vorgeschlagene Definition nicht ohne Weiteres übernommen werden darf. Aufgrund dessen, dass Werke der historischen Fotografie normalerweise nicht in limitierten Auflagen produziert wurden, wäre es verfehlt, in diesem Bereich eine Auflagenlimitierung als Voraussetzung für die Originaleigenschaft zu verlangen.

Bereits oben wurde jedoch auf die strukturelle Ähnlichkeit von limitierten Auflagen mit dem im Bereich der historischen Fotografie nachträglich eingeführten Begriffs des Vintage hingewiesen.[747] Da auch der Begriff des Vintage das Ziel verfolgt, einen quantitativ abgegrenzten „Kernbestand" von herausgehobenen Werkexemplaren zu definieren, liegt es nahe, bei der historischen Fotografie nur diese Vintage Prints als urheberrechtliche Originale aufzufassen.[748] Problematisch gestaltet sich hierbei allein die Tatsache, dass der Begriff des Vintage nicht einheitlich definiert wird. Insbesondere im Hinblick darauf, wie lange nach Herstellung des Negativs noch Vine tages produziert werden können, ist nur langsam eine einheitliche Begriffsbildung am Markt zu beobachten.[749] Zudem setzt die korrekte Anwendung des Vintage-Begriffs stets voraus, dass das Datum der Herstellung des Negativs sowie das Datum der Herstellung des Abzugs bekannt sind. Teilweise lässt sich hier durch Werkstoffanalysen (insbesondere des Fotopapiers) ein *terminus post quem* definieren.[750] Dennoch bleibt der Begriff des Vintage im Gegensatz zur Auflagenlimitierung mit einer relativ hohen Unschärfe behaftet.

---

747 B.I.1.b), S. 43 und B.IV, S. 96.

748 So wohl prinzipiell auch *Mosimann*, in: Kunst & Recht, 17 ff.

749 Oben B.I.1.b), S. 43.

750 Vgl. *Messier*, Photonews Thema 10/2008, 5.

Zum gegenwärtigen Zeitpunkt erscheint die Anerkennung der Vintage Prints als urheberrechtliche Originale aber trotz der genannten Probleme als vorzugswürdige Lösung; dies insbesondere mangels eines anderen, geeigneten Unterscheidungskriteriums. Zudem ist der Begriff des Vintage (wenngleich in Teilen unscharf) am Markt etabliert. Die zukünftige Entwicklung und die hoffentlich zunehmende Konkretisierung des Begriffs sollten daher weiter beobachtet werden.

V. Zusammenfassung der wesentlichen Ergebnisse dieses Kapitels

Der Begriff des „Originals“ ist sowohl aus kunsttheoretischer wie juristischer Sicht umstritten. Im rechtlichen Bereich wird zudem noch zwischen einem *urheberrechtlichen*, einem *steuer-* bzw. *zollrechtlichen* sowie einem *gewährleistungsrechtlichen* (bzw. *vertraglichen*) Originalbegriff unterschieden. In der vorliegenden Arbeit wird für einen neuen *urheberrechtlichen* Originalbegriff geworben, der gleichzeitig als „überwölbender“ Originalbegriff Ausgangsbasis für die anderen Originalbegriffe sein könnte.[751]

Die für die vorliegende Untersuchung in Frage kommenden Fotografien sind als Lichtbild*werke* im Sinne von § 2 Abs. 1 Nr. 5 UrhG urheberrechtlich geschützt und können somit grundsätzlich Originale im Sinne des UrhG sein. Durch das Urheberrecht geschützt wird das *immaterielle* Werk. Dieses ist bereits im Negativ bzw. bei der digitalen Fotografie in der gespeicherten Datei verkörpert und somit schutzfähig. Wird für das Territorium der Bundesrepublik Deutschland in Rechtsstreitigkeiten um Lichtbildwerke vor deutschen Gerichten urheberrechtlicher Schutz begehrt, so ist das deutsche UrhG auf den Sachverhalt anwendbar.

Es fehlen gerichtliche Urteile, die sich dezidiert mit dem *urheberrechtlichen* Originalbegriff auseinandersetzen. In der Literatur wird der Originalbegriff im Bereich der seriellen Medien häufig unter Verweis auf die Anschauungen der Kunstmarktpraxis beantwortet. Die Tatsache, dass der Bundesverband des deutschen Kunst- und Antiquitätenhandels statt des umstrittenen Begriffs des Originals den Begriff der „Sammelwürdigkeit“ zu etablieren versucht, zeigt, dass allein ein Verweis auf die Kunstmarktpraxis für die Rechtsanwendung nicht ausreichend ist. Da alle bislang in der juristischen Literatur für die Fotografie vorgeschlagenen Originalbegriffe Defi-

751 In diesem Sinne auch schon *Hamann*, Originalbegriff, 200 ff.

zite aufweisen, wird in der vorliegenden Untersuchung ein eigener Originalbegriff entwickelt.

Nach der hier vertretenen Ansicht muss sich die Definition des urheberrechtlichen Originals an den Mindestvoraussetzungen der EU-Folgerechtsrichtlinie ausrichten. Der infolgedessen entwickelte Originalbegriff setzt für ein Original der zeitgenössischen Fotokunst voraus, dass es sich um eine rezipierbare Erstverkörperung handelt, die vom Urheber/Künstler autorisiert und die in einer limitierten Auflage geschaffen wurde. Negative und Dateien sind noch keine urheberrechtlichen Originale, da die vom Künstler erstrebte Formgestaltung in ihnen noch nicht vollumfänglich rezipierbar ist. Mangels einer Autorisation durch den Künstler kann es auch keine „postumen“ (d. h. nach dem Ableben des Künstlers geschaffenen) Originale geben. Eine Unterscheidung zwischen analoger und digitaler Fotografie ist im Hinblick auf den Originalbegriff nicht geboten, solange das gehandelte „Produkt“ ein Papierabzug (oder einem solchen vergleichbar) ist. Der urheberrechtliche Originalbegriff knüpft an das Werkstück an. Das Werkstück ist jedoch in beiden Fällen *de facto* identisch.

Das im hier vertretenen Originalbegriff neu eingeführte Kriterium der Auflagenlimitierung erfordert, dass der Künstler bei der ersten Herstellung von Abzügen die Gesamtauflage bezogen auf das urheberrechtliche Werk festlegen muss. Er kann dabei durchaus Abzüge in verschiedenen Formaten anfertigen, soweit er sich insgesamt auf eine Höchstzahl von Abzügen festlegt. Im Gegensatz zu bisher vertretenen Ansichten und der teilweisen Praxis im Ausland wird nicht eine *konkrete* zahlenmäßige Obergrenze für Auflagen verlangt, sodass die Entscheidung über die konkrete Auflagenhöhe beim Künstler verbleibt. Fertigt der Künstler nach dem Ausschöpfen der von ihm zuvor festgelegten Gesamtauflage weitere Abzüge an, so können diese nicht mehr als urheberrechtliche Originale angesehen werden. Für diese zusätzlichen Exemplare würde somit z. B. kein Folgerechtsanspruch nach § 26 Abs. 1 UrhG bestehen.

In einem Exkurs wurden die Implikationen des hier vertretenen Originalbegriffs auf das umstrittene Verhältnis der vom UrhG verwendeten Begriffe Original und Vervielfältigungsstück beleuchtet. Durch den hier vorgeschlagenen Originalbegriff eröffnet sich eine neue Möglichkeit, den Streit zumindest teilweise zu lösen. Da durch das Kriterium der Auflagenlimitierung auch bei seriellen Medien die Originale einen quantitativ fest umrissenen Kreis ausmachen, kann die Grenze zu Vervielfältigungsstücken klarer gezogen werden. Hierdurch lässt sich die von der h. M. vertretene Dichotomie von Original und Vervielfältigungsstück weiter aufrechterhalten. Die Gesamtauflage kann bei einer solchen Betrachtung gedanklich auch als

„Gesamtoriginal" aufgefasst werden, auf das die urheberrechtlichen Vorschriften das „Original" betreffend sinngemäß angewendet werden können.

Im Rahmen dieser Überlegungen zum urheberrechtlichen Originalbegriff ist auch die Tatsache zutage getreten, dass der Wortlaut des UrhG im Hinblick auf das Phänomen der „Mehrfachoriginale" sowie aufgrund der gewachsenen Bedeutung der künstlerischen Fotografie durch den Gesetzgeber behutsam angepasst werden sollte. Zum einen sollte der Begriff des Originals nicht mehr singularisch verwendet werden. In den meisten Fällen bedeutet dies, dass der Begriff mit dem unbestimmten Artikel Verwendung finden sollte, um insbesondere im Zusammenhang mit dem Begriff der Vervielfältigungsstücke die Möglichkeit einer Mehrzahl von Originalen nicht schon sprachlich auszuschließen. Zudem sollte die (nebenstrafrechtliche) Norm des § 107 UrhG die gegenwärtige Rechtswirklichkeit aufgreifen und nicht auf Werke der „bildenden Künste" im Sinne des § 2 Abs. 1 Nr. 4 UrhG beschränkt sein, sondern ausdrücklich auch die Lichtbildwerke umfassen.

§ 6 Abs. 2 S. 1 UrhG ist ebenfalls bis zu einer Korrektur des Wortlauts durch den Gesetzgeber so auszulegen, dass auch das Inverkehrbringen von Mehrfachoriginalen in ausreichender Zahl zum Erscheinen eines Werks führen kann.

Der in diesem Kapitel entwickelte Begriff des Originals kann jedoch nur für den Bereich der *zeitgenössischen* Fotokunst Geltung beanspruchen. Die in Kapitel 2 begründete Differenzierung zwischen historischer und zeitgenössischer Fotokunst verlangt, die besonderen Umstände der beiden Bereiche zu beachten. Dies heißt unter anderem, dass die Auflagenlimitierung bei der zeitgenössischen Fotokunst höchste Bedeutung hat, während sie in der *historischen* Fotografie praktisch nicht existiert. Das Kriterium der Auflagenlimitierung kann daher von Exemplaren der historischen Fotografie nicht verlangt werden. Ebenfalls in Kapitel 2 wurde jedoch festgestellt, dass der Begriff des Vintage in der historischen Fotografie eine ähnliche Funktion wie die Auflagenlimitierung bei der zeitgenössischen Fotografie erfüllt. Es erscheint daher zum gegenwärtigen Zeitpunkt sinnvoll, im Bereich der historischen Fotografie nur Vintages als urheberrechtliche Originale anzuerkennen, wenngleich die weitere Entwicklung und Konkretisierung des Begriffs durch den Kunstmarkt beobachtet werden muss.

D. Kapitel 3 – Der Limitierungsvertrag

Nachdem in den vorangegangenen Teilen der Arbeit aus rechtstatsächlicher Sicht einerseits die Bedeutung und praktische Ausformung von limitierten Auflagen bei Werken der zeitgenössischen Fotokunst dargestellt und andererseits die Relevanz der Auflagenlimitierung für den urheberrechtlichen Originalbegriff begründet wurde, soll nun die Frage beantwortet werden, in welcher Form der Auflagenlimitierung eine zivilrechtliche Verbindlichkeit zukommen kann.

Zwei grundsätzliche Fallkonstellationen lassen sich insoweit unterscheiden: Zum einen ist es möglich, dass bereits im Zeitpunkt des Erwerbs durch den Sammler die Limitierungsangabe nicht hält, was sie verspricht, da über die angegebene Stückzahl hinaus konkurrierende Werkexemplare produziert worden sind. Denkbar sind hierbei wiederum verschiedene Grade von mangelnder Seriosität. Extrem wäre der Fall, dass derjenige, der eine limitierte Auflage anbietet, ohne jegliche Rücksicht auf die Auflagenangabe zusätzliche Exemplare bereits produziert und das „Auflagenversprechen" somit von Anfang an vollständig ignoriert hätte. Auf dem Kunstmarkt ist ein solches Verhalten jedoch eher nicht zu erwarten. Möglich ist aber auch, dass die Auflagenangabe mit der tatsächlichen Anzahl der existierenden Werkexemplare deshalb nicht übereinstimmt, weil zum Beispiel über die genannte Auflagenhöhe hinaus Artist's Prints produziert wurden. Dieser – auf dem Kunstmarkt recht häufige Fall – ist differenziert zu betrachten. Insoweit spielt die Auslegung der Limitierungsangabe unter Berücksichtigung des Empfängerhorizonts sowie der Verkehrssitte eine entscheidende Rolle bei der Beantwortung der Frage, ob es sich hierbei tatsächlich um eine „Verletzung" der Auflagenlimitierung handelt oder ob das Vorgehen noch von der althergebrachten Tradition der Herstellung von Artist's Prints gedeckt ist.

Zudem stellt sich die Frage, welche rechtlichen Ansprüche ein Sammler hat, wenn sich die Auflagenhöhe (die im Zeitpunkt des Kaufs korrekt war) nachträglich (und d. h. unter Umständen erst viele Jahre oder gar Jahrzehnte später) ändert. Im Kern lautet die Frage, ob jemand, der (vielleicht auch unter dem Gesichtspunkt, eine Geldanlage zu tätigen[752]) für eine hohe Summe eine in einer limitierten Auflage erschienene Fotografie eines (berühm-

752 Zu denken ist z. B. an die zahlreichen Investmentfonds, die in Kunst investieren; vgl. die Übersicht bei *Horowitz*, Art of the Deal, Appendix C.

ten) Fotografen erwirbt, in seinem Vertrauen in die Verbindlichkeit der Auflagenbegrenzung *rechtlich* geschützt wird.

Der Ausgangspunkt bei der Beantwortung dieser Fragen ist die Limitierungsangabe, die vom Künstler auf dem einzelnen Werkexemplar angebracht wurde. Es wird zu zeigen sein, dass der schriftliche Kommunikationsakt, mit dem der Künstler Dritte von seiner Auflagenlimitierung in Kenntnis setzt, rechtliche Bedeutung hat. Diese rechtliche Bedeutung kann sich innerhalb des Zivilrechts wiederum selbständig oder z. B. im Zusammenspiel mit dem Kaufrecht[753] auswirken. Die über der Frage nach der rechtlichen Verbindlichkeit der Limitierung schwebende Überlegung aus Sicht der Praxis lautet, ob der Sammler – d. h. Eigentümer – einer limitierten Fotografie aus der Limitierungsangabe einen juristisch durchsetzbaren Anspruch auf Einhaltung der Limitierung gegenüber dem Künstler erhält oder zumindest auf andere Weise eine Kompensation erlangen kann, wenn später über die ursprüngliche Auflagenhöhe hinaus zusätzliche Werkexemplare hergestellt werden.[754]

Leitend soll bei der Untersuchung die folgende Überlegung sein: Eine limitierte Auflage besteht prinzipiell aus zwei Komponenten. Zum einen besteht sie aus einer *faktischen* Komponente, womit die Tatsache beschrieben werden soll, dass der Künstler z. B. eine bestimmte Fotografie eben nur in einer festgelegten Höhe abzieht und danach die Herstellung von weiteren Abzügen unterlässt bzw. dafür sorgt, dass die Gesamtzahl der existierenden Abzüge niemals eine bestimmte Menge überschreitet.[755] Zum anderen gibt es eine *deklaratorische* Komponente: Die Auflagenlimitierung bleibt nicht lediglich ein auf das Innere des Künstlers bezogener Vorgang oder ein Gegenstand seiner persönlichen „Buchhaltung", sondern wird von diesem durch eine entsprechende Bezeichnung bzw. Markierung auf dem einzelnen Abzug oder auf einem Zertifikat nach außen und damit der Öffentlichkeit kenntlich gemacht.[756] Für die im Rahmen dieser Arbeit diskutierten Auflagenlimitierungen ist eine solche „Veröffentlichung" der Limitierungsentscheidung durch den Künstler charakteristisch. Prinzipiell können die faktische und die deklaratorische Komponente einer Auflagenlimitierung auch unabhängig voneinander gedacht werden: Der Künstler könnte seine Werke

753 Dazu ausführlich unten bei E, S. 265.

754 Vgl. insoweit insbesondere den oben bei B.III.2, S. 92, geschilderten Rechtsstreit *Sobel v. Eggleston.*

755 Zu denken ist an die Vernichtung von Abzügen, wenn z. B. Ersatzabzüge für beschädigte Exemplare geschaffen wurden; vgl. oben B.I.6.c), S. 73.

756 Vgl. zur allgemein üblichen Praxis oben B.II.3, S. 81.

gewissermaßen „stillschweigend" limitieren,[757] genauso wie die „Veröffentlichung" der Limitierung ihn zunächst nicht daran hindert, tatsächlich weitere Werkexemplare herzustellen.[758] Entscheidend ist aber insoweit, dass Limitierungen, insbesondere im Bereich der zeitgenössischen Fotokunst, stets mit der erwähnten deklaratorischen Maßnahme verbunden sind und sie dadurch auch für andere Personen als den Künstler bedeutsam werden (z. B. als Grundlage einer Kaufentscheidung). Bereits hierdurch werden sie zumindest potenziell auch *rechtlich* erheblich.

Eine zivilrechtliche Bindungswirkung der Limitierungsangabe wäre insbesondere dann zu bejahen, wenn durch die Limitierungsangabe ein schuldrechtliches Rechtsverhältnis begründet würde. Hierfür ist zunächst zu untersuchen, ob in der Limitierungsangabe auf einer Fotografie eine auf Abschluss eines solchen „Limitierungsvertrags" gerichtete Willenserklärung des Künstlers gesehen werden kann oder ob es sich lediglich um eine Erklärung im außerrechtlichen Bereich handelt, welche unverbindlich wäre. Kann die Limitierungsangabe als Willenserklärung aufgefasst werden, so ist in einem zweiten Schritt zu klären, wie dieses Vertragsangebot durch den Sammler bzw. weitere Käufer auf dem Sekundärmarkt angenommen werden kann. Anschließend wird auch noch zu fragen sein, was mit dem Limitierungsversprechen des Künstlers nach dessen Tod passiert, das heißt insbesondere, ob auch seine Rechtsnachfolger daran gebunden sein können. In einem letzten Schritt ist dann für den Fall einer Auflagenüberschreitung der konkrete Anspruchsinhalt eines solchen Vertrags, welcher als Unterlassungsvertrag eingeordnet werden könnte, zu ermitteln.

I. Internationalprivatrechtliche Grundlagen

Aus Sicht des Internationalen Privatrechts gelten die folgenden Ausführungen gemäß Artt. 4 Abs. 2, 20 Rom I-VO jedenfalls für solche Fälle, in denen der Künstler seinen gewöhnlichen Aufenthalt (Art. 19 Abs. 1 Rom I-VO)[759] in der Bundesrepublik Deutschland hat. In einem Vertragsverhältnis, welches den Künstler im Hinblick auf die limitierte Auflage zu einem Tun oder

757 So wie beispielsweise bei Büchern (Druckwerken), welche auch in „Auflagen" hergestellt werden, deren Gesamtzahl aber häufig nicht ausgewiesen wird.

758 Letzteres gilt in der Fotografie in den allermeisten Fällen. Anders nur, wenn das Negativ nach Abzug der Auflage vernichtet würde. Vgl. zu den damit verbundenen Problemen B.I.6, S. 69.

759 Zu diesem Begriff ausführlich z. B. bei *Spickhoff*, in BeckOK BGB, VO (EG) 593/2008 Art 19 Rn. 4 f. sowie *Lorenz* in BeckOK BGB, EGBGB Art. 5 Rn. 13 f.

Unterlassen verpflichtet, hätte er nämlich die charakteristische Leistung (Art. 4 Abs. 2 Rom I-VO) zu erbringen. Auf die Frage nach dem Zustandekommen eines solchen Vertrags wäre nach Art. 10 Abs. 1 Rom I-VO ebenfalls grundsätzlich das Recht der Bundesrepublik Deutschland anzuwenden, sofern der gewöhnliche Aufenthalt des Künstlers sich dort befindet.

II. Die Limitierungsangabe als Angebot des Künstlers auf Abschluss eines Unterlassungsvertrags („Limitierungsvertrags") gegenüber dem Käufer der Fotografie

Eine schuldrechtliche Verpflichtung des Künstlers gegenüber dem Sammler setzt grundsätzlich den Abschluss eines Vertrags (vgl. § 311 Abs. 1 BGB) voraus.[760] Ein Vertrag kommt durch ein entsprechendes Angebot, welches der anderen Partei zugeht (§ 130 Abs. 1 S. 1 BGB), sowie dessen Annahme[761] zustande.[762] Angebot und Annahme sind Willenserklärungen.[763]

Da der Künstler die Limitierung durch eine entsprechende Angabe nach außen (d. h. für Dritte) zur Kenntnis bringt, ist für die hier aufgeworfene Frage einer zivilrechtlichen Verbindlichkeit des Limitierungsversprechens zunächst zu prüfen, ob in dem Bruch, der auf dem Abzug oder dem Echtheitszertifikat angegeben ist[764], eine Willenserklärung im Sinne des BGB und damit ein Angebot auf Abschluss eines Limitierungsvertrags mit dem Käufer der Fotografie gesehen werden kann. Würde es sich bei den Angaben zur Auflagenhöhe nicht um Willenserklärungen handeln, so schieden auch ein darauf beruhender Vertragsschluss und aus diesem fließende zivilrechtliche Ansprüche notwendig aus.

760 Vgl. *Looschelders*, Schuldrecht AT, Rn. 90.

761 Grundsätzlich handelt es sich auch bei der Annahme um eine empfangsbedürftige Willenserklärung, welche erst durch Zugang (§ 130 Abs. 1 S. 1 BGB) wirksam wird. Insofern ist hier jedoch auch § 151 S. 1 BGB zu beachten, welcher den Zugang der Annahmeerklärung im Ausnahmefall entbehrlich macht. Ausführlich hierzu unten bei D.III.2.

762 Zum Vertragsschluss vgl. z. B. *Bork*, BGB AT, Rn. 700 ff.

763 *Bork*, BGB AT, Rn. 703, 738; *Faust*, BGB AT, § 3 Rn. 1.

764 Vgl. zu den tatsächlichen Gepflogenheiten der Kenntlichmachung von Limitierung in der Kunstmarktpraxis oben B.II.3, S. 81.

1. Vorüberlegungen: Die Willenserklärung in der Rechtsgeschäftslehre des BGB als Voraussetzung für einen Vertragsschluss

Der Begriff der „Willenserklärung" ist eine der zentralen Abstraktionen des Allgemeinen Teils des BGB.[765] Idealtypisch ist die sogenannte „finale"[766] Willenserklärung, welche definiert wird als eine „Privatwillenserklärung, gerichtet auf die Hervorbringung eines rechtlichen Erfolgs, der nach der Rechtsordnung deswegen eintritt, weil er gewollt ist"[767]. Der Begriff der Willenserklärung ist jedoch weiter, weil er in bestimmten Fällen auch Erklärungen umfasst, die von dem Erklärenden *nicht* mit dem Ziel eines rechtlichen Erfolgs geäußert wurden, allerdings bei Dritten ein schutzwürdiges Vertrauen auf ein solches Ziel der Erklärung hervorgerufen haben. Die rechtliche Qualifikation einer menschlichen Äußerung als Willenserklärung läuft daher letztlich auf eine „normative Kategorisierung"[768] hinaus und trennt insbesondere den Bereich der sogenannten reinen Gefälligkeitshandlungen[769] und anderer Verhältnisse *ohne unmittelbare rechtliche Erheblichkeit* von denjenigen menschlichen Beziehungen, die für die Beteiligten rechtlich erheblich und damit insbesondere verbindlich und daher auch einklagbar sein sollen.[770]

a) Allgemeine Voraussetzungen an eine Willenserklärung

Allgemein wird eine Willenserklärung heute meist als „die Äußerung eines privaten Willens, der unmittelbar auf die Herbeiführung einer Rechtswirkung (Rechtsfolge) gerichtet ist" definiert.[771] Im Einzelnen setzt eine Willenserklärung auf objektiver Seite ihre Erklärung (Kundgabe) und damit Wahrnehmbarkeit für Dritte voraus.[772] Auf subjektiver Seite wird gewöhnlich zwischen den Voraussetzungen eines Handlungswillens, eines Erklä-

765 Vgl. *Leipold*, BGB, § 10 Rn. 9 f.

766 *Armbrüster*, in: MüKo BGB, Vor §§ 116–144 Rn. 3.

767 Motive zu dem Entwurfe eines Bürgerlichen Gesetzbuches, Band I, 126. Die Motive unterscheiden in der Definition noch nicht streng zwischen Rechtsgeschäft und Willenserklärung.

768 Vgl. *Armbrüster*, in: MüKo BGB, Vor §§ 116–144 Rn. 3; *Medicus*, AT BGB, Rn. 192 ff.

769 Siehe hierzu grundlegend z. B. *Larenz/Wolf*, AT, § 22 Rn. 24 ff.

770 *Ellenberger*, in: Palandt, Einf v § 116 Rn. 1.; *Bork*, BGB AT, Rn. 566; *Larenz/Wolf*, AT, § 22 Rn. 3 f., § 24 Rn. 1; *Leipold*, BGB, § 10 Rn. 11.

771 BGHZ 145, 343 (346); *Leipold*, BGB, § 10 Rn. 9.

772 *Ellenberger*, in: Palandt, Einf v § 116 Rn. 1; *Larenz/Wolf*, AT, § 24 Rn. 14; *Leipold*, BGB, § 10 Rn. 14 ff.

rungsbewusstseins und eines Geschäftswillens des Erklärenden unterschieden.[773]

Weiterhin wird eine Willenserklärung gemäß § 130 Abs. 1 S. 1 BGB erst in dem Zeitpunkt wirksam, in dem sie der anderen Partei zugeht. „Zugehen" bedeutet dabei, dass die Erklärung „derart in den Machtbereich des Empfängers gelangt, dass bei Annahme gewöhnlicher Verhältnisse damit zu rechnen ist, er könne von ihr Kenntnis erlangen"[774].

Der *Handlungswille* setzt voraus, dass die gemachte Erklärung tatsächlich willentlich erfolgt ist. Er entfällt daher nur in Extremfällen, wie zum Beispiel, wenn dem Unterschreibenden die Hand gewaltsam geführt wird (sogenannte *vis absoluta*).[775]

Das *Erklärungsbewusstsein* bzw. Rechtsbindungsbewusstsein[776] setzt voraus, dass sich die Person bewusst ist, dass sie *eine* (nicht notwendig *welche*) rechtserhebliche Erklärung abgibt. Bei einer finalen[777] Willenserklärung verdichtet sich das Erklärungs*bewusstsein* zu einem Erklärungs- bzw. Rechtsbindungs*willen*[778]. Die Prüfung des Erklärungsbewusstseins erlangt nur dann eine Bedeutung, wenn die Verantwortlichkeit des Erklärenden geprüft werden muss, nachdem eine von ihm abgegebene Erklärung von Dritten als rechtlich *bindend* gemeinte Erklärung aufgefasst wurde, obgleich dies nicht die Intention des Erklärenden war. In einem solchen Fall erscheint es sinnvoll, danach zu differenzieren, ob sich der Erklärende bewusst war, dass er eine Erklärung abgibt, die als rechtlich verbindlich aufgefasst werden *könnte* (z. B. wenn er ungelesen einen als solchen erkennbaren Vertrag unterschreibt und sich nur über dessen konkreten Inhalt falsche Vorstellungen macht) oder ob er *gar nicht daran dachte*, in rechtlich erheblicher Weise zu handeln (zum Beispiel, wenn er – einer Täuschung unterliegend – eine vermeintliche Glückwunschkarte unterschreibt, die in Wirklichkeit ein Vertrag ist).[779] Im Gesetz sind die Folgen eines fehlenden Erklärungsbewusstseins nicht ausdrücklich geregelt.[780] Die herrschende

---

773 *Ellenberger*, in: Palandt, Einf v § 116 Rn. 1; *Larenz/Wolf*, AT, § 24 Rn. 2 ff.; *Leipold*, BGB, § 10 Rn. 17 ff. Wobei im Einzelnen vieles umstritten ist. Für eine umfangreiche Zusammenschau der verschiedenen Ansichten und Theorien vgl. insbesondere *Werba*, Willenserklärung.

774 So die Formel in der ständigen Rspr. Vgl. z. B. BGH, NJW 1977, 194; BGH, NJW 2004, 1320; BGH, NJW-RR 2011, 1184 (1185). Weiterhin z. B. *Ellenberger*, in: Palandt, § 130 Rn. 5 m.w.N.

775 *Larenz/Wolf*, AT, § 24 Rn. 5; *Leipold*, BGB, § 10 Rn. 18.

776 *Armbrüster*, in: MüKo BGB, Vorb §§ 116–144 Rn. 23 ff.

777 Hierzu oben D.II.1, S. 179.

778 Zum Rechtsbindungswillen ausführlich unten bei D.II.1.c), S. 183.

779 So das klassische Schulbeispiel z. B. bei *Leipold*, BGB, § 10 Rn. 19.

780 Anders ist dies beim fehlenden *Geschäftswillen*. Für diesen Fall halten die §§ 116 ff. BGB ein differenziertes Anfechtungsregime vor.

Meinung geht davon aus, dass bei fehlendem Erklärungsbewusstsein eine (im Einzelfall anfechtbare) Willenserklärung *nur* dann vorliegt, wenn der Erklärende in zurechenbarer (d. h. vor allem fahrlässiger) Weise den Anschein einer Willenserklärung gesetzt hat.[781] Gefragt wird also danach, ob sich der Erklärende im Klaren darüber hätte sein müssen, dass seine Handlung als rechtlich erhebliches Verhalten aufgefasst werden *könnte* (sogenanntes potenzielles Erklärungsbewusstsein[782]).[783] Hatte der Erklärende nicht einmal ein potenzielles Erklärungsbewusstsein (so z. B. im Fall der vermeintlichen Glückwunschkarte), so lag niemals eine Willenserklärung im Sinne des BGB vor, weil bei einem objektiven Empfänger der Erklärung kein schützenswertes Vertrauen auf die Gültigkeit der Erklärung entstehen konnte.[784]

Für das Vorliegen eines *Geschäftswillens* ist zudem erforderlich, dass dem Erklärenden eine *konkrete* Rechtsfolge vor Augen stand, die er durch seine Handlung herbeiführen wollte. Dabei muss er jedoch nicht den genauen juristischen Ablauf vor Augen haben, sondern es genügt, dass er bestimmte *tatsächliche* Ergebnisse erzielen möchte und dabei rechtliche Vorgänge notwendig in Kauf nimmt. So macht sich der Verkäufer eines Produkts zwar regelmäßig keine Gedanken über Kaufverträge und Übereignungen, hat aber eine bestimmte Vorstellung darüber, dass er zur Überlassung der Ware verpflichtet wird und hierdurch einen Anspruch auf Zahlung des Kaufprei-

781 *Ellenberger*, in: Palandt, Einf v § 116 Rn. 17; *Larenz/Wolf*, AT, § 24 Rn. 8; *Leipold*, BGB, § 17 Rn. 14 ff.

782 *Bork*, BGB AT, Rn. 596; *Leipold*, BGB, § 17 Rn. 18.

783 Das Schulbeispiel hierfür ist die sogenannte „Trierer Weinversteigerung“. Aufgrund der Tatsache, dass es ebenfalls aus dem Bereich des „Kunstrechts“ stammt, sei das Beispiel an dieser Stelle sowie zu Illustrationszwecken gebildet: Eine Person betritt verspätet eine Kunstauktion und grüßt nach dem Eintreten einen Bekannten in den vorderen Reihen durch Handzeichen. Der Auktionator wertet das Handzeichen als Gebot und schlägt das Los dem Nachzügler zu. Für die Frage, ob das Handzeichen ein wirksames Gebot (also eine Willenserklärung) gewesen ist, gilt, dass der vermeintliche Bieter im Moment seines Handzeichens kein Erklärungsbewusstsein hatte (er wollte ja nicht rechtgeschäftlich handeln, sondern lediglich grüßen). Nach außen ist diese Absicht jedoch offenbar nicht hinreichend deutlich geworden, sodass nach dem objektiven Empfängerhorizont ein Gebot vorgelegen hat. Da man dem Nachzügler vorwerfen kann, sich nicht vorsichtiger verhalten zu haben, obwohl er um die Gepflogenheiten einer Auktion wusste, liegt nach der herrschenden Auffassung eine wirksame Willenserklärung vor, die jedoch vom Erklärenden angefochten werden kann; vgl. auch *Leipold*, BGB, § 17 Rn. 14, 19.

784 Insoweit existiert auch eine Ansicht, die das Phänomen der Willenserklärung ausschließlich unter dem Blickwinkel der Zurechnung aufgrund von geschaffenem Vertrauen erfassen möchte; vgl. hierzu umfangreich *Werba*, Willenserklärung, 108 ff.

ses erhält.[785] Eine Störung ausschließlich im Geschäftswillen liegt z. B. dann vor, wenn der „Verkäufer" sich ungeschickt ausgedrückt hat und daher einen bestimmten Gegenstand nicht verkauft, sondern nur vermietet hat. In diesen Fällen liegt normalerweise dennoch zunächst eine wirksame Willenserklärung vor. Ein differenziertes Regime zur Lösung der damit verbundenen Probleme mit dem Ziel eines fairen Interessenausgleichs stellt das Gesetz in den §§ 116 ff. BGB z. B. durch die Möglichkeit der Anfechtung (§§ 119, 120, 123 BGB) zur Verfügung.

Denklogisch kann ein Geschäftswille nicht ohne Erklärungsbewusstsein existieren.[786] Die Bejahung eines Geschäftswillens schließt somit auch die Feststellung eines Erklärungsbewusstseins notwendig mit ein.

b) Die Auslegung von Erklärungen

Die genannten, teilweise idealtypischen juristischen Voraussetzungen an eine Willenserklärung müssen auf den häufig vieldeutigen Bereich menschlicher Kommunikation angewendet werden. Menschliches Handeln im Allgemeinen, jedoch sprachliche Äußerungen im Besonderen, sind häufig Ausgangspunkt für Missverständnisse. Die inneren Beweggründe des Erklärenden stellen für alle anderen Teilnehmer am Rechtsverkehr eine ihrer Erkenntnis unzugängliche „black box" dar. Es ist daher eine Entscheidung zu der Frage notwendig, auf wessen Eindruck abgestellt werden soll, wenn es darum geht, wie eine bestimmte Erklärung zu verstehen war.[787]

Insoweit ist einerseits zu klären, ob in Bezug auf die fragliche Äußerung überhaupt die Voraussetzungen einer Willenserklärung vorlagen, und andererseits (und häufig untrennbar mit der ersten Frage verknüpft[788]), welchen konkreten Inhalt eine eventuell vorliegende Willenserklärung hatte.[789] Denkbare Antworten auf diese Frage liegen zwischen den zwei Extrempositionen, entweder nur auf die Sicht des Erklärenden oder nur auf die Sicht des Empfängers abzustellen.[790] Das BGB hat sich für eine vermittelnde

785 Vgl. *Leipold*, BGB, § 10 Rn. 10.

786 *Werba*, Willenserklärung, 38, der hieraus in zuzustimmender Weise die Entbehrlichkeit eines besonderen Erklärungsbewusstseins folgert.

787 Für *Bork*, BGB AT, Rn. 498 gehört die Beantwortung dieser Frage zu den „Grundentscheidungen" jeder Zivilrechtsordnung.

788 *Werba*, Willenserklärung, 47 ff. m. w. N. Aber auch *Busche*, in: MüKo BGB, § 133 Rn. 50.

789 *Ellenberger*, in: Palandt, Einf v § 116 Rn. 2f.

790 Zum (historischen) Streit zwischen sogenannter Willens- und Erklärungstheorie vgl. z. B. *Bork*, BGB AT, Rn. 582 ff.

Ansicht entschieden (§§ 133, 157 BGB)[791], die im Regelfall der „empfangsbedürftigen Erklärungen" jedoch den Vertrauensschutz des Erklärungsempfängers betont.[792] Im Rahmen der Auslegung sowohl im Hinblick auf die Frage, ob es sich überhaupt um eine Willenserklärung handelt, aber dann auch weitergehend im Hinblick auf deren konkreten Inhalt, ist daher auf die Außenwirkung der Erklärung aus Sicht eines objektiven Dritten abzustellen.[793] Hierfür hat sich der Begriff der Auslegung nach dem „objektiven Empfängerhorizont" etabliert.[794] Entscheidend ist danach, wie ein Dritter, der mit den Umständen der konkreten Situation vertraut war, die gemachte Äußerung nach Treu und Glauben verstehen *durfte*. Dahinter zurück tritt der wirkliche Wille des Erklärenden, insofern der Empfänger ihn nicht tatsächlich korrekt verstanden hat.

Liegen aus der Sicht des objektiven Empfängerhorizonts die Voraussetzungen einer Willenserklärung vor, so handelt es sich um eine wirksame Willenserklärung. Von deren grundsätzlicher rechtlicher Bindungswirkung kann sich der Erklärende, welcher sich nun unter Umständen mit einer aus seiner Sicht normativ „fingierten" Willenserklärung konfrontiert sieht, nur noch durch eine Anfechtung befreien (vgl. § 145 BGB). Hierfür müssten allerdings auch die speziellen Voraussetzungen einer Anfechtung (§§ 119 ff. BGB) vorliegen.

c) Im Besonderen: Die Unterscheidung zwischen Rechtsverhältnis und Gefälligkeitsverhältnis

Für die aufgeworfene Frage nach der Verbindlichkeit von Auflagenlimitierungen ist insbesondere die Unterscheidung von (verbindlichem) Rechtsverhältnis und (unverbindlichem) Gefälligkeitsverhältnis von Bedeutung.

791 § 133 BGB setzt nach seinem Wortlaut eine Willenserklärung bereits voraus. Er ist jedoch notwendig analog auch in dem Fall anzuwenden, in dem im Rahmen der Auslegung erst geklärt werden muss, ob die Voraussetzungen einer Willenserklärung im Sinne des BGB überhaupt vorliegen; *Busche*, in: MüKo BGB, § 133 Rn. 50; *Ellenberger*, in: Palandt, § 130 Rn. 3. § 157 BGB, der nach seinem Wortlaut sogar noch weitergehend einen bereits geschlossenen Vertrag voraussetzt, wird nach der wohl überwiegenden Ansicht ebenfalls seinem Inhalt nach bereits auf die Auslegung der dem Vertrag vorausgehenden Erklärungen angewendet, da in der Berücksichtigung von Treu und Glauben sowie der Verkehrsanschauungen ein allgemeines Auslegungsprinzip zu sehen ist; vgl. *Busche*, in: MüKo BGB, § 133 Rn. 17 f.; *Wendtland*, in: BeckOK BGB, § 133 Rn. 19.

792 *Armbrüster*, in: MüKo BGB, Vorb §§ 116–144 Rn. 21; *Bork*, BGB AT, Rn. 499 ff., 585 f.

793 *Larenz/Wolf*, AT, § 24 Rn. 8, 10.

794 Für die ständige Rspr.: BGH, NJW 2003, 743. Vgl. weiterhin *Bork*, BGB AT, Rn. 527; *Hübner*, BGB AT, Rn. 745; *Leipold*, BGB, § 15 Rn. 11 f.

Es entspricht der allgemeinen Lebenserfahrung, dass nicht jede zwischenmenschliche Interaktion juristisch greifbare Folgen hervorbringen soll. Aus Sicht der Rechtswissenschaft wird insoweit unterschieden zwischen dem rechtlichen Bereich, der durch Willenserklärungen sowie die auf sie aufbauenden Rechtsverhältnisse gestaltet wird, und dem sogenannten „außerrechtlichen“[795], „rein gesellschaftlichen“[796] bzw. „geselligen“[797] Bereich, innerhalb dessen getroffene Vereinbarungen lediglich rechtlich unverbindliche „Gefälligkeitsverhältnisse“[798] oder auch „Gentlemen's Agreements“[799] darstellen sollen. Schwierig ist mitunter die Unterscheidung zwischen den unterschiedlichen Sphären. Dies rührt insbesondere daher, dass die Frage nach der rechtlichen Verbindlichkeit in der Regel erst mit dem Auftreten von Komplikationen gestellt wird, die Parteien jedoch bei Eingehung einer bestimmten Verbindung hierüber gar nicht sprechen bzw. jede Seite ihr eigenes Verständnis auch beim Gegenüber voraussetzt.[800]

Zur Unterscheidung von Rechtsverhältnissen und Gefälligkeitsverhältnissen wird von der Rechtsprechung und der (wohl) herrschenden Meinung auf den bereits oben erwähnten[801] „Rechtsbindungswillen“ des Erklärenden bzw. der Parteien abgestellt.[802] Der Rechtsbindungswillen umschreibt insoweit also auch die Intention der Erklärenden, eine rechtlich *verbindliche* Vereinbarung und gerade kein reines Gefälligkeitsverhältnis eingehen zu wollen.[803] Fehlt der Rechtsbindungswille, so liegt keine Willenserklärung im Sinne des BGB vor und es kann aufgrund einer solchen Erklärung demnach auch kein Rechtsverhältnis zwischen den Parteien entstehen.[804]

Ob ein solcher Rechtsbindungswille vorliegt, ist ebenfalls im Wege der Auslegung (§§ 133, 157 BGB)[805] festzustellen.[806] Konkret ist zu prüfen, „ob der Leistungsempfänger unter den gegebenen Umständen nach Treu und

---

795 *Larenz/Wolf*, AT, § 22 Rn. 24.

796 *Bork*, BGB AT, Rn. 677.

797 *Medicus*, AT BGB, Rn. 185.

798 *Grüneberg*, in: Palandt, Einl v § 241 Rn. 7 ff.; *Bork*, BGB AT, Rn. 674 ff.; *Larenz/Wolf*, AT, § 22 Rn. 24.

799 Auch „Gentlemen-Agreement“, z. B. bei *Reuss*, AcP 154 (1955), 485 (489 ff.).

800 *Medicus*, AT BGB, Rn. 191.

801 D.II.1.a), S. 179.

802 BGH NJW 1968, 1874; BGH NJW 1971, 1404 (1405); BGH NJW 2009, 1141 (1142); *Grüneberg*, in: Palandt, Einl v § 241 Rn. 7; *Leipold*, BGB, § 10 Rn. 11; *Bork*, BGB AT, Rn. 676; kritisch *Medicus*, AT BGB, Rn. 191; dagegen wiederum *Bork*, BGB AT, Rn. 676.

803 Siehe auch schon oben bei D.II.1.a), S. 179.

804 Vgl. z. B. BGH, NJW 1996, 2574 (2575). Auch *Armbrüster*, in: MüKo BGB, Vorb § 116 ff. Rn. 23.

805 Dazu bereits eben D.II.1.b), S. 182.

806 BGH, NJW 1996, 2574 (2575).

Glauben mit Rücksicht auf die Verkehrssitte auf einen solchen [Rechtsbindungs-]Willen schließen musste."[807] Anders formuliert ist entscheidend, ob ein objektiver Dritter das Verhalten der Beteiligten bei Würdigung aller Umstände als rechtsverbindlich gemeint werten würde. Wichtige Indizien für die Rechtsverbindlichkeit einer Äußerung sind die „wirtschaftliche sowie die rechtliche Bedeutung der Angelegenheit, insbesondere für den Begünstigten, und die Interessenlage der Parteien"[808]. In die Bewertung fließen somit auch Grund und Zweck der potenziellen Gefälligkeit ein, also zum Beispiel, ob es sich um eine Gefälligkeit des täglichen Lebens handelt oder nicht.[809] Spricht ein hohes wirtschaftliches Interesse des Begünstigten eher für ein Rechtsverhältnis, so kann ein unzumutbares Schadensersatzrisiko eines unentgeltlich[810] Verpflichteten auch gegen ein Rechtsverhältnis sprechen.[811]

2. Die Limitierungsangabe des Künstlers als Willenserklärung

Die oben[812] beschriebene Praxis der Kennzeichnung von Limitierungen auf den einzelnen Werkstücken in Form eines Bruchs ist anhand der eben dargestellten Kriterien daraufhin zu untersuchen, ob in ihnen eine rechtlich verbindliche Willenserklärung des Fotokünstlers gegenüber dem Käufer der Fotografien gesehen werden kann.[813]

a) Vorliegen des „äußeren" (objektiven) Tatbestands einer Willenserklärung

Unproblematisch ist zunächst der „äußere" oder objektive Tatbestand einer Willenserklärung zu bejahen. Wenn der Künstler einen bestimmten Abzug oder ein dazugehöriges Echtheitszertifikat mit einer Limitierungsangabe (z. B. „3/6") versieht, so liegt eine Erklärung vor, die von der Außenwelt

807 BGH NJW 1971, 1404 (1405); ebenso BGH NJW 2009, 1141 (1142).

808 BGH NJW 2009, 1141 (1142); vgl. auch *Armbrüster*, in: MüKo BGB, Vorb § 116 ff. Rn. 23, 8.

809 *Bork*, BGB AT, Rn. 677.

810 Reine Gefälligkeitsverhältnisse sind stets unentgeltlich; vgl. *Seiler*, in: MüKo BGB, § 662 Rn. 59 ff.

811 BGH NJW 1992, 498.

812 Oben bei B.II.3, S. 81.

813 Die Möglichkeit, dass es sich bei der Limitierung um eine eigenständige Willenserklärung handeln könnte, wird von *Reis*, Bulletin Kunst & Recht 1/2011, 48 (49 f.) offenbar vollständig ausgeschlossen.

wahrgenommen werden kann.[814] Es handelt sich somit um eine in den Rechtsverkehr entäußerte, menschliche Erklärung. Auch wenn diese Erklärung („3/6") für einen völlig unbedarften Empfänger nicht unmittelbar verständlich ist, handelt es sich gleichwohl um eine ausdrückliche und nicht um eine schlüssige Erklärung, da sie sich der (Schrift-)Sprache als Ausdrucksmittel bedient.[815]

Durch das vom Willen des Künstlers getragene Anbieten des so beschrifteten Kunstwerks zum Kauf, beispielsweise in den Räumen einer Galerie,[816] ist diese Erklärung auch willentlich in den Rechtsverkehr „abgegeben" im Sinne des § 130 Abs. 1 S. 1 BGB.[817]

b) Vorliegen der „inneren" (subjektiven) Tatbestandsmerkmale einer Willenserklärung

(1) Der Handlungswille

Die mit dem äußeren Tatbestand zusammenhängende subjektive Voraussetzung des Handlungswillens kann ebenfalls vorausgesetzt werden, solange keine besonderen Umstände eine gegenteilige Annahme rechtfertigen. Dies gilt erst recht, solange der Künstler die Limitierungsangabe selbst vorgenommen hat bzw. die Limitierung auf seine Veranlassung hin angebracht worden ist und er sie z. B. mit seiner Signatur (zumindest konkludent) bestätigt hat.

(2) Das Erklärungsbewusstsein und der Geschäftswille

Genau zu prüfen ist das Vorliegen der übrigen sogenannten „inneren" oder subjektiven Tatbestandsvoraussetzungen einer Willenserklärung, also des Erklärungsbewusstseins und Geschäftswillens. Wie bereits oben erwähnt,[818] greifen insoweit zwei unterschiedliche, jedoch beide im Rahmen der Auslegung zu beantwortende Fragen ineinander: Zum einen stellt sich die Frage,

814 Und entsprechend ihrer Zwecksetzung auch wahrgenommen werden *soll*.

815 Vgl. zur Unterscheidung *Bork*, BGB AT, Rn. 567 ff.

816 Dasselbe gilt aber auch z. B. bei Anbieten des Werks in einem Katalog oder auch lediglich im Atelier des Künstlers.

817 Allgemein zur „Abgabe" von Willenserklärungen vgl. z. B. *Ellenberger*, in: Palandt, § 130 Rn. 4. Zum Zugang der Erklärung des Künstlers später unten bei D.III.2., S. 215.

818 D.II.1.b), S. 182.

ob es sich bei der Limitierungsangabe tatsächlich um eine Erklärung handelt, welcher rechtliche Verbindlichkeit zukommen soll und die somit eine Willenserklärung im Sinne des BGB darstellt. Unabhängig vom tatsächlichen Willen des Künstlers ist für die Beantwortung dieser Frage letztlich eine Betrachtung nach dem objektiven Empfängerhorizont entscheidend. Ob eine Erklärung rechtlich verbindlich gemeint war oder nicht bzw. als rechtlich verbindlich verstanden werden durfte, ist aber entscheidend von ihrem Inhalt abhängig.[819] Zum anderen ist daher mit der Beantwortung der Frage nach der rechtlichen Verbindlichkeit einer Erklärung auch die Frage nach dem konkreten Inhalt der Erklärung denklogisch verbunden, welcher ebenfalls durch Auslegung der Erklärung aus Sicht eines objektiven Dritten zu ermitteln ist.[820]

Den allermeisten Empfängern der Limitierungserklärung wird zumindest bewusst sein, dass hierdurch eine Auflage und die Nummer des einzelnen Abzugs innerhalb dieser Auflage zum Ausdruck gebracht werden soll. Wie jedoch bei der Darstellung der in der Praxis anzutreffenden Limitierungsformen[821] bereits deutlich geworden ist, ist die Auslegung damit noch nicht an ihr Ende gekommen. So kann insbesondere weiterhin gefragt werden, ob es sich bei der Auflage um eine motivbezogene, formatbezogene oder ausstattungsbezogene Limitierung handelt.[822] Je nachdem, welcher konkrete Inhalt (das heißt insbesondere, welcher Umfang der Limitierung) der Erklärung des Künstlers im Einzelfall durch Auslegung zu entnehmen ist, hat dies wiederum Auswirkungen auf die Beantwortung der Frage, ob in ihr auch eine rechtsverbindliche Erklärung zu sehen ist.

Im Folgenden soll daher zunächst (in einer typisierenden Betrachtung) der objektive Erklärungsinhalt einer Limitierungserklärung ermittelt werden. Die Erörterung kann dann in die Frage übergehen, ob ein objektiver Empfänger einer solchen Erklärung dieser einen Geschäftswillen und damit Rechtsbindungswillen entnehmen kann bzw. darf und es sich somit um eine (rechtlich verbindliche) Willenserklärung im Sinne des BGB handelt.

819 Vgl. *Armbrüster*, in: MüKo BGB, Vorb § 116 ff. Rn. 23, 8.

820 Vgl. auch *Kellmann*, JuS 1971, 609 ff.; *Werba*, Willenserklärung, 47 ff.

821 Oben B.II.4, S. 85.

822 Vgl. zu den Begriffen oben B.II.4, S. 85.

c) Der objektive Inhalt der Limitierungsangabe auf dem Kunstwerk

Entscheidend für die weiteren Überlegungen dieser Arbeit ist der objektive, durch Auslegung der Erklärung zu ermittelnde Inhalt der vom Künstler kommunizierten Limitierungsangabe.[823] Den Ausgangspunkt einer jeden Auslegung bildet der Wortlaut. Im Fall der Auflagenangaben reduziert sich dieser in aller Regel[824] auf zwei Zahlen und einen sie trennenden Bruchstrich. Auslegungsbedarf kann damit schon im Hinblick darauf bestehen, dass es sich hierbei überhaupt um eine Auflagenbezeichnung handelt, da diese Information aus einem „Bruch“ nicht ohne Weiteres hervorgeht.[825] Auslegungsbedarf besteht darüber hinaus auch, insoweit man klären möchte, welche weiteren Aussagen ein Bruch auf einem Werk der zeitgenössischen Fotografie enthalten kann.

Im Folgenden soll gezeigt werden, dass die Auflagenangabe insbesondere noch zu drei weiteren Punkten eine Aussage trifft: zur *Absolutheit* der Auflagenlimitierung, zur *Auflagendefinition* und in Bezug auf das *Limitierungsversprechen*. Sie unterscheidet sich dadurch z. B. von der Angabe der Auflagenhöhe bei einem Druckwerk, welche tatsächlich nur die Auflagenhöhe bzw. die Nummer und das Jahr des Drucks mitteilen möchte.[826]

---

823 Zur Klarstellung: in einem ersten Prüfungsschritt ist stets zunächst zu prüfen, was die Parteien tatsächlich unter der Erklärung verstanden haben. Haben beide Parteien eine Erklärung in demselben Sinn verstanden, so besteht in dogmatischer Hinsicht schon kein Raum für eine „Auslegung“, da der übereinstimmende Parteiwille in jedem Fall Vorrang hat (vgl. z. B. *Ellenberger*, in: Palandt, § 133 Rn. 8; *Wendtland*, in: BeckOK BGB, § 133 Rn. 27 jeweils mit Nachweisen zur Rspr.). In diesem Fall besteht aber auch schon denklogisch kein Streit über den Inhalt der Erklärung zwischen den Parteien, weshalb für die vorliegende Untersuchung davon ausgegangen werden muss, dass die Parteien die Erklärung gerade nicht in demselben Sinn verstanden haben, sodass es auf den objektiven Erklärungsinhalt ankommt. Dies wäre also z. B. dann der Fall, wenn der Sammler auf die Einhaltung der Limitierung besteht und der Künstler behauptet, er habe sich niemals an diese binden wollen.

824 Selbstverständlich können – wie bereits im rechtstatsächlichen Teil der Arbeit beschrieben – z. B. auch die Artist's Prints gesondert ausgewiesen sein (etwa in der Form „3/6 + 1 A. P.“).

825 Würde man die Angabe „1/6“ z. B. in einem Mathematikbuch lesen, so würde sie sehr wahrscheinlich *keine* Auflagenangabe darstellen. Diese Bedeutung ist aber nur unter Berücksichtigung des Kontexts und damit durch Auslegung zu ermitteln.

826 Vgl. z. B. den entsprechenden Wikipedia-Eintrag „Auflage (Publikation)“ unter http://de.wikipedia.org/wiki/Auflage_%28Publikation%29, abgerufen am 01.06.2016.

(1) Der objektive Empfängerhorizont im Fall von Limitierungserklärungen auf Werken der zeitgenössischen Fotokunst

Für eine Auslegung der Limitierungserklärung nach dem objektiven Empfängerhorizont,[827] stellt sich zunächst die Frage, wie genau man sich diesen „objektiven Empfänger" einer Limitierungserklärung vorzustellen hat.

Aufgrund der in den §§ 133 und 157 BGB niedergelegten und durch die Rechtsprechung ausgeformten Auslegungsgrundsätze, sind Erklärung so zu verstehen, wie sie ein vernünftiger Dritter nach Treu und Glauben und unter Berücksichtigung der Verkehrssitte verstehen durfte.[828] In einem gewissen Rahmen obliegt dabei dem Erklärungsempfänger eine „Auslegungssorgfalt"[829], das heißt, er ist verpflichtet, seinem Verständnis der Erklärung die ihm bekannten oder zumindest erkennbaren (Begleit-)Umstände der Erklärung zugrunde zu legen.[830] Insbesondere für die Frage, welche Umstände dem Erklärungsempfänger „erkennbar" sind, ist der Adressatenkreis einer Erklärung von entscheidender Bedeutung. Die praktische Begrenzung dieses Adressatenkreises einer Erklärung liegt aber allein in der Hand des Erklärenden. Im Rahmen der von ihm geforderten „Ausdruckssorgfalt"[831] muss er versuchen, die Erklärung den Erkenntnismöglichkeiten des angesprochenen Adressatenkreises entsprechend zu gestalten.[832]

Die Limitierungserklärung des Künstlers richtet sich – nach ihrem im rechtstatsächlichen Teil der Arbeit festgestellten Zweck[833] – in erster Linie an Interessenten, d. h. mögliche Käufer der jeweiligen Fotografie. Der Kreis möglicher Käufer von Fotokunst – bzw. auch allgemein von Kunst[834] – ist weit. Das Spektrum reicht grundsätzlich von „Spezialisten" wie Kunsthändlern bis zum „Gelegenheitskäufer", welcher sich beim Besuch einer Galerie

827 Grundlegend zur Auslegung nach dem objektiven Empfängerhorizont vgl. oben D.II.1.b), S. 182. Teilweise wird auch der Begriff „objektivierter Empfängerhorizont" verwendet; vgl. z. B. BAG, NJW 2011, 1531 (1532 Rn. 21).

828 So beispielsweise ausgeführt bei BGH, NJW 2011, 1666 (1667 Rn. 11); weitere Nachweise zur Rspr. bei *Busche*, in: MüKo BGB, § 133 Rn. 28 sowie bei *Wendtland*, in: BeckOK BGB, § 133 Rn. 27.

829 *Busche*, in: MüKo BGB, § 133 Rn. 28.

830 *Busche*, in: MüKo BGB, § 133 Rn. 28; *Ellenberger*, in: Palandt, § 133 Rn. 9, 15 ff.; *Wendtland*, in: BeckOK BGB, § 133 Rn. 27.

831 *Busche*, in: MüKo BGB, § 133 Rn. 28.

832 Konkret heißt dies, dass bei einer Erklärung, die zwischen Fachleuten einer bestimmten Branche abgegeben wird, das zum Verständnis einer Erklärung notwendige Fachwissen vorausgesetzt werden kann, während dieselbe Erklärung gegenüber einem Außenstehenden unter Umständen ergänzender Erläuterung bedarf.

833 Oben B.I.2.b), S. 53.

834 *Mangold*, Verbraucherschutz, 61 ff.

oder einer Ausstellung spontan zum Kauf einer Fotografie entschließt. Jedoch wird in der Regel bei allen diesen potenziellen Erklärungsempfängern davon ausgegangen werden können, dass ihnen bewusst ist, dass es sich bei der Angabe eines „Bruchs“ auf einem Kunstwerk um eine Auflagenangabe handelt.[835] Was im Rahmen einer objektivierten Betrachtung darüber hinaus Inhalt einer solchen Erklärung ist, soll im Folgenden detailliert herausgearbeitet werden.

(2) Die notwendige Absolutheit der Auflagenlimitierung

Wie bereits angedeutet, bringt die Angabe „3/6“ zunächst zum Ausdruck, dass es sich um eine limitierte Auflage – beispielsweise in Abgrenzung zur Open Edition[836] – handelt. Das Wesensmäßige einer Auflagenlimitierung, das Entscheidende an ihr, welches die Verwendung des Worts „limitiert“ überhaupt erst rechtfertigt, ist die in ihr zum Ausdruck kommende Beschränkung des Angebots.[837] Eine solche Beschränkung kann sinnvoll jedoch nur gedacht werden, wenn sie absolut ist. Eine „limitierte Auflage“ ist damit denklogisch auch immer *eine einzige* Auflage. Es kann nicht zwei „limitierte Auflagen“, von demselben Motiv, d. h. demselben *urheberrechtlichen* „Werk“[838] geben. In einem solchen Fall ist zumindest eine der Auflagen – die zeitlich spätere – problematisch, weil sie den Absolutheitsanspruch der ersten Auflage beschädigt. Werden zeitgleich (parallel) mehrere Auflagen, z. B. mit römischen und arabischen Zählungen verlegt,[839] so halten beide Auflagen (solange sie nicht ausdrücklich aufeinander Bezug nehmen) von Anfang nicht das, was sie versprechen. Der Abzug von zwei „limitierten Auflagen“ desselben Werks mit unterschiedlicher Nummerierung würde die Auflagenlimitierung ihres eigentlichen Zwecks berauben, da völlig offen ist, wie viele weitere „limitierte Auflagen“ auf diese Weise „nachgeschoben“ werden kön-

835 Dies gilt insbesondere, da die Praxis einer solchen Kennzeichnung – dazu bereits oben – im Bereich der Druckgrafik seit über hundert Jahren eine gängige Gepflogenheit ist.

836 Hierzu oben B.II.4.d), S. 89.

837 Vgl. auch *Crawford*, Legal Guide, 133.

838 Auch wenn es sich im Rahmen der Auslegung der Limitierungsangabe um keinen genuin urheberrechtlichen Sachverhalt handelt, so soll an dieser Stelle dafür geworben werden, mithilfe der etablierten und durch umfangreiche Rechtsprechung ausdifferenzierten urheberrechtlichen Begrifflichkeiten sprachliche Präzision auch im Rahmen der Auslegungsfragen zu gewinnen. Vgl. daher zum Werkbegriff des Urheberrechts die Ausführungen oben bei C.II.1.b), S. 108.

839 Dies war eine der fragwürdigen Praktiken, die letztlich zum Kollaps des Markts für Druckgrafik in den 1980er Jahren führte. Vgl. dazu auch die Nachweise oben in Fn. 45.

nen, und da letztlich hierdurch die im Nenner angegebene Gesamtzahl der Abzüge zu einer reinen Makulatur verkommen würde. Dass die Nennung der Gesamtauflage auf den jeweiligen Werkexemplaren jedoch am Ende *keinerlei* Bedeutung haben soll, ist ein Schluss, den ein objektiver Empfänger dieser Erklärung nicht ziehen muss, da er grundsätzlich die Sinnhaftigkeit der vom Künstler gemachten Limitierungserklärung unterstellen darf.

Im Endeffekt bestätigt auch der Kunstmarkt das gefundene Ergebnis, da er ein Einreißen solcher Herangehensweisen auf breiter Front nicht billigt, wie die Verwerfungen um die Druckgrafik in den 1980er Jahren deutlich gezeigt haben.[840] Dass vereinzelt solche Praktiken von Marktteilnehmern auch in der Fotokunst betrieben und als „üblich" dargestellt werden, macht diese ebenfalls noch nicht redlich.[841]

Verwendet der Künstler eine Auflagenangabe in Form eine Bruchs, so teilt er damit dem Käufer – aus Sicht eines objektiven Empfängers – mit, das Angebot von Exemplaren der konkreten Fotografie zahlenmäßig *absolut* zu begrenzen.

(3) Die Auflagendefinition

Unter dem Begriff der „Auflagendefinition"[842] soll die Festlegung des Künstlers verstanden werden, welche Arten von Werkstücken von der mitgeteilten Auflagenbegrenzung erfasst sein sollen. Auch wenn man weiß, dass die Auflagenbezeichnung im Nenner die Gesamthöhe der Auflage angibt, so können dennoch (insbesondere im Nachhinein) Unstimmigkeiten darüber entstehen, auf welche Werkexemplare sich diese Gesamthöhe exakt beziehen soll.[843] Eine Bezeichnung wie „3/6" sagt ausdrücklich noch nichts darüber aus, ob diese Angabe einem „motivbezogenen", „formatbezogenen" oder „ausstattungsbezogenen"[844] Auflagenverständnis folgt. Anders liegt der

840 Vgl. dazu oben bei A.III, S. 25 sowie Fn. 45.

841 In diesem Zusammenhang lehrreich die Ausführungen des LG Köln im Fall „Beltracchi". LG Köln, Urteil vom 28.09.2012 - 2 O 457/08, GRUR-RR 2012, 444 (447) = BeckRS 2012, 20478, Rn. 70: „Die im Verkehr „erforderliche" Sorgfalt ist nicht identisch mit der üblichen Sorgfalt. Die Anforderungen, die § 276 Abs. 2 BGB stellt, werden durch übliches oder einem verbreiteten Brauch entsprechendes, weniger sorgfältiges Verhalten der betreffenden Verkehrskreise nicht reduziert [...]. Auf „eingerissene Nachlässigkeit und Unsitte" der beteiligten Verkehrskreise ist nicht Rücksicht zu nehmen [...]."

842 Welcher im rechtstatsächlichen Teil der Arbeit bereits eingeführt wurde. Siehe oben B.II.4, S. 85.

843 So z. B. im Fall *Sobel v. Eggleston* vgl. oben B.III.2, S. 92.

844 Zu den Begriffen siehe oben B.II.4, S. 85.

Fall, wenn solche Informationen ebenfalls Gegenstand der Auflagenangabe geworden sind. So kann durch Angaben wie „1/2+10“ oder durch einen ausdrücklichen Hinweis auf weitere Exemplare in anderen Formaten die Auflagendefinition frei präzisiert werden. Sofern die Angabe zur Limitierung im konkreten Fall aber nicht durch zusätzliche Erläuterungen seitens des Künstlers spezifiziert ist oder nicht explizit auf die Existenz einer „zweiten Auflage“ in einem anderen Format hingewiesen wurde und es daraufhin zu Meinungsverschiedenheiten zwischen den Beteiligten kommt,[845] muss eine normative Auslegung der Auflagenangabe nach dem objektiven Empfängerhorizont erfolgen,[846] um ihren Inhalt zu ermitteln. Da die in der Praxis möglichen, individuellen Limitierungsangaben hier nicht alle zum Gegenstand der Erörterung gemacht werden können, soll exemplarisch am Beispiel der klassischen (und wohl am weitesten verbreiten Form) der Auflagenangabe eine Auslegung des Erklärungsinhalts vorgenommen werden. Es stellt sich daher die Frage, welche Auflagendefinition einer Erklärung der Art „3/6“ objektiv entnommen werden kann.

(aa) Das konkrete Bezugsobjekt der Auflage (die Auflagendefinition im engeren Sinne)

Eine erste Aussage zu ihrem Bezugsobjekt trifft jede auf einem Werkexemplar angebrachte Limitierungsangabe schon dadurch, dass sie *auf* dem Werkexemplar angebracht ist.[847] Hiermit ist klargestellt, dass sich die konkrete Angabe auf das konkrete Werkstück bzw. das in ihm verkörperte urheberrechtliche Werk bezieht, auf dem sie angebracht worden ist und insbesondere keine Angaben zur Auflage beispielsweise von anderen Werken desselben Künstlers enthält.[848]

845 Sind sich beide Parteien trotz missverständlicher Erklärungen im Grunde einig, so gilt nach dem Grundsatz „falsa demonstratio non nocet“ der von beiden Parteien verstandene Erklärungsinhalt; vgl. z. B. *Leenen*, BGB AT, § 5 Rn. 54.

846 Hierzu grundlegend *Bork*, BGB AT, Rn. 494 ff. sowie zusammenfassend *Leenen*, BGB AT, § 5 Rn. 50 ff.

847 Bzw. auf einem sich eindeutig auf ein bestimmtes Werk beziehenden Echtheitszertifikat angebracht ist.

848 Würde ein Künstler z. B. bestimmte Werkexemplare mit einer Limitierungsangabe versehen, andere jedoch nicht, so wäre es in jedem Fall unzulässig, von der Limitierung der einen Exemplare darauf zu schließen, dass auch die anderen Exemplare (ohne eine entsprechende Angabe) ebenfalls limitiert seien.

Eindeutig liegt der Fall, wenn im Rahmen der Angaben zur Auflage davon gesprochen wird, dass das Negativ „retired“ (zurückgezogen) wurde.[849] Eine solche Aussage bringt unmissverständlich zum Ausdruck, dass von dem konkreten Negativ (und damit von dem jeweiligen Motiv bzw. urheberrechtlichen Werk) keine weiteren Abzüge hergestellt werden sollen. Versprochen ist hier eine „motivbezogene“ Limitierung, das bedeutet, im Fall der Auflagenangabe „3/6“ dürften maximal sechs Exemplare des konkreten Kunstwerks gleichzeitig existieren.

Entsprechend der im rechtstatsächlichen Teil aufgestellten Systematisierung[850] kann der Künstler bei Verwendung einer Angabe wie „3/6“ *ohne erläuternde Zusätze* nach seinem Verständnis eine „motivbezogene“, „formatbezogene“ oder „ausstattungsbezogene“ Auflagendefinition zugrunde gelegt haben. Entscheidend für die hier aufgeworfene Frage ist aber, was ein objektiver Dritter nach Treu und Glauben unter einer Bezeichnung wie „3/6“ auf einer Fotografie verstehen durfte (vgl. §§ 133, 157 BGB).[851] Das Verständnis des Künstlers tritt dann aus Gründen des Verkehrsschutzes im Rahmen der Auslegung zurück, wenn er sich nicht unmissverständlich geäußert hat, obwohl ihm dies unschwer möglich gewesen wäre. Diese Frage nach dem objektiven Inhalt der Limitierungserklärung stellt sich also insbesondere dann, wenn über die „klassische“ Limitierungsangabe hinaus keine weiteren Angaben gemacht wurden.

(bb) Die konkludente „Auflagendefinition“

Hat der Künstler ausdrücklich oder zumindest schlüssig mitgeteilt, welche Form von Auflagendefinition er zugrunde legt, so besteht für eine weitere Auslegung seiner Erklärung kein Raum.

Dies kann einerseits dann der Fall sein, wenn die verschiedenen Formate bzw. die nebeneinander existierenden Auflagen ausdrücklich kommuniziert sind (eine abgekürzte Variante wäre z. B.: „2/10+15“, was bedeuten würde, dass es sich um den Abzug Nr. 2 aus einer 10er Auflage handelt – mit dem zusätzlichen Hinweis, dass auch noch eine 15er Auflage existiert). Der Künstler folgt hier einem „formatbezogenen“ Auflagenverständnis, hat aber gleichzeitig die Gesamtzahl der solcherart nebeneinander bestehenden Auflagen ebenfalls absolut begrenzt.

849 Vgl. *AIPAD* (Hrsg.), Collecting Photographs, 24.
850 Oben B.II.4, S. 85.
851 Vgl. *Leenen*, BGB AT, § 5 Rn. 42.

Zählt der Künstler andererseits einfach alle Werkexemplare (auch solche in anderen Formaten und Techniken) in einer „Gesamtauflage zusammen" („2/25"), so stellt sich die Frage nach der Auflagendefinition solange nicht, wie die Gesamtzahl der Abzüge (gleich in welchem Format und in welcher Technik) die genannte Höchstzahl nicht erreicht. Gleichzeitig zeigt ein Künstler, der eine Auflage „zählt" (beispielsweise sechs Stück) und innerhalb dieser Exemplare verschiedene Formate abzieht, dass er einem „motivbezogenen" Auflagenverständnis gefolgt ist. Hat er dann die in der Kennzeichnung z. B. „3/6" zum Ausdruck kommende Höchstzahl von sechs Exemplaren abgezogen, so ist klar, dass weitere „Auflagen" in anderen Formaten unter keinen Umständen zu rechtfertigen sind, ohne dass hierdurch der vorher kommunizierten Auflagenhöhe widersprochen würde.

Aber auch in dem Fall, in dem ein Künstler die gesamte in der Form „3/6" kommunizierte Auflage in demselben Format abgezogen hat, kann eine Limitierungserklärung *ohne weitere Angaben* von einem objektiven Empfänger nur im Sinne einer motivbezogenen Limitierung verstanden werden. Dies folgt zum einen daraus, dass die motivbezogene Limitierung einem natürlichen Verständnis der Auflagenlimitierung am meisten entspricht. Ein objektiver Empfänger der Limitierungserklärung wird in der Regel davon ausgehen, dass es „dieses Foto" – laut Aussage der Limitierungsangabe – nur in der genannten Anzahl gibt.[852] Zum anderen folgt dies aus der Annahme, dass der Erklärungsempfänger dem Künstler, der die Limitierungsangabe gemacht hat, Redlichkeit unterstellen darf.[853] Als seriöseste bzw. transparenteste Form von Auflagen wird von denjenigen Marktteilnehmern, die sich dazu äußern, die motivbezogene Limitierung gezählt.[854] Formatbezogene bzw. ausstattungsbezogene Limitierungen setzen für die Kaufentscheidung des Sammlers nämlich eine ganze Reihe von zusätzlichen Informationen (z. B. zu Format und Umfang der geplanten oder durchgeführten zusätzlichen Auflagen) voraus, die für den Erklärungsempfänger nicht erkennbar sind, solange der Künstler ihn nicht entsprechend aufklärt. So wird eine formatbezogene Limitierung von den Markteilnehmern nur dann als

852 Die hier geäußerte Vermutung, dass es sich insoweit um das „Normalverständnis" einer Limitierungsangabe handelt, ließe sich im Prozess gegebenenfalls auch durch eine entsprechende empirische Untersuchung belegen. Vgl. aber z. B. auch *Dennis/Dennis*, Collecting Photographs, 110. Weiterhin sei als anekdotischer Hinweis auf die Richtigkeit dieser Überlegung angeführt, dass es beispielsweise für Ansel Adams, als er zum ersten Mal eine limitierte Auflage abzog, selbstverständlich war, die Negative im Anschluss zu vernichten. Die Idee, dass es neben einer limitierten Auflage weitere Abzüge desselben Negativs geben könne, war für ihn offensichtlich absurd (vgl. oben B.I.1.a), S. 38).

853 Vgl. zu diesem Auslegungsgrundsatz *Larenz/Wolf*, AT, § 28 Rn. 45 f.

854 So z. B. *Badger*, Collecting, 74; *Dennis/Dennis*, Collecting Photographs, 110.

redlich bzw. seriös angesehen werden, wenn zwischen den vertriebenen Formaten ein signifikanter Unterschied besteht. Niemand würde eine zweite Auflage als seriös betrachten, wenn sie sich nur um wenige Zentimeter oder gar Millimeter im Format von der Vorauflage unterscheiden würde.[855] Das Gleiche gilt, wenn sich die Werke zwar „technisch gesehen", z. B. aufgrund des Herstellungsprozesses, in ihrer Ausstattung unterscheiden, dieser Unterschied jedoch mit bloßem Auge überhaupt nicht zu erkennen ist.[856] Der Punkt, ab dem eine zweite Auflage in einem anderen Format oder in einer anderen Ausstattung „redlich" wird, ist naturgemäß schwierig zu fassen und hängt auch vom konkreten Werk sowie dem subjektiven Empfinden der Beteiligten ab. Der Käufer eines Auflagenwerks kann daher erwarten, dass er mit einer Auflage in einem weiteren Format (bzw. zumindest mit der Absicht, eine solche zu erstellen) beizeiten (d. h. beim Kauf) konfrontiert wird, damit er selbst entscheiden kann, ob er unter diesen Umständen noch zum Erwerb bereit ist[857] und ob durch seine Akzeptanz der offen gelegten Umstände diese spezielle Auflagendefinition Vertragsinhalt zwischen den Parteien werden kann. Den Künstler beziehungsweise Verkäufer trifft die Obliegenheit, derartige Informationen zur Verfügung zu stellen. Werden dem Erklärungsempfänger solche objektiv für die Einschätzung einer formatbezogenen oder ausstattungsbezogenen Limitierung notwendigen Informationen nicht zur Verfügung gestellt, besteht seitens des Erklärungsempfängers keine Pflicht zu klärenden Rückfragen.[858] Vielmehr darf insbesondere in den hier diskutierten Fällen der Auflagenlimitierungen vom Erklärungsempfänger davon ausgegangen werden, dass solche Informationen deshalb nicht kommuniziert wurden, weil sie schlicht nicht notwendig waren, da der Künstler eine motivbezogene Auflagendefinition verfolgt.

---

855 Vgl. *Badger*, Collecting, 74.

856 Anders wohl im Urteil zu *Sobel v. Eggleston*, (oben B.III.2, S. 92) in dem die erkennende Richterin alleine auf die Verwendung einer (namentlich) anderen Technik abstellt, ohne überhaupt zu prüfen, ob sich hierdurch ein anderer optischer Eindruck der Abzüge ergeben kann. Zugegebenermaßen ist der Unterschied der dort verwendeten Techniken (wohl) auch im optischen Eindruck erheblich („Dye Transfer Print" im Vergleich zum „Pigment Print"). Zu beachten ist jedoch, dass die vielen kleinen und sich ständig ergebenden Änderungen in der Technik der Herstellung von fotografischen Abzügen sich allzu häufig nur im Namen, nicht jedoch im optischen Eindruck des Ergebnisses, signifikant unterscheiden. Ausschlaggebend für die Frage, ob ein Abzug in Konkurrenz zu einer bestehenden Auflage treten kann, muss aber der optische Eindruck sein und kann nicht an technischen Begrifflichkeiten letztentscheidend festgemacht werden.

857 Vgl. beispielhaft zu dieser Erwartungshaltung auch die Äußerungen des Sammlers Jonathan Sobel bei *Walker*, Q&A: Art Collector Jonathan Sobel Explains His Beef with William Eggleston (Internetquelle).

858 Vgl. BGH, NJW 2013, 3511 (3513 Rn. 17); *Wendtland*, in: BeckOK BGB, § 133 Rn. 27.

Liegt es aber ausschließlich am Künstler, seine Erklärung so zu gestalten, dass sie nicht missverstanden wird, und ist eine Erklärung des Künstlers, welche eine transparente Auflagengestaltung zweifelsfrei kommuniziert, denkbar einfach zu realisieren,[859] dann muss man ihm letztlich auch das Risiko einer nicht eindeutig formulierten Erklärung zuweisen.

Im Ergebnis ist eine Auflagenangabe im Sinne von „3/6" ohne weitere Zusätze aus Sicht eines objektiven Empfängers so zu verstehen, dass der Künstler eine motivbezogene Limitierung vorgenommen hat bzw. vornehmen will und somit von dem konkreten Motiv niemals mehr als sechs Exemplare – gleich in welchem Format oder in welcher Auflage – existieren sollen.

Ein solches Auslegungsergebnis im Hinblick auf das mit der Limitierungsangabe Erklärte ist auch nicht praxisfremd. Insbesondere kann nicht festgestellt werden, dass die teilweise zu beobachtende Praxis, auch bei Ausweisung einer Limitierung im Sinne von „3/6" weitere Abzüge (z. B. in anderen Formaten) unter Zugrundelegung einer neuen Zählung herzustellen, eine bestehende und bei der Auslegung zu berücksichtigende Verkehrssitte im Sinne von § 157 BGB darstellen würde. Vielmehr existieren die verschiedenen Praktiken nebeneinander, wobei eine zunehmende Kritik an verkürzten und damit intransparenten Auflagenangaben zu beobachten ist.[860] Zu stark vereinfacht ist also vielmehr der durchaus von einigen Marktteilnehmern auf der Angebotsseite des Kunstmarkts vertretenen Standpunkt, eine Auflage – mit den damit verbundenen Vorteilen der Exklusivität und eines potenziell höheren Preises – zunächst (zu) niedrig zu definieren und dann nach Belieben weitere Auflagen herzustellen, wenn sich das Kunstwerk später als besonders erfolgreich bei den Sammlern entpuppt.

(cc) „Artist's Prints"

Im Rahmen der Auflagendefinition ist auch die Praxis der Herstellung von Artist's Prints zu berücksichtigen. Wie bereits oben dargestellt,[861] werden Artist's Prints häufig aufgelegt, ohne zur eigentlichen Auflagenhöhe hinzugezählt zu werden.[862] Entsprechend ihrem Zweck sind sie nicht unmittelbar

859 Also sei es durch Zählung sämtlicher Abzüge in allen Formaten in einem einheitlichen Nenner oder durch erweiternde Angaben im Sinne von „+ X" oder sei es durch einen Zusatz wie „weitere Abzüge in anderen Formaten vorbehalten".

860 Zuletzt *Fricke*, Photonews 6/2015, 9.

861 Zu Herkunft und Bedeutung der Artist's Prints oben B.II.2, S. 79.

862 Ist die Höhe der „Artist's Prints" explizit ausgewiesen, so besteht kein Auslegungsbedarf. „Artist's Prints" können dann in beliebiger Höhe abgezogen werden und der

für den allgemeinen Handel bestimmt und sollten zudem in einem angemessenen (geringen) Verhältnis zur Gesamtauflage stehen. Hier gilt, dass der Empfänger der Limitierungserklärung diese althergebrachte und aus anderen Zusammenhängen bekannte Praxis (z. B. aus der Druckgrafik) als „Verkehrssitte" (vgl. § 157 BGB) kennen muss und innerhalb eines bestimmten Erwartungshorizonts auch ohne konkreten Hinweis auf das Bestehen von Artist's Prints beim Kauf eines Abzugs akzeptiert. Entscheidend ist aber, dass der nach objektiven Kriterien zu erwartende Umfang der Artist's Prints, nicht überschritten worden ist. Feste Zahlen können hier nicht genannt werden. Es ist aber davon auszugehen, dass sich Artist's Prints in einem maximalen relativen Umfang von 10 % der eigentlichen Auflagenhöhe und einem maximalen absoluten Umfang von 5–10 Exemplaren noch in einem angemessenen, d. h. insbesondere durch den Käufer zu erwartenden Rahmen bewegen.[863] Teilweise wird auch als absolute Obergrenze eine Anzahl von fünf Artist's Prints genannt.[864] Wenn die Höhe der Artist's Prints 25 % der eigentlichen Auflagenhöhe überschreitet,[865] ist weiterhin davon auszugehen, dass diese nicht mehr als Artist's Prints aufgefasst werden können, sondern eine unerwartete und damit nicht vereinbarte Ausweitung der eigentlichen Auflage darstellen.

Einen für den objektiven Empfänger der Limitierungsangaben ebenfalls nicht mehr von der Konvention der Artist's Prints umfassten Fall würde auch eine Situation darstellen, in der Artist's Prints unter den gleichen Umständen wie die Abzüge der limitierten Auflage am Markt (dies gilt in erster Linie für den Primärmarkt) angeboten würden. Das Verhalten des Künstlers bzw. seiner Intermediäre bewegt sich auch in diesem Fall nicht mehr innerhalb der bestehenden Verkehrssitte und der berechtigten Markterwartungen. Werden „Artist's Prints" nämlich in der gleichen Weise angeboten wie die anderen Abzüge der Auflage, so stellt sich die Frage, mit welcher Begründung sie nicht mehr zu dieser Auflage gezählt, sondern als Artist's Prints bezeichnet werden. Bei echten Artist's Prints verweist vor allem deren französische Bezeichnung auf die ursprüngliche Begründung: „hors de commerce". Artist's Prints können nur dann *neben* der eigentlichen Auflage akzeptiert werden, wenn sie gerade nicht unmittelbar in den Markt gelangen und dort zu den verkauften Exemplaren der limitierten Auflage in Kon-

Käufer hat die Möglichkeit, seine Kaufentscheidung in Kenntnis ihrer exakten Höhe zu treffen.

863 Vgl. z. B. (noch für die Druckgrafik) *Bleicher/Stiebner*, Druckgraphik, 169.

864 *Phillips*, Contemporary Photography, 20.

865 Es sei denn, die Auflage wäre so niedrig, dass 25 % der Auflage weniger als ein einziger Abzug wären. Zumindest ein A. P. ist dem Künstler natürlich in jedem Fall zuzubilligen.

kurrenz treten. Natürlich ist nicht ausgeschlossen, dass auch ein Artist's Print" irgendwann auf den Kunstmarkt gelangt. Es ist jedoch etwas anderes, wenn dieser ursprünglich vom Künstler z. B. an einen guten Freund oder Unterstützer verschenkt wurde. Regelmäßig wird er dann schon aus einem gewissen „Anstandsgefühl" nicht sofort auf dem Kunstmarkt angeboten werden, sondern erst nach vielen Jahren oder nach dem Tod des Künstlers. Die „inflationierende" Wirkung der Artist's Prints ist dann weit weniger unmittelbar und wird vom Markt erfahrungsgemäß hingenommen. Werden Artist's Prints aber z. B. unmittelbar nach dem Ausverkauf der eigentlichen Auflage von demselben Verkäufer auf dem Primärmarkt angeboten, so handelt es sich um eine Praxis, die von der Konvention der Artist's Prints nicht mehr gedeckt ist und die daher eine Überschreitung der aus Sicht eines objektiven Erklärungsempfängers vereinbarten Auflagenhöhe darstellt.[866] Das Gleiche gilt selbstverständlich für die – wohl betrügerisch zu nennende – Praxis, nach dem Ausverkauf der eigentlichen Auflage nach Belieben weitere Abzüge zu produzieren und diese dann als Artist's Prints zu bezeichnen.

(dd) Ersatzabzüge

Werden als Reaktion auf Verfallserscheinungen am Originalabzug Ersatzabzüge hergestellt,[867] so hält sich diese Vorgehensweise jedenfalls solange im Rahmen des abgegebenen Limitierungsversprechens, wie der neue Abzug die Nummerierung des ersetzten Abzugs übernimmt und der alte Abzug vom Markt genommen wird.[868] Idealerweise geschieht dies durch Vernichtung des ursprünglichen Abzugs oder jedenfalls durch Entfernung der Künstlersignatur auf diesem. Das Limitierungsversprechen gegenüber den übrigen Eigentümern von Werken der Auflage umfasst – neben dem Versprechen der Nichterhöhung der Auflage – gerade nicht das Versprechen, dass die Auflage im Laufe der Zeit durch äußere Einflüsse verringert wird. Die Aufrechterhaltung der versprochenen Auflagenhöhe müssen die Eigentümer daher hinnehmen, solange z. B. durch Vernichtung der Altabzüge sichergestellt wird, dass es faktisch nicht doch zu einer Erhöhung der Auflage kommt.

---

866 In diesem Sinne auch *Smyth*, British Journal of Photography, The numbers game (Internetquelle).
867 Vgl. zu dieser Praxis oben B.I.6.c), S. 73.
868 So auch *Bauschke*, FAZ v. 22.08.2015, 15.

(ee) Grenzen der Auflagendefinition (das „Abstandsgebot")

Unabhängig davon, ob es sich um eine (konkludente) motivbezogene oder eine formatbezogene Auflagendefinition handelt, stellt sich die Frage, ob eine „äußerste Grenze" der Auflagendefinition existiert, ab der es dem Künstler möglich ist, eine neue Auflage zu produzieren.

Eine solche Grenze ergibt sich aus dem der Auflagenlimitierung innewohnenden Zweck, im Ergebnis eine künstliche Angebotsbegrenzung in Bezug auf das beliebig oft vervielfältigbare Kunstwerk herbeizuführen. Problematisch und dem Auflagenversprechen zuwiderlaufend sind zusätzliche Werkexemplare, die (insbesondere) auf dem Kunstmarkt in Angebotskonkurrenz zu den Werken der bestehenden limitierten Auflage treten können. Aus diesem Zweck der Auflagenlimitierung folgend ist für legitime „Nachauflagen"[869] die Einhaltung eines gestalterischen „Abstandsgebots" zu den bereits in einer limitierten Auflage hergestellten Werkexemplaren zu fordern.

Das hier geforderte Abstandsgebot kann ebenfalls unter Zuhilfenahme urheberrechtlicher Begriffe[870] formuliert werden. Eine erneute Auflagendefinition unter Verwendung desselben „Motivs" wahrt den notwendigen Abstand zur Auflage jedenfalls dann, wenn die neuen Werkexemplare in der Art und Weise ihrer Präsentation sich so signifikant von der Vorauflage unterscheiden, dass sie als neues urheberrechtliches Werk oder jedenfalls als abhängige Bearbeitung (§§ 3, 23 UrhG) des Werks aufgefasst werden können, welches der bestehenden Auflage zugrunde liegt und wodurch sie nicht mehr in direkte Konkurrenz zur Vorauflage treten.

Diese Abgrenzung, welche in Grenzfällen durchaus schwierig sein kann, stellt im Bereich des Urheberrechts ein klassisches Problem dar, welches Gerichte regelmäßig beschäftigt.[871] Die dort im Laufe der Jahre erarbeiteten Grundsätze können *mutatis mutandis* auch zur Konkretisierung des Abstandsgebots von „Nachauflagen" herangezogen werden. Das entscheidende Kriterium muss insoweit sein, ob die erneute Verwendung desselben Werks unter Hinzufügung eines hinreichenden „schöpferischen Mehrwerts"[872] erfolgt ist oder nicht.

---

869 Die Bezeichnung „Nachauflage" wird hier in Anführungszeichen verwendet, da es sich bei Einhaltung des Abstandsgebots wieder um die *erste* (und dann im Fall einer limitierten Auflage auch *einzige*) Auflage eines *neuen* Werks handeln würde (dazu sogleich).

870 Dazu oben Fn. 838.

871 Eine der umfangreichsten Abhandlung zu dieser Problematik mit Fokus auf die Fotografie und vielen bebilderten Beispielen findet sich bei *Maaßen*, in: FS Pfennig, 135 ff.

872 Vgl. zu diesem Kriterium sehr anschaulich *Maaßen*, in: FS Pfennig, 174 ff.

Jedenfalls nicht ausreichend – weil ohne schöpferischen Mehrwert – ist die bloße Vergrößerung oder Verkleinerung desselben Motivs. Eine „nachgeschobene“ Auflage in einem anderen Format ist daher – insoweit nicht eine „formatbezogene“ Limitierung ausdrücklich vereinbart wurde[873] – auch wegen Nichteinhaltung des Abstandsgebots grundsätzlich unzulässig.[874]

(ff) Werkexemplare außerhalb des Limitierungsversprechens

Zu beachten ist, dass bestimmte Wiedergabeformen des Kunstwerks bei objektiver Betrachtung niemals vom Auflagenversprechen des Künstlers erfasst sein sollten, weil sie ohnehin nicht in Konkurrenz zu den Exemplaren der limitierten Auflage treten können. Bei allen diesen Werkexemplaren handelt es sich nach dem hier vertretenen urheberrechtlichen Originalbegriff auch nicht mehr um Originale.[875]

In diese Kategorie fallen Exhibition Prints, insoweit sie den für diese üblichen Gepflogenheiten entsprechen, d. h. insbesondere keine Künstlersignatur aufweisen.[876] Auch bei der Verwendung eines bereits in limitierter Auflage erschienenen Motivs (Werks) in einem der derzeit immer populärer werdenden Fotobücher stellt sich dies von vorneherein als Verwendung außerhalb des Limitierungsversprechens dar.[877]

Etwas anderes kann für die (jedoch scheinbar durch den Siegeszug des Fotobuchs etwas weniger populär werdenden) Portfolios gelten. Ein Portfolio – so wie es an dieser Stelle im Unterschied zum Fotobuch verstanden werden soll – besteht nicht aus in einem Buch abgedruckten Motiven, sondern aus einem thematisch gefügten Satz eigenständiger (Foto-)Abzüge. Als Mindestvoraussetzung an ein legitimes Portfolio, damit es als außerhalb der Auflagendefinition begriffen werden kann, muss deshalb verlangt werden, dass die Abzüge eindeutig dem Portfolio zugeordnet werden können (z. B. aufgrund einer besonderen Stempelung) bzw. dass das Portfolio nicht „gefleddert“ werden kann. Auch sollten die einzelnen Abzüge keine Künstlersi-

873 Dazu soeben oben D.II.2.c)(3)(bb), S. 193.

874 Für dieselbe Wertung aus Sicht des Verlagsrechts vgl. *Schricker*, VerlagsR, § 2 Rn. 41. Zu Bedenken bleibt eine „krasse“ Änderung des Formats, welche dann doch ihrerseits eine eigenen schöpferischen Mehrwert beinhalten könnte (etwa die wandgroße Präsentation eines Negativs).

875 Ausführlich oben bei C.II.9, S. 138.

876 Grundlegend zu den Exhibition Prints oben B.I.6.b), S. 71.

877 Zu beachten bleibt, dass Fotobücher häufig ihrerseits in limitierten Auflagen aufgelegt werden und eine solche Limitierung in Bezug auf das Fotobuch nach den hier vorgestellten Grundsätzen ebenfalls verbindlich ist.

gnatur aufweisen, welche sie zu vollwertigen Werkexemplaren erheben. Nur so ist zu verhindern, dass die Abzüge der Portfolios (z. B. nach dem „Fleddern“ desselben) auf dem Markt doch noch in direkte Konkurrenz zu den vorher in limitierter Auflage hergestellten Abzügen treten können.[878]

Erst recht außerhalb der Auflagendefinition (und hier nur der Vollständigkeit halber erwähnt) steht der Druck preiswerter (und qualitativ schlechterer) Poster, wie sie häufig im Rahmen von Ausstellungen als Souvenir angeboten werden. Genauso wie die Abbildung eines Werks beispielsweise in einem Ausstellungskatalog nicht in Konkurrenz zu einem in einer Sammlung befindlichen Originalabzug treten kann, so kann auch die Abbildung eines fotografischen Werks auf einem ausstellungsbegleitenden Poster bzw. Werbeplakat die Qualität des Werkgenusses und die „Aura“ eines Originalwerks schlichtweg niemals erreichen.

Die Auslegung der Limitierungserklärung des Künstlers aus Sicht des objektiven Empfängerhorizonts ergibt daher auch, dass aufgrund des Zwecks der Auflagenlimitierung – jedenfalls aber unter Berücksichtigung der Verkehrssitte (§ 157 BGB) – solche Werkverkörperungen außerhalb der Auflage stehen.

(4) Das Limitierungsversprechen

Die Anbringung einer Limitierungsangabe (d. h. die Angaben auf dem Abzug bzw. auf einem Echtheitszertifikat[879]) hat über die Definition der Auflage und deren Absolutheit hinaus noch einen weiteren Aussagegehalt: Zunächst spricht die Tatsache, dass der Künstler die Abzüge überhaupt mit der entsprechenden Nummerierung versieht, aus objektiver Sicht dafür, dass diese Nummerierung kein reiner Selbstzweck ist. Ginge es nur um eine persönliche Buchführung des Künstlers, so könnte er für sich privat (und eben nicht auf jedem Abzug) „Buch führen“. Wenn es ihm darum ginge, die einzelnen Abzüge voneinander unterscheidbar zu machen, so könnte er sie einfach nur fortlaufend nummerieren,[880] müsste dann aber keineswegs stets auch die Gesamtauflage nennen. Dass er die Auflagenhöhe aber explizit an das Publikum kommuniziert und damit insbesondere den Sammlern mitteilt, spricht aus objektiver Sicht dafür, in der Limitierungsangabe mehr als nur eine bloße „Nummerierung“ zu sehen. Eine solchermaßen an das Publi-

878 Unabhängig davon bleibt es auch hier dem Künstler unbenommen, die Abzüge der Portfolios bereits in sein kommuniziertes Auflagenversprechen rechtzeitig aufzunehmen.

879 Vgl. oben B.II.3, S. 81.

880 Ähnlich einer fortlaufenden Seriennummer wie z. B. auf vielen Konsumgütern.

kum bzw. die Käufer gerichtete Botschaft erlangt ihre Bedeutung nicht zuletzt auch aus der Erwartungshaltung der Adressaten, welche dem Künstler bekannt sein müsste.

Ein Käufer, der den Abzug als langfristiges Sammel-, aber unter Umständen auch als Wertanlageobjekt ersteht, hat ein besonderes Interesse daran, dass insbesondere *zukünftig* die Auflagenangabe ihre Richtigkeit behält; mit anderen Worten, dass die Auflage nicht vergrößert wird.[881] Dieses Interesse des Sammlers muss auch dem Künstler bewusst sein. Unterstellt man eine redliche Denkweise aller Beteiligten,[882] so muss in der Angabe der Auflagenhöhe durch den Künstler daher eine Versicherung[883] an den Sammler gesehen werden, dass diese Auflagenhöhe *ein für alle Mal* festgeschrieben ist, d. h. auch zukünftig nicht mehr verändert wird.[884] Eine Auslegung, die der Limitierungsangabe *nicht* auch eine implizite Versicherung der Einhaltung dieser Limitierung für die Zukunft unterstellt, führt dazu, dass die gesamte Limitierung ihres Sinnes beraubt wird.[885] Da sich eine Limitierung wesensmäßig gerade durch ihre Absolutheit auszeichnet, ist bei ihr kein Raum für eventuelle „Hintertürchen" der zukünftigen Auflagenerweiterung.[886] Ein objektiver Erklärungsempfänger muss daher in der Limitierungsangabe des Künstlers nicht nur die bloße Nummerierung des einzelnen Abzugs und die absolute Definition einer Auflage, sondern auch eine Versicherung und damit ein Versprechen des Künstlers im Hinblick auf die maximale Auflagenhöhe für die Zukunft erblicken. Die Limitierungserklärung geht damit inhaltlich ihrem objektiven Zweck nach insbesondere über eine sogenannte *Wissensmitteilung*[887] hinaus, die im Unterschied zu einer Willenserklärung eben nicht auf die Herbeiführung von Rechtsfolgen gerichtet ist (bzw. nicht so verstanden werden darf), sondern allein Informationen weitergibt.

---

881 Beispielhaft für die Erwartungshaltung des Sammlers sind die Äußerungen von Jonathan Sobel (vgl. zu diesem Fall oben B.III.2, S. 92) in einem Interview; *Walker*, Q&A: Art Collector Jonathan Sobel Explains His Beef with William Eggleston (Internetquelle). Außerdem die Klageschrift im Fall *Sobel v. Eggleston*; Nachweis oben bei B.III.2, S. 92.

882 Diese Auslegungsmaxime geht auf den Grundsatz der Auslegung nach Treu und Glauben (§ 157 BGB) zurück; *Larenz/Wolf*, AT, § 28 Rn. 45.

883 Deren rechtliche Verbindlichkeit noch zu prüfen sein wird.

884 So auch *Crawford*, Legal Guide, 133, 136.

885 Vgl. die bereits eben gemachten Aussagen zum Wesensmäßigen einer Auflagenlimitierung.

886 Anders, aber im Ergebnis wohl nicht zutreffend die erstinstanzliche Entscheidung im Fall *Sobel v. Eggleston*. Ausführlich oben bei B.III.2, S. 92.

887 Teilweise auch „Wissenserklärung"; vgl. BGH, NJW 2008, 1517 (1518); OLG Düsseldorf, NJW-RR 2009, 398; *Saenger*, in: HK BGB, § 434 Rn. 8.

Gleichzeitig enthält das Versprechen zur maximalen Auflagenhöhe keine Angaben zu einer minimalen Auflagenhöhe; dies zudem, da kein entsprechendes Interesse an einer solchen Definition bei den Sammlern besteht. Das Nichtausschöpfen einer genannten maximalen Auflagenhöhe ist daher auch[888] im Rahmen des Limitierungsvertrags unproblematisch.

(5) Der Adressat des Limitierungsversprechens

Da Empfänger der Limitierungserklärung als solcher grundsätzlich jede Person sein kann, die (z. B. in einer Galerie) mit der Auflagenangabe konfrontiert wird,[889] stellt sich die Frage, an wen sich das Limitierungs*versprechen*[890] des Künstlers tatsächlich richtet. Dabei ist ebenfalls auf eine objektive Betrachtungsweise abzustellen, da in der Limitierungserklärung der Adressat nicht ausdrücklich benannt ist.[891] In einer Erklärung ohne einen ausdrücklich benannten Empfänger kann grundsätzlich ein an jedermann gerichtetes (*ad incertas personas*[892]) Angebot gesehen werden. Dem objektiv erkennbaren Inhalt des Erklärungsversprechens nach will sich der Künstler aber gerade nicht gegenüber jedermann verpflichten, dem die Erklärung zur Kenntnis gelangt (z. B. Besuchern in einer Ausstellung). Vielmehr lässt sich aus dem Zweck der Limitierungserklärung entnehmen, dass das Versprechen nur gegenüber dem Sammler, d. h. dem (ersten)[893] Käufer und Eigentümer der Fotografie, abgegeben wird. Das in der Limitierungserklärung enthaltende Versprechen richtet sich somit nur an Personen, die die jeweilige Fotografie auch zu Eigentum erwerben.

888 Genauso bereits zum Originalbegriff oben bei C.II.10.a), S. 156. Entsprechend auch im Bereich des Kaufrechts bei E.III.1.a)(3), S. 281.

889 Vgl. auch oben bei D.II.2.a), S. 185. Zum Zugang der Erklärung des Künstlers im Sinne von § 130 Abs. 1 S. 1 BGB sogleich unten bei D.III.2, S. 215.

890 Dazu eben bei D.II.2.c)(4), S. 201.

891 Der Fall ist vergleichbar mit z. B. in Ladengeschäften öffentlich ausgehängten Geschäftsbedingungen. Auch diese sind Erklärungen, die als solche zunächst jeder Person zugehen, welche sie sinnlich wahrnehmen, d. h. empfangen kann (gegebenenfalls sogar Passanten, welche nur einen Blick in das Ladengeschäft werfen). Ihrem offensichtlichen Zweck nach richten sie sich als Angebot auf Abschluss eines Vertrags mit entsprechendem Inhalt jedoch nur an Personen, die auch tatsächlich in dem Ladengeschäft einen Kaufvertrag abschließen.

892 Näheres z. B. bei *Busche*, in: MüKo BGB, § 145 Rn. 17, 12.

893 Zur Rechtsnachfolge sogleich bei D.III.3, S. 217.

(6) Zwischenergebnis: Der objektive Inhalt einer Limitierungserklärung in der zeitgenössischen Fotokunst

Ein objektiver Empfänger darf Limitierungsangaben im Sinne von „3/6" auf Werken der zeitgenössischen Fotokunst so verstehen, dass hiermit zum Ausdruck gebracht werden soll, dass es sich um eine absolut begrenzte (limitierte) Auflage handelt. Weiterhin, dass – soweit keine nähere Präzisierung durch den Künstler erfolgt ist – diese Angabe so zu verstehen ist, dass von dem konkreten urheberrechtlichen Werk Abzüge nur in der genannten Höhe existieren sollen („motivbezogene Auflage"). Diese Angabe ist gleichzeitig als Versprechen des Künstlers zu verstehen, dass seinerseits die Absicht besteht, diese niedergelegten Rahmenbedingungen zukünftig nicht mehr einseitig zu verändern. Als etablierte Marktgepflogenheit ist eine geringe Zahl Artist's Prints, welche nicht zur eigentlichen Auflagenhöhe hinzugezählt werden, vom Empfänger der Limitierungserklärung auch ohne einen besonderen Hinweis zu erwarten. Dies gilt allerdings nur so lange, wie die konkreten Artist's Prints sich zahlenmäßig in einem angemessenen Rahmen bewegen und insbesondere nicht unmittelbar käuflich auf dem Primärmarkt angeboten werden. Individuelle Präzisierungen dieses Auflagenversprechens, d. h. Erweiterungen und Verengungen seines Umfangs, sind grundsätzlich möglich, solange der Künstler sie in unmissverständlicher Weise kommuniziert hat.

Besonderes Augenmerk ist nun der Frage zuzuwenden, ob das in Bezug auf die Auflage zum Ausdruck kommende *Versprechen* unter Zugrundelegung des eben ermittelten Inhalts auch tatsächlich *rechtlich* verbindlich verstanden werden darf (d. h. ob der Erklärung ein entsprechender Rechtsbindungswille beigemessen werden kann) oder ob es sich lediglich um ein rechtlich folgenloses „Gentlemen's Agreement" bzw. ein Versprechen im außerrechtlichen Bereich handelt. Würde es sich um ein Versprechen handeln, dem aus Sicht des objektiven Empfängerhorizonts ein Rechtsbindungswille beigelegt werden kann, so wäre in der Limitierungsangabe des Künstlers eine Willenserklärung im Sinne des BGB zu sehen und damit die Grundlage für einen zivilrechtlichen Vertrag über das Limitierungsversprechen geschaffen.

d) Der Rechtsbindungswille in einer Limitierungserklärung

Damit bei der Limitierungsangabe von einer auf den Abschluss einer rechtsgeschäftlichen Verpflichtung – und nicht z. B. auf ein „Gentlemen's Agreement" – zielenden Willenserklärung ausgegangen werden kann, muss nun noch geprüft werden, ob der Erklärung unter Zugrundelegung ihres soeben ermittelten objektiven Inhalts aus Sicht eines objektiven Empfängers auch ein Geschäfts- und damit Rechtsbindungswille[894] entnommen werden kann. Wäre dies der Fall, so müsste auch ein (zumindest potenzielles) Erklärungsbewusstsein aufseiten des Künstlers bejaht werden.

(1) Argumente für einen Rechtsbindungswillen

Dafür, dass es sich bei der Limitierungsangabe um eine rechtsverbindliche Erklärung handelt, spricht schon, dass das Verhältnis zwischen Künstler und Sammler in der Regel keines ist, in welchem man die sogenannten „Gefälligkeitsverhältnisse" verortet. Gefälligkeitsverhältnisse liegen in der Regel bei Abreden im Rahmen einer Freundschaft oder auch „Liebesbeziehung" bzw. im „gesellschaftlichen Verkehr" vor.[895] Zwischen Künstler und Sammler besteht jedoch häufig keinerlei besonderer persönlicher Kontakt. Dies gilt insbesondere, wenn das Werk auf dem Sekundärmarkt[896] erworben wurde. Die Auflagenlimitierung wird vom Künstler an eine ihm prinzipiell zunächst unbekannte Öffentlichkeit gerichtet. In einem derart „anonymen" Rahmen muss aber schon aufgrund des Verkehrsschutzes gefordert werden, dass Erklärungen (jedenfalls solange sie keinen ausdrücklichen Hinweis auf ihre Unverbindlichkeit enthalten) grundsätzlich rechtlich verbindlich sind.

Für eine rechtserhebliche Absicht des Künstlers bei Anbringung der Limitierung spricht bei Anlegung der oben[897] aufgefächerten Kriterien weiterhin, dass die Limitierungsangabe häufig vom Künstler selbst handschriftlich und in Verbindung mit seiner Signatur angebracht wird, was den rechtsgeschäftlichen Charakter der Limitierungsangabe unterstreicht. Wird stattdessen mit einem sogenannten „Echtheitszertifikat" gearbeitet, so spricht dessen regelmäßig urkundenähnliche Ausstattung ebenfalls dafür, dass es sich bei der Erklärung nicht um ein rechtliches Nullum handeln soll, es aber insbesondere bei einem objektiven Betrachter auch nicht den Eindruck eines rechtlichen Nullums erweckt.

Die große Bedeutung der Auflagenlimitierung für die (wirtschaftliche) Wertschätzung von Fotografien[898] spricht ebenfalls für eine rechtliche Verbindlichkeit von Limitierungen. So zeigt sich, dass eine niedrige Auflage in

894 Zu diesen Voraussetzungen einer Willenserklärung ausführlich oben bei D.II.1, S. 179.
895 *Ellenberger*, in: Palandt, Einf v § 116 Rn. 4.
896 Zu diesem Begriff vgl. unten E.I, S. 266.
897 D.II.1.c), S. 183.
898 Dazu aus rechtstatsächlicher Sicht die Beispiele bei B.I.4, S. 57.

der Regel mit höheren Preisen für die Werke „belohnt“ wird.[899] Der hierdurch begründete (zumindest teilweise enorme) wirtschaftliche Wert von Fotografien spricht dagegen, dass die Limitierung von Auflagen durch die Beteiligten lediglich als rechtlich unverbindliches „Gentlemen's Agreement“ aufgefasst werden könnte. Letztlich stünden im Falle einer Unverbindlichkeit der Limitierung nicht unbedeutende wirtschaftliche Werte und damit gewichtige Interessen der Sammler, aber auch des Künstlers (der von dem durch limitierte Auflagen gesteigerten Verkaufspreis profitiert), auf dem Spiel.[900] Da diese Umstände der „Kunstproduktion“ als allen Marktteilnehmern bekannt unterstellt werden können, wäre eine bloß unverbindlich gemeinte Limitierung letztlich *perplex*, da sie die in sie gesetzten Erwartungen offensichtlich nicht erfüllen könnte. Auch kann davon ausgegangen werden, dass dem Künstler bewusst ist, dass er aufgrund des geschilderten Marktumfeldes mit seiner Limitierungserklärung zumindest den *Anschein* einer rechtserheblichen Handlung und damit einen Vertrauenstatbestand schafft.

Gleichzeitig ist zu beachten, dass die Höhe einer Auflage ebenso wie die Frage, ob überhaupt eine limitierte Auflage aufgelegt wird, in der freien Entscheidung des Künstlers liegt.[901] Er wird diese Entscheidung unter Berücksichtigung seiner künstlerischen Position sowie der Nachfrageverhältnisse für seine Werke auf dem Kunstmarkt treffen.[902] An einer solchen, auf freiwilliger Basis getroffenen Entscheidung muss er sich dann auch festhalten lassen.

Voraussetzung für die Annahme einer rechts*unverbindlichen* Abrede ist zudem stets die Unentgeltlichkeit bzw. Uneigennützigkeit des Verhaltens des „Gefälligen“.[903] Nach dem eben Gesagten ist aber davon auszugehen, dass der Künstler durch die Wahl einer Limitierung beim Verkauf seines Werks eine „Prämie“ erzielen kann (gegenüber dem geringeren Erlös einer unlimitierten Auflage),[904] was sein Verhalten (zumindest mittelbar) gerade nicht unentgeltlich machen würde.

899 Vgl. hierzu die Nachweise in Fn. 360.

900 Wie die im rechtstatsächlichen Kapitel besprochenen Fälle deutlich vor Augen führen; B.III, S. 91.

901 Insoweit richtig *Reis*, Bulletin Kunst & Recht 1/2011, 48 (49).

902 Für unterschiedliche Beispiele aus der Praxis vgl. *Finkel*, Fotogeschichte 105/2007, 59 (60 f.).

903 *Grüneberg*, in: Palandt, Einl v § 241 Rn. 7.

904 Vgl. hierzu auch die Argumentation von Jonathan Sobel bei *Walker*, Q&A: Art Collector Jonathan Sobel Explains His Beef with William Eggleston (Internetquelle) sowie in der Klageschrift im Fall *Sobel v. Eggleston* (oben B.III.2, S. 92) unter der Ziffer 16.

(2) Mögliche Argumente gegen einen Rechtsbindungswillen aus dem Urheberrecht

Bei Diskussionen über die Verbindlichkeit von Auflagenlimitierungen wird teilweise vertreten, dass der Künstler als Inhaber des Urheberrechts geradezu selbstverständlich dazu berechtigt sei, zusätzliche Abzüge seines Werks herzustellen, und dass er sich daher über eine von ihm festgelegte Limitierung hinwegsetzen könne.[905] Das Gleiche soll für seine Erben gelten.[906] Wenn diese Ansicht richtig wäre, würde das gegen eine rechtliche Verbindlichkeit der Auflagenlimitierung sprechen.

Den genannten Aussagen ist aber nur insoweit zuzustimmen, als sie davon ausgehen, dass dem Künstler als Urheber tatsächlich grundsätzlich das Recht zusteht, Originale[907] bzw. Vervielfältigungsstücke seines Werks herzustellen.[908] Insbesondere garantiert das Urheberrecht dem Künstler, dass – bis auf wenige Ausnahmen abgesehen – Dritte seine Werke nicht ohne Zustimmung bzw. ohne eine Vergütungspflicht verwenden dürfen. Das Urheberrecht *schützt* den Künstler in seiner Beziehung zum Werk und sichert ihm die Früchte seiner Arbeit.[909] Die Zielrichtung des Urheberrechts, den Künstler zu schützen, kann im Rahmen der Anwendung des Urheberrechts dazu führen, dass – z. B. bei der Einräumung eines Verwertungsrechts an einen Verleger – eine für den Künstler nachteilige Ausübung dieses Rechts Beschränkungen unterworfen sein kann, die aus dem Zweck des Urheberrechts herrühren.[910] Ausfluss dieses Schutzgedankens im Urheberrecht ist

---

905 *Raue*, in: FS Krämer, 657; *Reis*, Bulletin Kunst & Recht 1/2011, 48 (49). Die Diskussion ist eine ähnliche wie im Fall der Frage nach der Zulässigkeit von sogenannten „Selbstplagiaten". Eine umfassende Abhandlung hierzu findet sich bei *Bisges*, UFITA 2008-III, 643 ff.

906 *Raue*, in: FS Krämer, 657.

907 Wobei es sich bei der „Befugnis" des Urhebers, Originale zu schaffen, nach dem hier vertretenen Verständnis des Originals (vgl. oben C.II.9, S. 138) um eine Tätigkeit handelt, die begriffsnotwendig nur vom Urheber vorgenommen werden kann. Er benötigt hinsichtlich dessen auch keine „Befugnis" des Urheberrechts zur Schaffung von Originalen, genauso wenig wie er anderen die „Befugnis" zur Herstellung von Originalen erteilen kann.

908 Dies gilt grundsätzlich auch im Falle eines sogenannten „Selbstplagiats"; vgl. *Bisges*, UFITA 2008-III, 643 (688 f.).

909 *Rehbinder/Peukert*, Urheberrecht, Rn. 111 f.

910 Vgl. insoweit die Entscheidung RGZ 199, 408 (412 ff.) – „Elfenreigen". Das Reichsgericht hat hier die Argumente für seine Entscheidung aus dem „Kunstschutz" (Urheberrecht) hergeleitet. Heute wäre bei der Entscheidung auch daran zu denken, bei der Auslegung eine mittelbare Drittwirkung des Grundrechts auf Kunstfreiheit (Art. 5 Abs. 3 S. 1 GG) fruchtbar zu machen. In diesem Sinne z. B. *Schack*, Kunst und Recht, Rn. 348. Zur Bedeutung der Kunstfreiheit im hier diskutierten Kontext vgl. ausführlich unten D.II.2.d)(3), S. 210. Für eine auf Tatsachenseite dem „Elfenreigen"-Fall vergleichbare, zeitgenössische

z. B. auch die Zweckübertragungsregel (vgl. § 31 Abs. 5 UrhG), wonach urheberrechtliche Befugnisse im Zweifel beim Urheber verbleiben und nur so weit wie im Rahmen des konkreten urhebervertraglichen Zwecks notwendig eingeräumt werden.[911]

Der Schutzgedanke des Urheberrechts darf jedoch einerseits nicht zu einer paternalistischen Bevormundung des Künstlers führen, welche ihn seiner Freiheit beschneidet, zusätzliche – grundsätzlich vom Urheberrecht unabhängige – verbindliche, privatautonome und womöglich sogar wirtschaftlich vorteilhafte Abreden in Bezug auf seine Werke zu treffen.[912] Andererseits kann es auch nicht Folge des Schutzgedankens sein, dass dem Künstler ein „Freibrief" ausgestellt wird, mit dem er sich über getroffene (privatrechtliche) Abreden und damit schützenswertes Vertrauen Dritter einseitig hinwegsetzen kann.[913]

So ist es anerkannt, dass einen Künstler auch Enthaltungspflichten bezüglich der Herstellung weiterer Werkexemplare seiner eigenen Werke treffen können. Diese können urheberrechtlicher Natur sein, wenn ein ausschließliches Nutzungsrecht eingeräumt wurde (vgl. § 31 Abs. 3 UrhG).[914] Sie können aber auch schuldrechtlicher Natur und dann deutlich weitreichender[915] sein.[916] Für den Verfasser eines literarischen Werks ist dies ausdrücklich in § 2 VerlG geregelt. Im Bereich der bildenden Kunst[917] besteht eine (urhebervertragliche und damit ebenfalls schuldrechtliche) Enthaltungspflicht zumindest nach § 242 BGB[918] z. B. dann, wenn ein Künstler einem Kunstverlag eine Lizenz zur Produktion eines seiner Werke (beispielsweise einer Druckgrafik) eingeräumt hat. Handelt es sich um eine exklusive Lizenz, so darf der Künstler während des Zeitraums der Lizenzeinräumung keine identischen Werkexemplare herstellen und als „Konkurrenzprodukte" in

---

Auseinandersetzung vgl. den Fall *Franklin Mint Corp.* vs. *National Wildlife Art Exchange, Inc.*, 575 F.2d 62 (3d Cir. 1978). Der Fall wird ausgiebig kommentiert bei *Merryman/Elsen/Urice*, Law, Ethics and the Visual Arts, 523 ff.

911 Ausführlich *Loewenheim/Jan Bernd Nordemann*, in: Handbuch des Urheberrechts, § 26 Rn. 35 ff.

912 Ein Recht, dass ihm ebenfalls grundrechtlich über Art. 2 Abs. 1 GG garantiert wird; *Bisges*, UFITA 2008-III, 643 (693 f.).

913 Ob daher stets „im Zweifel" zugunsten der Schaffensfreiheit des Urhebers entschieden werden muss (so *Schack*, Kunst und Recht, Rn. 348), erscheint zweifelhaft.

914 *Schack*, Urheberrecht, Rn. 1152.

915 Ausführlich bei *Schack*, Urheberrecht, Rn. 1152; *Schneider*, Kunstverlag, 140.

916 Allgemein *Wandtke/Grunert*, in: Wandtke/Bullinger, Vor §§ 31 ff. Rn. 117.

917 Ausführlich *Schricker*, VerlagsR, § 2 VerlG Rn. 39 ff.; vgl. aber auch *Schack*, Kunst und Recht, Rn. 301, 349.

918 *Wandtke/Grunert*, in: Wandtke/Bullinger, Vor §§ 31 ff. Rn. 117.

den Verkehr bringen.[919] Dasselbe soll im Fall einer „Unikatsgarantie“ gelten,[920] die prinzipiell einer Auflagenlimitierung entspricht. Eine Enthaltungspflicht muss daher auch den Künstler treffen, der durch eine Limitierung zwar keine exklusive Herstellungslizenz vergeben und in der Regel auch keine „Unikatsgarantie“ gegeben, aber letztlich auch eine sehr konkrete Form von Exklusivität versprochen hat.[921] Natürlich bleibt der Künstler auch in diesem Fall Inhaber des Urheberrechts bzw. Urheberpersönlichkeitsrechts[922]. *De facto* steht ihm auch das urheberrechtliche Vervielfältigungsrecht weiterhin zu. Insoweit trifft ihn aber die schuldrechtliche Enthaltungspflicht und er sähe sich bei einer Ausübung des Vervielfältigungsrechts entgegen dieser Enthaltungspflicht den Abwehr- bzw. Schadensersatzansprüchen der anderen Partei dieser schuldrechtlichen Abrede ausgesetzt, welche auf die Limitierung vertraut hatte.[923]

Letztlich ist dem Urheberrecht keine Wertung zu entnehmen, wonach die Bindung des Künstlers an das von ihm ausgesprochene Exklusivitätsversprechen unwirksam sein soll. Ganz im Gegenteil streiten die anerkannten Enthaltungspflichten dafür, dass ein privatautonomer „Verzicht“ auf die Herstellung weiterer Werkstücke wirksam vereinbart werden kann. Weiterhin ist zu bedenken, dass durch die Einhaltung der Limitierung gerade nicht die vom Urheberrecht geförderte Schaffensfreiheit beeinträchtigt wird, da die Überschreitung einer gewählten Limitierung durch Herstellung weiterer Werkexemplare *desselben* Werks wohl gerade nicht eine schöpferische Tätigkeit, sondern in erster Linie eine weitere Verwertungshandlung ist. *Bisges* formuliert hier noch schärfer, wenn er betont, es sei „nicht Aufgabe des Urheberrechts, die erlahmende Schaffenskraft zu schützen“[924].[925]

Im Übrigen ist die Frage einer Unwirksamkeit der Vereinbarung aus Rücksicht auf die Schaffensfreiheit des Künstlers im Rahmen einer Prüfung der in Art. 5 Abs. 3 S. 1 GG grundrechtlich garantierten Kunstfreiheit zu

919 *Ohly*, in: Urhebervertragsrecht, 452. Zusätzliche Werkexemplare sollen z. B. auch in anderer Größe oder anderen Herstellungsverfahren von der Enthaltungspflicht betroffen sein; vgl. *Schack*, Kunst und Recht, Rn. 301; *Schneider*, Kunstverlag, 140 ff.; *Schricker*, VerlagsR, § 2 VerlG Rn. 40 ff.

920 Vgl. *Dreyer*, in: Dreyer/Kotthoff/Meckel, § 23 Rn. 6; *Bisges*, UFITA 2008-III, 643 (688).

921 Zum Übergang dieser Enthaltungspflicht auf die Erben vgl. unten D.III.4, S. 220.

922 Vgl. *Raue*, in: FS Krämer, 657.

923 Zu diesen Ansprüchen sogleich unten bei D.IV., S. 223.

924 *Bisges*, UFITA 2008-III, 643 (697) (wiederum für den Fall des „Selbstplagiats“). Zum Konflikt von Schaffensfreiheit und Enthaltungspflicht auch *Schulze*, in: Dreier/Schulze, Vorb §§ 31 ff. Rn. 43.

925 Zum „Selbstplagiat“ vgl. auch *Schack*, Kunst und Recht, Rn. 301, 347 ff.

klären. Diese kann bei der Auslegung eines „Limitierungsvertrags" unter Berücksichtigung des Grundsatzes von Treu und Glauben (§ 242 BGB) aufgrund der „Ausstrahlungswirkung"[926] der Grundrechte Berücksichtigung finden.

(3) Mögliche Argumente gegen einen Rechtsbindungswillen aus der Kunstfreiheit des Art. 5 Abs. 3 S. 1 GG

In einer Selbstbeschränkung des Künstlers durch die Limitierung, welche von einem Dritten ihm gegenüber durchgesetzt werden kann, könnte über das Urheberrecht hinaus ein Konflikt mit der grundrechtlich geschützten Kunstfreiheit des Künstlers gemäß Art. 5 Abs. 3 S. 1 GG gesehen werden. Denkbar wäre zum Beispiel, dass der Künstler seine künstlerische Auffassung dahin gehend wandelt, dass er eine Limitierung von fotografischen Werken nicht mehr für künstlerisch vertretbar hält, da die Fotografie ein „demokratisches Medium" sei.[927] Er könnte nun versuchen zu beanspruchen, dass ein (unter Umständen sogar gerichtlich erzwungenes) Festhalten an der Limitierung ihm eine Vertretung seiner künstlerischen Position unmöglich mache und hierdurch seine grundrechtlich geschützte Kunstfreiheit verletzt sei.

Als Grundrecht gilt Art. 5 Abs. 3 S. 1 GG in erster Linie im Verhältnis zwischen Staat und Bürger. Die Kunstfreiheit soll künstlerische Entfaltung vor staatlicher Einflussnahme oder Repression schützen.[928] Eine Selbstbeschränkung des Künstlers – wie die Auflagenlimitierung – bezieht sich jedoch auf Rechtsverhältnisse zwischen Privaten im Rahmen des Zivilrechts. Die Freiheit zur privatautonomen Gestaltung dieser Rechtsverhältnisse ist zudem ebenfalls grundrechtlich durch Art. 2 Abs. 1 GG gewährleistet. Von einer unmittelbaren Wirkung der Kunstfreiheit zwischen Privatpersonen kann daher grundsätzlich nicht ausgegangen werden.[929] Eine *mittelbare* Drittwirkung zwischen Privatpersonen können Grundrechte jedoch durch sogenannte „Einbruchstellen"[930] in das Zivilrecht, wie bei der Ausfüllung auslegungsbedürftiger Rechtsbegriffe, erhalten. Zu diesen „Einbruchstellen"

---

926 Zu diesem Begriff *Hillgruber*, in: BeckOK GG, Art. 1 Rn. 73.1. Grundlegend im Übrigen z. B. *Herdegen*, in: Maunz/Dürig, Art. 1 Abs. 3 Rn. 59 ff.

927 Vgl. zu dieser Auffassung *Finkel*, Fotogeschichte 105/2007, 59 (60 f.).

928 Vgl. *Kempen*, in: BeckOK GG, Art. 5 Rn. 167 ff.

929 *Scholz*, in: Maunz/Dürig, Art. 5 Abs. 3 S. 1 Rn. 43; *Kempen*, in: BeckOK GG, Art. 5 Rn. 167.

930 Der Begriff stammt von *Dürig*, in Neumann/Nipperdey/Scheuner, 525. Aufgegriffen z. B. von BVerfGE 7, 198.

gehört z. B. der Grundsatz von Treu und Glauben (§ 242 BGB).[931] Bei Auslegung (§§ 133, 157 BGB) der aus der Limitierungserklärung möglicherweise folgenden Enthaltungspflicht ist daher prinzipiell auch die Ausstrahlungswirkung der Kunstfreiheit zu berücksichtigen. Sollte die Kunstfreiheit einer Bindungswirkung der Limitierung entgegenstehen, müsste man bei grundrechtskonformer Auslegung der Limitierungserklärung das Limitierungsversprechen als rechtlich unverbindlich ansehen.

Schon das Reichsgericht hatte in seinem Urteil zum „Elfenreigen" entschieden, dass der Herstellung ähnlicher Werke bzw. der Wiederholung von bestimmten Sujets durch den Künstler nicht die Vermögensinteressen des Verlegers entgegenstehen dürften.[932] Das Reichsgericht begründete diese Auslegung des geschlossenen Verlagsvertrags noch mit den „Anforderungen des Kunstschutzes"[933], d. h. des Urheberrechts. Unter Geltung des Grundgesetzes wäre insoweit wohl besser auf die Ausstrahlungswirkung der grundrechtlichen Kunstfreiheit und die hierdurch geschützte künstlerische Schaffensfreiheit zu verweisen,[934] aufgrund derer dem geschlossenen Verlagsvertrag im Rahmen der Auslegung jedenfalls nicht die im Prozess vom Verleger geforderte, weitreichende Enthaltungspflicht beigelegt werden könnte.[935] Die Auflagenlimitierung stellt insoweit grundsätzlich einen vergleichbaren Fall dar. Zwar hat der Künstler niemandem ein Verwertungsrecht eingeräumt, welches ihn von eigenen Verwertungshandlungen abhalten könnte. Er hat sich jedoch – letztlich zugunsten der Eigentümer der Auflagenwerke – dazu verpflichtet, keine weiteren Werkexemplare herzustellen.

Da diese Beschränkung der privatautonomen Entscheidung des Künstlers (und nicht z. B. der übermäßigen Verhandlungsmacht eines Vertragspartners) entspringt, gibt es allerdings keinen Grund, eine solche Selbstbeschränkung mithilfe der Kunstfreiheit „auszuhebeln".[936] Insbesondere ist die Einhaltung der Limitierung bezüglich eines bestimmten Werks der Fotografie im Detail nicht z. B. mit dem vom Reichsgericht entschiedenen Fall des „Elfenreigens" zu vergleichen.[937] Während der Verleger dort dem Künst-

931 *Herdegen*, in: Maunz/Dürig, Art. 1 Abs. 3 Rn. 65, siehe aber auch Rn. 59 ff.

932 RGZ 119, 408 (414).

933 RGZ 119, 408 (414).

934 In diesem Sinne wohl auch *Schack*, Kunst und Recht, Rn. 36.

935 Vgl. auch *Bisges*, UFITA 2008-III, 643 (692).

936 In dieser Richtung wohl *Schack*, Kunst und Recht, Rn. 348, der den Urheber „von den selbst angelegten [...] Fesseln" befreien möchte. Im Ergebnis so wohl auch *Raue*, in: FS Krämer, 657 und *Reis*, Bulletin Kunst & Recht 1/2011, 48 (49), jedoch ohne Auseinandersetzung mit einer möglichen Enthaltungspflicht des Künstlers.

937 So auch (allerdings für den Fall des „Selbstplagiats") *Bisges*, UFITA 2008-III, 643 (692).

ler letzten Endes ein ganzes Sujet („tanzende Elfen") verbieten wollte, kann sich die aus einer Limitierung fließende Enthaltungspflicht unstreitig nur auf das konkrete (urheberrechtliche)[938] Werk beziehen. Die Schaffensfreiheit des Künstlers wird somit allenfalls minimal eingeschränkt, indem er eben *dieselbe* Vorlage nicht weiter verwenden kann.[939] Er wird jedoch weder in der Sujetwahl, noch in seinem Stil oder der Technik beschränkt. Da zudem davon ausgegangenen werden kann, dass die von ihm selbst gewählte Limitierung dem Künstler außerdem einen wirtschaftlichen Vorteil verschafft hat, so bestehen umso größere Bedenken, der Kunstfreiheit hier eine größere Bedeutung als der Privatautonomie zuzumessen.

Im Ergebnis steht daher auch eine Berufung auf die Kunstfreiheit des Art. 5 Abs. 3 S. 1 GG bzw. eine grundrechtskonforme Interpretation des Limitierungsvertrags dessen Rechtsverbindlichkeit nicht entgegen.

3. Zwischenergebnis

Die Festlegung einer Auflage und ihre Kommunikation nach außen durch Anbringung der Limitierungsangabe auf einem Werk der zeitgenössischen Fotokunst darf von einem objektiven Betrachter so verstanden werden, dass diese Auflagenhöhe als maximale Obergrenze der produzierten Exemplare vom Künstler *rechtsverbindlich versprochen* wird und dass der Künstler darüber hinaus verspricht, die Herstellung weiterer Werkexemplare desselben (urheberrechtlichen) Werks über die mitgeteilte Zahl hinaus auch in der Zukunft zu unterlassen.[940]

Die auf einem Werkexemplar der zeitgenössischen Fotokunst angebrachte Limitierungsangabe ist damit eine vom Künstler abgegebene Willenserklärung im Sinne des BGB, die nach dem objektiven Empfängerhorizont als ein rechtlich verbindliches Angebot auf Abschluss eines „Limitierungsvertrags" mit dem jeweiligen Eigentümer (d. h. also in der Regel dem Käufer) der Fotografie[941] zu verstehen ist.

---

938 Insoweit bereits oben D.II.2.c)(3)(ee), S. 199.

939 Für eine ausführliche Auseinandersetzung mit der teilweise durchaus problematischen Grenzziehung zwischen Plagiat und Neuschöpfung im Bereich der Fotografie mit vielen (bebilderten) Beispielen aus der Praxis vgl. *Maaßen*, in: FS Pfennig, 135 ff.

940 Anders *Reis*, Bulletin Kunst & Recht 1/2011, 48 (49), der zudem den großen Unterschied zwischen einer nicht ausgeschöpften und einer überschrittenen Auflage offenbar übergeht und beide Fälle scheinbar gleichsetzen möchte.

941 Näheres sogleich bei D.III.2. Zu den Vertragsparteien des Limitierungsvertrags im Einzelfall, insbesondere beim Weiterverkauf auf dem Sekundärmarkt, vgl. unten E.I, S. 266.

Im Übrigen steht es den Parteien – und damit insbesondere dem Künstler – frei, individuell seine Auflagendefinition in beliebiger Weise zu präzisieren und so auch eine formatbezogene oder ausstattungsbezogene Auflagendefinition zu verwenden. Entscheidend ist, dass er diese Umstände dem Sammler in eindeutiger Weise kommuniziert.

Nach der hier vertretenen Ansicht, ist – entgegen einer teilweise auf dem Kunstmarkt anzutreffenden Auffassung – gerade nicht davon auszugehen, dass sich eine Auflagenlimitierung stets nur auf Abzüge desselben Werks in demselben Format bezieht („formatbezogene Auflage"). Ein solches Verständnis wäre zwar für die Anbieter von Fotokunst vorteilhaft, da sie „erste" limitierte Auflagen bewusst (zu) niedrig gestalten könnten, um später – bei Erfolg des Kunstwerks auf dem Markt – weitere Abzüge in weiteren „limitierten Auflagen" in anderen Formaten „nachschieben" zu können. Die Beliebigkeit dieser Herangehensweise ist jedoch offensichtlich. Das Nachsehen hätte allein der Sammler, der sich auf einen bestimmten Angebotsumfang verlassen hatte. Das mit einer Auflagenlimitierung objektiv kommunizierte Konzept lässt ein derartiges Verständnis der Möglichkeit von „Nachauflagen" jedoch nicht zu. Es ist vielmehr die unternehmerische und letztlich auch künstlerische Entscheidung, wie exklusiv ein bestimmtes Werk sein soll. Dass dabei unter Umständen zunächst die „Absatzchancen" eines Werks zu niedrig eingeschätzt werden, ist Teil des mit der Auflagenlimitierungen verbundenen „Risiko/Gewinn"-Verhältnisses. Es besteht deswegen aber kein Anlass, das „Nachschieben" von Auflagen grundsätzlich zu gestatten, da es sich hierbei letztlich immer um eine nachträgliche, einseitige Änderung der „Spielregeln" handelt, welche den Sammler einseitig und unbillig benachteiligt.

III. Das Rechtsverhältnis aufgrund der Limitierungsangabe

Nachdem festgestellt werden konnte, dass es sich bei der Limitierungsangabe auf einer Fotografie um eine Willenserklärung handelt, in welcher der Künstler die Einhaltung der Limitierung rechtsverbindlich verspricht, so stellt sich als nächstes die Frage, wie ein solches Versprechen mit den Mitteln der Rechtsordnung „eingefangen" werden kann. Ein Limitierungsversprechen bzw. ein Limitierungsvertrag sind in der Rechtsordnung der Bundesrepublik Deutschland nicht explizit vorgesehen. Die den Teilnehmern am Rechtsverkehr gewährleistete Privatautonomie ermöglicht jedoch grundsätzlich den Abschluss jedweder, insbesondere auch neuartiger Verträge. Solche Rechtsverhältnisse sind dann – soweit dies möglich ist – den allgemeineren Formen, welche das Rechtssystem zur Gestaltung rechtlicher

Verhältnisse vorhält, zuzuordnen. Dem folgend soll nun das aufgrund der Limitierungsangabe zustande kommende Rechtsverhältnis hinsichtlich seiner Rechtsnatur und seines wesentlichen Inhalts näher untersucht werden.

1. Das Limitierungsversprechen als Unterlassungsvertrag

Das mit der Limitierungserklärung abgegebene Versprechen hat vornehmlich den Inhalt, dass sich der Künstler der Herstellung weiterer, die Auflagenlimitierung verletzender Werkexemplare zu enthalten hat.[942] Die auf dem Limitierungsversprechen gründende Leistung des Künstlers im Sinne des § 241 Abs. 1 BGB ist somit primär auf ein Unterlassen (vgl. § 241 Abs. 1 S. 2 BGB) gerichtet.[943] Damit ist ein auf der Limitierungserklärung gegründetes Rechtsverhältnis zutreffend als Unterlassungsvertrag zu charakterisieren. Der Unterlassungsvertrag ist ein einseitig verpflichtender Vertrag, in dem sich der Schuldner verpflichtet, eine bestimmte Handlung mit Wirkung für die Zukunft zu unterlassen. Da sich ein Unterlassungsvertrag – und so auch im Fall der Auflagenlimitierung – auf eine (in der Regel nicht näher bestimmte) Zukunft bezieht, handelt es sich um ein Dauerschuldverhältnis.[944] Der Gläubiger des Unterlassungsvertrags hat einen vertraglichen Unterlassungsanspruch gegen den Schuldner.[945] Er kann den Schuldner notfalls gerichtlich zur Unterlassung anhalten lassen. Darüber hinaus kann er bei Verletzung der Unterlassungspflicht aber auch Schadensersatz wegen der Verletzung vertraglicher Pflichten verlangen. Der Schadensersatz bei Verletzung der Unterlassungspflicht durch den Schuldner umfasst nach § 249 BGB insbesondere auch die Wiederherstellung des ursprünglichen Zustands, der durch das Unterlassen geschützt werden sollte (als sogenannte „Beseitigungspflicht“).[946] Unterlassungsverträge sind insbesondere im Lauterkeits-

942 Wie im vorhergehenden Abschnitt unter D.II.2.c), S. 188, gezeigt werden konnte.

943 Das Unterlassen charakterisiert im vorliegenden Fall die Vertragspflicht des Künstlers am besten. Der Sinn einer Unterscheidung zwischen Tun und Unterlassen wird hin und wieder bezweifelt. Insbesondere da sich die meisten Unterlassungspflichten auch positiv als Handlungspflichten umschreiben lassen. Da § 241 Abs. 1 S. 2 BGB ein Unterlassen als Möglichkeit der Leistung jedoch ebenfalls voraussetzt, macht die Unterscheidung zumindest aus begrifflichen Gründen Sinn. Für eine vertiefte Auseinandersetzung mit diesem Problem vgl. *Bachmann*, in: MüKo BGB, § 241 Rn. 19; *Fritzsche*, Unterlassungsanspruch, 10 ff.; *Köhler*, AcP 190 1990, 496 (499 f.). Weiterhin ebenfalls lesenswert zur begrifflichen Fassung des „Unterlassens“: *Reimer*, Ort des Unterlassens, 58 ff., 68 ff.

944 *Brüning*, in: Harte-Bavendamm/Henning-Bodewig, § 12 Rn. 120; *Fritzsche*, Unterlassungsanspruch, 44 f.

945 Ausführlich zu den verschiedenen Ansprüchen sogleich unter D.IV, S. 223.

946 *Köhler*, AcP 190 (1990), 496 (502).

recht üblich.[947] Während sich der Unterlassungsvertrag dort in der Regel auf eine bereits bestehende, gesetzliche Unterlassungspflicht bezieht und damit wohl als abstraktes Schuldversprechen im Sinne von § 780 BGB oder als abstraktes Schuldanerkenntnis (§ 781 BGB) zu qualifizieren ist,[948] handelt es sich im Fall des Limitierungsversprechens um einen Vertrag, der die Unterlassungspflicht erst begründen soll. Da die Unterlassung hier der Hauptgegenstand des Vertrags ist,[949] wird insoweit auch von einer *selbständigen* Unterlassungspflicht gesprochen.[950] Im Gegensatz zum abstrakten Schuldversprechen (vgl. § 780 S. 1 BGB) und zum Schuldanerkenntnis (§ 781 S. 1 BGB) ist ein solcher Unterlassungsvertrag formfrei möglich.[951]

Die Limitierungsangabe auf der einzelnen Fotografie ist daher als Angebot des Künstlers auf Abschluss eines Unterlassungsvertrags zu verstehen, den man treffend als „Limitierungsvertrag" bezeichnen kann.

2. Zugang des Angebots des Künstlers und Zustandekommen des Vertrags

Auf das Zustandekommen des Limitierungsvertrags bzw. Unterlassungsvertrags zwischen Künstler und Sammler können die gleichen Grundsätze angewendet werden, wie sie für das Zustandekommen von sogenannten „Herstellergarantien" zwischen dem Käufer und dem Hersteller eines Konsumguts entwickelt worden sind.[952] Demnach wird das Angebot auf Abschluss des Limitierungsvertrags (der „Antrag" im Sinne von § 145 BGB), welches in der Auflagenangabe auf dem Werkstück bzw. einem beigefügten Echtheitszertifikat ersichtlich ist, durch den Verkäufer des Bilds (sofern dieser nicht mit dem Künstler identisch ist) als Bote[953] überbracht. Die Willenserklärung geht dem Käufer im Sinne des § 130 Abs. 1 S. 1 BGB zu und wird

947 Ausführlich *Ohly*, in: Ohly/Sosnitza, § 8 Rn. 48 ff.

948 *Bornkamm*, in: Köhler/Bornkamm, § 12 Rn. 1.113.

949 Für weitere Beispiele solcher Verträge vgl. *Köhler*, AcP 190 (1990), 496 (498).

950 *Bachmann*, in: MüKo BGB, § 241 Rn. 20 f.; ausführlich *Fritzsche*, Unterlassungsanspruch, 60 ff.

951 Das Schriftformerfordernis gilt auch dort nur für die Erklärung des Schuldners; *Sprau*, in: Palandt, § 780 Rn. 6. Im Endeffekt wäre es daher wohl auch bei den Limitierungserklärungen häufig gewahrt (vgl. hierzu die Beschreibungen der Limitierungspraxis oben bei B.II.3, S. 81, sowie bei D.II.2.d)(1), S. 205.

952 BGH, NJW 1981, 275 (276); BGH, NJW 1981, 2248 (2249); *Westermann*, in: MüKo BGB, § 443 Rn. 7; *Oechsler*, Vertragliche SV, Rn. 426.

953 Zum Begriff des „Boten" vgl. z. B. *Schubert*, in: MüKo BGB, § 164 ff. Rn. 66 ff.; *Ellenberger*, in: Palandt, Einf v § 164 Rn. 11.

dadurch wirksam, wenn ihm das Werk mitsamt der Auflagenangabe erstmalig präsentiert wird.[954] Da der Unterlassungsvertrag dem Käufer der Fotografie ausschließlich (rechtliche) Vorteile bringt, ist davon auszugehen, dass dieser das Vertragsangebot (stillschweigend) annimmt, solange er sich nicht gegenteilig äußert.[955] Auf den Zugang dieser Annahmeerklärung des Käufers wird durch den Erklärenden (den Künstler) konkludent verzichtet (§ 151 S. 1 BGB). Der Vertrag kommt, da er nach seinem Zweck nur mit dem Käufer und zukünftigen Eigentümer der Fotografie geschlossen werden soll, mit Abschluss des Kaufvertrags über die Fotografie zustande. Da jedoch perspektivisch nur der Eigentümer der Fotografie aus dem Limitierungsvertrag berechtigt sein soll[956] und ein Auseinanderfallen der Eigentümerstellung an der Fotografie und der Ansprüche aus dem Limitierungsvertrag vermieden werden muss, steht die Wirksamkeit des Vertrags noch unter der aufschiebenden Bedingung (§ 158 Abs. 1 BGB), dass der Käufer im Rahmen des Verfügungsgeschäfts auch das Eigentum an der Fotografie erwirbt. Anderenfalls wäre es nicht ausgeschlossen, dass z. B. ein geschlossener Kaufvertrag nicht erfüllt wird (etwa weil sich ein Zwischenverkauf ereignet) und am Ende der Eigentümer der Fotografie ohne die Ansprüche aus dem Limitierungsvertrag dastünde.

Als Rechtsgeschäft setzt der Abschluss eines Unterlassungsvertrags jedenfalls aufseiten des sich verpflichtenden Künstlers Geschäftsfähigkeit im Sinne der §§ 104 ff. BGB voraus.[957] Da der Abschluss eines Limitierungsvertrags für den Empfänger des Limitierungsversprechens (d. h. in der Regel für einen Sammler) ausschließlich rechtliche Vorteile bringt, würde auf seiner Seite bereits eine beschränkte Geschäftsfähigkeit (§§ 106 f. BGB) ausreichen, d. h. er müsste mindestens sieben Jahre alt sein und dürfte nicht geschäftsunfähig im Sinne von § 104 Nr. 2 BGB sein.

954 Solange das Werk mit der aufgebrachten Limitierungsangabe noch nicht das Atelier des Künstlers verlassen hat, wäre in der Willenserklärung des Künstlers zumindest eine „invitatio ad offerendum“ zu sehen. Spätestens mit dem Anbieten des Werks zum Verkauf unter (zumindest konkludenter) Bezugnahme auf die mit ihm verbundene Limitierungserklärung kann jedoch kein Zweifel mehr daran bestehen, dass die Willenserklärung mit dem Willen und dem rechtlichen Wollen des Künstlers für andere wahrnehmbar gemacht wurde und damit im Sinne des § 130 Abs. 1 S. 1 BGB „abgegeben“ wurde; vgl. auch *Wendtland*, in: BeckOK BGB, § 130 Rn. 5 f.

955 Vgl. BGH, NJW 2000, 276 (277); *Eckert*, in: BeckOK BGB, § 151 Rn. 3; *Bork*, BGB AT, Rn. 749.

956 Dazu weitergehend auch gleich unten bei D.III.3, S. 217.

957 Im Unterschied zur Limitierung als Voraussetzung für den urheberrechtlichen Originalbegriff, bei der es sich um einen „Realakt“ handelt; vgl. oben bei C.II.9.b), S. 144.

3. Rechtsnachfolge auf Gläubigerseite

Nachdem der Unterlassungsvertrag mit dem ersten Käufer der Fotografie zustande gekommen ist,[958] stellt sich die Frage, welches Schicksal diese Vereinbarung trifft, wenn die Fotografie weiterverkauft wird. Der ehemalige Eigentümer einer limitierten Fotografie hat nach deren Veräußerung kein begründetes Interesse mehr an einem Limitierungsvertrag zwischen ihm und dem Künstler. Der neue Eigentümer hingegen wird die Fotografie wiederum im Vertrauen auf die Beständigkeit des Limitierungsversprechens gekauft haben, welches ihm durch die Limitierungsangabe auf der Fotografie oder einem Echtheitszertifikat „vor Augen geführt" wurde. Da er jetzt derjenige ist, welcher ideelle wie materielle Interessen an die Einhaltung der Limitierung knüpft, sollte ihm auch ein aus der Limitierungserklärung resultierender Unterlassungsanspruch gegenüber dem Künstler zustehen. Ob aber bereits aus diesem Grund der Abschluss eines *weiteren* Limitierungs- bzw. Unterlassungsvertrags zwischen dem Künstler und dem neuen Eigentümer angenommen werden kann, erscheint rechtskonstruktiv zweifelhaft. Zum einen wäre die Folge eine Reihe von Unterlassungsverträgen, von denen allerdings nach dem Inhalt des Rechtsgeschäfts nur der jeweils letzte auch zur Geltendmachung des Unterlassungsanspruchs berechtigen sollte. Wie eben bereits festgestellt, hat überhaupt nur der aktuelle Eigentümer der Fotografie ein berechtigtes Interesse an der Geltendmachung des Unterlassungsanspruchs. Gleichermaßen will der Künstler im Zweifel auch nur gegenüber dem jeweils aktuellen Eigentümer verpflichtet sein. Nur dem gegenwärtigen Eigentümer der Fotografie soll die Aktivlegitimation zur Geltendmachung des Unterlassungsanspruchs zukommen. Zum anderen ist aber auch vorstellbar, dass der Künstler im Einvernehmen mit den aktuellen Eigentümern (und damit Gläubigern des Unterlassungsanspruchs) den Inhalt des Unterlassungsanspruchs modifiziert. Denkbar wäre zum Beispiel, dass der Künstler ein zusätzliches Exemplar für eine bestimmte Sammlung schaffen möchte.[959] Es ist keineswegs ausgeschlossen, dass die aktuellen Eigentümer der bestehenden Werkstücke aus der limitierten Auflage einem solchen Ansinnen zustimmen, wenn sie gefragt werden. So könnten sie hoffen, dass sich die mit der Aufnahme des Werks in eine bedeutende Sammlung verbundene öffentliche Aufmerksamkeit (trotz der Erhöhung der Auflage) auch positiv auf die Wertschätzung der bereits existierenden Werkexemplare auswirkt.[960]

958 Siehe soeben bei D.II.2.c)(5), S. 203.

959 Denkbar wären aber z. B. auch die Herstellung und der Verkauf eines weiteren Werkexemplars zugunsten eines wohltätigen Zwecks.

960 Vgl. auch *Robert Mann*, der in einem Interview zu dem Fall *Sobel v. Eggleston* vermutet,

Würden die Eigentümer der Schaffung eines zusätzlichen Abzugs zustimmen, so wäre hierin eine inhaltliche Modifikation des Limitierungsvertrags zwischen Künstler und Sammler zu sehen. Denkbar – aber in der Realität vermutlich mit zu großem Aufwand verbunden – wäre in einem solchen Fall, dass auch die Limitierungsangabe auf dem Abzug entsprechend angepasst wird (z. B. durch einen Zusatz im Sinne von „+1“), um die einvernehmliche Vertragsänderung zu dokumentieren. Würde sie nicht dokumentiert und ginge man davon aus, dass auch mit einem neuen Eigentümer wieder ein Unterlassungsvertrag auf der Basis der (ursprünglichen) Limitierungsangabe zustande käme, dann wäre der Anspruch aus dem Unterlassungsvertrag von Anfang an auf einen Schadensersatzanspruch gerichtet, da die Limitierung ja bereits überschritten wurde. Die besseren Gründe sprechen daher dafür, beim Weiterverkauf einer Fotografie nicht den Abschluss eines neuen Unterlassungsvertrags anzunehmen, sondern stattdessen von einer Abtretung des bestehenden Unterlassungsanspruchs durch den Verkäufer und Alteigentümer an den Käufer und Neueigentümer auszugehen. Die „Verheimlichung“ bzw. mangelnde Aufklärung bezüglich einer vorgenommenen Vertragsänderung (d. h. einer Auflagenerhöhung) läge dann im Verantwortungsbereich des Verkäufers, welchen der Neueigentümer insoweit bei Enttäuschungen in Anspruch nehmen müsste.

a) Die Abtretbarkeit des Unterlassungsanspruchs

Die Abtretung von Ansprüchen (und damit auch von Unterlassungsansprüchen) ist grundsätzlich möglich, soweit nicht besondere Gründe entgegenstehen; vgl. § 399 BGB.[961] Ein solcher besonderer Grund kann einerseits der vertragliche Ausschluss der Abtretung sein; § 399 2. Fall BGB. Ein vertraglicher Ausschluss der Abtretung ist im Fall des Limitierungsvertrags allerdings nicht ersichtlich und wäre aus Sicht der Betroffenen nicht sinnvoll. Vielmehr entspricht – wie bereits eben gezeigt[962] – der Übergang des Anspruchs auf den neuen Eigentümer der Fotografie den wohlverstandenen Interessen aller Beteiligten.

---

dass die zusätzlich von William Eggleston hergestellten Abzüge den Wert der ursprünglichen Auflagen sogar gesteigert haben könnten; *PDN Editors*, Collector Sues Eggleston Over New Prints of Limited Edition Works (Internetquelle). Zum Fall *Sobel v. Eggleston* vgl. oben B.III.2, S. 92.

961 *Fritzsche*, Unterlassungsanspruch, 452; *Köhler*, AcP 190 (1990), 496 (525).

962 D.III.3, S. 217.

Die Abtretung könnte allerdings auch dann ausgeschlossen sein, wenn sie zu einer inhaltlichen Änderung des Anspruchs führen würde; § 399 1. Fall BGB. Dies wäre dann der Fall, wenn der Anspruch in besonderem Bezug zur Person des Gläubigers stehen würde (sogenannte „personengebundene" oder „höchstpersönliche" Ansprüche).[963] Ansprüche aus dem Limitierungsvertrag stehen jedoch in erster Linie in Bezug zu der konkreten Fotografie und sind unabhängig von der Person, die sie geltend macht. Auch insoweit ist ein Gläubigerwechsel unproblematisch.

Sind die Ansprüche aus dem Limitierungsvertrag grundsätzlich abtretbar, so könnte immer noch gefragt werden, ob sie auch *isoliert* abtretbar sind.[964] Wie oben gezeigt, schützt der aus dem Limitierungsvertrag fließende Unterlassungsanspruch insbesondere den Eigentümer der Fotografie vor zusätzlichen nachträglichen Werkexemplaren. Es besteht also eine enge Verbindung zwischen dem Eigentum an der Fotografie und dem Unterlassungsanspruch. Eine isolierte Abtretung läge vor, wenn der Anspruch an einen Dritten abgetreten werden könnte, ohne dass an ihn auch das Eigentum an der Fotografie übertragen würde. Die Folge einer isolierten Abtretung wäre jedoch hier – wie im Fall von gesetzlichen Unterlassungsansprüchen – dass die Rechtsposition, auf die sich der Unterlassungsanspruch bezieht (Eigentum am Auflagenwerk), und der in Bezug hierauf geschaffene Abwehranspruch dauerhaft auseinanderfallen würden. Die Folge wäre, dass bei einem weiteren Verkauf dem neuen Eigentümer kein Abwehranspruch mehr durch den Verkäufer abgetreten werden könnte. Überdies würde es den Inhalt des Limitierungsversprechens des Künstlers sprengen, wenn man ihm gegenüber Abwehransprüche unabhängig von der Eigentümerschaft an dem konkreten Auflagenwerk zuerkennen würde. Gleichermaßen wie der Künstler schon von vornherein nicht mit der ganzen Welt, sondern nur mit dem Eigentümer einen Limitierungsvertrag schließen möchte, weil er sich offenkundig nur ihm gegenüber verpflichten will, so wäre ein späteres Auseinanderfallen von Unterlassungsanspruch und Eigentümerstellung nicht interessengerecht. Überdies ist zu bedenken, dass

963 Hierzu ausführlich *Roth/Kieninger*, in: MüKo BGB, § 399 Rn. 7 f. Für den Fall der Unterlassungsansprüche insbesondere auch *Köhler*, AcP 190 1990, 496 (526 f.). Weiterhin umfassend *Weller*, Leistungen, 187 ff.

964 Gesetzliche Unterlassungsansprüche sind grundsätzlich nicht isoliert abtretbar, da es sonst zu einem dauerhaften Auseinanderfallen von Rechtsposition und Abwehranspruch käme; vgl. m. w. N. *Köhler*, AcP 190 1990, 496 (527). Ebenso *Roth/Kieninger*, in: MüKo BGB, § 399 Rn. 21; *Fritzsche*, Unterlassungsanspruch, 451 f. Bei dem hier diskutierten Unterlassungsanspruch aufgrund des Limitierungsvertrags handelt es sich jedoch um einen *vertraglichen* Unterlassungsanspruch, bei denen eine isolierte Abtretung als grundsätzlich möglich diskutiert wird; vgl. *Köhler*, AcP 190 (1990), 496 (528).

die Übertragung des Unterlassungsanspruchs auf einen Dritten, der nicht Eigentümer der Fotografie ist, auch zu einer inhaltlichen Änderung des Unterlassungsanspruchs führen würde, wenn man diesen so auffasst, dass der Künstler eine Unterlassung von weiteren Abzügen *dem jeweiligen Eigentümer der Fotografie gegenüber* verspricht. Die isolierte Abtretung wäre dann auch schon wegen § 399 1. Fall BGB unzulässig.[965] Im Ergebnis ist eine isolierte Abtretung des Unterlassungsanspruchs daher nicht möglich. Der Unterlassungsanspruch hängt unmittelbar mit dem Eigentum an der limitierten Fotografie zusammen und kann daher auch nur an den neuen Eigentümer abgetreten werden.

b) Zwischenergebnis: Rechtsnachfolge auf Gläubigerseite

Der Unterlassungsanspruch aus dem Limitierungsvertrag kann somit an den Nachfolger in der Eigentümerstellung an dem jeweiligen Kunstwerk (und nur an diesen) abgetreten werden. Sollte der Unterlassungsanspruch nicht ausdrücklich beim Kauf abgetreten worden sein, so ist im Rahmen einer interessengerechten Auslegung (§§ 157, 242 BGB) des Kaufvertrags anzunehmen, dass eine Nebenpflicht des Verkäufers besteht, solche Rechte, die nur für den jeweiligen Eigentümer der Fotografie von Bedeutung sind, (stillschweigend)[966] beim Verkauf abzutreten.[967] Eine solche Abtretung ist grundsätzlich formfrei möglich.[968]

Stirbt der Eigentümer einer limitierten Fotografie, so geht seine Gläubigerstellung im Wege der Universalsukzession (§ 1922 Abs. 1 BGB) zusammen mit dem Eigentum an der Fotografie auf seine Erben über.[969]

4. Rechtsnachfolge auf Schuldnerseite (insbesondere durch Erbfolge)

Vertragspartner des Limitierungsvertrags auf Schuldnerseite ist zunächst der Künstler. Die Frage, ob er zu Lebzeiten die Unterlassungspflicht im Rahmen einer Schuldübernahme (§§ 414, 415 BGB) auf einen Dritten übertragen

965 Vgl. die Ausführungen bei *Fritzsche*, Unterlassungsanspruch, 454.
966 Vgl. BGH, NJW 1986, 977.
967 Vgl. *Köhler*, wrp 2000, 921 (924 f.). In diesem Sinne auch das Urteil BGH, Urteil vom 20.12.1996 - V ZR 259/95 167, MittBayNot 1997, 166.
968 Vgl. *Grüneberg*, in: Palandt, § 398 Rn. 6.
969 Vgl. auch *Fritzsche*, Unterlassungsanspruch, 454.

kann, wird sich in der Praxis nicht stellen. Für eine solche Schuldübernahme wäre ein Einverständnis des Gläubigers bzw. der Gläubiger erforderlich (§ 415 Abs. 1 S. 1 a. E. BGB).[970] Dieses Einverständnis wird der Gläubiger des Limitierungsanspruchs jedoch niemals erteilen, da ein Unterlassungsanspruch gegen einen Dritten, während der Künstler wieder Abzüge herstellen könnte, sinnlos wäre.

Zu prüfen ist jedoch, ob mit dem Tod des Künstlers die Unterlassungspflicht aus dem Limitierungsvertrag im Rahmen der Universalsukzession (§ 1922 Abs. 1 BGB) auf seine Erben übergehen kann. Grundsätzlich treten die Erben vollumfänglich in die schuldrechtlichen Verpflichtungen des Erblassers ein.[971] Eine Universalsukzession in die Unterlassungspflicht wäre nur ausgeschlossen, wenn es sich bei dieser um eine rein *persönliche* Pflicht des Künstlers handeln würde.[972]

Ein Eintreten der Erben in die Unterlassungspflicht des Künstlers hätte aus folgendem Grund Bedeutung: Prinzipiell geht auch das Urheberrecht im Rahmen der Universalsukzession mit dem Tod des Künstlers auf die Erben über (§ 28 Abs. 1 UrhG). Die Erben werden auf diese Weise auch Inhaber des Vervielfältigungsrechts (vgl. § 30 UrhG) und könnten daher nach dem Tod des Künstlers grundsätzlich in *urheberrechtlich* legitimer Weise weitere Abzüge von (limitierten) Fotografien des Erblassers herstellen.[973] Die oben stehenden Ausführungen zum urheberrechtlichen Originalbegriff zugrunde gelegt,[974] ist es den Erben zwar nicht möglich (urheberrechtliche) „Originale" der limitierten Werke herzustellen, da die Originaleigenschaft von der Autorisation des Künstlers abhängt, welche dieser nach seinem Tod nicht mehr erbringen kann.[975] Die Herstellung von Originalen ist daher für die Erben keine Frage des rechtlichen *Dürfens*, sondern vielmehr des rechtlichen *Könnens*. Aus urheberrechtlicher Sicht wäre es den Erben jedoch möglich, Vervielfältigungsstücke (§ 16 Abs. 1 UrhG) herzustellen, die unter Umständen den Werkexemplaren der Auflage, welche der Künstler zu Lebzeiten angefertigt hat, zum Verwechseln ähnlich sehen (z. B. aufgrund der Herstel-

970 Entweder indem die Schuldübernahme mit ihm vereinbart wird (§ 414 BGB) oder seine Genehmigung zu einer Schuldübernahme zwischen Schuldner und Drittem vorliegt (§ 415 Abs. 1 S. 1 BGB).

971 *Müller-Christmann*, in: BeckOK BGB, § 1922 Rn. 31; *Leipold*, in: MüKo BGB^6, § 1922 Rn. 20; *Weidlich*, in: Palandt, Einl v § 1922 Rn. 1.

972 *Brüning*, in: Harte-Bavendamm/Henning-Bodewig, § 12 Rn. 182; *Teplitzky*, Wettbewerbsrecht, Kapitel 15 Rn. 13. Vgl. auch *Fritzsche*, Unterlassungsanspruch, 455.

973 So auch *Pfennig*, in: Posthume Güsse, 19; *Raue*, in: FS Krämer, 657; *Reis*, Bulletin Kunst & Recht 1/2011, 48 (50).

974 Insbesondere die Ausführungen bei C.II.9, S. 138.

975 Wohl anders *Raue*, in: FS Krämer, 657 und *Reis*, Bulletin Kunst & Recht 1/2011, 48 (50).

lung mit derselben Technik und in demselben Format). Es stellt sich die Frage, ob die durch den Künstler im Rahmen des Limitierungsvertrags vereinbarte Enthaltungspflicht sich nur auf „Originale“ bezieht oder auch andere Werkexemplare einschließen soll, sodass es sich nicht mehr um eine rein persönliche Pflicht des Künstlers handeln würde, sondern vielmehr um eine vom Schuldner weitgehend unabhängige, schuldrechtliche Verpflichtung, die auch die Erben als spätere Inhaber des Vervielfältigungsrechts beträfe.

Um eine rein *persönliche* und damit nicht im Rahmen der Universalsukzession auf die Erben übergehende Pflicht des Künstlers würde es sich bei der Unterlassungspflicht aus dem Limitierungsvertrag insbesondere dann handeln, wenn sich die Enthaltungspflicht überhaupt nur auf von ihm autorisierte Werkexemplare beziehen würde. Von den Erben *postum* hergestellte Werkexemplare würden gleichsam wie „Exhibition Prints“ *per se* außerhalb des Limitierungsversprechens[976] stehen. Oben wurde bereits dargelegt, dass *postume* Abzüge nach der wohl überwiegenden Auffassung nicht mehr als urheberrechtliche Originale gelten können, da ihnen der „Ritterschlag“[977] des Künstlers zwangsweise fehlt.[978] Ihnen ist es daher schon grundsätzlich nicht möglich, in echte Konkurrenz zu den lebzeitigen Abzügen des Künstlers zu treten. Dieser Befund spricht dafür, in der Enthaltungspflicht des Künstlers eine persönliche und damit nicht erbliche Verpflichtung zu erblicken.[979]

Weiterhin sprechen urheberrechtliche Überlegungen dafür, dass die Erben das urheberrechtliche Vervielfältigungsrecht grundsätzlich frei ausüben können. Würden man nämlich eine (im Ergebnis „unendliche“) Bindung der Erben an das Limitierungsversprechen des Künstlers auch in Bezug auf *postume* Abzüge annehmen, so würde diese Sichtweise nach Ablauf des Urheberrechts 70 Jahre nach dem Tod des Urhebers (§ 64 UrhG) dazu führen, dass jedermann das Werk des Fotografen frei vervielfältigen könnte – *mit Ausnahme* seiner Erben. Diese wären immer noch an das schuldrechtliche Limitierungsversprechen gebunden. Ein solches Ergebnis wäre jedoch widersinnig.

Demnach ist es den Erben möglich, unabhängig von dem Limitierungsversprechen des Künstlers, nach dessen Tod Abzüge anzufertigen. Sie wür-

---

976 Dazu auch oben bei D.II.2.c)(3)(ff), S. 200.

977 *Jacobs*, in: FS Samwer, 147.

978 Oben C.II.9.b), S. 144.

979 Dies bedeutet auch, dass vom Künstler abgegebene, aber dem Eigentümer nicht mehr vor dem Tod des Künstlers zugegangene Limitierungserklärungen (beispielsweise von unverkauften Werken im Lager) erlöschen, obwohl der Tod des Erklärenden grundsätzlich ohne Einfluss auf die Wirksamkeit einer bereits abgegebenen Erklärung bleibt; § 130 Abs. 1 1. Fall BGB. Näher *Wendtland*, in: BeckOK BGB, § 130 Rn. 7; *Einsele*, in: MüKo BGB, § 130 Rn. 42.

den sich aber gegebenenfalls einer Haftung gegenüber den Käufern dieser Abzüge aussetzen, wenn sie nicht explizit darauf hinweisen, dass es sich um *postume* Abzüge handelt oder wenn diese Eigenschaft der Abzüge bewusst verschleiert würde. Letztlich scheitert ein solches Vorgehen in aller Regel aber schon daran, dass *postume* Abzüge nicht mehr vom Künstler eigenhändig signiert werden können.

Dem Künstler ist unter diesen Umständen zu raten, bereits zu Lebzeiten eine sinnvolle Verwaltung seines künstlerischen Nachlasses institutionell (beispielweise durch Einrichtung einer Stiftung oder durch entsprechende testamentarische Verfügungen) zu organisieren.[980]

IV. Ansprüche des Sammlers gegen den Künstler aufgrund des Limitierungsvertrags

Aufgrund des Limitierungsvertrags stehen dem Sammler gegenüber dem Künstler primär ein Unterlassungsanspruch und bei dessen Nichterfüllung verschiedene Sekundäransprüche zu. Der genaue Inhalt des Unterlassungsanspruchs sowie die Voraussetzungen der verschiedenen denkbaren Sekundäransprüche sollen im Folgenden näher untersucht werden. Weiter wird im Hinblick auf die Praxis auch auf die Besonderheiten der prozessualen Durchsetzung dieser Ansprüche einzugehen sein.

1. Unterlassungsanspruch (Primäranspruch)

Der Limitierungsvertrag gibt dem Sammler gegen den Künstler primär einen Anspruch auf Unterlassung der Herstellung weiterer Abzüge, welche in Widerspruch zum abgegebenen Limitierungsversprechen stehen würden.[981] Der Inhalt der Unterlassungspflicht verhält sich spiegelbildlich zu dem abgegebenen Limitierungsversprechen des Künstlers. Der Künstler hat alles zu unterlassen, was zu einer Verletzung der *versprochenen Limitierung*, d. h. einem Bruch des Limitierungsversprechens führen würde. Im Einzelfall ist daher stets anhand der vom Künstler gemachten Limitierungsangaben die konkrete inhaltliche Ausgestaltung seines Limitierungsversprechens bzw.

980 Vgl. auch *Pfennig*, in: Posthume Güsse, 19, der davon ausgeht, die Erben könnten nur durch die Einsetzung eines Testamentsvollstreckers (und wohl eine entsprechende letztwillige Verfügung des Künstlers) effektvoll an der Herstellung weiterer Werkexemplare gehindert werden.

981 Zu dessen Inhalt oben D.II.2.c)(3), S. 191.

das, was ein objektiver Empfänger der Limitierungserklärung darunter verstehen durfte, zu ermitteln.[982]

Das Unterlassen ist die (Haupt-)Leistungspflicht des Schuldners bzw. Künstlers im Sinne von § 241 Abs. 1 BGB.[983] Daher ist eine zusätzliche Begehungsgefahr keine Voraussetzung für die Entstehung dieses Anspruchs.[984] Der Anspruch auf Unterlassung wird im Falle des Limitierungsvertrags mit Abschluss des Vertrags sofort fällig (vgl. § 271 Abs. 1 BGB).[985]

a) Verstoß gegen die Unterlassungspflicht (Pflichtverletzung)

Die präzise Feststellung, welche Handlungen des Schuldners einen Verstoß gegen die vertragliche Unterlassungspflicht darstellen, ist entscheidend für die Begründung eines Rechtsschutzinteresses[986] im Rahmen der Verfolgung des Primäranspruchs. Als Pflichtverletzung ist der Verstoß gegen die Unterlassungspflicht aber auch Voraussetzung für das Entstehen der später zu erörternden Sekundäransprüche.

Der Künstler verstößt gegen den Unterlassungsanspruch, wenn er über die im Rahmen seiner Auflagendefinition versprochene Auflagenhöhe[987] hinaus Werkexemplare herstellt.

Keine Pflichtverletzung liegt vor, wenn das den neuen Abzügen zugrunde liegende urheberrechtliche Werk das Abstandsgebot[988] zur bereits existierenden Auflage einhält oder es sich um Werkexemplare handelt, die ohnehin außerhalb des Auflagenversprechens liegen (z. B. Exhibition Prints[989]).

b) Klageweise Durchsetzung des Unterlassungsanspruchs

Der Gläubiger kann den Schuldner des Unterlassungsanspruchs zunächst auf die primär geschuldete Leistung (das Unterlassen) im Rahmen einer Leistungsklage verklagen. Dabei kann der Gläubiger beantragen, dass ge-

982 Ausführlich oben bei D.II.2.c), S. 188.

983 *Köhler*, JZ 2005, 489 (491) will insoweit von einem „Leistungsunterlassungsanspruch" sprechen.

984 BGH, NJW 1999, 1337 (1338); *Roth*, in: Stein/Jonas, § 259 Rn. 9. Dies verhält sich anders bei gesetzlichen Unterlassungsansprüchen, d. h. wenn kein Unterlassungs*vertrag* vorliegt.

985 Vgl. auch *Fritzsche*, Unterlassungsanspruch, 357.

986 Ausführlich zu diesen sogleich bei D.IV.1.b), S. 224.

987 Hierzu ausführlich oben bei D.II.2.c)(3), S. 191.

988 D.II.2.c)(3)(ee), S. 199.

989 D.II.2.c)(3)(ff), S. 200.

genüber dem Schuldner für den Fall der Zuwiderhandlung gegen die Unterlassungspflicht ein Ordnungsgeld bzw. eine Ordnungshaft angedroht wird, um ihn zur Befolgung der Unterlassungspflicht anzuhalten (§§ 890 Abs. 1 S. 1, Abs. 2 ZPO).[990] Die Androhung der Zwangsmittel ist Voraussetzung für eine spätere Vollstreckung nach § 890 Abs. 2 ZPO, weshalb die Aufnahme der Androhung in den Klageantrag und damit in ein hierauf erlassenes Unterlassungsurteil die übliche Vorgehensweise darstellt.[991] Die Sonderregelungen für die Vollstreckung von Unterlassungsansprüchen beruhen auf der Problematik, dass der Unterlassungsanspruch *an sich*, welcher kein aktives Verhalten verlangt, nicht zwangsweise ohne Mitwirkung des Schuldners (also z. B. durch Ersatzvornahme) durchgesetzt werden kann.[992]

Naturgemäß kann ein Unterlassungsanspruch nur für die Gegenwart[993] und die Zukunft, niemals aber für die Vergangenheit sinnvoll beansprucht werden.[994] Handelt es sich aber bei der Unterlassung um eine *zukünftige* Leistung, so würde dies bedeuten, dass § 259 ZPO anwendbar wäre, der die Prüfung eines besonderen Rechtsschutzinteresses des Klägers für die Zulässigkeit der Klage fordert. Ob diese Norm unmittelbar oder analog bzw. überhaupt nicht auf Unterlassungsklagen anwendbar ist, wird kontrovers beurteilt.[995]

(1) Leistungsklage (Unterlassungsklage)

Unproblematisch kann eine Klage auf Unterlassung erhoben werden, wenn der Künstler z. B. in einer Pressemitteilung ankündigt, dass er in naher Zukunft neue Abzüge von alten Werken herstellen und in einer öffentlichen Versteigerung anbieten wird.[996] Das von § 259 ZPO verlangte besondere Rechtsschutzbedürfnis läge dann vor.

---

990 *Stürner*, in: BeckOK ZPO, § 890 Rn. 29; *Gruber*, in: MüKo ZPO, § 890 Rn. 25; *Köhler*, AcP 190 1990, 496 (512).

991 *Gruber*, in: MüKo ZPO, § 890 Rn. 25; *Fritzsche*, Unterlassungsanspruch, 648.

992 Vgl. *Stürner*, in: BeckOK ZPO, § 890 Rn. 1; *Gruber*, in: MüKo ZPO, § 890 Rn. 1; *Lackmann*, in: Musielak, § 890 Rn. 1.

993 Anders früher BGH, LM § 241 Nr. 2. Diese Rechtsprechung wurde inzwischen (stillschweigend) aufgegeben; vgl. *Teplitzky*, Wettbewerbsrecht, 51 Rn. 59 Fn. 252.

994 Entweder wurde in der Vergangenheit unterlassen und die Klage ist unbegründet oder es wurde nicht unterlassen, dann aber kommt die Klage auf Unterlassung zu spät und es muss z. B. an Schadensersatz gedacht werden.

995 Für eine ausführliche Darstellung des Streits vgl. *Fritzsche*, Unterlassungsanspruch, 580 ff.

996 So der Sachverhalt in dem Fall *Sobel v. Eggleston*; dazu oben B.III.2, S. 92.

Schwieriger ist zu beurteilen, ob es dem Sammler auch möglich ist, im Wege der Klage einen Titel gegen den Künstler zu erwirken, obwohl dieser noch gar keinen Grund zu der Annahme gegeben hat, er werde sich nicht an die Limitierung halten. Insoweit wird in der Literatur vorgeschlagen, bei vertraglichen Unterlassungsansprüchen (wie dem hier diskutierten Anspruch aus einem Limitierungsvertrag) auf § 259 ZPO zu verzichten, da der Kläger ein Interesse an einem Titel schon vor der Erstbegehung einer Verletzung der Unterlassungspflicht habe, selbst „wenn noch gar keine beweisbare Verletzungsgefahr" bestehe.[997] Anderenfalls sei insbesondere in denjenigen Fällen, in denen der Schuldner einen Vermögensschaden nicht erleide bzw. nicht beweisen könne (wie häufig im Fall der Verletzung einer Limitierung), die erste Verletzung der Unterlassungspflicht „sozusagen ‚frei'".[998] Mithilfe einer frühzeitigen Klage könne der Gläubiger einen Vollstreckungstitel gegen den Schuldner erlangen und somit bereits bei der erstmaligen Verletzung der Unterlassungspflicht unmittelbar gegen ihn vollstreckungsrechtlich vorgehen.[999] Durch eine solche Klage entstünde dem Schuldner kein besonderes Prozessrisiko, da er sofort anerkennen könne und die Verfahrenskosten damit gemäß § 93 ZPO dem Kläger aufzubürden seien.[1000] Dem Sammler böte die Klage eine wirkungsvolle Möglichkeit, sich das Limitierungsversprechen unmittelbar nach Erwerb des Kunstwerks sozusagen „amtlich" bestätigen zu lassen.

Richtigerweise wird man jedoch eine derart weite Ausdehnung des Rechtsschutzes – auch im Hinblick auf die Belastung eines Schuldners, der sich absolut vertragstreu verhält – nicht zulassen können. Solange nicht einmal der Verdacht besteht, dass der Schuldner gegen die Unterlassungspflicht verstoßen wird, scheitert eine Unterlassungsklage daher zumindest am allgemeinen Rechtsschutzbedürfnis, welches eine vorschnelle Einschaltung der staatlichen Gerichtsbarkeit verhindern soll.[1001]

---

997 *Köhler*, AcP 190 1990, 496 (512 f.); vgl. auch das Beispiel bei *Köhler*, JZ 2005, 489 (491).

998 *Köhler*, AcP 190 1990, 496 (512).

999 *Köhler*, AcP 190 1990, 496 (512).

1000 *Köhler*, AcP 190 1990, 496 (513); *Köhler*, JZ 2005, 489 (491).

1001 So im Ergebnis auch BGH, NJW 1999, 1337 (1338); *Bacher*, in: BeckOK ZPO, § 253 Rn. 31, § 259 Rn. 6; *Becker-Eberhard*, in: MüKo ZPO, § 259 Rn. 7; *Fritzsche*, Unterlassungsanspruch, 586 f.; *Teplitzky*, Wettbewerbsrecht, 51 Rn. 59; *Pohlmann*, GRUR 1993, 361 (364). Heute so wohl auch *Köhler*, JZ 2005, 489 (491); dort insbesondere Fn. 9.

(2) Feststellungsklage

Grundsätzlich ist für beide Seiten auch eine Feststellungsklage (§ 256 Abs. 1 ZPO) möglich, um den Umfang einer möglichen Unterlassungspflicht verbindlich feststellen zu lassen. Der Sammler müsste *positive* Feststellungsklage, der Künstler *negative* Feststellungsklage im Hinblick auf das Bestehen einer Unterlassungspflicht erheben. Erforderlich für die Zulässigkeit einer Feststellungsklage ist aber hier als besondere Ausformung des allgemeinen Rechtsschutzinteresses[1002] ein Feststellungsinteresse (vgl. § 256 Abs. 1 a. E. ZPO). Zum einen darf daher kein einfacherer und kostengünstigerer, d. h. effektiverer Weg zur Erreichung des Rechtsschutzziels des Klägers vorliegen (z. B. in Form einer Leistungsklage).[1003] Zum anderen muss dem Recht des Klägers eine gegenwärtige Gefahr der Unsicherheit drohen, welche durch das Feststellungsurteil beseitigt würde.[1004] Ein Feststellungsinteresse besteht für die positive Feststellungsklage insbesondere dann, wenn der Schuldner das Bestehen eines entsprechenden Anspruchs ernsthaft verneint.[1005] In diesem Fall bietet sich für den Bereich der Unterlassungsklage jedoch häufig auch schon die Leistungsklage als das effektivere Rechtsschutzmittel an.[1006] Interessant ist für die Fallgruppe der Limitierungsverträge daher insbesondere die *negative* Feststellungsklage. Hier besteht ein Feststellungsinteresse des Künstlers, wenn sich der vermeintliche Gläubiger eines entsprechenden Anspruchs gegenüber dem Schuldner berühmt und der Schuldner abschließende Gewissheit haben möchte, dass sein Verhalten rechtlich erlaubt ist.[1007] So wäre denkbar gewesen, dass in dem Fall *Sobel v. Eggleston* (hätte er sich in Deutschland ereignet) der Künstler nach einer ersten schriftlichen Intervention des Sammlers (aber noch vor dessen Klageerhebung) mit einer entsprechenden Feststellungsklage für „klare Verhältnisse“ gesorgt hätte.

1002 *Becker-Eberhard*, in: MüKo ZPO, § 256 Rn. 35; *Foerste*, in: Musielak, § 256 Rn. 7.

1003 Ausführlich *Becker-Eberhard*, in: MüKo ZPO, § 256 Rn. 49 ff.; *Foerste*, in: Musielak, § 256 Rn. 12 ff.

1004 *Bacher*, in: BeckOK ZPO, § 256 Rn. 20; *Becker-Eberhard*, in: MüKo ZPO, § 256 Rn. 37; *Foerste*, in: Musielak, § 256 Rn. 8.

1005 *Bacher*, in: BeckOK ZPO, § 256 Rn. 21.

1006 *Teplitzky*, Wettbewerbsrecht, Kapitel 52 Rn. 10.

1007 *Bacher*, in: BeckOK ZPO, § 256 Rn. 22; *Teplitzky*, Wettbewerbsrecht, Kapitel 52 Rn. 10.

2. Beseitigungsanspruch

Bei der Unterlassungspflicht aus dem Limitierungsvertrag handelt es sich um ein sogenanntes „Dauerunterlassen" im Gegensatz zum „Einmalunterlassen",[1008] da die Anfertigung eines oder mehrerer Nachabzüge nicht dagegen spricht, dennoch für die Zukunft von dem Künstler zu verlangen, dass er zumindest keine *weiteren* Abzüge anfertigt. Die Unterlassungspflicht[1009] bleibt daher auch nach einem Verstoß gegen sie weiter bestehen.[1010]

Ist der Verstoß gegen die Unterlassungspflicht noch rückgängig zu machen (z. B. durch Zerstörung der bereits hergestellten Nachabzüge; notfalls auch nach deren Rückerwerb[1011]), so tritt nach der wohl herrschenden Meinung auch keine (Teil-)Unmöglichkeit des Unterlassungsanspruchs,[1012] sondern lediglich Schuldnerverzug ein.[1013] Der Gläubiger soll nun aus dem Unterlassungsvertrag statt der Unterlassung die Beseitigung verlangen können, damit der durch die Unterlassungspflicht abgesicherte Zustand wiederhergestellt werde.[1014] Teilweise wird für die Begründung dieser Beseitigungspflicht auch auf einen auf Naturalrestitution gerichteten Schadensersatzanspruch des Gläubigers verwiesen (§§ 280 Abs. 1, 249 BGB).[1015] Im Ergebnis unstrittig ist, dass den Unterlassungsschuldner eine entsprechende Beseitigungspflicht trifft, wenn er gegen die Unterlassungspflicht verstoßen hat, die Folgen des Verstoßes aber noch rückgängig zu machen sind.[1016] Im Fall des Limitierungsvertrags hat damit der Sammler in diesen Fällen einen Beseitigungsanspruch, d. h. einen Anspruch auf Rückführung

---

1008 Zu dieser Unterscheidung vgl. z. B. *Fritzsche*, Unterlassungsanspruch, 376 ff.

1009 Im Sinne des allgemeinen „Leistungsunterlassungsanspruchs"; vgl. dazu unten D.IV.6, S. 260.

1010 Dies gilt auch dann, wenn der Verstoß zu einer Teilunmöglichkeit des Unterlassungsanspruchs geführt hat; vgl. dazu unten D.IV.3.c), S. 232.

1011 Vgl. insoweit den Fall bei *Caspers (2014)*, in: Staudinger, § 275 Rn. 26.

1012 BGH, NJW 1962, 1344; *Unberath*, in: BeckOK BGB, § 275 Rn. 38; *Schulze*, in: HK BGB, § 275 Rn. 14; *Grüneberg*, in: Palandt, § 275 Rn. 15; *Caspers (2014)*, in: Staudinger, § 275 Rn. 26; im Ergebnis ähnlich, aber Teilunmöglichkeit annehmend *Ernst*, in: MüKo BGB, § 275 Rn. 49 f. Für Unmöglichkeit wohl auch *Fritzsche*, Unterlassungsanspruch, 378 f.

1013 *Unberath*, in: BeckOK BGB, § 275 Rn. 38; *Grüneberg*, in: Palandt, § 286 Rn. 12; *Köhler*, AcP 190 (1990), 496 (522); anders wohl *Teplitzky*, Wettbewerbsrecht, Kapitel 1 Rn. 18.

1014 Vgl. BGH, NJW 1962, 1344. Vgl. auch *Huber*, Leistungsstörungen II, 716 f., 720 f.

1015 *Ernst*, in: MüKo BGB, § 275 Rn. 50. Vgl. überblickshaft auch *Huber*, Leistungsstörungen II, 715 ff.

1016 *Ernst*, in: MüKo BGB, § 275 Rn. 50 weist darauf hin, dass im Fall der Lösung über § 280 Abs. 1 BGB auch ein (jedoch gem. § 280 Abs. 1 S. 2 BGB widerlegbar vermutetes) Vertretenmüssen des Schuldners geprüft werden müsse. Letztlich macht dies für die hier diskutierten Fälle keinen Unterschied, da bei einer Produktion von Nachauflagen durch den Künstler dessen Vertretenmüssen eindeutig zu bejahen ist.

der Auflage auf die versprochene Höhe gegenüber dem Künstler. Dieser Anspruch besteht, solange die Herstellung des durch die Unterlassungspflicht abgesicherten Zustands nicht endgültig unmöglich (§ 275 BGB) geworden ist.[1017]

Im Unterschied zum Unterlassungsanspruch ist der Beseitigungsanspruch als aktives Tun z. B. auch durch Ersatzvornahme (§ 887 ZPO) vollstreckbar.[1018] Der Sammler könnte somit beispielsweise die überzähligen und im Besitz des Künstlers befindlichen Abzüge durch den Gerichtsvollzieher beschlagnahmen und vernichten lassen.[1019]

3. Schadensersatzansprüche

Teilweise neben, teilweise anstelle des Unterlassungsanspruchs können dem Gläubiger auch Schadensersatzansprüche zustehen.

a) Schadensersatz statt der Leistung (§§ 280 Abs. 1, 3, 281 BGB)

Unter den Voraussetzungen der §§ 280 Abs. 1, 3, 281 BGB kann der Gläubiger vom Schuldner Schadensersatz statt der Leistung verlangen.

Notwendig ist hierfür im Fall des Limitierungsvertrags, dass der Schuldner gegen die fällige[1020] Unterlassungspflicht verstoßen und diesen Verstoß auch zu vertreten hat. Beim Verstoß gegen eine vertragliche Unterlassungspflicht wird ein Vertretenmüssen des Schuldners jedoch wegen § 280 Abs. 1 S. 2 BGB vermutet. Diese Vermutung zu widerlegen, wird ihm regelmäßig nicht gelingen: schließlich hat der Schuldner seine Unterlassungspflicht zuvor selbst privatautonom begründet und ein „versehentlicher“ Verstoß gegen die Unterlassungspflicht ist auch theoretisch kaum zu konstruieren.

Der Anspruch nach §§ 280 Abs. 1, 3, 281 BGB besteht nur dann, wenn man davon ausgeht, dass der Verstoß gegen die Unterlassungspflicht nicht gleichzeitig zu deren Unmöglichkeit (§ 275 BGB) geführt hat.[1021] Läge Unmög-

---

1017 Zu den Fällen der Unmöglichkeit sogleich bei D.IV.3.c), S. 232.

1018 Vgl. *Fritzsche*, Unterlassungsanspruch, 641; *Teplitzky*, Wettbewerbsrecht, Kapitel 58 Rn. 6 ff.

1019 Vgl. zur Vollstreckung von Vernichtungsansprüchen BGH, GRUR 2003, 228 (229) sowie insbesondere OLG Frankfurt a.M., NJW-RR 2007, 485 f.

1020 Hierzu bereits oben D.IV, S. 223.

1021 Zu dieser Frage bereits oben D.IV.2, S. 228.

lichkeit der Hauptleistungspflicht vor, so wären die §§ 280 Abs. 1, 3, 283 BGB die richtige Anspruchsgrundlage für einen Schadensersatzanspruch.[1022]

Der Schadensersatzanspruch setzt weiterhin grundsätzlich eine Fristsetzung (§ 281 Abs. 1 S. 1 BGB) oder Abmahnung (§ 281 Abs. 1 S. 1 BGB i. V. m. § 281 Abs. 3 BGB)[1023] voraus. Ist der durch die Unterlassungspflicht geschützte Zustand trotz eines Verstoßes gegen die Unterlassungspflicht wiederherzustellen (das heißt, ist der Verstoß rückgängig zu machen)[1024], so ist eine Fristsetzung durch den Gläubiger möglich und gemäß § 281 Abs. 1 S. 1 BGB auch notwendig.[1025] Erst nach Ablauf dieser Fristsetzung steht dem Gläubiger der Schadensersatzanspruch aus §§ 280 Abs. 1, 3, 281 BGB zu. Zu beachten ist hierbei jedoch, dass es sich im Regelfall nur um einen sogenannten „kleinen Schadensersatz" handelt, da der Gläubiger ein Interesse am Fortbestand des Unterlassungsvertrags (und somit an einer „Teilleistung" im Sinne von § 281 Abs. 1 S. 2 BGB) hat. Das zugrunde liegende Vertragsverhältnis (der Limitierungs- bzw. Unterlassungsvertrag) bleibt daher auch bei einem Schadensersatzverlangen normalerweise intakt und der Schadensersatz wird nur für die einzelne Pflichtverletzung beansprucht.

Der Schadensersatz statt der Leistung nach §§ 280 Abs. 1, 3, 281 BGB hat jedoch in praktischer Hinsicht im Bereich der Limitierungsverträge nur eine geringe Bedeutung. Wichtigstes Rechtsschutzziel des Sammlers ist es im Regelfall, eine Erhöhung der Auflage zu verhindern bzw. eine erhöhte Auflage wieder auf die vereinbarte Zahl zu reduzieren. Die Besonderheit des Limitierungsvertrags als Vertrag über einen Unterlassungsanspruch ist, dass der Sammler hier die Möglichkeit hat, bei Verletzung des Unterlassungsanspruchs zunächst den Beseitigungsanspruch[1026] gegenüber dem Künstler geltend zu machen. Dieser Anspruch läuft nur dann leer, wenn die Auflage erhöht wurde und die Rückführung der Auflage unmöglich (§ 275 BGB) geworden ist.[1027] Dann besteht aber auch der Schadensersatzanspruch aufgrund von Unmöglichkeit (§§ 280 Abs. 1, 3, 283 BGB), sodass der

---

1022 Vgl. auch *Dauner-Lieb*, in: Dauner-Lieb/Langen, § 281 Rn. 46. Im Übrigen hierzu sogleich unten bei D.IV.3.c), S. 232.

1023 Zu Recht kritisch zu dieser Regelung *Faust*, in: Huber/Faust, 3. Kapitel Rn. 146 f.

1024 Vgl. hierzu auch die Ausführungen oben bei D.IV.2, S. 228.

1025 Letztlich hat die in § 281 Abs. 3 BGB vorgesehene Abmahnung jedenfalls im Fall des Limitierungsvertrags keine Bedeutung. Durch den Verstoß gegen die Unterlassungspflicht tritt entweder Unmöglichkeit ein oder es besteht ein Beseitigungsanspruch, in welchem Fall eine Fristsetzung, aber keine Abmahnung notwendig wäre; vgl. insbesondere *Lorenz/Riehm*, Neues Schuldrecht, Rn. 204. Vgl. aber auch *Dauner-Lieb*, in: Dauner-Lieb/Langen, § 281 Rn. 46; *Faust*, in: Huber/Faust, 3. Kapitel Rn. 146 f.

1026 Oben D.IV.2, S. 228.

1027 Beispiele für Unmöglichkeit unten bei D.IV.3.c), S. 232.

Schadensersatz statt der Leistung gemäß §§ 280 Abs. 1, 3, 281 BGB durch die speziellere Regelung der §§ 280 Abs. 1, 3, 283 BGB verdrängt wird.

Einen Anwendungsbereich hat der Schadensersatzanspruch aus §§ 280 Abs. 1, 3, 281 BGB daher nur dann, wenn der Künstler auch nach Ablauf einer Fristsetzung keine Maßnahmen zur Herbeiführung des geschuldeten Leistungserfolgs unternimmt und der Sammler daraufhin (z. B. aus ökonomischen oder praktischen Überlegungen) nur noch gewillt ist, einen Schadensersatzanspruch (und eben nicht den eigentlichen Leistungsanspruch, z. B. mit dem Ziel einer Zwangsvollstreckung) zu verfolgen.[1028]

b) Schadensersatz wegen Verzögerung der Leistung (§§ 280 Abs. 1, 2, 286 BGB)

Geht man davon aus, dass sich der Unterlassungsschuldner nach einem Verstoß gegen die Unterlassungspflicht (welcher aber noch rückgängig gemacht werden kann) im Schuldnerverzug befindet (§ 286 BGB),[1029] so kann dem Gläubiger wegen in dieser Zeit entstehender Schäden ein Anspruch auf Schadensersatz aus §§ 280 Abs. 1, 2 286 BGB zustehen. Der Unterlassungsschuldner befindet sich bei Verstoß gegen seine Unterlassungspflicht auch ohne eine Mahnung im Sinne von § 286 Abs. 1 BGB im Schuldnerverzug.[1030] Da der Verstoß gegen eine Unterlassungspflicht bereits ein aktives Tun und damit ein entsprechendes Bewusstsein des Schuldners voraussetzt,[1031] wäre es sinnwidrig, vom Gläubiger zu verlangen, dass er den Schuldner mahnt, um ihn auf seine Leistungspflicht hinzuweisen. Der Fall ist vergleichbar mit demjenigen, dass der Schuldner (einer „aktiven" Leistungspflicht) weiß, dass er eine fehlerhafte Leistung erbracht hat und dennoch nicht die geschuldete Leistung bewirkt.[1032] Dort wie im hier diskutierten Fall ist eine Mahnung nach § 286 Abs. 2 Nr. 4 BGB entbehrlich, da der Schuldner keiner „Warnung"[1033] in Form der Mahnung mehr bedarf. Da der Schadensersatz nach §§ 280 Abs. 1, 2 286 BGB allerdings ausschließlich den „Verzugsschaden", d. h. denjenigen Schaden erfasst, der *ausschließlich* auf der Verzöge-

1028 Zu möglichen Beweisproblemen bei der Begründung des Schadensersatzanspruchs ausführlich unten bei D.IV.3.f), S. 235.

1029 Hierzu bereits oben D.IV.2, S. 228.

1030 Vgl. *Ernst*, in: MüKo BGB, § 286 Rn. 42.

1031 Und der Schuldner eines Limitierungsversprechens im Übrigen seine von ihm selbst begründete Unterlassungspflicht kennt.

1032 Zur Entbehrlichkeit einer Mahnung in diesen Fällen *Grüneberg*, in: Palandt, § 286 Rn. 25.

1033 Zu diesem Zweck der Mahnung vgl. *Emmerich*, Leistungsstörungen, § 16 Rn. 15.

rung der Leistung beruht, bleibt im Bereich der Verletzung des Limitierungsversprechens praktisch kein denkbarer Anwendungsbereich.[1034]

c) Schadensersatz statt der Leistung wegen (Teil-)Unmöglichkeit (§§ 280 Abs. 1, 3, 283 BGB)

Zur Unmöglichkeit (§ 275 BGB) der Unterlassungspflicht des Künstlers kommt es, wenn dieser die Folgen eines Verstoßes gegen die Unterlassungspflicht nicht mehr rückgängig machen kann.[1035] Dies ist zum Beispiel dann der Fall, wenn die über die Auflage hinaus hergestellten Werkexemplare verkauft sind und sich ihr Verbleib nicht mehr nachvollziehen lässt bzw. die neuen Eigentümer nicht verkaufsbereit sind. Die überzähligen Werkexemplare sind dann (rechtlich) der Gestaltungsmacht des Künstlers entzogen und er kann sie nicht mehr vernichten (lassen). Da die Unterlassungspflicht nun zwar für die Vergangenheit in Bezug auf die verkauften Werkexemplare unmöglich geworden ist, aber für die Zukunft im Hinblick auf die Herstellung weiterer Werkexemplare durchaus weiter besteht, ist es nur konsequent, hierin eine *Teil*unmöglichkeit der geschuldeten Leistung zu erblicken.[1036] § 283 S. 2 BGB bringt mit seinem Verweis auf § 281 Abs. 1 S. 2 BGB zum Ausdruck, dass der Gläubiger im Fall einer *teilweisen* Unmöglichkeit Schadensersatz für diesen „Teil“ der Leistung verlangen kann, das Schuldverhältnis aber im Übrigen intakt bleibt, es sei denn, der Schuldner hat an der übrig bleibenden Teilleistung kein Interesse.[1037] Letzteres ist im Fall des Limitierungsvertrags jedoch gerade nicht der Fall, sodass der Gläubiger für die partiell unmöglich gewordene Unterlassungspflicht Schadensersatz verlangen kann.

Hat der Künstler also zusätzliche, sein Auflagenversprechen verletzende Werkexemplare hergestellt und kann er diese Tatsache nicht mehr (z. B. durch Vernichtung der überzähligen Exemplare) rückgängig machen, so kann der Sammler gemäß §§ 280 Abs. 1, 3, 283 BGB aufgrund des Limitie-

1034 Da allerdings insoweit umstritten ist, welche Schadensposten dem Verzugsschaden und welche dem einfachen Schadensersatz nach § 280 Abs. 1 BGB zuzuordnen sind, wird sogleich noch ausführlicher bei D.IV.3.e), S. 234, auf die Problematik einzugehen sein.

1035 Zu den Voraussetzungen der Unmöglichkeit bei Unterlassungsansprüchen vgl. oben bei D.IV.2, S. 228.

1036 So bereits *Köhler*, AcP 190 (1990), 496 (517 f.). Inzwischen ist die Auffassung wohl herrschend. Vgl. etwa *Ernst*, in: MüKo BGB, § 283 Rn. 14; *Unberath*, in: BeckOK BGB, § 275 Rn. 38. Kritisch *Huber*, Leistungsstörungen II, 716.

1037 Vgl. auch *Dauner-Lieb*, in: Dauner-Lieb/Langen, § 283 Rn. 8; *Ernst*, in: MüKo BGB, § 283 Rn. 13.

rungsvertrags verlangen, dass er finanziell[1038] so gestellt wird, als hätte der Künstler nicht gegen seine Unterlassungspflicht verstoßen.[1039]

d) Schadensersatz wegen anfänglicher Unmöglichkeit (§ 311 Abs. 2 BGB)

Besteht die Unmöglichkeit bereits bei Vertragsschluss, so ist die Anspruchsgrundlage für den Schadensersatz § 311a Abs. 2 BGB. Dieser gilt auch bei einer teilweisen Unmöglichkeit, solange die Leistung – wie im Fall des Limitierungsvertrags[1040] – teilbar ist.[1041] Das Vertretenmüssen des Schuldners bezieht sich im Rahmen von § 311a Abs. 2 S. 2 BGB nicht auf die Unmöglichkeit seiner Leistungserfüllung an sich, sondern auf seine Kenntnis bezüglich der Unmöglichkeit im Zeitpunkt des Vertragsschlusses. Allerdings greift auch hier – wie bei § 280 Abs. 1 S. 2 BGB – gemäß § 311a II S. 2 BGB eine Verschuldensvermutung, die der Schuldner entkräften muss. Fährlässige Unkenntnis des Schuldners von der Unmöglichkeit seiner Leistungserfüllung begründet bereits die Haftung nach § 311a Abs. 2 S. 1 BGB.[1042]

§ 311 Abs. 2 BGB kommt bei Limitierungsverträgen daher insbesondere dann zur Anwendung, wenn beim ersten Verkauf der limitierten Fotografie die Limitierungsangabe bereits niedriger ausgewiesen ist, als tatsächlich Werkexemplare zu diesem Zeitpunkt in den Verkehr gebracht worden sind. Zu denken ist hier z. B. an Fälle, in denen nach dem Ausverkauf der ersten Auflage eine Nachauflage geschaffen wird und diese als „motivbezogen" limitierte Auflage angeboten wird bzw. eben kein Bezug zur bereits vorhandenen Erstauflage hergestellt wird.[1043] Da ja bereits eine Auflage in Umlauf ist, kann das auf den neuen Fotografien zum Ausdruck gekommene Limitierungsversprechen von Anfang an nicht vom Künstler eingehalten werden. Es handelt sich dennoch nur um einen Fall der teilweisen Unmöglichkeit, weil es sinnvoll ist, dass die Unterlassungspflicht dennoch grundsätzlich fortbesteht. Nur dann ist nämlich gesichert, dass auch jede weitere neue Auflage ihrerseits einen Verstoß gegen die Unter-

1038 Für alle z. B. *Grüneberg*, in: Palandt, § 283 Rn. 6, § 281 Rn. 17.
1039 Vgl. *Dauner-Lieb*, in: Dauner-Lieb/Langen, § 283 Rn. 13.
1040 Dazu eben bei D.IV.3.c), S. 232.
1041 *Ernst*, in: MüKo BGB, § 311a Rn. 72.
1042 Im Detail z. B. *Grüneberg*, in: Palandt, § 311a Rn. 9.
1043 Letzteres unter der hier vertretenen Auffassung, dass eine Limitierung ohne weitere Angaben nach dem objektiven Empfängerhorizont als „motivbezogen" zu verstehen ist. Dazu ausführlich oben D.II.2.c)(3)(bb), S. 193.

lassungspflicht und damit entsprechende Abwehr- bzw. Schadensersatzansprüche begründet.

Die Rechtsfolgen von § 311 Abs. 2 BGB entsprechen denen beim Schadensersatz wegen (Teil-)Unmöglichkeit nach §§ 280 Abs. 1, 3, 283 BGB.[1044]

e) Schadensersatz neben der Leistung (§ 280 Abs. 1 BGB)

Unabhängig davon, ob die Folgen des Verstoßes gegen die Unterlassungspflicht noch rückgängig zu machen sind oder nicht, können dem Gläubiger durch die Pflichtverletzung des Schuldners bereits weitere Schäden entstanden sein. So ist im Bereich der limitierten Auflagen denkbar, dass der bereits geplante Weiterverkauf eines Auflagenwerks scheitert, nachdem die Pläne des Künstlers bekannt geworden sind, eine Nachauflage herstellen zu wollen. Dem verkaufenden Sammler könnte dann ein bezifferbarer Schaden in Form von entgangenem Gewinn (§ 252 BGB) entstanden sein. Macht der Künstler (z. B. aufgrund einer entsprechenden Intervention des Sammlers) die Auflagenerhöhung rückgängig, so kann der Schaden hierdurch unter Umständen dennoch nicht mehr abgewendet werden, zum Beispiel, weil der Verkauf nicht erneut zustande kommt. Da nach der herrschenden Ansicht aber auch kein Fall von Unmöglichkeit (mit dem Schadensersatzanspruch aus §§ 280 Abs. 1, 3, 283 BGB) vorliegt, ist für den Schadensersatzanspruch des Sammlers auf § 280 Abs. 1 BGB zurückzugreifen.[1045] Die für § 280 Abs. 1 BGB erforderliche Pflichtverletzung liegt in dem Verstoß des Schuldners gegen die Unterlassungspflicht. Der Schaden ist als Schadensersatz *neben* der Leistung über § 280 Abs. 1 BGB ersatzfähig, da auch die Nachholung der vertraglich geschuldeten Leistung die Schadensfolge nicht mehr entfallen ließe bzw. ließ.[1046]

1044 Dazu eben bei D.IV.3.c), S. 232.

1045 Wie hier wohl auch BGH, NJW 2009, 2674 (2675 f.); *Grunewald*, in: Erman BGB, § 437 Rn. 19; *Ernst*, in: MüKo BGB, § 280 Rn. 55 ff.; *Emmerich*, Leistungsstörungen, Rn. 5. Vertreten wird daneben, dass der hier skizzierte Schaden als Verzögerungsschaden geltend zu machen sei; vgl. *Dauner-Lieb*, in: Dauner-Lieb/Langen, § 280 Rn. 66. Die Pflichtverletzung ist im vorliegenden Fall jedoch nicht allein die Leistungsverzögerung, sondern insbesondere der (aktive) Verstoß gegen die Unterlassungspflicht, weshalb eine Zuordnung zu § 280 Abs. 1 BGB passender erscheint. Im Ergebnis besteht freilich kein Unterschied: Nach der h. M. befindet sich der Schuldner einer Dauerunterlassung im Schuldnerverzug, wenn er gegen die Unterlassungspflicht verstoßen hat und die Folgen des Verstoßes noch rückgängig zu machen sind; vgl. oben D.IV.2, S. 228. Somit liegen auch die Voraussetzungen für den Schadensersatz wegen Verzögerung der Leistung (§§ 280 Abs. 1, 2, 286 BGB) vor. Für eine ausführliche Darstellung der Problematik der Abgrenzung von Verzögerungsschäden vgl. auch *Emmerich*, Leistungsstörungen, Rn. 3 ff.

1046 In aller Ausführlichkeit zur Abgrenzung des Schadensersatzes neben der Leistung

f) Prozessuale Anforderungen an die Schadensbegründung

Die Rechtsfolge der aufgezählten Schadensersatzansprüche richtet sich nach § 249 Abs. 1 BGB. Dabei gilt die Einschränkung, dass in den Fällen der Unmöglichkeit, und wenn der Gläubiger Schadensersatz statt der (Teil-)Leistung verlangt hat (vgl. § 281 Abs. 4 BGB), eine Naturalrestitution[1047] in der Regel nicht mehr in Betracht kommt und der Gläubiger daher grundsätzlich in Geld zu entschädigen ist.[1048]

Für die hier diskutierten Fälle bedeutet dies, dass der Sammler grundsätzlich verlangen kann, in Geld so gestellt zu werden, wie wenn die Pflichtverletzung (d. h. die Erhöhung der Auflage) nicht stattgefunden hätte. Bei der praktischen Umsetzung dieser Schadensersatzansprüche stellt sich die Frage, inwieweit den Sammler bzw. Eigentümer einer Fotografie im Prozess, insbesondere im Hinblick auf den von ihm erlittenen oder vermeintlich erlittenen Schaden, eine Darlegungslast trifft und inwieweit er dieser gerecht werden kann.

Grundsätzlich gilt, dass jede Partei im Prozess die ihr günstigen Tatsachen beweisen muss, soweit diese streitig sind.[1049] Bei Geltendmachung eines Schadensersatzanspruchs aus einer Verletzung des Limitierungsvertrags müsste der Kläger daher grundsätzlich das Zustandekommen des Limitierungsvertrags, die Pflichtverletzung sowie eben einen Schaden darlegen und gegebenenfalls beweisen.[1050]

Vergleichsweise unproblematisch würde sich der Nachweis eines Schadens gestalten, wenn ein bereits angebahnter Verkauf daran scheitert, dass z. B. die Pläne des Künstlers, zusätzliche Werkexemplare oder eine „neue Auflage“ herstellen zu wollen, öffentlich bekannt werden und der Käufer *daraufhin* nicht mehr bereit ist, den Kaufvertrag abzuschließen. Der aus die-

vom Schadensersatz statt der Leistung vgl. *Dauner-Lieb*, in: Dauner-Lieb/Langen, § 280 Rn. 41 ff.

1047 Zum Grundsatz der Naturalrestitution, welcher dem Schuldner eines Schadensersatzanspruchs prinzipiell aufbürdet, den *tatsächlichen* wirtschaftlichen Zustand herzustellen, der ohne seine Pflichtverletzung bestehen würde und zu dem die Entschädigung des Gläubigers in Geld eine Ausnahme darstellt, vgl. z. B. *Grüneberg*, in: Palandt, § 249 Rn. 2 sowie *Oetker*, in: MüKo BGB, § 249 Rn. 320 ff.

1048 BGH NJW 2013, 370 (371); *Grüneberg*, in: Palandt, § 281 Rn. 17.

1049 *Bacher*, in: BeckOK ZPO, § 284 Rn. 72; vgl. weiterhin *Prütting*, in: MüKo ZPO, § 286 Rn. 110 ff.; *Foerste*, in: Musielak, § 286 Rn. 35.

1050 Das Vertretenmüssen der Pflichtverletzung durch den Schuldner wird vom Gesetz unterstellt, wie sich aus § 280 Abs. 1 S. 2 BGB ergibt. Der Schuldner ist daher gezwungen, zu beweisen, dass er die Pflichtverletzung *nicht* zu vertreten hat.

sem Geschäft entgangene Gewinn ist dann ein im Rahmen des Schadensersatzes zu ersetzender Schadensposten.

Problematisch könnte sich jedoch der Schadensnachweis gestalten, wenn es – wie zum Beispiel in dem Fall *Sobel v. Eggleston* – nur darum geht, eine Verringerung des Werts der im Eigentum des Sammlers stehenden Werkexemplare aufgrund der Auflagenausweitung nachzuweisen.

So wurde z. B. in dem Verfahren *Sobel v. Eggleston* in New York von der Beklagtenseite argumentiert, die neu aufgelegten Fotografien hätten den Wert der ursprünglichen Auflagen sogar noch *gesteigert*, weshalb der Kläger gar nicht geschädigt sei.[1051]

Es ist daher ein Blick auf die prozessualen Anforderungen an die Darlegungslast bei Schadensersatzforderungen zu werfen, um festzustellen, inwieweit sich dem Sammler hier tatsächlich Probleme bei der Verfolgung seiner Ansprüche stellen können.

(1) Grundsätzliches zur prozessualen Darlegungslast bei Schadensersatzforderungen (§§ 286, 287 ZPO)

Grundsätzlich gilt für Schadensersatzforderungen, dass der Gläubiger des Schadensersatzanspruchs die *haftungsbegründende* Kausalität zwischen Pflichtverletzung und Rechtsgutverletzung sowie die *haftungsausfüllende* Kausalität zwischen Rechtsgutverletzung und dem Schaden zu beweisen hat.[1052] Für Fragen der *haftungsausfüllenden* Kausalität kommt der Gläubiger dabei in den Genuss einer Erleichterung seiner Darlegungslast gemäß § 287 ZPO, wonach das Gericht den Schaden bei entsprechenden Anhaltspunkten beispielsweise auch schätzen kann. Das Gericht muss eine bestimmte Schadenshöhe wegen § 287 ZPO nämlich nicht für „wahr" halten, sondern lediglich für „überwiegend wahrscheinlich".[1053] Auch die Annahme eines Mindestschadens durch das Gericht ist möglich, wenn für das Gericht feststeht, *dass* ein Schaden eingetreten ist.[1054] Der Geschädigte hat in allen Fällen (lediglich) die „Anknüpfungstatsachen" für die gerichtliche Schätzung beizubringen.[1055]

Zudem ist zu berücksichtigen, dass es sich bei der Verletzung der Unterlassungspflicht durch den Künstler um die Verletzung einer vertraglichen

1051 Vgl. oben Fn. 960.

1052 Details zu dieser (materiell-rechtlichen) Unterscheidung z. B. bei *Oetker*, in: MüKo BGB, § 249 Rn. 108; *Wagner*, in: MüKo BGB, § 823 Rn. 56 ff.

1053 Vgl. *Prütting*, in: MüKo ZPO, § 287 Rn. 17; *Foerste*, in: Musielak, § 287 Rn. 6 ff.

1054 *Bacher*, in: BeckOK ZPO, § 287 Rn. 15.

1055 *Bacher*, in: BeckOK ZPO, § 287 Rn. 14, 16; *Foerste*, in: Musielak, § 287 Rn. 7.

Primärleistungspflicht handelt. Durch ein Handeln oder Unterlassen des einen Vertragspartners, welches gegen eine vertragliche Pflicht verstößt, werden die vertraglich geschützten Interessen des anderen Vertragspartners unmittelbar verletzt. Für den Nachweis der haftungsbegründen Kausalität genügt es in diesen Fällen nach Ansicht der Rechtsprechung, dass der Anspruchsteller in einer dem § 286 ZPO genügenden Weise darlegt und gegebenenfalls beweist, durch die Pflichtverletzung so „betroffen“[1056] zu sein, dass sich nachteilige Folgen für ihn eingestellt haben *können.*[1057] Jedenfalls im Fall der Verletzung von primären Leistungspflichten – Einschränkungen werden z. B. bei der Verletzung von Nebenpflichten diskutiert[1058] – ist damit die *haftungsbegründende* Kausalität ausreichend nachgewiesen.[1059] „Ob und in welcher Höhe aus dem bewiesenen Verstoß des einen Vertragspartners dem davon betroffenen anderen Vertragspartner ein Schaden erwachsen ist [also die haftungs*ausfüllende* Kausalität; Anm. d. Verfassers], ist gem. § 287 ZPO zu entscheiden.“[1060]

(2) Anwendung dieser Grundsätze auf die Fälle der Verletzung von Auflagenlimitierungen

Hat der Künstler unter Verletzung seiner Unterlassungspflicht die Auflage pflichtwidrig erhöht, so wird die Darlegung dieser (im Übrigen in den allermeisten Fällen vorsätzlichen) Pflichtverletzung an den Gläubiger keine hohen Anforderungen stellen. Der Gläubiger muss in den Fällen des Verstoßes gegen die Unterlassungspflicht des Künstlers daher lediglich diesen Verstoß entsprechend des § 286 ZPO als „wahr“ beweisen und darlegen, warum sich hieraus für ihn Nachteile ergeben können.[1061]

Für die Frage, ob und in welcher Höhe die nachgewiesene Pflichtverletzung zu einem Vermögensschaden[1062] geführt hat (also für die *haftungsausfüllende* Kausalität), kann sich der Gläubiger auf § 287 ZPO berufen.

1056 Insbesondere zum „Betroffensein“ *Foerste*, in: Musielak, § 287 Rn. 5.

1057 BGH, NJW 1983, 998 (998 f.) m. w. N, *Prütting*, in: MüKo ZPO, § 287 Rn. 10.

1058 Vgl. zu dieser Abgrenzung insbesondere die Darstellung bei *Prütting*, in: MüKo ZPO, § 287 Rn. 10 f.

1059 BGH, NJW 1983, 998 (998 f.).

1060 BGH, NJW 1983, 998 (998 f.).

1061 Letzteres kann z. B. unter Verweis auf die in dieser Arbeit in Kapitel 1 gewonnenen, rechtstatsächlichen Befunde zu den Erwartungshaltungen auf dem Markt für zeitgenössische Fotokunst erfolgen.

1062 In den Fällen eines verletzten Auflagenversprechens wird es sich beim Schaden in aller Regel um einen Vermögensschaden handeln.

Der Sammler hätte also z. B. die Möglichkeit über ein Gutachten nachzuweisen, dass sich die Auflagenerhöhung mit überwiegender Wahrscheinlichkeit nachteilig auf den Preis der übrigen Werkexemplare auswirkt. Gutachten über den merkantilen Wert eines Kunstwerks sind naturgemäß mit Unsicherheiten behaftet,[1063] aber gleichwohl eine gängige Praxis.

Der nach § 249 Abs. 1 BGB geschuldete Schadensersatz gibt allerdings keine unmittelbare Möglichkeit, vom Künstler den Verkaufs*erlös* heraus zu verlangen, den dieser durch den Verkauf von weiteren Werkexemplaren erzielt hat, welche im Widerspruch zu seinem Limitierungsversprechen stehen . Diese Möglichkeit bietet aber § 285 Abs. 1 BGB, auf den daher im Folgenden eingegangen werden soll.

4. Anspruch auf Gewinnherausgabe (§ 285 Abs. 1 BGB)

Besonders interessant wäre für den Sammler ein Anspruch auf Herausgabe des erzielten Gewinns[1064], wenn der Künstler zusätzliche Werkexemplare über die vereinbarte Auflage hinaus geschaffen und auch verkauft hat. Dies gilt insbesondere deswegen, weil eine vorhersehbare Abschöpfung des durch eine Vertragsverletzung zu erzielenden Gewinns den Schuldner mit vergleichsweise „mildem Druck" absehbar am wirkungsvollsten zu vertraglichem Wohlverhalten anhalten würde.[1065]

a) Anspruchsvoraussetzungen von § 285 Abs. 1 BGB

Sind die Käufer der neu hergestellten Werkexemplare nicht zur Herausgabe zwecks Vernichtung bereit, so führt dies zur Teilunmöglichkeit der verletzten Unterlassungspflicht.[1066] Im Fall des Ausschlusses der Leistungspflicht aufgrund von Unmöglichkeit (§ 275 Abs. 1BGB)[1067] eröffnet § 285 Abs. 1 BGB dem Gläubiger die Möglichkeit, statt des Schadensersatzanspruchs nach seiner Wahl auch die Herausgabe des „stellvertretenden *commodum*" zu ver-

---

1063 Vgl. *Schack*, Kunst und Recht, Rn. 142 f.

1064 Der genaue Umfang des Anspruchs wird später bei den Rechtsfolgen erläutert werden. Unten D.IV.4.b), S. 250.

1065 *Weller*, Vertragstreue, 443 spricht von der „präventive[n] Anreiz- und Nötigungswirkung" des § 285 Abs. 1 BGB. Vgl. zu dieser Bedeutung eines Anspruchs auf Gewinnabschöpfung auch *Köndgen*, RabelsZ 56 (1992), 696 (728 f.).

1066 D.IV.3.c), S. 232. Speziell zur Unmöglichkeit von Unterlassungspflichten als (letztlich unergiebigem) Problem bei § 285 BGB: *Hartmann*, Commodum, 113 f.

1067 Auch im Fall der *anfänglichen* Unmöglichkeit; *Unberath*, in: BeckOK BGB, § 285 Rn. 7.

langen. § 285 Abs. 1 BGB findet unstreitig auf das stellvertretende *commodum* in Form des *commodum ex re* Anwendung (auch „Ersatz im Rechtssinn“[1068], d. h. beispielsweise Versicherungsansprüche, die im Vermögen des Schuldners an die Stelle des geschuldeten (untergegangenen) Gegenstands getreten sind).[1069] Nach überwiegender Auffassung wird § 285 Abs. 1 BGB aber (zumindest analog)[1070] auch auf das *commodum ex negotiatione* angewendet (auch „Ersatz im wirtschaftlichen Sinn“[1071], also z. B. der Erlös aufgrund eines Kaufvertrags).[1072] Grundsätzlich kann daher beispielsweise der Gläubiger eines Anspruchs auf Übereignung, wenn die Sache gewinnbringend an einen Dritten verkauft und übereignet wurde, anstelle des Schadensersatzes statt der Leistung auch die Herausgabe des Veräußerungserlöses verlangen.[1073] Der herausgegebene Erlös ist auf einen möglicherweise bestehenden Schadensersatzanspruch in Anrechnung zu bringen (§ 285 Abs. 2 BGB). Im Gegensatz zum Schadensersatzanspruch verlangt § 285 Abs. 1 BGB aber nach seinem Wortlaut kein Vertretenmüssen des Schuldners in Bezug auf die Unmöglichkeit seiner Leistungspflicht.[1074]

(1) Anwendbarkeit des § 285 Abs. 1 BGB bei Unterlassungspflichten

Teilweise wird bereits bestritten, dass unmöglich gewordene Unterlassungsansprüche überhaupt in den Anwendungsbereich von § 285 Abs. 1 BGB fallen.[1075] Der Wortlaut[1076] des § 285 Abs. 1 BGB spricht von einem Ersatz, der für

1068 *Fikentscher/Heinemann*, SchuldR, Rn. 443.

1069 *Emmerich*, in: MüKo BGB, § 285 Rn. 20.

1070 Vgl. *Emmerich*, in: MüKo BGB, § 285 Rn. 22.

1071 *Fikentscher/Heinemann*, SchuldR, Rn. 443.

1072 BGH, NJW 1980, 178; BGH, NJW-RR 2005, 241 (242); *Emmerich*, in: MüKo BGB, § 285 Rn. 22 m. w. N; *Weller*, Vertragstreue, 441 f.; *Kleinhenz/Junk*, ZGS 2008, 253 (255); kritisch zu der Einschätzung, dass es sich hierbei um eine „allgemeine Auffassung“ handelt und mit Nachweisen zu den gegenteiligen Ansichten *Hartmann*, Commodum, 271 ff. Zur historischen Entwicklung der Kontroverse vgl. *Helms*, Gewinnherausgabe, 314 ff. Rechtsvergleichend *Soeffky*, Gewinnhaftung, 36 ff.

1073 *Unberath*, in: BeckOK BGB, § 285 Rn. 10 m. w. N; *Grüneberg*, in: Palandt, § 285 Rn. 7.

1074 Zu Auffassung die unter bestimmten Voraussetzungen ein Vertretenmüssen des Schuldners voraussetzen wollen unten bei D.IV.4.a)(3), S. 242.

1075 So *Alpmann*, in: juris-PK, § 285 Rn. 9; *Grüneberg*, in: Palandt, § 285 Rn. 5; *Schulze*, in: HK BGB, § 285 Rn. 3; *Stadler*, in: Jauernig BGB, § 285 Rn. 5.

1076 Der Rechtsgedanke von § 285 Abs. 1 BGB reicht bis auf das römische Recht zurück. Im Laufe der Zeit war er unterschiedlichen, sich kontinuierlich weiterentwickelnden Auslegungen unterworfen. Dieser Entwicklungsprozess kann wohl kaum als abgeschlossen bezeichnet werden. Der Wortlaut ist dabei die meiste Zeit im Wesentlichen

einen „Gegenstand" erlangt wurde. Hieraus wurde (insbesondere früher) von einer großen Mehrheit für § 281 a. F. BGB als Vorgängernorm von § 285 BGB geschlossen, dass dieser grundsätzlich nicht anwendbar sei, wenn es sich bei der unmöglich gewordenen Pflicht um eine Handlung bzw. eine Unterlassung gehandelt hat und nicht eine Sache oder zumindest ein Recht (und damit ein „Gegenstand") geschuldet war.[1077] Diese Auffassung war allerdings auch nie unbestritten.[1078] Die Diskussion darüber, was unter einem „Gegenstand" im Sinne des § 285 Abs. 1 BGB zu verstehen ist, hat seit den Änderungen des Schuldrechtsmodernisierungsgesetzes erneut Auftrieb bekommen, da der Verweis von § 285 Abs. 1 BGB auf § 275 Abs. 3 BGB voraussetzt, dass gerade auch „persönlich zu erbringende" Leistungspflichten (wie solche aus Dienst- oder Werkverträgen) vom Anwendungsbereich des § 285 Abs. 1 BGB erfasst sind.[1079] Eine im Vordringen befindliche Ansicht will § 285 Abs. 1 BGB daher jedenfalls auch auf das Dienst- und Werkvertragsrecht anwenden.[1080] Der Begriff „Gegenstand", den § 285 Abs. 1 BGB verwendet, sei demnach nur als Verweis auf das „Objekt" des Leistungsanspruchs des Gläubigers zu verstehen,[1081] welches grundsätzlich jeder beliebige schuldrechtliche Anspruch sein könnte.[1082] Dies entspricht wohl auch dem Verständnis des historischen Gesetzgebers, da in den Motiven stets die Rede vom „Gegenstand *der Leistung* [Hervorhebung durch den Verfasser]" ist.[1083] Gestützt wird diese These zudem durch die unbefangene Lektüre des Gesetzeswortlauts. § 285 Abs. 1 BGB spricht zunächst nur von der „*Leistung*", welche aufgrund von § 275 Abs. 1 bis 3 BGB unmöglich geworden sein muss. Erst einen langen Relativsatz später

---

unverändert geblieben. Für einen ausführlichen und lesenswerten historischen Abriss siehe bei *Helms*, Gewinnherausgabe, 311 ff.

1077 *Emmerich*, in: MüKo BGB, § 285 Rn. 4 f.; *Löwisch*, NJW 2003, 2049 (2049 f.); *Hartmann*, Commodum, 101 ff. Weitere Kritik an der Anwendung von § 285 Abs. 1 BGB auf Unterlassungspflichten wird später unter dem Kriterium der „Identität" abzuhandeln sein. Siehe unten D.IV.4.a)(3), S. 242.

1078 Vgl. z. B. *Schulz*, AcP 105 (1909), 1 (7 ff.)

1079 *Emmerich*, in: MüKo BGB, § 285 Rn. 6; *Hartmann*, Commodum, 103 f. Kritisch zum Bedeutungsgehalt der im Rahmen der Gesetzesreform vorgenommenen Änderungen *Helms*, Gewinnherausgabe, 323 ff.

1080 So *Caspers (2014)*, in: Staudinger, § 285 Rn. 24; *Löwisch*, NJW 2003, 2049. (Noch) ablehnend: *Grüneberg*, in: Palandt, § 285 Rn. 5. Ebenfalls reserviert, insbesondere aus Sicht des Arbeitsrechts, aber scheinbar grundsätzlich offen für die neuen Entwicklungen: *Emmerich*, in: MüKo BGB, § 285 Rn. 5 f. Offen gelassen von BAG, Urteil vom 17. Oktober 2012, Az. 10 AZR 809/11, BAGE 143, 203 = BeckRS 2012, 75827, Rn. 30.

1081 *Caspers (2014)*, in: Staudinger, § 285 Rn. 24; *Löwisch*, NJW 2003, 2049 (2050). Ebenso, aber dennoch letztlich die Anwendbarkeit auf Unterlassungsansprüche ablehnend: *Wiedemann*, in: Soergel[12], § 281 Rn. 23.

1082 In diesem Sinne („jedes obligatorische Recht") schon *Schulz*, AcP 105 (1909), 1 (7).

1083 Mot. II, 46 f.

folgt „für den geschuldeten *Gegenstand* einen Ersatz". Wäre die Art der geschuldeten Leistung tatsächlich zentrale Voraussetzung für die Anwendbarkeit der Norm und durch die Verwendung des Begriffs „Gegenstand" charakterisiert, so wäre es naheliegend gewesen, diese Voraussetzung bereits unmittelbar am Anfang der Norm im Zusammenhang mit der untergangenen Leistung zu benennen (etwa „Erlangt der Schuldner eines Gegenstandes [...]"). Bei der gewählten Satzstellung wäre es auch möglich gewesen, die Voraussetzung als Einschränkung zu formulieren (etwa „Erlangt der Schuldner [...], soweit er einen Gegenstand geschuldet hat, für diesen einen Ersatz [...]"). Ein solcher Wortlaut wurde jedoch gerade nicht gewählt.

Sieht man in der Verwendung des Begriffs „Gegenstand" nur einen Verweis auf das Leistungsobjekt und keine sachliche Beschränkung der Norm, so ist auch eine (teil-)unmöglich gewordene *Unterlassungs*pflicht als für § 285 Abs. 1 BGB tatbestandsmäßig zu betrachten.[1084] Hierfür spricht weiterhin, dass, wenn man in der Verletzung von Unterlassungspflichten einen Umstand erblickt, der Schadensersatzpflichten auslösen kann, es inkonsequent wäre, dem Gläubiger des Unterlassungsanspruchs zwar den Schadensersatz, nicht aber den Anspruch nach § 285 Abs. 1 BGB zuzubilligen.[1085]

Eine allein auf den Wortlaut von § 285 Abs. 1 BGB gegründete Ablehnung seiner Anwendbarkeit auf Unterlassungsansprüche ist daher im Ergebnis nicht überzeugend zu begründen.[1086]

Richtigerweise ist daher davon auszugehen, dass § 285 Abs. 1 BGB grundsätzlich auf jede Art von vertraglicher Leistungspflicht, welche nach § 275 Abs. 1–3 BGB unmöglich werden kann, Anwendung findet.[1087] Er wäre

---

1084 So *Caspers (2014)*, in: Staudinger, § 285 Rn. 24; ausführlich bei *Hartmann*, Commodum, 96 ff., insbes. 128; für die Anwendbarkeit des § 285 BGB bei Unterlassungspflichten ebenfalls *Himmelmann*, Ersatzherausgabe, 96 f.; *Schwarze*, Leistungsstörungen, § 26 Rn. 3; *Stoll*, in: FS Schlechtriem, 688 f.; *Kleinhenz/Junk*, ZGS 2008, 253 (253 f.); *Köndgen*, RabelsZ 56 (1992), 696 (746 ff.). Unentschlossen („wohl eher abzulehnen") *Dauner-Lieb*, in: Dauner-Lieb/Langen, § 285 Rn. 5. Zweifelnd *Emmerich*, in: MüKo BGB, § 285 Rn. 5 f. Ablehnend *Stadler*, in: Jauernig BGB, § 285 Rn. 5; *Grüneberg*, in: Palandt, § 285 Rn. 5; *Lehmann/Zschache*, JuS 2006, 502 (504). Unklar *Unberath*, in: BeckOK BGB, § 285 Rn. 6. Zur rechtsvergleichenden Perspektive ebenfalls *Hartmann*, Commodum, 117 ff.

1085 *Hartmann*, Commodum, 106 f. In diesem Sinne wohl auch *Helms*, Gewinnherausgabe, 325.

1086 So auch *Hartmann*, Commodum, 104 ff.; *Helms*, Gewinnherausgabe, 322 f. Ebenso, jedoch ohne dem hier gewonnenen Ergebnis zuzustimmen: *Emmerich*, in: MüKo BGB, § 285 Rn. 5.

1087 Die von *Emmerich*, in: MüKo BGB, § 285 Rn. 6 an der Anwendung des § 285 Abs. 1 BGB auf Dienst- und Werkverträge geäußerte Kritik muss an dieser Stelle – die sich nur mit der Anwendung auf Unterlassungsverträge beschäftigt – nicht entkräftet werden, da *Emmerich* sich dezidiert nur zu dem genannten Bereich äußert und die von ihm thematisierten Wertungswidersprüche ersichtlich auch nur im Bereich des Arbeitsrechts auftreten. Ob dann diese punktuellen (scheinbaren) Widersprüche überhaupt zu einer

demnach auch im Fall eines (teil-)unmöglich gewordenen Limitierungsvertrags anzuwenden.

(2) Kausalität zwischen Unmöglichkeit und Erlangung des *commodum*

Voraussetzung für den Anspruch aus § 285 Abs. 1 BGB ist weiterhin Kausalität, d. h. ein adäquater Zusammenhang zwischen der Ursache für den Wegfall der Leistungspflicht nach § 275 Abs. 1–3 BGB sowie der Erlangung des *commodum* durch den Schuldner.[1088] Dies ergibt sich unmittelbar aus dem Wortlaut von § 285 Abs. 1 BGB („infolge des Umstandes").

Zum Ausschluss der Leistungspflicht führt im Fall des Verstoßes gegen die Unterlassungspflicht noch nicht die Produktion der überzähligen Werkexemplare an sich. Wie bereits diskutiert, führt allein der Verstoß gegen die Unterlassungspflicht, solange seine Folgen noch rückgängig gemacht werden können, zunächst nur zum Verzug des Schuldners.[1089] Ursächlich für den endgültigen Ausschluss der Leistungspflicht sind erst der Verkauf und die dadurch im Regelfall endende Möglichkeit des Künstlers, die überzähligen Werkexemplare wieder zu vernichten. Durch den Verkauf erlangt der Künstler jedoch auch in adäquat-kausaler Weise den Veräußerungserlös. Die Situation ist weitgehend identisch mit dem klassischen Schulbeispiel des *commodum ex negotiatione* in Form des Verkaufs einer geschuldeten Sache an einen Dritten.[1090] Die für § 285 Abs. 1 BGB erforderliche Kausalität zwischen dem Ausschluss der Leistungspflicht und der Erlangung des Veräußerungserlöses ist daher zu bejahen.

(3) Identität zwischen erloschener Leistungspflicht und *commodum*

Zusätzlich zum Kriterium der Kausalität und über den unmittelbaren Wortlaut des § 285 Abs. 1 BGB hinaus wird zudem gefordert, dass das *commodum* gerade als (wirtschaftlicher) Ersatz für die untergegangene Leistungspflicht

---

weitgehenden Anwendungsbeschränkung des § 285 Abs. 1 BGB entgegen der Gesetzessystematik und dem Wortlaut führen können, soll hier offen gelassen werden.

1088 *Grüneberg*, in: Palandt, § 285 Rn. 7; *Wiedemann*, in: Soergel[12], § 281 Rn. 30. Ob der Ursachenzusammenhang *adäquat* kausal sein muss, wird unterschiedlich beurteilt; insoweit ablehnend und m. w. N. *Unberath*, in: BeckOK BGB, § 285 Rn. 8. Ausführlich auch bei *Hartmann*, Commodum, 202 ff.

1089 D.IV.2, S. 228.

1090 Dazu, dass dieser Fall nach der überwiegenden Ansicht einen Anwendungsbereich des § 285 Abs. 1 BGB darstellt, oben bei D.IV.4.a), S. 238.

erlangt worden sein muss und mithin eine (wirtschaftliche) *Identität* zwischen der ursprünglich geschuldeten Leistung und dem *commodum* besteht.[1091] Auch insoweit wird auf den Wortlaut der Norm („für den Gegenstand"[1092], „Ersatz"[1093]) verwiesen. Ein Großteil der an der Anwendung von § 285 Abs. 1 BGB im Fall von unmöglich gewordenen Unterlassungspflichten geübten Kritik ist richtigerweise an diesem Prüfungspunkt zu verorten.[1094]

Wirklich *un*problematisch ist die Identität jedoch sowieso nur beim *commodum ex re*, also bei Surrogaten, die unmittelbar für die untergegangene Sache stehen und ihr damit insbesondere wertmäßig[1095] in der Regel entsprechen (z. B. der Versicherungsanspruch für eine zerstörte Sache). *Helms* stellt zutreffend fest, dass die von der herrschenden Meinung vorgenommene Einbeziehung auch des *commodum ex negotiatione* in den Anwendungsbereich von § 285 Abs. 1 BGB bereits zu einer erheblichen Unschärfe des Identitätskriteriums geführt hat.[1096] Der Anspruch auf den Erlös aus einem Zweitverkauf einer geschuldeten Sache ist nämlich gerade kein unmittelbares Surrogat für die untergegangene Sache, sondern entspringt einem davon unabhängigen Kausalgeschäft, in dessen Ergebnis sich letztlich z. B. auch das Verhandlungsgeschick des Verkäufers[1097] manifestiert.[1098] Mit *Helms* und *Hartmann* ist zu konstatieren, dass die Interpretation des Identitätskriteriums letztlich davon abhängt, welche Funktion man § 285 Abs. 1 BGB zusprechen möchte.[1099] Diese *ratio legis* begründet, ob man den Anwendungsbereich von § 285 Abs. 1 BGB über das Identitätskriterium eng begrenzt oder auch die Gewinne aufgrund der Verletzung von Unterlassungspflichten ein-

1091 *Unberath*, in: BeckOK BGB, § 285 Rn. 11 f.; *Emmerich*, in: MüKo BGB, § 285 Rn. 24 ff.; *Grüneberg*, in: Palandt, § 285 Rn. 8; *Schwarze*, Leistungsstörungen, § 26 Rn. 8.

1092 *Westermann*, in: Erman BGB, § 285 Rn. 8; *Hartmann*, Commodum, 207.

1093 *Hartmann*, Commodum, 224 ff. fasst soweit ersichtlich als einziger die Tatsache, dass etwas als „Ersatz" erlangt wurde, als einen eigenständigen Prüfungspunkt neben dem Identitätskriterium auf.

1094 Vgl. *Hartmann*, Commodum, 107. Aber auch *Wiedemann*, in: Soergel[12], § 281 Rn. 7; *Himmelmann*, Ersatzherausgabe, 99 f. Das Wortlautargument gegen die Anwendung des § 285 Abs. 1 BGB auf Unterlassungsansprüche wurde bereits im Rahmen der „Anwendbarkeit" der Norm behandelt; siehe oben D.IV.4.a)(1), S. 239.

1095 Vgl. die Ausführungen bei *Helms*, Gewinnherausgabe, 317 f., 326.

1096 *Helms*, Gewinnherausgabe, 326.

1097 Siehe auch *Stoll*, in: FS Schlechtriem, 694, der aus diesem Grund die Herausgabepflicht des Schuldners in bestimmten Fällen begrenzen möchte.

1098 Vgl. *Emmerich*, in: MüKo BGB, § 285 Rn. 22; *Helms*, Gewinnherausgabe, 326. Kritisch dazu, dies als Argument gegen die Anwendbarkeit von § 285 Abs. 1 BGB zu verwenden, bereits *Schulz*, AcP 105 (1909), 1 (11 f.).

1099 *Helms*, Gewinnherausgabe, 326; *Hartmann*, Commodum, 210. Ausführlich zu den verschiedenen theoretischen Begründungen von § 285 BGB unter dem Gesichtspunkt der „Gewinnabschöpfung" *Helms*, Gewinnherausgabe, 342 ff.

beziehen kann.[1100] Der Begriff der „Identität" als solcher hingegen trägt zur Klärung der aufgeworfenen Fragen nichts bei.[1101] Im Prinzip ist schon der Begriff der „Identität", der vom Gesetz gerade nicht verwendet wird, unglücklich. Dass ein *Surrogat* im Sinne des § 285 Abs. 1 BGB (z. B. Geld aus einer Versicherungsprämie) gerade nicht mit dem Objekt, an dessen Stelle es tritt (z. B. einem zerstörten Fahrzeug), *identisch* ist, liegt in der Natur der Sache. Betrachtet man die Ausführungen zum Identitätskriterium in den einschlägigen Kommentaren, so zeigt sich, dass die Feststellung der „Identität" häufig letztlich auf eine Kasuistik hinausläuft, deren gemeinsamer Nenner nur schwierig zu fassen ist.[1102]

Im Rahmen der Diskussion um die Anwendung von § 285 Abs. 1 BGB auf Unterlassungspflichten wird häufig das folgende „Schulbeispiel"[1103] bemüht: Der benachbarte Schmied verpflichtet sich einem Komponisten gegenüber, zu gewissen Tageszeiten nicht zu hämmern, damit sich der Komponist ungestört auf seine Arbeit konzentrieren kann. Der Schmied hämmert trotzdem. Es stellt sich die Frage, ob der Komponist von dem Schmied

---

1100 Vgl. *Hartmann*, Commodum, 107.

1101 In diesem Sinne wohl auch *Hartmann*, Commodum, 210. Anschaulich auch BAG, Urteil vom 17. Oktober 2012, Az. 10 AZR 809/11, BAGE 143, 203 = BeckRS 2012, 75827, Rn. 30, welches den Verstoß gegen ein „nachvertragliches" Wettbewerbsverbot zum Gegenstand hatte. Dort wird ein Anspruch aus § 285 Abs. 1 BGB unter pauschalem Verweis auf eine fehlende „Identität" abgelehnt. Der Wortlaut des Urteils ist zumindest kryptisch, kann aber jedenfalls kaum überzeugen: „Der Beklagte konnte zwar nach Aufnahme der Tätigkeit für die Wettbewerberin seine Verpflichtung zur Unterlassung von Wettbewerb nicht mehr erfüllen. Voraussetzung eines Anspruchs nach § 285 Abs. 1 BGB ist aber, dass der Schuldner aufgrund eines bestimmten Umstands von seiner Primärpflicht zur Leistung des geschuldeten Gegenstands frei wird und aus diesem Grund einen Ersatz für eben den Gegenstand erlangt [...]. An dieser Identität fehlt es. Der Beklagte hat gegen die Wettbewerberin keinen Anspruch auf Vergütung wegen des Verstoßes gegen das Wettbewerbsverbot, sondern als Gegenleistung für die nach dem Arbeitsvertrag geschuldete Arbeitsleistung, unabhängig von einem Wettbewerbsverstoß." Bei konsequenter Verfolgung dieser Argumentationslinie ließe sich der Anwendungsbereich von § 285 Abs. 1 BGB „auf Null" reduzieren. Jedenfalls in den Fällen des *commodum ex negotiatione* wird der Schuldner des § 285 Abs. 1 BGB das *commodum* niemals für die Verletzung seiner vertraglichen Pflicht gegenüber dem Gläubiger des § 285 Abs. 1 BGB, sondern natürlich immer für die Erfüllung der Pflicht aus dem Schuldverhältnis zwischen ihm und dem Dritten erlangen. Ein Vertrag, der nur auf die Verletzung einer gegenüber einem Dritten bestehenden Vertragspflicht zielt (und dadurch nach der Lesart des BAG die angeblich für § 285 Abs. 1 BGB notwendige „Identität" herstellen würde), müsste wohl als sittenwidrig bezeichnet werden. Kritisch zur in diesem Zusammenhang (ebenfalls) unbefriedigenden Rechtsprechung des BGH: *Weller*, Vertragstreue, 443.

1102 Vgl. z. B. *Dauner-Lieb*, in: Dauner-Lieb/Langen, § 285 Rn. 10 f.

1103 *Larenz/Canaris*, BT II/2, § 69 I b) Fn. 3 bezeichnet es bereits als „Schreckbeispiel".

die Herausgabe des durch eine Verletzung der Unterlassungspflicht erzielten Gewinns verlangen kann.[1104] Dieser Anspruch wird von einigen Autoren mit dem Argument abgelehnt, es fehle die von § 285 Abs. 1 BGB geforderte Identität zwischen dem durch Produktion von Schmiedewaren erzielten Gewinn und der Nichteinhaltung der Ruhepflicht. Der vom Schmied erzielte Gewinn sei dem „Einsatz eigener Anstrengungen"[1105] entsprungen. Der Schmied werde „nicht dafür bezahlt, daß er schmiedet, sondern für das, was er schmiedet"[1106]. Bei *Larenz/Canaris* heißt es (allerdings bezogen auf einen bloßen „Nachbarn"), die Ruhepflicht diene nicht dem Schutz der Vermögensinteressen des Nachbarn, sondern nur dessen Ruhebedürfnis.[1107] Auf den Komponisten bezogen zeigt sich jedoch, dass bereits eine kleine Abwandlung des Beispiels (nämlich die, dass es nicht „irgendein" Nachbar, sondern ein Komponist ist) das Argument der fehlenden Vermögensinteressen wegfallen lässt, da ein Komponist durchaus ein vermögenswertes Interesse daran haben kann, seiner Einkommen generierenden Arbeit ungestört (insbesondere ohne „nervenden" Lärm) nachgehen zu können.[1108]

Letztlich übersehen die genannten Ansichten den entscheidenden Punkt: Das vorher gar nicht handelbare Gut der „Ruhe" wurde durch die privatautonom vereinbarte Unterlassungspflicht „kommerzialisiert"[1109], d. h. wert-

1104 Dazu, dass es sich bei diesem Schulbeispiel um einen realen Sachverhalt und bei dem Komponisten um Richard Wagner handelte: *Hartmann*, Commodum, 100 f.

1105 *Helms*, Gewinnherausgabe, 325. An dieser Argumentation zeigt sich deutlich, dass es nicht wirklich um ein „Identitätskriterium", sondern viel mehr darum geht, welchen Gesetzeszweck man in § 285 Abs. 1 BGB sieht. Einer Beschränkung des Herausgabeanspruchs auf nicht durch „eigene Anstrengungen" Erlangtes ist dem Wortlaut gerade nicht zu entnehmen.

1106 *Himmelmann*, Ersatzherausgabe, 100. In diesem Sinne wohl auch *Rusch*, Gewinnhaftung, 260.

1107 *Larenz/Canaris*, BT II/2, § 69 I b) Fn. 3.

1108 So auch *Hartmann*, Commodum, 111.

1109 Der Begriff der „Kommerzialisierung" wird hier mit der Bedeutung verwendet, einen Vorgang zu beschreiben, durch den ein zuvor nicht gehandeltes „Etwas" zu einer handelbaren Ware (einem *commodum* oder Gut) gemacht und damit Gegenstand wirtschaftlichen Handels wird. Teilweise wird mit derselben Bedeutung auch das Wort „Kommodifizierung" (auch englisch *commodification*) gebraucht, welches die „Warewerdung" begrifflich noch deutlicher herausstellt; so. z. B. bei *Godt*, Christine, Eigentum an Information, 2007, S. 1, 458, 498 f. oder auch in verschiedenen Beiträgen bei *Taupitz*, Jochen (Hrsg.), Kommerzialisierung des menschlichen Körpers, 2007. Zum Begriff vgl. auch *Fleissner*, Poiesis Prax 4 (2006), 39 (40 f.). Insbesondere zur Rolle des Rechts bei der „Abrundung" des Kommerzialisierungsvorgangs ebenfalls *Fleissner*, Poiesis Prax 4 (2006), 39 (46). Im Folgenden wird durchgehend „Kommerzialisierung" verwendet werden, da dieser Begriff (noch) der im Deutschen üblichere zu sein scheint.

mäßig bezifferbar bzw. handelbar.[1110] So ist anzunehmen, dass der Komponist den Schmied für die Einhaltung der Unterlassungspflicht tatsächlich konkret materiell entschädigt[1111] und damit die „Ruhe“ einen Preis bekommt.[1112] Noch weiter gedacht ist es auch möglich, dass der Komponist dem Schmied (z. B. weil dieser einen besonders dringenden, aber lukrativen Auftrag erhalten hat) eine „Lizenz“ einräumt, entgegen der Vereinbarung in einem bestimmten Zeitraum doch zu hämmern.[1113] Diese „Lizenz“ hätte für die Parteien wiederum einen bestimmten Wert,[1114] den der Schmied dem Komponisten bezahlen müsste. Der vom Schmied erzielte Gewinn ist daher (jedenfalls auch) unter Verwendung der begrenzten Ressource „Ruhe“ zustande gekommen, welche im Zeitraum ihrer Inanspruchnahme durch den Schmied dem Komponisten nicht zur Verfügung stand.[1115] Im Ergebnis lässt sich daher in dem dargestellten Beispiel die wirtschaftliche Identität von verletzter Pflicht und erzieltem Gewinn gerade *nicht* ohne Weiteres verneinen.

Vielmehr bleibt der Befund, dass im konkreten Fall der Schmied zwischen der Einhaltung der Unterlassungspflicht und der Produktion von Schmiedewaren (und damit verbunden: dem Unmöglichwerden der „Ruhe“) wählen muss. Entscheidet sich der Schuldner für die Verletzung seiner Vertragspflicht, so erzielt er hierdurch (also die Herstellung und den anschließenden Verkauf von Schmiedewaren) einen Vorteil, während durch die gleiche – *pflichtwidrige* – Handlung der Gläubiger einen Nachteil erleidet. Bejaht man § 285 Abs. 1 BGB, so muss der Schuldner diesen Vorteil an den Gläubiger herausgeben. Von einigen Autoren wird gerade in diesem (schadensrechtlichen) Prinzip des Vorteilsausgleichs der Zweck von § 285 Abs. 1 BGB gesehen.[1116]

1110 In diesem Sinne auch schon *Hartmann*, Commodum, 110 f. Die „Kommerzialisierung“ wird von *Kellmann*, Gewinnhaftung, 115 zu wenig berücksichtigt, wenn er in Unterlassungspflichten „keine identifizierbaren Rechtsobjekte“ sehen möchte, weshalb die „Ruhe“ nicht „ausgenützt“ werden könnte. Auch *Bollenberger*, Commodum, 185 „klebt“ hier zu sehr am Beispiel der Wettbewerbsverbote, als dass er den Zuweisungsgehalt durch „Kommerzialisierung“ in Betracht ziehen könnte. Ebenso *Rusch*, Gewinnhaftung, 260.

1111 Wenn er es nicht gerade aus „Musikbegeisterung“ getan hat, was *Hartmann*, Commodum, 101 ebenfalls für unwahrscheinlich hält.

1112 Diesen („seinen“) Preis wird der Schmied genau „kennen“; genauso wie z. B. ein Geschäftsführer, der ein Wettbewerbsverbot unterzeichnet.

1113 *Hartmann*, Commodum, 110 f.

1114 Der etwa davon beeinflusst sein könnte, dass der Komponist sowieso im Moment unter einer Schaffenskrise leidet und auch bei Ruhe keine Note zu Papier bringt, aber kurzfristig auf liquide Mittel angewiesen ist.

1115 *Hartmann*, Commodum, 111 f.

1116 So *Stoll*, in: FS Schlechtriem, 688. Von einer „Prävention durch Sanktion“ spricht *Weller*, Vertragstreue, 443. Ausführliche – und letztlich kritische – Auseinandersetzungen mit

Zu bedenken ist ferner, dass dem Komponisten vergleichsweise unstreitig ein Schadensersatzanspruch aus §§ 280 Abs. 1, 3, 283 BGB zusteht.[1117] Der Komponist könnte zum Beispiel, wenn ihm der Nachweis gelänge, dass ein Auftragswerk aufgrund der Lärmemissionen des Schmieds nicht rechtzeitig fertig geworden ist, einen entgangenen Gewinn von diesem ersetzt verlangen. Die ablehnende Haltung vieler Autoren gegenüber dem Anspruch aus § 285 Abs. 1 BGB beruht wohl darauf, dass auch der Fall denkbar ist, dass dem Komponisten ein Gewinn in Höhe von 50 Euro entgangen ist, während der Schmied durch den Verkauf seiner Waren einen Gewinn von 5000 Euro erzielen konnte. In diesem Fall würde der Komponist – sollte man ihm nach § 285 Abs. 1 BGB einen Anspruch auf die 5000 Euro zugestehen – ein Vielfaches dessen erhalten, was er bei vertragstreuem Verhalten des Schmieds hätte erlangen können. Der Wert des Surrogats unterliegt damit (scheinbar) einer gewissen Zufälligkeit.[1118] Ein vergleichbares (*scheinbar* unbilliges) Ergebnis ist jedoch auch im Fall des Zweitverkaufs (welcher von der h. M. als Anwendungsbereich von § 285 Abs. 1 BGB akzeptiert wird) grundsätzlich denkbar.[1119] Zudem ist zu beachten, dass aufgrund eines Anspruchs aus § 285 Abs. 1 BGB lediglich das „abgeschöpft" werden kann, was der Schuldner neu zu seinem Vermögen dazu erhalten hat. Im Gegensatz z. B. zu einem Schadensersatzanspruch wird nicht in sein Ausgangsvermögen eingegriffen.[1120] Damit stellt sich die Belastung des Schuldners durch einen Anspruch nach § 285 Abs. 1 BGB aber als vergleichsweise gering dar. Selbstverständlich entgeht ihm die Gegenleistung für eine von ihm erbrachte Leistung. Er hatte für diese jedoch bereits eine Gegenleistung (in Form des „Schweigegelds") bekommen bzw. zumindest einen Anspruch auf eine entsprechende Gegenleistung. Dass er bei dieser vielleicht ein vergleichsweise „schlechtes Geschäft" gemacht hatte, entspricht dem „allgemeinen Lebensrisiko" beim Abschluss von Verträgen. In diesem Fall war das von ihm privatautonom ausgehandelte „Schweigegeld" schlicht zu niedrig angesetzt. Die Abschöpfung dessen, was der Schuldner infolge der Unmöglichkeit erlangt hat, widerspricht daher gerade nicht Billigkeitserwägungen.[1121]

dieser Auffassung finden sich bei *Helms*, Gewinnherausgabe, 346 ff. sowie *Hartmann*, Commodum, 70 ff. Vgl. auch *Lehmann/Zschache*, JuS 2006, 502.

1117 Vgl. oben D.IV.3.c), S. 232.

1118 *Helms*, Gewinnherausgabe, 326.

1119 Zu den praktischen Einwendungen hiergegen *Helms*, Gewinnherausgabe, 317 f.

1120 Vgl. *Hartmann*, Commodum, 125.

1121 So bereits der historische Gesetzgeber; vgl. Mot. II, 46 f.; hierzu auch *Helms*, Gewinnherausgabe, 317. *Bollenberger*, Commodum, 182 f. hält das Ergebnis offenbar gerade nicht für billig. Er überbetont jedoch auch die „Handlungsfreiheit des Schuldners", deren

Die Möglichkeit, einen etwaigen Gewinn beim Schuldner abzuschöpfen, erlaubt es dem Gläubiger gleichzeitig, die Einbuße seines vertraglichen Anspruchs aufgrund der Pflichtverletzung des Schuldners vermögensmäßig auch dann zu begrenzen, wenn ihm der Beweis eines konkreten eigenen Schadens schwer fällt.[1122]

Im Ergebnis ist deswegen der Ansicht den Vorzug zu geben, welche auch im zitierten Beispiel des Schmiedes die Identität von untergegangenem Anspruch und *commodum* bejaht und damit dem Gläubiger den Anspruch aus § 285 Abs. 1 BGB zumindest dem Grunde nach zugesteht.[1123]

Die Parallelität des gerade besprochenen „Schulbeispiels" zu dem hier diskutierten Fall der Verletzung eines Limitierungsversprechens durch den Künstler drängt sich geradezu auf: Durch die Limitierung der Auflage schafft der Künstler ein wirtschaftlich bedeutsames „Gut" in Form der „Exklusivität" der Auflage. Diese Exklusivität wirkt sich wertsteigernd (perspektivisch aber jedenfalls wert*konservierend*) auf das einzelne Werkexemplar aus. Die Exklusivität der Auflage hat damit einen Vermögenswert. Die Nutzung dieser vermögenswerten Rechtsposition ist im Ergebnis den Eigentümern der einzelnen Werkexemplare durch das Limitierungsversprechen vertraglich zugewiesen. Sie profitieren von einem beständigen oder sich sogar steigernden Wert ihrer Werkexemplare, weil nur sie die Möglichkeit haben, eine auf dem Markt bestehende oder entstehende Nachfrage nach Werkexemplaren durch den Verkauf ihrer Werkexemplare zu befriedigen.[1124] Dem Künstler ist es aufgrund des Limitierungsvertrags untersagt, durch Herstellung von weiteren, identischen Werkexemplaren für eine Nachfragebefriedigung *durch Angebotsausweitung* zu sorgen. Verstößt er gegen dieses Verbot, so nutzt er im Ergebnis eine geldwerte Rechtsposition aus, die er zuvor vertraglich den Eigentümern zugewiesen hatte und für deren Aufgabe er in Form eines höheren Verkaufspreises seiner Werke bereits entschädigt worden war.

---

sich der Schuldner einer vertraglichen Unterlassungspflicht doch gerade *freiwillig* begeben hat.

1122 Wie z. B. typischerweise bei vertraglichen Wettbewerbsverboten; vgl. *Köndgen*, RabelsZ 56 (1992), 696 (723 f.). Aber eben gegebenenfalls auch im Fall der Verletzung von Limitierungsverträgen; vgl. oben D.IV.3.f), S. 235. *Köndgen*, RabelsZ 56 (1992), 696 (747) spricht insoweit an anderer Stelle auch von einer „beweisnotbedingte[n] schadensrechtliche[n] Unterkompensation".

1123 So ausdrücklich *Hartmann*, Commodum, 110 ff., 128. Ebenfalls *Weller*, Vertragstreue, 442 f.

1124 Hält der Künstler einzelne Exemplare der Auflage in seinem Eigentum zurück, so hat er natürlich insoweit dieselben Möglichkeiten wie ein Dritter, der ein Werkexemplar von ihm erworben hat.

Teilweise wird noch vorgeschlagen, den grundsätzlich verschuldensunabhängig ausgestalteten Anspruch aus § 285 Abs. 1 BGB um ein Verschuldenserfordernis zu ergänzen, wenn er in der Rechtsfolge auf eine Gewinnabschöpfung hinausläuft.[1125] *Bollenberger* begründet dieses Erfordernis mit einer Einteilung von rechtlichen Zuweisungsgehalten in „starke" und „schwache" Zuweisungen. Die durch Unterlassungspflichten abgesicherten relativen Zuweisungen zählt er zu den „schwachen".[1126] Dass diese Unterscheidung, welche *Bollenberger* unter anderem mit der fehlenden Möglichkeit einer Naturalvollstreckung begründen möchte,[1127] nicht überzeugt, hat bereits *Hartmann*[1128] ausführlich dargestellt. Im Übrigen geht *Bollenberger* aus Sicht des österreichischen Rechts (dessen § 1447 ABGB[1129] einen völlig anderen Wortlaut als § 285 BGB hat) davon aus, dass die „Begründungslast" für einen derart „umfassenden Commodumsanspruch" diejenigen treffe, welche eine dem § 285 Abs. 1 BGB entsprechende Rechtsfolge annehmen wollen.[1130] Dieses Wortlautargument hat jedoch für das deutsche Recht keine Relevanz.

Für die Fälle der Verletzung einer Auflagenlimitierung kann die Notwendigkeit einer subjektiven Voraussetzung jedoch ohnehin offen bleiben: Die Verletzung der Limitierungspflicht durch den Künstler ist ohne einen diesbezüglichen Willen und damit Vorsatz des Künstlers schlicht undenkbar, sodass auch ein subjektives Erfordernis erfüllt wäre.

Im Ergebnis liegen daher die Tatbestandsvoraussetzungen von § 285 Abs. 1 BGB vor, wenn die durch den Künstler aus dem Limitierungsvertrag geschuldete Unterlassungspflicht durch Produktion und Verkauf weiterer Werkexemplare unmöglich geworden ist.

1125 So z. B. *Bollenberger*, Commodum, 179 ff. *Stoll*, in: FS Schlechtriem, 693 f.; *Köndgen*, RabelsZ 56 (1992), 696 (743 f., 749). Eine Zusammenfassung des Streitstandes mit einem das Vorsatzerfordernis ablehnenden Fazit findet sich bei *Hartmann*, Commodum, 123 ff. *Weller*, Vertragstreue, 443 (Fn. 531) weist zutreffend darauf hin, dass in den Fällen, bei denen eine „Gewinnabschöpfung" diskutiert wird, Vorsatz des Schuldners ohnehin „typischerweise" vorliege.

1126 *Bollenberger*, Commodum, 181.

1127 *Bollenberger*, Commodum, 166 ff.

1128 *Hartmann*, Commodum, 30 ff., 122 f.

1129 Der geltende § 1447 des österreichischen ABGB (idF JGS Nr. 946/1811) lautet: „Der zufällige gänzliche Untergang einer bestimmten Sache hebt alle Verbindlichkeit, selbst die, den Werth derselben zu vergüten, auf. Dieser Grundsatz gilt auch für diejenigen Fälle, in welchen die Erfüllung der Verbindlichkeit, oder die Zahlung einer Schuld durch einen andern Zufall unmöglich wird. In jedem Falle muß aber der Schuldner das, was er um die Verbindlichkeit in Erfüllung zu bringen, erhalten hat, zwar gleich einem redlichen Besitzer, jedoch auf solche Art zurückstellen oder vergüten, daß er aus dem Schaden des Andern keinen Gewinn zieht."

1130 *Bollenberger*, Commodum, 183 f.

b) Rechtsfolge von § 285 Abs. 1 BGB

Als sogenannter „verhaltener“ Anspruch entsteht der Herausgabeanspruch aus § 285 Abs. 1 BGB – insofern seine Voraussetzungen vorliegen – erst, wenn der Gläubiger ihn geltend macht.[1131]

(1) Umfang der Herausgabepflicht des Schuldners

Der Anspruch ist auf Herausgabe des „Ersatzes“ gerichtet. Hat der Künstler ein zusätzliches Werkexemplar hergestellt und verkauft, so stellt sich die Frage, ob der Sammler den vollen Verkaufserlös verlangen kann. Soweit ersichtlich, scheint die herrschende Ansicht davon auszugehen, dass der Schuldner *alles* herauszugeben habe, was *tatsächlich* von ihm als „Ersatz“ erlangt worden ist; d. h. insbesondere bei einem Weiterverkauf den vollen Erlös inklusive Gewinn.[1132] In diesem Zusammenhang ist bei einer großen Zahl der Autoren zu lesen, dass der Schuldner Aufwendungen, die er im Hinblick auf die Erlangung des Ersatzes gemacht hat,[1133] nur in Abzug bringen können soll, wenn er einen eigenen Anspruch gegen den Gläubiger (z. B. aus Geschäftsführung ohne Auftrag, Bereicherungsrecht oder den §§ 994 ff. BGB) hat und somit gemäß §§ 387 ff. BGB aufrechnen kann.[1134] Soweit ersichtlich, geht diese Auffassung insbesondere auf eine Entscheidung des Bundesgerichtshofs[1135] zurück, welche sich ihrerseits auf eine Entschei-

---

1131 Für die wohl herrschende Ansicht *Unberath*, in: BeckOK BGB, § 285 Rn. 13; *Grüneberg*, in: Palandt, § 285 Rn. 9. Berechtigte Kritik bei *Hartmann*, Commodum, 305 ff.

1132 *Unberath*, in: BeckOK BGB, § 285 Rn. 14; *Schulze*, in: HK BGB, § 285 Rn. 8; *Emmerich*, in: MüKo BGB, § 285 Rn. 30 f.; *Grüneberg*, in: Palandt, § 285 Rn. 9. Zu dieser „allgemeinen Auffassung“ kritisch *Helms*, Gewinnherausgabe, 340 ff. Für eine Begrenzung der Herausgabepflicht auf den beim Gläubiger enstandenen Nachteil *Caspers (2014)*, in: Staudinger, § 285 Rn. 41 f. Die letztgenannte Ansicht führt jedoch ggf. wieder zu einer Beweisnot des Gläubigers.

1133 Diese sind von den Aufwendungen, die *auf die Sache* gemacht wurden, zu unterscheiden; vgl. *Wiedemann*, in: Soergel[12], § 281 Rn. 37. Vgl. auch schon *Schulz*, AcP 105 (1909), 1 (15 f.).

1134 BGH, VIZ 1997, 296 (297); BGH, VIZ 2004, 31 (33); *Unberath*, in: BeckOK BGB, § 285 Rn. 14; *Schulze*, in: HK BGB, § 285 Rn. 8; *Emmerich*, in: MüKo BGB, § 285 Rn. 31; *Grüneberg*, in: Palandt, § 285 Rn. 9.

1135 BGH, VIZ 1997, 296 (297).

dung des Reichsgerichts beruft.[1136] Das Reichsgericht hatte diese Frage jedoch gerade offen gelassen.[1137]

Dem gegenüber wird daher von einigen Autoren[1138] auch angeregt, dass der Herausgabeanspruch des Gläubigers „automatisch"[1139] um die oben genannten Aufwendungen des Schuldners zu kürzen sei, da der Gläubiger in der Regel dieselben Aufwendungen gehabt hätte, um das Surrogat zu erlangen.[1140] Der Schuldner solle nicht schlechter gestellt werden als bei Erfüllung der ursprünglichen Schuld.[1141]

In diesem Zusammenhang ist auch zu beachten, dass die zuerst genannten Auffassungen, welche eine Anrechnung von zusätzlichen Bedingungen abhängig machen wollen, in der Regel den klassischen Fall eines Zweitverkaufs im Blick haben. Hier erscheint es angebracht, dass der Schuldner alles, was er für den Gegenstand erlangt hat, herausgeben muss und insbesondere nicht einen, allein auf seinem vertragswidrigen Verhalten beruhenden, Mehrgewinn behalten können soll.[1142]

1136 RGZ 138, 45 (51). Im Raum stand dort ohnehin nur noch die Frage, ob derjenige, der eine fremde Sache veräußert hat, auch Aufwendungen für „eigene geistige und körperliche Tätigkeit" in Abzug bringen könne. Die verkaufte Sache (ein Altarbild) war aufgrund der *ex tunc*-Wirkung einer Anfechtung nach § 123 Abs. 1 1. Fall BGB wieder an den ursprünglichen Eigentümer zurückgefallen. Das RG stellte fest, dass nach dem angegriffenen Urteil dem Verkäufer immer noch etwa ein Drittel des erzielten Verkaufserlöses verblieben war, womit seine Tätigkeit „hinreichend gewürdigt" sei. Ob ein bereicherungsrechtlicher Anspruch dahin gehend bestand, könne daher offen gelassen werden. Im Ergebnis schien das RG der Ansicht also eher zuzuneigen, wonach eigene Aufwendungen gegenüber dem Erlösherausgabeanspruch des § 281 a. F. BGB bzw. jetzt § 285 Abs. 1 BGB in Abzug gebracht werden können. Vgl. auch *Hartmann*, Commodum, 260 (insbes. auch Fn. 62).

1137 Vgl. *Lehmann/Zschache*, JuS 2006, 502 (505 Fn. 43).

1138 *Wiedemann*, in: Soergel[12], § 281 Rn. 37; *Hartmann*, Commodum, 296; *Harder*, JuS 1972, 395 (397). Ebenso bereits *Schulz*, AcP 105 (1909), 1 (14 ff.). Im Ergebnis wohl auch *Westermann*, in: Erman BGB, § 285 Rn. 10. *Hartmann*, Commodum, 296 ff. plädiert im Fall des „summenmäßigen Zusammenwirken[s] mehrerer Rechtspositionen" zudem für eine bloß anteilige Erlösherausgabe nach Beitragswerten. Demnach wäre z. B. eine Erlösherausgabe insoweit nicht geschuldet, wie der Gewinn auf besonderen Absatzmöglichkeiten des Künstlers beruht. Die Schätzung dieser Anteile müsste ein entscheidendes Gericht notfalls über § 287 ZPO vornehmen; *Hartmann*, Commodum, 298.

1139 *Harder*, JuS 1972, 395 (397).

1140 In rechtsvergleichender Hinsicht für das Schweizer Recht *Pfammatter*, Commodum, 64 ff. Demnach gilt in der Schweiz der Grundsatz der Anrechenbarkeit von Aufwendungen des Schuldners, wenngleich verschiedene Ausnahmen von diesem Grundsatz zu berücksichtigen sind.

1141 *Wiedemann*, in: Soergel[12], § 281 Rn. 37.

1142 Anders z. B. *Stoll*, in: FS Schlechtriem, 694.

Die Produktion und der Verkauf von Werkexemplaren über die zugesicherte Auflage hinaus sind mit dem Fall des Zweitverkaufs in dieser Hinsicht jedoch nicht ohne Weiteres vergleichbar. Um die „kommerzialisierte" Exklusivität seines Auflagenexemplars gewinnbringend nutzen zu können, hätte der Sammler sein Werkexemplar verkaufen müssen. Spiegelbildlich hierzu hat der Künstler einen Material- und Produktionsaufwand, wenn er durch zusätzliche Werkexemplare eine Angebotsausweitung herbeiführen möchte. Erhielte der Sammler den vollen Erlös und nicht lediglich den Veräußerungs*gewinn*, so hätte er deutlich mehr erlangt, als er bei vertragsgerechtem Verhalten des Künstlers gehabt hätte; nämlich Verkaufserlös *und* immer noch Eigentum an seinem Werkexemplar. Zudem müsste der Künstler eine Einbuße an seinem Vermögen hinnehmen, die gewissermaßen an den Sammler „durchgereicht" würde. Dies widerspräche aber dem oben für § 285 Abs. 1 BGB angeführten Gedanken, dass dieser gerade nicht in das Bestandsvermögen des Schuldners eingreifen soll.[1143]

Vergleichbare (Gerechtigkeits-)Überlegungen finden sich im Bereich des gewerblichen Rechtsschutzes und im Urheberrecht, wenn der Schutzrechtsinhaber aufgrund von Spezialnormen (z. B. § 42 Abs. 2 S. 2 DesignG[1144]) vom Verletzer den Gewinn als Schadensersatz herausverlangen kann.[1145] Auch dort wird dem Verletzer zugebilligt, jedenfalls die variablen Kosten in Abzug zu bringen, die durch die Produktion der das Schutzrecht verletzenden Waren entstanden sind.[1146]

Es erscheint deshalb angebracht, dass der Künstler im Fall der Erlösherausgabe nach § 285 Abs. 1 BGB zumindest die Produktions- und Materialkosten in Abzug bringen kann, letztlich also „nur" den Gewinn an den Sammler abführen muss. Der Anspruch aus § 285 Abs. 1 BGB richtet sich in diesem Fall schon von vorneherein nur auf den um den Produktions- und Materialaufwand reduzierten Verkaufserlös.[1147]

Mit der wohl herrschenden, letztlich aber im Wesentlichen nur auf eine einzige Entscheidung des Bundesgerichtshofs[1148] zurückgehenden und im Übrigen wenig differenzierten Ansicht, lässt sich dieses Ergebnis wohl nicht begründen. Ansprüche aus den §§ 994 ff. BGB scheiden aus, da der Sammler

1143 Dazu bereits oben mit Nachweisen bei D.IV.4.a)(3), S. 242.

1144 Bis 01.01.2014: Geschmacksmustergesetz (GeschmMG).

1145 Für Details siehe z. B. *Eichmann*, in: Eichmann/v. Falckenstein/Kühne, § 42 Rn. 25. Aber auch *Tilmann*, GRUR 2003, 647 ff.

1146 Ein näheres Eingehen auf die sich dort stellenden Fragen würde an dieser Stelle das Erkenntnisinteresse der Arbeit sprengen. Für einen guten Überblick vgl. *Tilmann*, GRUR 2003, 647 ff.

1147 So im Ergebnis wohl auch *Emmerich*, in: MüKo BGB, § 285 Rn. 23.

1148 BGH, VIZ 1997, 296 (297).

an den neu produzierten Fotografien niemals Eigentum erlangt. Auch ein Anspruch des Künstlers aus Geschäftsführung ohne Auftrag (§§ 677 ff. BGB) besteht in diesen Fällen nicht. Unabhängig von der Frage, ob die Herstellung neuer Abzüge überhaupt ein „Geschäft" sein kann, da sie ja niemandem mehr gestattet ist, so würde es sich auch bei Bejahung eines „fremden Geschäfts" in jedem Fall um eine Geschäftsführung gegen den Willen des Geschäftsherrn (§ 678 BGB) handeln, da der Künstler gerade nicht davon ausgehen durfte, mit der Auflagenausweitung im Sinne des bzw. der Sammler tätig zu werden. Ansprüche auf Aufwendungsersatz sind dann aber ausgeschlossen (vgl. § 683 S. 1 BGB). Auch ein Anspruch aus ungerechtfertigter Bereicherung besteht vorliegend nicht.[1149]

Da es sich bei § 285 Abs. 1 BGB nicht um einen bereicherungsrechtlichen Anspruch handelt, kann sich der Schuldner, wenn der Erlös sich nicht mehr in seinem Vermögen befindet, nicht auf Entreicherung gemäß § 818 Abs. 3 BGB (auch nicht analog) berufen.[1150] Die Berufung auf Unmöglichkeit (§ 275 BGB) der Erlösherausgabe ist möglich, allerdings ist der Schuldner dann nach §§ 280 Abs. 1, 3, 283 BGB schadensersatzpflichtig, solange er die Unmöglichkeit zu vertreten hat.[1151]

1149 Ohne dass dem hier vertieft nachgegangen werden könnte, so soll doch die Frage aufgeworfen werden, wie ein solcher (offenbar von der h. M. vorausgesetzter) Bereicherungsanspruch überhaupt aussehen soll. Der Verweis des RG in seiner oben genannten Entscheidung auf das Bereicherungsrecht erfolgte in einer Konstellation, in der das ursprüngliche Vertragsverhältnis aufgrund einer Anfechtung mit *ex tunc*-Wirkung weggefallen war. In der hier diskutierten Konstellation des Limitierungsvertrags wie auch in den „klassischen" Weiterverkaufsfällen, die im Zusammenhang mit § 285 Abs. 1 BGB diskutiert werden, sind jedoch noch alle Vertragsverhältnisse intakt. Dann ist aber eine Nichtleistungskondiktion aufgrund ihrer Subsidiarität durch die Leistungskondiktion gesperrt. Geleistet hat der Künstler (oder Verkäufer) aber ausschließlich im Verhältnis zum Käufer. Der Anspruch aus § 285 Abs. 1 BGB bildet wiederum den Rechtsgrund für das Behaltendürfen des ausgekehrten Erlöses im Verhältnis zwischen dem Schuldner und Gläubiger des Anspruchs aus § 285 Abs. 1 BGB, sodass eine Kondiktion scheitert. Auch aus diesem Grund scheint daher viel dafür zu sprechen, die Anrechnung von Aufwendungen bereits beim Anspruchs*umfang* von § 285 Abs. 1 BGB zu klären, da jedenfalls für eine nachträgliche *bereicherungsrechtliche* Korrektur dogmatisch eigentlich kein Raum ist.

1150 BGH, VIZ 1997, 296 (297).

1151 *Grüneberg*, in: Palandt, § 285 Rn. 9.

(2) Mehrheit von Gläubigern

Jedem Eigentümer der Fotografie steht aus dem zwischen ihm und dem Künstler bestehenden Limitierungsvertrag primär der Unterlassungsanspruch zu. Damit kann aber im Fall der Unmöglichkeit des Unterlassens wegen § 275 Abs. 1 BGB auch jeder Eigentümer prinzipiell die Herausgabe des stellvertretenden *commodum* aus § 285 Abs. 1 BGB verlangen. Da es im Rahmen einer Auflage in der Regel mehrere Werkexemplare mit verschiedenen Eigentümern geben wird, stellt sich die Frage, wie sich der Anspruch aus § 285 Abs. 1 BGB auf die verschiedenen Eigentümer „verteilt", bzw. wie deren Innenverhältnis ausgestaltet ist.[1152]

Aus dem Zweck des § 285 Abs. 1 BGB,[1153] einen durch pflichtwidriges Verhalten erzielten Verkaufserlös abzuschöpfen, folgt dabei, dass der Schuldner des § 285 Abs. 1 BGB jedenfalls nicht verpflichtet sein kann, den Erlös gegebenenfalls mehrfach – unter Eingriff in seinen Vermögensbestand – herauszugeben. Dann folgt aber als einzige gerechte Lösung zudem, dass ein von allen Eigentümern im Fall des Verkaufs eines zusätzlichen Werkexemplars geltend gemachter Anspruch aus § 285 Abs. 1 BGB im Ergebnis wertmäßig entsprechend ihres Anteils an der Auflage (in der Regel: 1/Höhe der Gesamtauflage) unter den Anspruchsberechtigten zu verteilen ist.

Im Hinblick auf die Praxis wird in den Fällen des Verkaufs von zusätzlichen Werkexemplaren das *commodum*, welches nach § 285 Abs. 1 BGB herausverlangt werden kann, stets eine Geldsumme sein. Eine Geldleistung ist jedenfalls in natürlich-tatsächlicher Hinsicht (und in der Regel auch in rechtlicher Hinsicht[1154]) eine teilbare Leistung.[1155] Dies spricht gegen die

1152 Die Frage würde sich auch in den von der h. M. zu § 285 Abs. 1 BGB anerkannten Fällen der Herausgabe des *commodum ex negotiatione* beim Zweitverkauf einer bereits verkauften Sache stellen. Man muss diese Fälle nur so abwandeln, dass der Verkäufer an einen dritten Käufer letztlich übereignet und somit *zwei* vorherige Käufer einen nach § 275 Abs. 1 BGB unmöglich gewordenen Anspruch auf Übereignung der Kaufsache haben und damit den Anspruch aus § 285 Abs. 1 BGB geltend machen können. Soweit ersichtlich existiert aber nur eine höchstrichterliche Entscheidung, die sich im Rahmen von § 285 Abs. 1 BGB mit der Situation einer Gläubigermehrheit auseinandersetzt. Die dort angewendete Lösung, nach der eine Mitgläubigerschaft gemäß § 432 BGB vorliegen soll, ist jedoch den besonderen Umständen des Falles (Anspruch auf Wiedereinräumung des Gewahrsams, Ehegatten) geschuldet und kann kaum für die „Standardfälle" des § 285 BGB herangezogen werden; BGH, Urteil vom 14.11.2014, Az.V ZR 90/13, BeckRS 2015, 00661, Rn. 11 ff.

1153 Wie er in dieser Arbeit vertreten wird. Vgl. dazu ausführlich oben D.IV.4.a)(3), S. 242.

1154 Zu den Ausnahmen vgl. *Looschelders (2012)*, in: Staudinger, § 420 Rn. 16. Solche liegen aber im Fall des Limitierungsvertrags nicht vor.

1155 Für alle *Bydlinski*, in: MüKo BGB, § 420 Rn. 4. Ausführlich bei *Rütten*, Gläubigermehrheit, 5 ff.

Annahme einer Mitgläubigerschaft (§ 432 BGB), welche nach dem Wortlaut eine (zumindest rechtlich) unteilbare Leistung voraussetzt.

Für die Fälle, in denen mehrere Gläubiger Anspruch auf dieselbe teilbare Leistung haben, stellt § 420 BGB die Vermutung auf, dass die Gläubiger an der Leistung in Teilgläubigerschaft berechtigt sein sollen.[1156] Diese Vermutung kann jedoch durch das Vorliegen einer Gesamtgläubigerschaft gemäß § 428 BGB verdrängt werden.[1157] Eine Gesamtgläubigerschaft kann gesetzlich angeordnet oder vertraglich vereinbart sein.[1158] Teilweise wird eine Gesamtgläubigerschaft von der Rechtsprechung aus Praktikabilitätsgründen angenommen.[1159] Leitend ist dabei häufig der Gedanke, den Schuldner zu schützen, für den die Aufteilung der Leistung zwischen den Gläubigern häufig nicht von außen erkennbar ist und der daher im Fall des Vorliegens einer Teilgläubigerschaft Gefahr laufen kann – bei zu hoher Leistung an einen Gläubiger – im Ergebnis mehrfach in Anspruch genommen zu werden.[1160]

Voraussetzung für eine Teilgläubigerschaft gemäß § 420 BGB soll nach einer strengeren Ansicht sein, dass die verschiedenen Gläubiger ihren Anspruch aus „ein und demselben“[1161] Schuldverhältnis herleiten.[1162] Dies ist bei einem Anspruch aufgrund des Limitierungsvertrags gerade nicht der Fall. Der Limitierungsvertrag besteht zwischen dem Künstler und dem jeweiligen Eigentümer der Fotografie, sodass es sich um mehrere, zwar inhaltlich in der Regel identische, aber voneinander rechtlich unabhängige Schuldverhältnisse handelt.[1163] Eine andere Ansicht will genügen lassen, dass die jeweils eigenständigen und vollständigen Schuldverhältnisse durch einen „gemeinsamen Rechtsgrund“ verbunden sind, der im Ergebnis die Rechtsfolgen der Teilgläubigerschaft angemessen erscheinen lässt.[1164] Dieser Rechtsgrund kann sich auch schon aus einer dem Parteiwillen zu entnehmenden, engen Verbindung der Verträge ergeben.[1165]

1156 *Bydlinski*, in: MüKo BGB, § 420 Rn. 1; *Gehrlein*, in: BeckOK BGB, § 420 Rn. 1; *Looschelders (2012)*, in: Staudinger, Vorb §§ 420 ff. Rn. 80.

1157 Anders als im Fall der Gesamtschuld (§ 427 BGB) besteht für die Gesamtgläubigerschaft keine gesetzliche Vermutung, BGH, NJW 1984, 1356 (1357); *Grüneberg*, in: Palandt, § 428 Rn. 1.

1158 *Gehrlein*, in: BeckOK BGB, § 428 Rn. 2, 3; *Bydlinski*, in: MüKo BGB, § 428 Rn. 4, 9.

1159 *Bydlinski*, in: MüKo BGB, § 428 Rn. 9.

1160 *Looschelders (2012)*, in: Staudinger, Vorb §§ 420 ff. Rn. 82; *Looschelders*, Schuldrecht AT, Rn. 1262. Diese Bedenken relativierend *Rütten*, Gläubigermehrheit, 37.

1161 *Bydlinski*, in: MüKo BGB, § 420 Rn. 3.

1162 *Bydlinski*, in: MüKo BGB, § 420 Rn. 3; *Gehrlein*, in: BeckOK BGB, § 420 Rn. 4.

1163 Ebenso wie im Fall eines doppelten Weiterverkaufs zwei völlig unabhängige Kaufverträge und damit Schuldverhältnisse existieren.

1164 *Looschelders (2012)*, in: Staudinger, § 420 Rn. 2, 5 f. Ebenso *Rütten*, Gläubigermehrheit, 33 f.

1165 *Looschelders (2012)*, in: Staudinger, § 420 Rn. 5 f.; *Rütten*, Gläubigermehrheit, 33 f.

Entscheidend für die Bestimmung des Schuldtyps wird damit, dass der Schuldner des § 285 Abs. 1 BGB jedenfalls nur einmal zur Leistung des *commodum* verpflichtet sein kann (selbst wenn es mehrere Gläubiger gibt) und es sich gleichzeitig um eine teilbare Leistung handelt.[1166] Zudem ist in die Überlegungen einzustellen, dass die Höhe der Berechtigung der einzelnen Gläubiger aufgrund des dem Künstler bekannten Umfangs der Auflage diesem stets bekannt sein wird. Die mit der Teilschuld typischerweise verbundene Gefahr der mehrfachen Inanspruchnahme besteht damit nicht. Eine Teilschuld wäre weiterhin im Hinblick darauf, dass sich die Gläubiger in der Regel nicht gegenseitig kennen, eine für die Abwicklung der Ansprüche vorzugswürdige Lösung.

Trotz der formal einzelnen Schuldverhältnisse spricht daher viel dafür, im Fall des Anspruchs aus § 285 Abs. 1 BGB von einer Teilgläubigerschaft der Eigentümer der Auflagenexemplare auszugehen. Somit kann jeder Gläubiger gemäß § 420 BGB unabhängig von den anderen Gläubigern seinen Anteil vom Schuldner verlangen.

Sollte sich der Commodumsanspruch ausnahmsweise auf eine unteilbare Leistung beziehen (der Künstler hat das zusätzliche Werkexemplar nicht verkauft, sondern gegen ein anderes Kunstwerk getauscht), so wären die Gläubiger Mitgläubiger (§ 432 BGB) und der einzelne Eigentümer könnte die Leistung nur an alle Eigentümer verlangen (§ 432 Abs. 1 S. 1 a. E. BGB). Nicht notwendig wäre ein gemeinsames Verlangen der Leistung, weil die Geltendmachung des Ersatzherausgabeanspruchs durch einzelne Eigentümer nicht dem Interesse des einzelnen Schuldners danach widerspricht, für sich Schadensersatz zu verlangen. Er muss sich gemäß § 285 Abs. 2 BGB lediglich dasjenige auf seinen Schadensersatzanspruch anrechnen lassen, was er aufgrund des Anspruchs aus § 285 Abs. 1 BGB erlangt hat. Ist sein individueller Schaden größer gewesen, so schränkt § 285 Abs. 2 BGB nicht die Möglichkeit ein, über seinen Anteil am Commodumsanspruch hinaus entsprechenden Schadensersatz zu verlangen.[1167]

1166 Auch der BGH scheint davon auszugehen, dass der Anspruch aus § 285 Abs. 1 BGB sich nur *wertmäßig* auf das Surrogat und nicht auch in dinglicher Hinsicht auf das Surrogat bezieht – dies gilt jedenfalls, wenn es sich um eine Geldsumme handelt. Die Vermischung der als Surrogat empfangenen Geldscheine mit den Geldscheinen des Künstlers oder die Einstellung des Surrogats in das Vermögen des Schuldners als Kontogutschrift sollen demnach (noch) nicht zur Unmöglichkeit des Anspruchs aus § 285 Abs. 1 BGB führen; BGH, Urteil vom 17. Februar 2006 - V ZR 236/03, juris, Rn. 19 = NJW-RR 2006, 736 (738).

1167 Vgl. *Caspers (2014)*, in: Staudinger, § 285 Rn. 56.

c) Zwischenergebnis

Dem Sammler steht bei Unmöglichkeit des aufgrund des Limitierungsvertrags gegenüber dem Künstler bestehenden Unterlassungsanspruchs auch ein Anspruch aus § 285 Abs. 1 BGB auf dasjenige zu, was der Künstler durch den Verkauf des neuen Werkexemplars erlangt hat. Der Künstler kann gegenüber diesem Anspruch seine Produktions- und Herstellungskosten in Abzug bringen, muss aber den gesamten Gewinn an seine Unterlassungsgläubiger entsprechend ihres Anteils an der Auflage herausgeben.

5. Auskunftsanspruch (§ 242 BGB)

Will der Sammler gegenüber dem Künstler den Unterlassungsanspruch oder auch Sekundäransprüche wie z. B. einen Schadensersatzanspruch geltend machen, so sieht er sich unter Umständen mit dem Problem konfrontiert, dass er zwar eine Verletzungshandlung des Künstlers mit guten Gründen annehmen darf, sich jedoch über die genauen Einzelheiten der Verletzungshandlung im Unklaren befindet. So könnte der Sammler z. B. aus einer Presseankündigung erfahren haben, dass der Künstler weitere Abzüge von Werken aus einer limitierten Auflage hergestellt hat und zum Verkauf anbieten möchte. Er weiß aber nicht, um wie viele Exemplare es sich genau handelt. Die Kenntnis vom genauen Ausmaß der Pflichtverletzung ist jedoch für eine den prozessualen Anforderungen genügende Bezifferung des geltend gemachten Schadens praktisch unerlässlich. Notwendig für eine Anspruchsbegründung können für den Sammler neben der Information, in welcher Höhe zusätzliche Exemplare geschaffen wurden, beispielsweise auch sein, in welchem Format und in welcher Technik die neuen Abzüge hergestellt wurden. Im Hinblick auf einen möglicherweise gegebenen Vernichtungsanspruch und dessen Zwangsvollstreckung können weiterhin Informationen dazu wichtig sein, wie die neuen Abzüge beschriftet, betitelt bzw. anderweitig bezeichnet (d. h. individualisierbar) sind und wo sie sich befinden. Bei der Bezifferung von Schadensersatzansprüchen kann es auch notwendig sein, in Erfahrung zu bringen, zu welchem Preis die zusätzlichen Werkexemplare in den Verkehr gebracht wurden. So zum Beispiel, wenn der Künstler mit seinen zusätzlichen Exemplaren einem Verkauf durch den Sammler zuvorgekommen ist.[1168]

1168 Insoweit ähnlich gelagert ist der Fall BGH, NJW 2001, 821 (822).

Grundsätzlich gilt, dass es im deutschen Recht keine allgemeine Auskunftspflicht gibt.[1169] Vielmehr ist es gerade im Prozess eine an die Parteien gestellte Anforderung, die ihnen jeweils günstigen Tatsachen nicht nur zu behaupten, sondern – insofern sie bestritten werden – auch beweisen zu können.[1170] Jedoch wurde bereits durch das Reichsgericht anerkannt[1171] und ist inzwischen wohl gewohnheitsrechtlich[1172] etabliert, dass sich unter bestimmten Umständen aus dem Grundsatz von Treu und Glauben (§ 242 BGB)[1173] ein akzessorischer Auskunftsanspruch ergeben kann, um dem Gläubiger eine hinreichende Anspruchsbegründung überhaupt erst zu ermöglichen.[1174] Im Einzelnen setzt das Bestehen eines solchen Auskunftsanspruchs voraus, dass „die zwischen den Parteien bestehende Rechtsbeziehung es mit sich bringt, dass der Berechtigte in entschuldbarer Weise über Bestehen und Umfang seines Rechts im Ungewissen ist und der Verpflichtete die zur Beseitigung der Ungewissheit erforderliche Auskunft unschwer geben kann"[1175]. Weitere Voraussetzung ist, dass der Hauptanspruch, welcher nach Auskunftserlangung geltend gemacht werden soll, durchsetzbar (d. h. insbesondere nicht verjährt) und die Auskunftserteilung somit nicht von vornherein sinnlos ist.[1176]

Der Limitierungsvertrag (Unterlassungsvertrag) zwischen dem Sammler und dem Künstler stellt eine vertragliche Sonderverbindung dar. Damit kann ein Auskunftsanspruch gegenüber dem Künstler gemäß § 242 BGB grundsätzlich bestehen. Bei vertraglichen Beziehungen reicht es in prozessualer Hinsicht für das Bestehen des Auskunftsanspruchs aus, dass das Bestehen des Hauptanspruchs, dessen Verfolgung die Auskunftserteilung dienen soll, überwiegend wahrscheinlich ist.[1177] So genügt im Fall von Scha-

---

1169 So unter anderem BGH, NJW 1983, 2318 (2320); BGH, NJW 2003, 3624 (3625). Vgl. aber insbesondere auch *Haeffs*, Auskunftsanspruch, 31 ff.

1170 Für alle *Bacher*, in: BeckOK ZPO, § 284 Rn. 72.

1171 Vgl. zur historischen Entwicklung des Anspruchs *Haeffs*, Auskunftsanspruch, 56 f.

1172 So z. B. *Köhler*, NJW 1992, 1477 (1480). Vgl. auch Nachweise und kritische Auseinandersetzung bei *Haeffs*, Auskunftsanspruch, 155 ff.; *Osterloh-Konrad*, Informationsanspruch, 185 ff. Kritisch ebenfalls bereits *Tilmann*, GRUR 1987, 251 (253).

1173 Für eine Kodifikation des allgemeinen Auskunftsanspruchs *Haeffs*, Auskunftsanspruch, 179 ff., insbes. 187 f.

1174 Für detaillierte Darstellungen vgl. insbesondere *Osterloh-Konrad*, Informationsanspruch, 194 ff. sowie weiterhin *Lorenz*, in: BeckOK BGB, § 260 Rn. 9 ff.; *Bergmann/Goldmann*, in: Harte-Bavendamm/Henning-Bodewig, Vorb §§ 8 ff. Rn. 13 ff.; *Krüger*, in: MüKo BGB, § 260 Rn. 12 ff.; *Grüneberg*, in: Palandt, § 260 Rn. 4 ff.; *Haeffs*, Auskunftsanspruch, 127 ff.

1175 *Lorenz*, in: BeckOK BGB, § 260 Rn. 9; vgl. auch beispielhaft für die ständige Rspr. BGH, NJW 1978, 1002; BGH, NJW 2003, 3624 (3625).

1176 BGH, NJW 1985, 384 (385); OLG Düsseldorf, NJW 1988, 2389 (2390); *Lorenz*, in: BeckOK BGB, § 260 Rn. 18.

1177 *Grüneberg*, in: Palandt, § 260 Rn. 6.

densersatzansprüchen nach der Rechtsprechung des BGH für das Bestehen eines Auskunftsanspruchs der „begründete Verdacht einer Vertragspflichtverletzung“[1178]. Entscheidend ist, dass an die Substantiierung des verfolgten Hauptanspruchs zumindest so hohe Anforderungen gestellt werden, dass eine unzulässige „Ausforschung“ des Prozessgegners nicht ermöglicht wird.[1179] Die Grenzziehung ist im Einzelfall schwierig.[1180]

Aber auch Auskunftsansprüche gegenüber Dritten sind denkbar.[1181] Der Galerist oder Kunsthändler, welcher dem Sammler das Werk in eigenem Namen verkauft hat, steht (aufgrund des Kaufvertrags) ebenfalls in einer Sonderbeziehung[1182] zum Unterlassungsgläubiger. Gleichermaßen besteht ein Bezug zwischen dieser Sonderverbindung und den angestrebten Informationen.[1183] Da der Galerist oder Kunsthändler über die Limitierung jedoch häufig keine weiteren Informationen haben wird, beschränkt sich in seinem Fall der Auskunftsanspruch regelmäßig darauf, die Kontaktdaten des Künstlers preiszugeben, damit der Sammler sich an diesen wenden kann. Hat der Galerist jedoch auch den zusätzlichen Abzug verkauft, so kann er auch Auskünfte z. B. über dessen Verbleib oder den Verkaufspreis schulden.

Weiterhin darf der Gläubiger sein Informationsdefizit, welches er mithilfe des Auskunftsanspruchs zu überwinden versucht, nicht selbst verschuldet haben.[1184] Hatte er zum Beispiel bereits eine Gelegenheit, die entsprechenden Informationen zu erlangen, so besteht kein weiterer Auskunftsanspruch.[1185] Das Gleiche gilt, wenn sich der Gläubiger die benötigten Informationen in zumutbarer Weise selbst beschaffen kann.[1186]

Zuletzt muss der Auskunftsaufwand des potenziell zur Auskunft Verpflichteten zumutbar sein.[1187] Die Auskunft muss für ihn „unschwer“ zu erteilen sein.[1188]

1178 BGH, NJW 2002, 3771.

1179 Vgl. *Lorenz*, in: BeckOK BGB, § 260 Rn. 22; *Haeffs*, Auskunftsanspruch, 26 ff.

1180 *Krüger*, in: MüKo BGB, § 260 Rn. 37.

1181 Hierzu umfassend *Osterloh-Konrad*, Informationsanspruch, 263 ff.

1182 Zu diesem Kriterium im Fall der „Drittauskunft“ *Osterloh-Konrad*, Informationsanspruch, 266 ff.

1183 Vgl. *Osterloh-Konrad*, Informationsanspruch, 268 ff.

1184 *Lorenz*, in: BeckOK BGB, § 260 Rn. 16; *Krüger*, in: MüKo BGB, § 260 Rn. 18 f.; *Grüneberg*, in: Palandt, § 260 Rn. 7; *Osterloh-Konrad*, Informationsanspruch, 196 ff.

1185 *Lorenz*, in: BeckOK BGB, § 260 Rn. 16; *Grüneberg*, in: Palandt, § 260 Rn. 7. Vgl. auch BGH, NJW 1990, 1358 (1359).

1186 *Grüneberg*, in: Palandt, § 260 Rn. 7; *Osterloh-Konrad*, Informationsanspruch, 205 ff.

1187 *Lorenz*, in: BeckOK BGB, § 260 Rn. 17; *Krüger*, in: MüKo BGB, § 260 Rn. 20; *Grüneberg*, in: Palandt, § 260 Rn. 8; *Osterloh-Konrad*, Informationsanspruch, 226 f.

1188 Ständige Rspr. Vgl. z. B. BGH, NJW 1971, 656; BGH, NJW 1986, 423 (424).

Das Vorliegen der Voraussetzungen für den Auskunftsanspruch aus § 242 BGB muss einzelfallbezogen geprüft werden. Grundsätzlich steht dem Bestehen solcher Ansprüche des Sammlers gegenüber dem Künstler jedoch nichts entgegen. Vielmehr ist anzunehmen, dass in Bezug auf die oben angeführten Informationsinteressen des Sammlers auch regelmäßig die Voraussetzungen für einen Auskunftsanspruch nach § 242 BGB bejaht werden können.

Gegen den Künstler kann der Sammler eine Klage auf Auskunft mit einer darauf aufbauenden Schadensersatzklage im Wege der Stufenklage gemäß § 254 ZPO verbinden.[1189]

6. Verjährung

Der Limitierungsvertrag ist als Unterlassungsvertrag ein Dauerschuldverhältnis.[1190] Sowohl er als auch der aus ihm fließende Unterlassungsanspruch unterliegen keiner Verjährung. Beide bestehen vielmehr zeitlich unbegrenzt, solange keine Befristung vereinbart wurde.[1191] Inwieweit die einzelnen Ansprüche aufgrund von Verstößen gegen die Unterlassungspflicht verjähren, war lange Zeit umstritten.[1192] Richtigerweise müssen aber auch Ansprüche aufgrund einer Verletzung der Unterlassungspflicht der Verjährung unterliegen, damit der Schuldner sich nicht zeitlich unbegrenzt einer Inanspruchnahme (z. B. auf Beseitigung) ausgesetzt sehen muss.[1193] Es erscheint daher sachgemäß, im Fall der Unterlassungsverträge zwischen dem dauerhaft bestehenden (allgemeinen) *Leistungsunterlassungsanspruch* und den (konkreten) *Verletzungsunterlassungsansprüchen*,[1194] welche auf einzelne Verstöße gegen die Unterlassungspflicht zurückzuführen sind, zu unterscheiden.[1195] Nur letztere unterliegen der Verjährung. Diese beginnt gemäß § 199 Abs. 1 i. V. m. Abs. 5 BGB, nachdem gegen die Unterlassungspflicht verstoßen worden ist, mit Ablauf des Jahres, in dem der Gläubiger von den anspruchsbegründenden Umständen sowie der Person des Schuldners

1189 Vgl. *Bacher*, in: BeckOK ZPO, § 254 Rn. 3.

1190 Vgl. BGH, NJW 1995, 2788 (2789); *Fritzsche*, Unterlassungsanspruch, 478.

1191 BGH, NJW 2008, 2995 (2996); *Fritzsche*, Unterlassungsanspruch, 477 f.; *Köhler*, JZ 2005, 489 (491 f.).

1192 Hierzu *Fritzsche*, Unterlassungsanspruch, 469.

1193 *Köhler*, JZ 2005, 489 (492).

1194 Auch *vorbeugenden* Verletzungsunterlassungsansprüchen, wenn eine Verletzung der Unterlassungspflicht ernstlich droht, aber noch nicht eingetreten ist; *Köhler*, JZ 2005, 489 (493).

1195 So der Vorschlag von *Köhler*, JZ 2005, 489 (491 f.).

Kenntnis erlangt hat oder hätte erlangen müssen. Die Verjährungsfrist beträgt drei Jahre (§ 195 BGB). In jedem Fall verjährt der Anspruch auch unabhängig von der Kenntnis des Gläubigers nach spätestens zehn Jahren; vgl. § 199 Abs. 4 BGB.[1196]

Für die *Schadensersatz*ansprüche gilt grundsätzlich das Gleiche (vgl. § 199 Abs. 1, Abs. 3 S. 1 Nr. 1 BGB). Allerdings sind diese gemäß § 199 Abs. 3 S. 1 Nr. 2 BGB zusätzlich spätestens dann ausgeschlossen, wenn seit der schädigenden Handlung (hier: dem Verstoß gegen die Unterlassungspflicht) 30 Jahre vergangen sind. Diese zusätzliche Einschränkung erlangt dann Bedeutung, wenn der Schadensersatzanspruch auch 30 Jahre nach der schädigenden Handlung noch nicht *entstanden* ist, weil z. B. der Schaden sich noch nicht realisiert hat.[1197]

V. Zusammenfassung der wesentlichen Ergebnisse dieses Kapitels

In den Limitierungserklärungen, welche sich entweder auf den Fotografien selbst oder auf beigefügten Echtheitszertifikaten finden, ist ein rechtsverbindliches Angebot des Künstlers auf Abschluss eines Limitierungsvertrags mit dem Erwerber der Fotografie zu sehen. Das als Unterlassungsvertrag zu charakterisierende Vertragsverhältnis kommt unter Verzicht auf den Zugang der Annahme (§ 151 S. 1 BGB) zwischen dem ersten Eigentümer der Fotografie und dem Künstler zustande. Sein Inhalt hängt entscheidend davon ab, wie der Künstler die Auflage definiert hat. Hier ist gegebenenfalls durch Auslegung (§§ 133, 157 BGB) zu ermitteln, was der Käufer eines Auflagenwerks erwarten durfte. Inhalt des Unterlassungsvertrags ist dann die Verpflichtung des Künstlers, die Herstellung solcher Werkexemplare zu unterlassen, welche die ursprünglich mitgeteilte Auflagenhöhe überschreiten und damit verletzen würden.

Hat der Künstler seine Limitierungsangabe über die „klassische" Angabe von Abzugsnummer und Auflagenhöhe hinaus (also z. B. „3/6") nicht weiter präzisiert, so ist dieser Erklärung im Rahmen der Auslegung nach dem objektiven Empfängerhorizont das Versprechen einer motivbezogenen Limitierung zu entnehmen. Der Künstler darf deshalb nach Ausschöpfung der im Nenner kommunizierten Auflagenhöhe keine weiteren Werkexemplare desselben (urheberrechtlichen) Werks herstellen. Davon ausgenommen

1196 Vgl. auch *Köhler*, JZ 2005, 489 (493).

1197 Hierzu ausführlich *Grothe*, in: MüKo BGB, § 199 Rn. 48.

sind eine angemessene Anzahl an Artist's Prints, die zudem nicht unmittelbar in den Handel gelangen dürfen, sowie Exhibition Prints und andere Vervielfältigungen des Werks, welche offensichtlich nicht in Konkurrenz zu den Auflagenwerken treten können (z. B. Abbildungen in Katalogen und Fotobüchern, qualitativ einfache Posterdrucke). Eine „neue" Auflage unter Verwendung des bereits in einer limitierten Auflage erschienenen Werks ist nur möglich, wenn ein gestalterischer Abstand zu dem ursprünglichen Werk gewahrt wird (Abstandsgebot). Dieser Abstand ist jedenfalls dann gewahrt, wenn es sich bei dem neuen Werk urheberrechtlich um eine abhängige Bearbeitung des ursprünglichen Werks handelt, was wiederum die Hinzufügung eines „schöpferischen Mehrwerts" zur Voraussetzung hat. Bloße Vergrößerungen oder Verkleinerungen (d. h. der Abzug in einem anderen Format) erzeugen keinen solchen schöpferischen Mehrwert, was eine Auflagenerweiterung durch Herstellung solcher Werkexemplare in Widerspruch zu dem abgegebenen Auflagenversprechen setzt. Dasselbe gilt, wenn der Abzug in einer anderen Technik ausgeführt wird, der die Anmutung des Werkstücks nicht so weit verändert, dass von einem schöpferischen Mehrwert gesprochen werden kann (z. B. Ausführung als Inkjet-Print statt C-Print).

Wird die Fotografie weiterverkauft, so ist der Eigentümer verpflichtet, den Unterlassungsanspruch an den neuen Eigentümer abzutreten. Eine isolierte Abtretung des Unterlassungsanspruchs und damit eine Trennung der Eigentümerstellung an der limitierten Fotografie von der Inhaberschaft des Unterlassungsanspruchs sind nicht möglich. Im Zweifel ist dem Kaufvertrag die konkludente Abtretung dieser Ansprüche im Wege der ergänzenden Vertragsauslegung zu entnehmen.

Im Fall des Todes des Künstlers geht die Unterlassungspflicht nicht im Rahmen der Universalsukzession (§ 1922 Abs. 1 BGB) auf die Erben über. Es handelt sich bei der aus dem Limitierungsvertrag fließenden Unterlassungspflicht um eine höchstpersönliche Verpflichtung des Künstlers, die mit seinem Tod erlischt.

Der Eigentümer der Fotografie kann als Gläubiger des vertraglichen Unterlassungsanspruchs vom Künstler verlangen, dass die Herstellung von zusätzlichen, die Auflagenlimitierung verletzenden Werkexemplaren unterlassen wird. Ihm steht zudem ein Beseitigungsanspruch zu, wenn solche Werkexemplare bereits hergestellt worden sind, dieser (unterlassungspflichtwidrige) Zustand aber noch rückgängig gemacht werden kann. Dies kann so weit führen, dass der Künstler bereits verkaufte Exemplare zum Zweck der Vernichtung zurückerwerben muss, solange die neuen Eigentümer verkaufsbereit sind. Ist die Wiederherstellung des durch die Unterlassungspflicht abgesicherten Zustands nicht mehr möglich, so kann der Gläubiger insbesondere Schadensersatz statt der Leistung wegen Unmöglichkeit verlangen (§§ 280 Abs. 1, 3, 283 BGB).

Weiterhin steht dem Gläubiger des Unterlassungsanspruchs (d. h. dem Sammler) im Fall der Unmöglichkeit (§ 275 BGB) des Unterlassungsanspruchs (z. B. nach Herstellung und Verkauf zusätzlicher, das Auflagenversprechen beeinträchtigender Abzüge) ein Anspruch auf Herausgabe des vom Künstler durch den Verkauf dieser Abzüge erzielten Erlöses aus § 285 Abs. 1 BGB zu.

Dem Sammler, der seine Ansprüche gegenüber dem Künstler geltend machen möchte, allerdings noch nicht die dafür notwendigen Informationen – insbesondere zur prozessualen Substantiierung seiner Ansprüche – zur Verfügung hat, kann ein akzessorischer Auskunftsanspruch gegenüber dem Künstler aus dem Grundsatz von Treu und Glauben (§ 242 BGB) zustehen. Auf diese Weise kann er z. B. Informationen über die Anzahl der zusätzlich in den Verkehr gebrachten Abzüge oder den dabei erzielten Verkaufserlös in Erfahrung bringen.

Im Ergebnis zeigt das vorliegende Kapitel, dass die Begründung einer rechtlichen Verbindlichkeit des Auflagenversprechens und die dogmatische Einordnung eines solchermaßen geschlossenen Vertrags möglich sind. Das gewonnene Ergebnis deckt sich mit den Befunden des rechtstatsächlichen Kapitels, in welchem die Bedeutung der Auflagenlimitierung für die zeitgenössische Fotokunst herausgearbeitet wurde. Gleichzeitig wird deutlich, dass die urheberrechtlich bestehende Bedeutung der Auflagenlimitierung in der privatrechtlichen Anerkennung des Limitierungsversprechens ihr Korrelat findet. Damit liegen die Ergebnisse, welche bei der Auslegung des Limitierungsversprechens herausgearbeitet wurden, auch mit den Wertungen des Urheberrechts „auf einer Linie“.

E. Kapitel 4 – Kaufrechtliche Ansprüche aufgrund unrichtiger Limitierungsangaben

Eine weitere mögliche Quelle von Ansprüchen in Fällen, in denen die durch den Künstler oder Dritte kommunizierten Limitierungsangaben nicht zutreffend sind und somit das Vertrauen eines Käufers in das Limitierungsversprechen des Künstlers enttäuscht wurde, liegt in der kaufrechtlichen Mängelgewährleistung. Handelt es sich bei dem Vertrag, unter dem die fragliche Fotografie erworben wurde, um einen Kaufvertrag, einen Werklieferungsvertrag (§ 651 BGB) oder einen Tausch (§ 480 BGB), so kann der unzufriedene Käufer Ansprüche aus den §§ 434 ff. BGB haben.[1198]

Zentrale Frage dieses Kapitels ist es, unter welchen Voraussetzungen eine falsche Auflagenangabe einen Gewährleistungsansprüche auslösenden Sachmangel darstellen kann und welche Ansprüche dem Käufer in diesem Fall zustehen. „Falsch" ist eine Auflagenangabe, wenn sie in Bezug auf den zahlenmäßigen Umfang der Auflage unzutreffend ist. Dies ist insbesondere dann der Fall, wenn sie eine Auflage verspricht, die niedriger ist als die Anzahl der in Wirklichkeit bereits abgezogenen Werkexemplare. Insoweit baut auch dieses Kapitel auf den in Kapitel 1 erörterten praktischen Besonderheiten aus der Praxis der Herstellung von limitierten Auflagen auf. Weiterhin spielt auch die bereits in Kapitel 3 vorgenommene Auslegung von Limitierungserklärungen eine bedeutende Rolle. Entscheidend für die kaufrechtlichen Ansprüche ist auch, was genau durch Mitteilung einer Limitierungsangabe im Rahmen eines Verkaufs vereinbart wird und wann somit überhaupt eine negative Abweichung von dieser vereinbarten Beschaffenheit im Sinne des § 434 Abs. 1 S. 1 BGB vorliegt. Die in Kapitel 3 gewonnen Ergebnisse müssen insoweit unter den besonderen Voraussetzungen des kaufrechtlichen Sachmangelbegriffs geprüft werden, wobei es insbesondere

1198 Für den Werklieferungsvertrag (anwendbar z. B. bei der Anfertigung von Auftragswerken) und den Tausch wird vollständig auf die kaufrechtliche Mängelgewährleistung verwiesen (§ 651 S. 1 BGB bzw. § 480 BGB). Besondere Bedingungen gelten im Fall des Erwerbs durch Schenkung (§ 516 BGB) in Form einer zugunsten des Schenkers stark eingeschränkten Gewährleistung (§ 524 BGB). Im Weiteren erfolgen sämtliche Erörterungen am Beispiel des Kaufvertrags, sie lassen sich aber nach dem eben Dargelegten gleichfalls auf Werklieferungsverträge und Tauschgeschäfte anwenden.

auf die konkrete Person ankommen wird, die als Verkäufer des Kunstwerks auftritt. Da kaufrechtliche Ansprüche vertragliche Ansprüche sind, bestehen sie grundsätzlich nur gegenüber dem Vertragspartner. Es gilt daher zunächst auch, sich der unterschiedlichen Verkaufsmodalitäten des Kunstmarkts und der ihnen zugrunde liegenden Vertragskonstellationen im Allgemeinen zu vergewissern, da die Person des Vertragspartners entscheidende Auswirkungen auf den Umfang der kaufrechtlichen Mängelgewährleistungsrechte haben kann. Angesichts der in Kapitel 3 gefundenen Ergebnisse zu Ansprüchen aus einem Limitierungsvertrag gegenüber dem Künstler besteht damit für das vorliegende Kapitel auch ein besonderes Interesse an der Frage, welche Personen außer dem Urheber für ein Auflagenversprechen einzustehen haben könnten.

I. Vorbemerkung: Rechtsbeziehungen beim Kunstkauf

Wie bereits oben erwähnt,[1199] kann man den Kunsthandel in einen Primär- und einen Sekundärmarkt unterteilen[1200] Auf dem Primärmarkt werden „frische" Werke direkt durch den Künstler oder z. B. durch seinen Galeristen erstmalig an einen Sammler verkauft.[1201] Verkauft der Sammler sein Werk weiter, so handelt es sich um ein Geschäft auf dem Sekundärmarkt[1202] Dieser umfasst somit diejenigen Geschäfte mit Kunstwerken, von denen der Künstler selbst nicht mehr unmittelbar[1203] (sondern allenfalls mittelbar über den Folgerechtsanspruch des § 26 UrhG[1204]) profitiert.[1205]

1199 B.II.3.d), S. 84.

1200 Teilweise wird vom Auktionshandel auch als weiterem (Tertiär-)Markt gesprochen; vgl. *Knebel*, in: Was kostet Kunst?, 17 ff., der die Unterscheidungskraft einer solchen Abgrenzung jedoch sogleich relativiert. Siehe zudem m. w. N. *Anton*, in: FS Siehr, 334.

1201 *Anton*, in: FS Siehr, 333.

1202 *Anton*, in: FS Siehr, 333 f.

1203 Dies auch als Ausfluss des Erschöpfungsgrundsatzes; vgl. zum Erschöpfungsgrundsatz z. B. *Heerma*, in: Wandtke/Bullinger, § 15 Rn. 23 ff.

1204 Zum Folgerechtsanspruch oben Fn. 392

1205 Auktionen sind daher normalerweise Transaktionen auf dem Sekundärmarkt. Inzwischen gibt es einige bemerkenswerte Ausnahmen. Wegbereitend war wohl der Künstler Damien Hirst, der am 15. und 16. September 2008 vom Auktionshaus Sotheby's Werke versteigern ließ, die direkt aus seinem Atelier kamen, vgl. z. B. *Gropp*, Rose-Maria, Gebt dem Künstler, was des Künstlers ist, FAZ vom 11. September 2008, 31 sowie *Dies.*, Der Hirst-Block oder Das Goldene Kalb lebt, FAZ vom 20. September 2008, 41. Auch die streitgegenständlichen Fotografien im Rechtsstreit *Sobel v. Eggleston* (oben B.III.2, S. 92, waren „druckfrisch" auf Auktionen verkauft worden. In Deutschland könnte die

Nur bei Geschäften auf dem Primärmarkt kann somit eine unmittelbare (kauf-)vertragliche Rechtsbeziehung des Käufers zum Künstler selbst entstehen. Jedoch haben die meisten der (etablierten) Künstler eine (vielfach auch exklusive[1206]) Vereinbarung mit einer Galerie[1207], die den Absatz neuer Werkstücke für sie übernimmt, sodass der Künstler selbst in den Verkauf seiner Werke nicht mehr unmittelbar eingebunden ist. Häufig kümmern sich diese Galerien auch um die Außendarstellung des Künstlers und fungieren somit gleichzeitig als dessen Agenten, PR-Berater und Manager.[1208] Verkaufen die Galerien Werke des Künstlers, so könnten sie als dessen Stellvertreter gemäß §§ 164 ff. BGB auftreten, wodurch der Kaufvertrag – auch ohne direkte Beteiligung des Künstlers an den Verhandlungen – unmittelbar zwischen Sammler und Künstler zustande kommen würde.[1209] Etwaige Mängelgewährleistungsansprüche würden dann ebenfalls nur zwischen Künstler und Käufer bestehen, während eine Haftung gegen den als Stellvertreter auftretenden Verkäufer nur im Einzelfall im Rahmen der sogenannten „Vertretereigenhaftung" gemäß § 311 Abs. 3 BGB begründet werden könnte.[1210] Das Stellvertretermodell ist jedoch in der Praxis wohl nicht der Regelfall. In der Regel agiert der Galerist, wenn er auf dem Primärmarkt Kunstwerke verkauft, im Rahmen eines Kommissionsgeschäftes in *eigenem* Namen und somit gerade nicht als Stellvertreter des Künstlers.[1211]

Bei einer Kommission (§§ 383 ff. HGB) besteht zwischen dem Auftraggeber der Kommission (Kommittent) und dem Kommissionär ein Vertragsverhältnis (Kommissionsverhältnis), welches die Abwicklung des Verkaufs durch den Kommissionär regelt (vgl. § 383 Abs. 1 HGB). Hieraus erwächst dem Kommissionär z. B. die Pflicht, das durch den Verkauf der Ware Erlangte (in der Regel also den Kaufpreis) an den Kommittenten herauszugeben (§ 384 Abs. 2 HGB). Der Kommissionär wiederum schließt mit dem Käufer einen normalen Kaufvertrag gemäß § 433 BGB. Für den Käufer bleibt der Kommit-

Versteigerung von „ungebrauchter" Kunst wegen § 34 b Abs. 6 Nr. 5 b) GewO rechtlich unzulässig sein, vgl. *Anton*, in: FS Siehr, 341 f.

1206 *G. Schulze*, in: Ebling/Schulze, 4. Teil Rn. 15; *Schack*, Kunst und Recht, Rn. 645, 649, 653 f.

1207 Heutzutage teilweise auch mit sogenannten Kunstberatern oder Kunstagenturen, von denen sich der Galerist regelmäßig durch seine Ausstellungstätigkeit unterscheidet, *Mues*, Ausstellungsvertrag, 15.

1208 *Anton*, in: FS Siehr, 359 f.; *Mues*, Ausstellungsvertrag, 15 f.; *Schack*, Kunst und Recht, Rn. 654 f.

1209 *Schack*, Kunst und Recht, Rn. 656; *Braun*, WM 1992, 893 (895 f.).

1210 Ausführlich z. B. bei *Krebs*, in: Dauner-Lieb/Langen, § 311 Rn. 109 ff. Für eine Vertretereigenhaftung des Auktionators noch vor der Kodifizierung in § 311 Abs. 3 BGB: OLG Düsseldorf, OLGZ 1978, 317 (318).

1211 *Anton*, in: FS Siehr, 352 f.; *Mues*, Ausstellungsvertrag, 47; *Schack*, Kunst und Recht, Rn. 657; *Gernot Schulze*, in: Kunstrecht, 4. Teil Rn. 16.

tent im Hintergrund – auf dem Sekundärmarkt kennt er häufig nicht einmal dessen genaue Identität. Aufgrund des in weiten Teilen sehr um Diskretion bemühten Kunstmarkts – insbesondere zum Schutz der Bezugsquellen[1212] – ist die Kommission dort das bevorzugte Modell zur Abwicklung von Transaktionen insbesondere auf dem Sekundär-, aber eben auch auf dem Primärmarkt.[1213] In der Folge hat der Käufer bei einem Kommissionsgeschäft kaufvertragliche Ansprüche stets nur gegen den Kommissionär.[1214]

Zu einem Kaufvertrag zwischen Sammler und Künstler kommt es auf dem Primärmarkt somit im Prinzip nur im Rahmen sogenannter „Atelierverkäufe“[1215]. In allen anderen Fällen ist grundsätzlich der Galerist als Intermediär der ausschließliche Vertragspartner[1216] des Sammlers und somit kaufrechtlicher „Ansprechpartner“ bei Unzufriedenheit mit dem Kaufgegenstand.

Auf dem *Sekundärmarkt* ist Verkäufer der Noch-Eigentümer des Kunstwerks, d. h. regelmäßig ein Sammler. Eine kaufrechtliche Beziehung zwischen dem Käufer und dem Künstler selbst ist auf dem Sekundärmarkt ausgeschlossen, da letzterem das Werk ja auch gar nicht mehr gehört und er an der Transaktion unbeteiligt ist. Aber auch auf dem Sekundärmarkt kommt der Kaufvertrag häufig nicht unmittelbar zwischen dem Verkäufer und dem Erwerber zustande. Vielmehr handelt der normalerweise eingeschaltete Intermediär (Kunsthändler, Auktionshaus) vielfach ebenfalls im Rahmen eines Kommissiongeschäfts in eigenem Namen auf Rechnung des Auftragsgebers, d. h. in der Regel für den „Noch-Eigentümer“ des Kunstwerks.[1217]

Ob insbesondere in der Handelspraxis der Auktionshäuser das Vertretermodell oder das Kommissionsmodell überwiegt, kann nicht eindeutig festgestellt werden.[1218] Auch in der Literatur gehen die Meinungen auseinander.[1219] Zumindest die großen Kunstauktionshäuser vereinbaren in ihren

1212 *Anton*, in: FS Siehr, 352; *Braunschmidt*, Versteigerungsbedingungen, 13 f.; *Braun*, WM 1992, 893 (896); *Großgerge*, Verkäuferhaftung, 33 f.

1213 *Anton*, in: FS Siehr, 352 f.

1214 *Häuser*, in: MüKo HGB, § 383 Rn. 39, 57.

1215 *Anton*, in: FS Siehr, 337.

1216 Abgesehen von dem in Kapitel 3 diskutierten Limitierungsvertrag.

1217 *Anton*, in: FS Siehr, 352 f.; *G. Schulze*, in: Kunstrecht, 4. Teil Rn. 20; vgl. diesbezüglich auch beispielhaft die Hinweise in den Versteigerungsbedingungen der Auktionshäuser Lempertz (Nr. 1), Villa Grisebach (§ 1 Nr. 1) und Van Hamm (Nr. 1.1); Stand: April 2015.

1218 So auch LG Mannheim, Urteil vom 27.5.2011, Az. 9 O 208/09, 6.

1219 Für das Überwiegen des Kommissionsmodells *G. Schulze*, in: Ebling/Schulze, 4. Teil Rn. 20; *Kirchmaier*, in: Ebling/Schulze, 5. Teil Rn. 189; *Schubert*, in: MüKo BGB, § 164 Rn. 167; zuletzt auch *Braunschmidt*, Versteigerungsbedingungen, 13, der von 67,5 % Anteil des Kommissionsmodells am deutschen Kunstauktionsmarkt spricht; anders *Häuser*, in: MüKo HGB, § 406 Rn. 47.

Versteigerungsbedingungen (momentan) noch die Kommission als das übliche Geschäftsmodell. Laut Auskunft von Marktteilnehmern gibt es jedoch Tendenzen (insbesondere bei kleineren bzw. spezialisierten Auktionshäusern), die Vorteile des Vertretermodells (zum Beispiel, dass der Auktionator bezüglich etwaiger Mängelansprüche leichter auf den Einlieferer verweisen kann) nutzen zu wollen.[1220] Ausschlaggebend für eine Entscheidung zwischen den beiden Gestaltungsmöglichkeiten wird dabei in der Regel sein, wie hoch von dem jeweiligen Auktionshaus die Wahrung der Anonymität des Einlieferers geschätzt wird. Insbesondere kleinere Häuser haben insoweit häufig geringere Hemmungen, das Vertretermodell zu verwenden. Hierbei kann es aber unter Umständen zu Problemen kommen, wenn die Stellvertretung des Auktionshauses nur in Allgemeinen Geschäftsbedingungen vereinbart wird, der Gesamteindruck von Angebot und Vertragsgestaltung (wie z. B. die Wahrnehmung von Gestaltungsrechten durch den Auktionator) aber für ein Handeln des Auktionators in eigenem Namen und damit ein Kommissiongeschäft spricht. Letztlich ist hier das sogenannte „Offenkundigkeitsprinzip“[1221] zu beachten (§ 164 Abs. 2 BGB), wonach Unklarheiten hinsichtlich des Wunschs in fremdem Namen zu handeln, zu Lasten des „Vertreters“ gehen, sodass im Zweifel gerade *keine* Stellvertretung vorliegt.[1222]

Häufig muss der Käufer daher seine kaufrechtlichen Ansprüche auf dem Sekundärmarkt an das Auktionshaus bzw. den Kunsthändler richten. Eine Ausnahme hierzu bildet nur der Privatverkauf von einem Sammler zum anderen.

Die Frage nach den kaufrechtlichen Ansprüchen des Sammlers bei Verletzung der Limitierung muss diesen unterschiedlichen schuldrechtlichen Konstellationen Rechnung tragen. Dies gilt insbesondere deswegen, weil

1220 Zu den Vor- und Nachteilen des Vertretermodells *Braun*, WM 1992, 893 (895 f.).

1221 *Dörner*, in: HK BGB, § 164 Rn. 5. Auch „Offenheitsprinzip“ vgl. *Schubert*, in: MüKo BGB, § 164 Rn. 24; *Valenthin*, in: BeckOK BGB, § 164 Rn. 17 f.

1222 Im Ergebnis so auch LG Mannheim, Urteil vom 27.5.2011, Az. 9 O 208/09, 7. Vgl. auch die Klauseln, welche das Auktionshaus bei LG Freiburg, Urteil vom 15.12.2011, Az. 3 S 238/11, BeckRS 2012, 03803 (Vorinstanz: AG Freiburg, Urteil vom 08.07.2011, Az. 1 C 2020/10, BeckRS 2011, 19914) verwendet. Hier vereinbart das Auktionshaus trotz gewollter Stellvertretung in den Einliefererbedingungen noch einmal explizit eine Mängelhaftung des Einlieferers sowie deren Umfang. Gleichzeitig wird in den Versteigerungsbedingungen die Gewährleistung gegenüber dem Käufer ausgeschlossen. Diese Konstruktion wäre bei einer Stellvertretung aus Sicht des Auktionshauses eigentlich überflüssig. Auch die verwendete Klausel, wonach das Auktionshaus über „Ansprüche wegen Mängeln, die von Käufern geltend gemacht werden, selbstständig mit Wirkung für den Einlieferer“ entscheidet, können Zweifel an einer echten Stellvertretung im Sinne des § 164 Abs. 1 BGB aufkommen lassen.

die tatsächliche Verantwortlichkeit für eine Auflagenerweiterung und damit einen potenziellen „Mangel" der Kaufsache regelmäßig beim Künstler und nicht bei den Verkäufern liegen wird.

II. Internationalprivatrechtliche Grundlagen

Das auf Kaufverträge anwendbare Recht bestimmt sich innerhalb der Europäischen Union, wenn keine Rechtswahl der Parteien im Sinne von Art. 3 Abs. 1 Rom I-VO[1223] vorliegt, nach Art. 4 Abs. 1 lit. a Rom I-VO. Auf den Vertrag findet demnach das Recht des Staats Anwendung, in dem der *Verkäufer* seinen gewöhnlichen Aufenthaltsort[1224] hat. Für Versteigerungen gilt die Sonderregel des Art. 4 Abs. 1 lit. g Rom I-VO, wonach das Recht des Versteigerungsortes Anwendung findet. Sonderregelungen zum Schutz von Verbrauchern enthält Art. 6 Rom I-VO, wobei § 474 Abs. 2 Satz 2 BGB dessen Bedeutung für das Kunstauktionswesen in Deutschland relativiert.

Das vereinheitlichte (materielle) UN-Kaufrecht (CISG)[1225], welches bei grenzüberschreitenden Kaufverträgen grundsätzlich anwendbar ist, wenn Art. 4 Abs. 1 lit a Rom I-VO auf das Recht eines Vertragsstaats des Übereinkommens verweist (Art. 1 Abs. 1 lit. b CISG) und dessen Anwendung nicht durch die Parteien ausgeschlossen wurde (Art. 6 CISG),[1226] hat für die in dieser Arbeit diskutierten Fälle nur eine geringe Bedeutung. Das Abkommen findet weder beim Kauf von Waren für den persönlichen Gebrauch (Art. 2 lit. a CISG) noch beim Kauf im Rahmen von Versteigerungen (Art. 2 lit. b CISG) Anwendung. Regelmäßig gilt somit das gemäß Art. 4 Abs. 1 lit. a oder g Rom I-VO ermittelte, nationale Recht.[1227]

Die folgenden Ausführungen beschränken sich auf die Darstellung der Rechtslage nach den Sachnormen der Bundesrepublik Deutschland.

1223 Verordnung (EG) Nr. 593/2008 des Europäischen Parlaments und des Rates vom 17. Juni 2008 über das auf vertragliche Schuldverhältnisse anzuwendende Recht; ABl. L 177, 6; ber. 2009 L 309, 87.

1224 Hierzu im Detail *Spickhoff*, in: BeckOK BGB, VO (EG) 593/2008 Art. 4 Rn. 8; *Thorn*, in: Palandt, Rom I 4 Rn. 6.

1225 Übereinkommen der Vereinten Nationen über Verträge über den internationalen Warenkauf vom 11. April 1980; BGBl. 1989 II, 586, ber. 1990, 1699.

1226 Vgl. *Spickhoff*, in: BeckOK BGB, VO (EG) 593/2008 Art. 4 Rn. 8; *Thorn*, in: Palandt, Rom I 4 Rn. 5.

1227 Zukünftig wird an dieser Stelle auch zu prüfen sein, ob die Parteien das vereinheitlichte europäische Kaufrecht für ihren Vertrag gewählt haben. Ein Verordnungsvorschlag der Kommission zu einem solchen vereinheitlichten europäischen Kaufrecht (COM/2011/635/FINAL) befindet sich derzeit im Gesetzgebungsprozess.

III. Ansprüche aus kaufrechtlicher Gewährleistung bei falschen Auflagenangaben

Ist das Kunstwerk mangelhaft, hat der Käufer eines Kunstwerks gegenüber dem Verkäufer (welcher entweder der Künstler selbst, ein Galerist, Kunsthändler oder ein Auktionshaus sein kann),[1228] aus dem zwischen ihnen geschlossenen Kaufvertrag (§ 433 BGB) die kaufrechtlichen Mängelgewährleistungsansprüche nach §§ 434 ff. BGB. Grundvoraussetzung für die in § 437 BGB aufgezählten Mängelgewährleistungsrechte ist das Vorliegen eines Sachmangels im Zeitpunkt des Gefahrübergangs (§ 434 BGB). Fraglich ist, unter welchen Voraussetzungen eine beim Kauf unrichtige Auflagenangabe einen solchen Sachmangel begründen kann.

1. Voraussetzungen für das Vorliegen eines Sachmangels nach § 434 Abs. 1 S. 1 BGB

§ 434 Abs. 1 S. 1 BGB definiert den Sachmangel als eine Divergenz der zwischen Käufer und Verkäufer beim Abschluss des Kaufvertrags *vereinbarten* Beschaffenheit des Kaufgegenstands von der tatsächlichen Beschaffenheit im Moment des Gefahrübergangs (sogenannter „subjektiver Fehlerbegriff“[1229]).

a) Die Beschaffenheit der Kaufsache im Sinne des § 434 Abs. 1 S. 1 BGB beim Kunstkauf

Der gesetzgeberische Grundfall des Sachmangels in § 434 Abs. 1 S. 1 BGB setzt eine (vertragliche) Partei*vereinbarung* über die *Beschaffenheit* der Kaufsache voraus, von der in negativer Hinsicht abgewichen wird. Der Begriff wird insbesondere im Bereich des Kunstkaufs seit Jahren umfangreich rechtswissenschaftlich diskutiert und ist in diesem Bereich auch regelmäßiger Gegenstand einer teilweise widersprüchlichen Rechtsprechung.

1228 Dazu bereits oben bei E.I, S. 266.

1229 *Saenger*, in: HK BGB, § 434 Rn. 1, 7; *Westermann*, in: MüKo BGB, § 434 Rn. 5.

(1) Die „vereinbarte Beschaffenheit" im Sinne des § 434 Abs. 1 S. 1 BGB

Der Begriff der „vereinbarten Beschaffenheit" gemäß § 434 Abs. 1 S. 1 BGB wurde durch die Schuldrechtsreform von 2002[1230] neu in das Gesetz aufgenommen, jedoch vom Gesetzgeber bewusst nicht näher definiert.[1231] Die „Beschaffenheit" einer Sache soll weit zu verstehen sein.[1232] Sie umfasst daher nicht nur die natürlichen (physischen) Eigenschaften der Kaufsache sowie tatsächliche und rechtliche Verhältnisse in Bezug auf sie, welche ihren Grund in der Sache selbst haben und ihr mit einer gewissen Dauer anhaften.[1233] Vielmehr muss die „Beschaffenheit" im Sinne des § 434 Abs. 1 S. 1 BGB letztlich alle Eigenschaften umfassen, die Gegenstand einer Vereinbarung der Vertragsparteien über die Kaufsache werden können, da es gesetzgeberisches Ziel der Verwendung eines „subjektiven Fehlerbegriffs" war, die Bedeutung privatautonomer Abreden zur Bestimmung der Vertragsgemäßheit der Kaufsache hervorzuheben.[1234] Im Ergebnis soll der Käufer in Bezug auf die zwischen den Parteien übereinstimmenden Erwartungen an den Kaufgegenstand nicht enttäuscht werden.[1235]

Gegenstand der Beschaffenheitsvereinbarung im Sinne des Mängelgewährleistungsrechts ist jedoch stets eine *gegenwärtige* Beschaffenheit; namentlich im Moment des Gefahrübergangs.[1236] Notwendig für eine Beschaffenheits*vereinbarung* sind zwei korrespondierende Willenserklärun-

1230 Gesetz zur Modernisierung des Schuldrechts vom 26. November 2001 (BGBl. I, 3138).

1231 *Müller-Katzenburg*, NJW 2006, 553 (554); *Weidenkaff*, in: Palandt, § 434 Rn. 9; *Reinicke/Tiedtke*, Kaufrecht, Rn. 299 f.

1232 *Müller-Katzenburg*, NJW 2006, 553 (554); *Reinicke/Tiedtke*, Kaufrecht, Rn. 309 ff.

1233 So die Definition vor der Schuldrechtsreform; vgl. im Übrigen *Berger*, in: Jauernig BGB, § 434 Rn. 6; *Schack*, Kunst und Recht, Rn. 381; *Weidenkaff*, in: Palandt, § 434 Rn. 11; zur Entwicklung des Beschaffenheitsbegriffs auch *Mangold*, Verbraucherschutz, 157 ff.; *Westermann*, in: MüKo BGB, § 434 Rn. 8 ff.

1234 *Graf von Westphalen*, in: Henssler/Graf von Westphalen, § 434 Rn. 9; *Reinicke/Tiedtke*, Kaufrecht, Rn. 310; *Berger*, KUR 2003, 137 (137 f.); vgl. auch *Pfeiffer*, ZGS 2002, 23 (31 f.).

1235 Umfangreich zu der streitigen Frage, inwieweit eine solche vereinbarte Beschaffenheit noch „irgendeinen" Bezug zur Kaufsache haben muss oder vollständig dem subjektiven Parteiwillen unterfällt: *Braunschmidt*, Versteigerungsbedingungen, 75 ff. Im Ergebnis geht auch er davon aus, dass im Bereich des Kunsthandels jedenfalls auch die (nicht unmittelbar dem Kaufgegenstand anhaftenden) Angaben zur Provenienz, zur Ausstellungsgeschichte sowie zur Aufnahme in ein Werkverzeichnis Gegenstand einer Beschaffenheitsvereinbarung sein können: *Braunschmidt*, Versteigerungsbedingungen, 85 f. Ebenfalls zur Frage des Beschaffenheitsbegriffs und im Ergebnis für einen „uneingeschränkt subjektiven" Beschaffenheitsbegriff *Großgerge*, Verkäuferhaftung, 61 ff. Für einen weiten Beschaffenheitsbegriff (ebenfalls unter dem Aspekt des Kunstkaufs) wohl auch *Beckmann*, KUR 2013, 57 (59).

1236 *Westermann*, in: MüKo BGB, § 434 Rn. 9; *Reinicke/Tiedtke*, Kaufrecht, Rn. 312 ff.

gen von Käufer und Verkäufer, die die Vereinbarung der Beschaffenheit ausdrücklich oder zumindest schlüssig regeln.[1237]

Zu Vereinbarungen über die Beschaffenheit einer Sache im Sinne des § 434 Abs. 1 S. 1 BGB zählen daher die in einem Kaufvertrag tatsächlich festgehaltenen Spezifikationen des Kaufgegenstandes. Aber auch Beschreibungen, mit denen der Verkäufer einen Kaufgegenstand im Rahmen der Werbung bzw. des Verkaufsangebots ausgestattet hat, können zu den Beschaffenheitsvereinbarungen gezählt werden, wenn sie ein nachvollziehbarer Teil der Kaufentscheidung des Käufers geworden sind.[1238]

Insoweit ist – falls im Einzelfall eine Beschaffenheitsvereinbarung verneint wird – ohnehin auch an den Tatbestand des § 434 Abs. 1 S. 3 BGB zu denken, der werbende Äußerungen des Verkäufers über die Beschaffenheit der Kaufsache unter bestimmten Umständen zur geschuldeten Beschaffenheit im Sinne von § 434 Abs. 1 S. 2 Nr. 2 BGB erklärt.[1239]

Im Bereich des Kunsthandels ist insoweit an die Bezeichnung der Kaufgegenstände (also insbesondere die Identität des Künstlers, das Alter des Werks, aber bei Auflagenwerken eben auch die Angaben zur Auflagenhöhe[1240]) in Verkaufskatalogen bzw. Auktionskatalogen sowie an die Beschreibungen in Kaufverträgen selbst zu denken.[1241] Gleiches gilt für „Schildchen“ mit Werkdaten im Verkaufsraum einer Galerie, die neben einem bestimmten Kunstgegenstand hängen und die somit Grundlage der Kaufentscheidung eines Galeriebesuchers werden können.

Da es sich auf der Grundlage von Angaben des Verkäufers, solange sie nicht ausdrücklich Gegenstand z. B. eines schriftlichen Kaufvertrags geworden sind, stets nur um eine *konkludente* Beschaffenheitsvereinbarung handeln kann, ist im Einzelfall im Wege der Auslegung – nach dem objektiven

1237 *Reinicke/Tiedtke*, Kaufrecht, Rn. 315; auch *Beckmann*, KUR 2013, 57 (59 f.); *Jacobs*, GRUR 2013, 8 (11).

1238 *Oechsler*, Vertragliche SV, Rn. 108 f.; *Reinicke/Tiedtke*, Kaufrecht, Rn. 315.

1239 Hierzu später unter E.III.1.b)(bb), S. 288.

1240 Dazu sogleich ausführlich unter E.III.1.a)(2), S. 279.

1241 Dafür, dass Katalogangaben (insbesondere in Auktionskatalogen) regelmäßig Grundlage einer Beschaffenheitsvereinbarung werden, auch *H. Schmidt*, in: Ulmer/Brandner/Hensen, (8) Versteigerungsbedingungen Rn. 3; *Braunschmidt*, Versteigerungsbedingungen, 86 ff.; *Mangold*, Verbraucherschutz, 170; *Beckmann*, KUR 2013, 57 (60); *Berger*, KUR 2003, 137 (137 f.). Im Übrigen wurden Katalogangaben auch nach altem Recht als Eigenschaftsbeschreibungen angesehen, was funktionell der heutigen Beschaffenheitsvereinbarung entspricht: *Goepfert*, Haftungsprobleme, 113 ff.; *Thomsen*, Käuferschutz, 69 f., 75; *Braun*, WM 1992, 893. Anders zur heutigen Rechtslage wohl nur OLG Köln, Urteil vom 27.03.2012 - 9 U 141/11, BeckRS 2012, 09298, II. 2. b) und diesem diesbezüglich offenbar zustimmend *Jacobs*, GRUR 2013, 8 (11). Nicht eindeutig *Großgerge*, Verkäuferhaftung, 71.

Empfängerhorizont[1242] und damit aus Sicht eines durchschnittlichen Käufers – zu ermitteln, ob der Kunde die Verkäuferangaben berechtigterweise zur Grundlage seiner Kaufentscheidung machen durfte oder ob z. B. offenkundig war, dass der Verkäufer für die Angaben nicht einstehen konnte oder wollte.[1243]

Dies vorausgeschickt, sind zunächst zwei neuere Urteile zu beleuchten, die teilweise an dem eben Gesagten Zweifel aufkommen lassen könnten.

(aa) LG Freiburg v. 15.12.2011 – „Lithografie"

Kritisch ist ein Urteil des LG Freiburg zu betrachten, welches bezüglich der Katalogangaben eines Auktionshauses (im Einzelfall) bereits das Vorliegen einer Beschaffenheitsvereinbarung grundsätzlich verneint.[1244] In dem konkreten Fall hatte ein Auktionshaus eine Serigrafie (Siebdruck) in den Katalogangaben als Lithografie beschrieben.[1245] Das Auktionshaus trat als Vertreter (§ 164 Abs. 1 BGB) des Einlieferers auf.[1246] Während die Vorinstanz die Frage, ob ein Mangel tatsächlich vorlag, offen ließ, urteilte das LG Freiburg, dass die Beschreibung des Kaufgegenstands schon keine Beschaffenheitsvereinbarung gemäß § 434 Abs. 1 S. 1 BGB gewesen sei. Die Angaben im Katalog hätten im Zusammenhang mit der Haftungsfreizeichnung der Versteigerungsbedingungen gelesen werden müssen. Es handele sich nur um eine „Wissenserklärung" bzw. eine „behelfsmäßige Beschreibung zur Identifizierung des Gegenstands". Dies sei sachlich gerechtfertigt, da bei einem erzielten Preis in Höhe von 746 Euro und einem Limit von 350 Euro eine Sachverständigenuntersuchung von vornherein nicht wirtschaftlich sinnvoll gewesen sei. Nach der Lesart des LG Freiburg hätte der Verkäufer somit bis zur Grenze der Arglist den Kaufgegenstand nach Belieben unrichtig beschreiben können,[1247] ohne dass der Käufer in den hierdurch geweckten

1242 Grundsätzliches dazu oben bei D.II.1.b), S. 182.

1243 *Beckmann*, KUR 2013, 57 (59).

1244 LG Freiburg, Urteil vom 15.12.2011 - 3 S 238/11, BeckRS 2012, 03803 (Vorinstanz: AG Freiburg, Urteil vom 08.07.2011 - 1 C 2020/10, BeckRS 2011, 19914).

1245 Allgemein wird eine Lithografie als das höherwertige Verfahren angesehen. Die Serigrafie gilt als Massendruck, dessen Originaleigenschaft zumindest zweifelhaft ist, vgl. *Czychowski*, in: Handbuch des Urheberrechts, § 70 Rn. 55. Zu einem ähnlichen Fall, bei dem ein Druck als Ölgemälde angeboten wurde und der vom AG Ulm im Ergebnis genauso entschieden wurde, siehe *Jayme*, in: Original und Fälschung, 36; *Jayme*, in: FS Kaissis, 431 f.; *Mangold*, Verbraucherschutz, 244 ff.

1246 Zu den diesbezüglichen Gepflogenheiten im Kunsthandel bereits oben bei A.I, S. 21.

1247 Vgl. insoweit auch *Höffmann*, ZGS 2011, 299 (303).

Erwartungen an den Kaufgegenstand rechtlich geschützt worden wäre. Und selbst im Falle der Arglist hätte der Käufer nur die Möglichkeit der Anfechtung gem. § 123 Abs. 1 1. Fall BGB, aber keine Mängelgewährleistungsansprüche gehabt,[1248] da diese ohne eine Beschaffenheitsvereinbarung überhaupt nicht zur Entstehung hätten kommen können. Dass das LG Freiburg hierbei zugunsten des Auktionshauses sogar die Klausel in den Versteigerungsbedingungen bemüht, wonach die Katalogangaben „nach bestem Wissen und Gewissen“ gemacht seien, muss für den düpierten Käufer wie Hohn geklungen haben. Was das Gericht insoweit nicht beachtet, ist die Tatsache, dass das Auktionshaus keineswegs „gezwungen“ war, das streitgegenständliche Blatt zum Zwecke der „Identifizierung“ als „Lithografie“ zu bezeichnen.[1249] Die Verwendung eines solchen Fachbegriffes suggeriert nämlich dem „unvoreingenommenen Kunden“ (den das Gericht bei Auslegung der Katalogangaben bemüht), dass sich hier der Beschreibende konkrete Gedanken zu dem Werk gemacht hat. Das Auktionshaus hätte vielmehr auch einen weiter gefassten Gattungsbegriff wie z. B. „Druckgrafik“ wählen können.[1250] Da es dies aber nicht getan hat, wäre es nur folgerichtig gewesen, das Auktionshaus an seiner Wortwahl festzuhalten.[1251]

Auch das vom LG Freiburg bemühte „Preisargument“, wonach ein Sachverständigengutachten unwirtschaftlich gewesen wäre und die Bezeichnung „Lithografie“ schon deshalb nur als unverbindliche „Wissenserklärung“ verstanden werden dürfe, verfängt nicht. Zum einen ist ein kostspieliges Sachverständigengutachten zur korrekten Beschreibung der verwendeten Technik überhaupt nur in den wenigsten Fällen notwendig. Einen Druck von einem Ölgemälde zu unterscheiden, sollte z. B. in der Regel auch dem unbedarftesten Laien gelingen.[1252] Zum anderen existiert auch kein allgemeiner Grundsatz, wonach die kaufrechtliche Mängelgewährleistung für Sachen im Wert von weniger als 350,– Euro suspendiert wäre. Ganz im Gegenteil betrifft insbesondere der große Bereich des Verbrauchsgüterkaufs im Allgemei-

1248 Ansonsten würden diese auch bei einem vereinbarten Haftungsausschluss im Falle der Arglist gemäß § 444 BGB wieder durchsetzbar sein.

1249 *Beckmann*, KUR 2013, 57 (60) weist ebenfalls zutreffend darauf hin, dass es ein Auktionshaus „selbst in der Hand“ habe, die Katalogbeschreibungen zu formulieren und z. B. durch klarstellende Hinzufügungen für notwendige Relativierungen zu sorgen. Das Risiko unzutreffender Katalogangaben sei „beherrschbar, und zwar vom Auktionator, weswegen es billig ist, ihn dieses Risiko tragen zu lassen“; *Beckmann*, KUR 2013, 57 (61).

1250 So auch *Braunschmidt*, NJW 2013, 734 (737).

1251 Noch plastischer ist der von *Jayme* sowie *Mangoldt* (oben Fn. 1245) beschriebene Fall, in dem ein Druck als Ölgemälde beschrieben wurde, das AG Ulm jedoch genauso wie nun die Freiburger Gerichte entschied.

1252 Vgl. *Jayme*, in: FS Kaissis, 431 f.

nen Produkte, die weit weniger wertvoll sind. Zu Recht würde bei einem Kaufhaus niemand auf die Idee kommen, bei einem Großteil der Ware die kaufrechtliche Mängelgewährleistung nicht anzuwenden, weil es für das Kaufhaus unwirtschaftlich sei, die Produkte auf Mängel zu überprüfen. Durch die gesetzgeberische Entscheidung für verschuldens*unabhängige* Mängelgewährleistungsansprüche (die Ansprüche nach § 437 Nr. 1 und 2 BGB) ist vielmehr in Kauf genommen worden, dass ein Verkäufer für die Vertragsgemäßheit der Kaufsache haftet und diese Haftung unter Umständen nicht ohne Weiteres vermeiden kann. Das „Preisargument" des LG Freiburg hätte lediglich im Rahmen der Prüfung eines Schadensersatzanspruchs (z. B. nach § 437 Nr. 3, 280 Abs. 1 BGB) Bedeutung erlangen können.[1253] Da hier ein *Verschulden* des Verkäufers vorausgesetzt wird, hätte man argumentieren können, dass ein teures Sachverständigengutachten (z. B. zur Echtheit des Blatts) aufgrund des geringen Schätzpreises nicht angezeigt war.[1254] Die Nichteinholung eines Gutachtens wäre dann keine Sorgfaltswidrigkeit des Verkäufers gewesen, sodass er die Pflichtverletzung in Form der Lieferung einer mangelhaften Sache (jedenfalls unter dem Aspekt, kein Sachverständigengutachten eingeholt zu haben) nicht zu vertreten gehabt hätte.[1255]

Im Übrigen wäre bei Verneinung einer Beschaffenheitsvereinbarung im Sinne des § 434 Abs. 1 S. 1 BGB durch das Gericht noch daran zu denken gewesen, in den Katalogangaben „öffentliche Angaben" des Verkäufers[1256] zur Kaufsache zu sehen, welche aufgrund des Tatbestands des § 434 Abs. 1 S. 3 BGB[1257] ebenfalls Sachmängel begründen können. Wäre man im Ergebnis zu der richtigen Einschätzung gekommen, dass es sich für eine vertragsgerechte Kaufsache sehr wohl um eine Lithografie hätte handeln müssen, so wäre noch die interessante Frage zu klären gewesen, ob der Haftungsausschluss für Mängel sich auch auf die Lieferung eines *aliud* erstreckt hätte, da die

1253 In diesem Sinne wohl auch *Braunschmidt*, NJW 2013, 734 (737), der für den besprochenen Fall davon ausgeht, dass die verschuldens*unabhängige* Haftung ohnehin wirksam in den AGB abbedungen war.

1254 Vgl. auch *Garbers-von Boehm*, GRUR-Prax 2013, 507 (509).

1255 Der Fall liegt anders, wenn es sich um ein teures Werk handelt und sich zudem Zweifel an dessen Echtheit geradezu aufdrängen; vgl. LG Köln, Urteil vom 28.09.2012 – 2 O 457/08, BeckRS 2012, 03803, Rn. 67 ff.

1256 Auch wenn „Verkäufer" aufgrund der Stellvertretung der Einlieferer war, so wäre ihm die Aussage des Auktionshauses einerseits nach § 164 Abs. 1 BGB als eigene zuzurechnen gewesen, andererseits haftet der Verkäufer nach § 434 Abs. 1 S. 3 BGB auch für Äußerungen seiner „Gehilfen".

1257 Dazu später ausführlich unter E.III.1.b)(bb), S. 288.

Aliudlieferung inzwischen gemäß § 434 Abs. 3 1. Fall BGB einem Sachmangel gleichgestellt ist.[1258]

(bb) OLG Köln v. 27.03.2012 – „Provenienz Kahnweiler"

Zweifelhaft ist auch ein Urteil des OLG Köln[1259], welches in den Katalogbeschreibungen des Auktionshauses keine Grundlage für Beschaffenheitsvereinbarungen im Sinne von § 434 Abs. 1 S. 1 BGB sehen will. In dem konkreten Fall ging es um eine bestimmte, in der Katalogbeschreibung angegebene Provenienz, über die es später zum Streit kam.[1260] Hätte sich das OLG Köln bei seinen Ausführungen auf diesen speziellen Sachverhalt (d. h. eine undeutliche Angabe der *Provenienz* als Sachmangel) beschränkt, so müsste die Kritik an dem Urteil nicht so deutlich ausfallen. Das OLG Köln will aber offenbar *grundsätzlich* für *alle* Katalogangaben bei Kunstauktionen (für Internetauktionen soll – ohne Begründung – etwas anderes gelten) eine Beschaffenheitsvereinbarung im Sinne von § 434 Abs. 1 S. 1 BGB verneinen.[1261] Erstaunlich ist an dem Urteil, wie das OLG Köln zunächst die Unterschiede

1258 Im Ergebnis ist wohl davon auszugehen, dass jedenfalls ein pauschaler Gewährleistungsausschluss nicht durchgreift, wenn eine andere Sache als angeboten geliefert wird. Anderenfalls wäre der Käufer bis zur Grenze der Arglist schutzlos. Zu diesem Ergebnis kann man kommen, indem man den Haftungsausschluss entsprechend einschränkend auslegt; AG Aachen, NJW-RR 2005, 1143; *Jayme*, in: FS Kaissis, 433 f., 437; *Mangold*, Verbraucherschutz, 245 f. Für aus rechtsvergleichende Sicht interessante Bemerkungen zum italienischen Recht vgl. *Farneti*, Bulletin Kunst & Recht 1/2012, 25 (25 f.).

1259 OLG Köln, Urteil vom 27.03.2012 - 9 U 141/11, BeckRS 2012, 09298. Kritisch zu diesem Urteil auch *Beckmann*, KUR 2013, 57 ff.

1260 In der Katalogbeschreibung war das Gemälde laut der Urteilsbegründung unter anderem mit folgender Beschreibung angeboten worden: „Provenienz: Daniel-H. Kahnweiler, Paris; Gustav Kahnweiler, Buckinghamshire; ehemals Privatsammlung Schweiz; deutsche Privatsammlung." Über die Richtigkeit dieser Angaben und dabei insbesondere die Zugehörigkeit des Werks zur Sammlung von Daniel-Henry Kahnweiler kam es zum Streit zwischen den Parteien, da die Beklagte diese im Nachhinein nicht mehr als gesichert ansah und daher ihren Kauf rückgängig machen wollte (so der verkürzte Sachverhalt). Daniel-Henry Kahnweiler war Anfang des 20. Jahrhunderts einer der bedeutendsten Galeristen in Paris. Die Möglichkeit, die Herkunft des Werks sicher auf seine Sammlung zurückführen zu können, würde in höchstem Maße für die Echtheit desselben streiten. Die Bedeutung eines solchen Nachweises kann in einem durch den Skandal um die vermeintliche „Sammlung Jägers" („Fall Beltracci") erschütterten Kunstmarkt gar nicht überschätzt werden (so auch *Beckmann*, KUR 2013, 57 (60)).

1261 OLG Köln, Urteil vom 27.03.2012 - 9 U 141/11, BeckRS 2012, 09298, II. 2. b). Vgl. auch *Beckmann*, KUR 2013, 57 (58). Dem konkreten Urteil lag allerdings die Konstellation eines gewerblichen Ersteigerers zugrunde, worauf *Braunschmidt*, NJW 2013, 734 (737)

zwischen Beschaffenheitsvereinbarung im neuen Kaufrecht und Zusicherung nach altem Recht betont, um dann geschmeidig beide gleichzusetzen: „Eine stillschweigende Eigenschaftszusicherung oder [*Sic*!] Beschaffenheitsvereinbarung liegt nur vor, wenn aus der Sicht des Empfängers derartige Erklärungen hinreichend deutlich erkennen lassen, dass der Verkäufer eine über die normale Haftung hinausgehende besondere Gewähr zu übernehmen und für ihr Vorhandensein einzustehen bereit ist."[1262] Abgesehen davon, dass hierdurch nach den Terminologien des neuen Schuldrechts auch Garantie und Beschaffenheitsvereinbarung gleichgesetzt werden,[1263] stellt sich zudem die Frage, was dann nach Auffassung des OLG Köln die „normale Haftung" sein soll, über welche die Haftung für „Beschaffenheitsvereinbarungen" hinaus geht. Nach dem neuen Kaufrecht ist eine Beschaffenheitsvereinbarung konzeptionell die „normale Haftung". Letztlich ebnet das Urteil alle Differenzierungen zwischen Beschreibungen, die Sachmängel begründen können, völlig ein. Die grundsätzliche Ablehnung einer Beschaffenheitsvereinbarung für Katalogbeschreibungen führt außerdem[1264] dazu, dass nicht einmal im Falle der Arglist des Verkäufers (vgl. § 444 BGB) eine Berufung auf die Mängelrechte möglich wäre, weil solche – ohne Beschaffenheitsvereinbarung – ja gar nicht entstehen können.

Richtigerweise ist daher davon auszugehen, dass – im Gegensatz zu den vom LG Freiburg und vom OLG Köln vertretenen Ansichten – die Angaben zum Kaufgegenstand auch im Kunstmarkt (und dort insbesondere solche in Verkaufs- und Auktionskatalogen) grundsätzlich als Beschaffenheitsvereinbarungen Teil der geschuldeten Beschaffenheit der Kaufsache werden können, sofern sie nicht ausdrücklich relativiert worden sind und sich dadurch im Einzelfall durch Auslegung ergibt, dass der Käufer keinen Anlass hatte, sich auf sie zu verlassen.[1265]

---

hinweist. Fraglich bleibt, inwieweit das OLG Köln insoweit tatsächlich zwischen den Sachverhalten (Verbrauchsgüterkauf/gewerblicher Kauf) unterscheiden wollte.

1262 OLG Köln, Urteil vom 27.03.2012 - 9 U 141/11, BeckRS 2012, 09298, II. 2. b); unter Verweis auf das Urteil BGH, NJW 1980, 1619, welches zur Eigenschafts*zusicherung* ergangen war. Zu diesem Fehler des Gerichts ebenso *Beckmann*, KUR 2013, 57 (58).

1263 Zu diesem Fehler des OLG Köln auch *Beckmann*, KUR 2013, 57 (58), *Braunschmidt*, NJW 2013, 734 (737).

1264 Wie im bereits dargestellten Fall des LG Freiburg.

1265 Zu letzterem auch *Beckmann*, KUR 2013, 57 (59 f.). Insbesondere gilt das für Angaben zur Provenienz. Vgl. insoweit auch die Literatur in Fn. 1235.

(2) Die Auflagenlimitierung als vereinbarte Beschaffenheit im Sinne des § 434 Abs. 1 S. 1 BGB

Die Auflagenlimitierung hat eine ausgesprochen hohe Bedeutung für die Wertschätzung eines Werks der zeitgenössischen Fotokunst.[1266] Dieser hohen Bedeutung trägt die Tatsache Rechnung, dass Angaben zur Auflage normalerweise zum Kanon der in einer Angebotsbeschreibung (z. B. in einem Auktionskatalog oder einem Verkaufsprospekt der Galerie) aufgezählten Werkeigenschaften zählen.[1267] Der Käufer wird daher in aller Regel mit den Angaben zur Auflage konfrontiert, gerade weil sie ihm für die Kaufentscheidung und dabei insbesondere für die Preisfindung wichtig sind. Die Nennung der Auflagenhöhe sowie ihre Bedeutung für die Kaufentscheidung lassen den Schluss zu, dass diese Auflagenangaben zur vereinbarten Beschaffenheit eines Werks der zeitgenössischen Fotokunst im Sinne des § 434 Abs. 1 S. 1 BGB zu zählen sind.[1268]

Ein Gegenbeispiel zu den Überlegungen in Bezug auf Angaben zur Auflagenhöhe bilden Angaben zum Werktitel. Auch der Werktitel ist regelmäßig Teil der beim Verkauf einer Fotografie dem interessierten Kunden mitgeteilten Informationen. Auch er könnte daher Gegenstand der vereinbarten Beschaffenheit im Sinne des § 434 Abs. 1 S. 1 BGB werden. Die Auslegung der Parteierklärungen wird jedoch im Regelfall zu dem Ergebnis kommen, dass es nach dem Willen beider Parteien keinen Mangel darstellen soll, wenn es sich beim verkauften Werk nicht um (zugespitzt formuliert) „Untitled III“ sondern „Untitled IV“ handelt, solange das Werk geliefert wird, welches sich der Käufer ausgesucht hatte.

Abzugrenzen von einer Beschaffenheitsvereinbarung ist noch die Möglichkeit, in der Nennung der Limitierung eine bloße „Wissensmitteilung“[1269] des Verkäufers zu sehen. Die Limitierungsangabe ist regelmäßig auf dem Werk selbst oder einem das Werk begleitenden Zertifikat vom Künstler aufgebracht. Der Galerist übernimmt normalerweise diese Zahl in seine Angebotsbeschreibung. Man könnte daher vertreten, dass hiermit gerade keine Beschaffenheit vereinbart, sondern nur eine (von einem Dritten übernom-

1266 Vgl. oben bei B.I.2.b), S. 53.

1267 Vgl. zum Beispiel die Empfehlungen „Describing a photograph“ bei *AIPAD* (Hrsg.), Collecting Photographs, 24 f.

1268 So *Braunfels*, Haftung, 34 f.; *Goepfert*, Haftungsprobleme, 95 f.; *Großgerge*, Verkäuferhaftung, 94 f.; *Schack*, Kunst und Recht, Rn. 379, 385; *G. Schulze*, in: Ebling/Schulze, 4. Teil Rn. 13; im Ergebnis auch *Reis*, Bulletin Kunst & Recht 1/2011, 48 (50).

1269 Teilweise auch „Wissenserklärung“; vgl. BGH, NJW 2008, 1517 (1518); OLG Düsseldorf, NJW-RR 2009, 398; *Saenger*, in: HK BGB, § 434 Rn. 8. Vgl. auch *Braunschmidt*, Versteigerungsbedingungen, 86.

mene) Information wiedergegeben wurde, deren Unrichtigkeit jedoch keine kaufrechtliche Mängelgewährleistung begründen soll.[1270] Insoweit ist jedoch zu differenzieren: Ein Verkäufer produziert seine Produkte in den wenigsten Fällen selbst und übernimmt daher zwangsläufig den Großteil seiner Aussagen über ein Produkt den Herstellerangaben. Würde man alle diese weitergegebenen Informationen als bloße Wissensmitteilungen qualifizieren, so gäbe es vermutlich praktisch keinen Anwendungsbereich mehr für die Beschaffenheitsvereinbarung des § 434 Abs. 1 S. 1 BGB, was der gesetzgeberischen Intention der Beschaffenheitsvereinbarung als Regelfall des § 434 Abs. 1 S. 1 BGB offensichtlich zuwiderlaufen würde. Wissensmitteilungen sind daher die Ausnahme und müssen vom Verkäufer als solche kenntlich gemacht werden.[1271] Schließlich wird auch die Urheberschaft eines Werks regelmäßig aus der Signatur des Kunstwerks übernommen werden. Nicht einmal mehr für die Urheberschaft zu haften, würde die kaufrechtliche Mängelgewährleistung im Bereich des Kunstmarkts jedoch *ad absurdum* führen. Eine Wissensmitteilung kann daher in diesem Bereich nur dann vorliegen, wenn der Verkäufer Formulierungen wählt wie „Auflage laut Echtheitszertifikat" oder (für den Fall der Urheberschaft): „mit Signatur [Name]" bzw. „signiert [Name]". Nur durch derartige Formulierungen wird deutlich, dass es sich um die bloße Weitergabe einer Information handelt.[1272] Es steht dann in der Entscheidung des Käufers, ob er sich auf ein „Spekulationsgeschäft"[1273] einlassen möchte oder vom Käufer eine ausdrückliche Bestätigung der Auflagenhöhe verlangt. Im Regelfall ist daher die Auflagenhöhe eine vereinbarte Beschaffenheit des Kaufobjekts im Sinne des § 434 Abs. 1 S. 1 BGB.

Dass die Limitierungsangabe zur vereinbarten Beschaffenheit zu zählen ist, gilt zumindest für die Angaben zur Höhe der Auflage (also den Nenner des „Auflagenbruchs"). Die Situation stellt sich bei der Nummer des Abzugs (dem Zähler des „Auflagenbruchs") anders dar. Zwar ist auch die Nummer des Abzugs Gegenstand der normalerweise kommunizierten Auflagenbezeichnung. Der Tatsache, ob es sich um den Abzug „5/6" oder „6/6" handelt, wird im Bereich der Fotografie (anders als bei der Grafik) aber im Regelfall keine besondere Bedeutung zugemessen.[1274] Man wird daher aus Sicht eines objektiven Empfängers wohl meistens auch nicht davon ausgehen können, dass sie Bestandteil der kaufvertraglichen Beschaffenheitsvereinbarung

1270 *Saenger*, in: HK BGB, § 434 Rn. 8.

1271 Daher wohl falsch LG Freiburg, Urteil vom 15.12.2011, Az. 3 S 238/11, BeckRS 2012, 03803.

1272 So auch *Braunschmidt*, Versteigerungsbedingungen, 86.

1273 Vgl. insoweit *Schack*, Kunst und Recht, Rn. 388.

1274 Hierzu oben bei A.II., S. 22.

werden soll. Jedoch kann bei Hinzutreten besonderer Umstände (z. B. einer bestimmten, bekannten Provenienz des konkreten Abzugs[1275]) auch die Abzugszahl zu der vereinbarten Beschaffenheit gezählt werden. Hierbei handelt es sich um eine einzelfallabhängige Betrachtung, die ein subjektiver Fehlerbegriff, wie ihn § 434 Abs. 1 S. 1 BGB statuiert, notwendig mit sich bringt.

Grundsätzlich gilt demnach, dass ein Auseinanderfallen der Angabe der Auflagenhöhe und der tatsächlichen Anzahl der existierenden Werkstücke bei zeitgenössischer Fotografie einen Sachmangel im Sinne des § 434 Abs. 1 S. 1 BGB begründen kann.

(3) Die Unterschreitung der Auflage als Sachmangel?

Streng zu unterscheiden ist bei der Prüfung des Vorliegens eines Sachmangels zwischen dem Fall einer *über*schrittenen Auflage und dem einer *unter*schrittenen Auflage.[1276] Die Überschreitung der Auflage verstößt gegen den eigentlich Sinn der Auflage, stellt eine negative Abweichung der Ist- von der Sollbeschaffenheit dar und kann daher einen Sachmangel begründen. Die *Unter*schreitung der Auflage verstößt gerade nicht gegen den Zweck, der mit einer Auflagen*begrenzung* verfolgt wird. Eine festgelegte Auflagenhöhe ist keineswegs eine *Unter*grenze, sondern nach dem natürlichen wie dem branchenspezifischen Verständnis[1277] stets nur eine *Ober*grenze. Dasselbe Ergebnis folgt aus einem Blick auf die wirtschaftlichen Interessen des Käufers eines Auflagenwerks: Geht man davon aus, dass eine höhere Auflage im Regelfall einen niedrigeren Preis für das einzelne Werkexemplar mit sich bringt, so macht derjenige, der ein Werk aus einer niedriger als angegebenen Auflage erwirbt, ein gutes Geschäft. Letztlich handelt es sich um eine positive Abweichung von der vereinbarten Beschaffenheit, die für den

1275 Zur falschen Provenienzangabe als Sachmangel vgl. *Locher*, Recht des bildenden Künstlers, 129 f.; *Mangold*, Verbraucherschutz, 165; *Berger*, KUR 2003, 137 (138). Die entsprechende Provenienz soll den Wert eines Kunstwerks um bis zu 30 % steigern können; *Heuer*, NJW 2008, 689 (694). Der Provenienz wohl eher eine geringe Bedeutung zuerkennend OLG Köln, Urteil vom 27.03.2012 - 9 U 141/11, BeckRS 2012, 09298, II. 2. b). Dazu auch oben bei E.III.1.a)(1)(bb), S. 277.

1276 Zu kurz greift die Gleichstellung der Fälle bei *Reis*, Bulletin Kunst & Recht 1/2011, 48 (49).

1277 Vgl. insofern auch die Feststellungen zur Praxis des Nichtausschöpfens von Auflagen oben B.II.1, S. 78.

Käufer keinen Mangelanspruch begründen kann.[1278] Auch[1279] im Bereich des Gewährleistungsrechts ist daher eine nicht ausgeschöpfte Auflage als unproblematisch zu betrachten.

(4) Die Auslegung der Limitierungsangabe als Voraussetzung für die Feststellung des Vorliegens eines Sachmangels

Dass eine überschrittene Auflage bei künstlerischen Werken in seriellen Medien einen Sachmangel darstellen kann, wurde auch schon von anderen Autoren gesehen.[1280] Dabei wurde jedoch bislang noch nicht ausreichend Rücksicht auf Probleme genommen, die sich in der Praxis aufgrund unterschiedlicher Handhabungen von Auflagenlimitierungen ergeben können.

Ebenso wie die Auflagenangabe als Grundlage eines Limitierungsvertrags zwischen Künstler und Sammler der Auslegung bedarf,[1281] so muss auch der Inhalt einer Angabe zur Höhe der Limitierung beim Verkauf, welche als Beschaffenheitsvereinbarung Gegenstand des Kaufvertrags geworden ist, gegebenenfalls durch Auslegung ermittelt werden.[1282]

Hierbei kann auf Überlegungen, die bereits im Rahmen der Auslegung des Limitierungsversprechens des Künstlers angestellt wurden,[1283] *mutatis mutandis* zurückgegriffen werden.

(5) Die Auflagenlimitierung als Voraussetzung einer im Rahmen von § 434 Abs. 1 S. 1 BGB geschuldeten Originaleigenschaft

Im Rahmen dieser Arbeit wird vertreten, dass eine wirksame Auflagenbegrenzung für die (urheberrechtliche) Originaleigenschaft von Fotografien obligatorisch ist.[1284] Folgt man dieser Ansicht, so könnte die Verletzung der

1278 *Berger*, in: Jauernig BGB, § 434 Rn. 9.

1279 Dasselbe Ergebnis im Hinblick bereits oben bei C.II.10.a), S. 156, sowie D.II.2.c)(4), S.201.

1280 Zuerst findet sich der Gedanke bei *Heinbuch*, NJW 1984, 15 (20). Siehe aber auch *G. Schulze*, in: Ebling/Schulze, 4. Teil Rn. 13; *Ohly*, in: Urhebervertragsrecht, 450; *Goepfert*, Haftungsprobleme, 95 f.; *Hamann*, Originalbegriff, 196; *Mangold*, Verbraucherschutz, 164; *Maaßen*, in: Wandtke/Ohst, Kapitel 5 Rn. 394; *Schack*, Kunst und Recht, Rn. 385; *Berger*, KUR 2003, 137 (138).

1281 Dazu bereits ausführlich oben D.II.2.c), S. 188.

1282 Dabei gelten die gleichen Grundsätze zur Auslegung von Willenserklärungen wie oben bei D.II.1.b), S. 182, zur Limitierungsangabe dargestellt wurden.

1283 Grundlegend und im Einzelnen dazu oben D.II.2.c), S. 188.

1284 Oben C.II.9.d), S. 150.

Auflagenlimitierung auch dann zu einem Sachmangel führen, wenn zur vereinbarten Beschaffenheit im Sinne des § 434 Abs. 1 S. 1 BGB nicht ausdrücklich die Limitierung, wohl aber die *Originaleigenschaft* des Kunstwerks gehört hat.

Wird im Kunsthandel ein „Original" („Originalfotografie") angeboten, so ist der Originalcharakter des Werks als vereinbarte Beschaffenheit im Sinne des § 434 Abs. 1 S. 1 BGB anzuerkennen. Das Fehlen von Eigenschaften, die an ein Original gestellt werden, würde dann zu einem Sachmangel führen.[1285] Fraglich ist jedoch, was in diesem Zusammenhang unter einem „Original" verstanden werden darf. Die Probleme und die umfangreichen Diskussionen um den Originalbegriff wurden oben bereits dargestellt.[1286] Besteht zwischen Käufer und Verkäufer Uneinigkeit, was die Bedeutung des Begriffs „Original" anbelangt (insbesondere im Hinblick darauf, ob ein Original eine strenge Auflagenlimitierung voraussetzt), so muss im Rahmen der Auslegung darauf abgestellt werden, was ein objektiver Empfänger nach Treu und Glauben unter einem Original verstehen durfte.[1287] Der in der vorliegenden Arbeit vorgeschlagene[1288] Originalbegriff hat seinen Ursprung in dem durch die EU-Folgerechtsrichtlinie beeinflussten Urheberrecht. Es besteht zwar kein zwingender Grund, ihn auch bei der Auslegung von kaufrechtlichen Erklärungen zugrunde zu legen. Vielleicht bestehen sogar Bedenken, den Funktionsbegriff eines Rechtsgebiets in den Bereich der Auslegung von menschlichen Willenserklärungen in einem anderen Rechtsgebiet zu „transplantieren".[1289] Angesichts dessen, dass dem Originalbegriff des Urheberrechts eine umfangreiche Diskussion (insbesondere unter Berücksichtigung der Verkehrsanschauungen) vorausgegangen ist, stellt aber der urheberrechtliche Originalbegriff zumindest eine gut begründete Ausgangslage auch für den Originalbegriff im Rahmen der kaufrechtlichen Mängelgewährleistung dar. Wie bereits in Kapitel 2[1290] soll daher auch hier dafür geworben werden, in Ermangelung eines „besseren" Originalbegriffs, den urheberrechtlichen Originalbegriff im Rahmen der Auslegung von Parteierklärungen auch im Kaufrecht heranzuziehen.[1291]

1285 *Heinbuch*, NJW 1984, 15 (20); *Heinbuch*, in: International Sales, 204 f.; *Goepfert*, Haftungsprobleme, 57 ff.; *Hamann*, Originalbegriff, 200 ff.; *Schack*, Kunst und Recht, Rn. 385.

1286 C.II.8, S. 133.

1287 Vgl. auch *Heinbuch*, NJW 1984, 15 (19).

1288 Oben C.II.9, S. 138.

1289 So *Heinbuch*, NJW 1984, 15 (19).

1290 C.I, S. 102.

1291 So auch schon *Hamann*, Originalbegriff, 200 ff.

Legt man den in dieser Arbeit vorgeschlagenen Originalbegriff zugrunde, so liegt beim Verkauf einer als „Original“ bezeichneten, zeitgenössischen Fotografie ein Sachmangel vor, wenn die Limitierung überschritten wurde beziehungsweise die Limitierungsangabe falsch ist. Im Detail kann insoweit auf die Überlegungen oben zur Auflagenlimitierung als vereinbarter Beschaffenheit verwiesen werden.[1292]

b) Die weiteren Mängelbegriffe des § 434 Abs. 1 S. 2 und S. 3 BGB

Für die Fälle, in denen keine Beschaffenheitsvereinbarung im Sinne des § 434 Abs. 1 S. 1 BGB festzustellen ist, nennen § 434 Abs. 1 S. 2 und S. 3 BGB verschiedene weitere Anknüpfungspunkte, um die geschuldete Beschaffenheit der Kaufsache und einen gegebenenfalls daraus folgenden Sachmangel feststellen zu können.

(1) Fehlende Eignung zur vertraglich vorausgesetzten Verwendung sowie zur gewöhnlichen Verwendung (§ 434 Abs. 1 S. 2 Nr. 1 und 2 BGB)

§ 434 Abs. 1 S. 2 Nr. 1 BGB verweist zunächst auf den beim Vertragsschluss (konkludent) von den Parteien zugrunde gelegten Verwendungszweck der Kaufsache, um deren Vertragsgerechtigkeit zu ermitteln. Für diesen Verwendungszweck muss die Kaufsache grundsätzlich geeignet sein, damit ihr kein Sachmangel anhaftet.

Lässt sich kein entsprechender Verwendungszweck aus den Parteivereinbarungen entnehmen bzw. liegt diesbezüglich keine (auch keine konkludente) Einigung der Parteien vor, so verweist § 434 Abs. 1 S. 2 Nr. 2 BGB auf die gewöhnliche Beschaffenheit, die von der konkreten Kaufsache aufgrund ihrer Zugehörigkeit zu einer entsprechend gebildeten Vergleichsgruppe erwartet werden kann. Insoweit gilt beispielweise, dass ein Fahrzeug, welches als Verkehrsmittel erworben wird, zumindest fahrtüchtig und verkehrssicher zu sein hat.[1293]

Beide Tatbestandsalternativen von § 434 Abs. 1 S. 2 BGB begegnen in ihrer Anwendung auf den Bereich des Kunstmarkts gewissen Schwierigkeiten.[1294] Der Begriff der „vertraglich vorausgesetzten Verwendung“ im Sinne

1292 Oben E.III.1.a)(2) – (4), S. 279 ff.

1293 Vgl. BGH, NJW 2008, 53 (43).

1294 Dazu ausführlich *Mangold*, Verbraucherschutz, 170 ff. sowie *Wrede*, Kopien, 226 ff.

von § 434 Abs. 1 S. 2 Nr. 1 BGB ist im Bereich des Kunsthandels schwierig auszufüllen, da sich der unmittelbare „Verwendungszweck" eines Kunstwerks häufig in dessen „Besitz" erschöpft.[1295] Für die Angaben zur Auflagenlimitierung kann zudem nicht davon ausgegangen werden, dass es irgendeine Form von „gewöhnlicher" oder „zu erwartender" Auflagenhöhe gibt. Dies wiederum bedeutet grundsätzlich, dass eine ausdrückliche (d. h. konkrete) Aussage des Verkäufers zur Auflagenhöhe vorliegen muss, welche dann auch schon unter § 434 Abs. 1 S. 1 BGB fällt. Allerdings kann über den Verweis von § 434 Abs. 1 S. 3 auf S. 2 Nr. 2 BGB die Eignung zur gewöhnlichen Verwendung im Sinne von § 434 Abs. 1 S. 2 Nr. 2 BGB doch noch eine gewisse Bedeutung erlangen.[1296]

Im Übrigen wird im Hinblick auf die „gewöhnliche Verwendung" im Bereich des Kunstkaufs vorgeschlagen,[1297] dass man zumindest die „Ausstellungsfähigkeit" und damit die „Echtheit" des Werks als eine Art Mindestbeschaffenheit im Sinne von § 434 Abs. 1 S. 2 Nr. 2 BGB wird unterstellen können, die der Käufer „erwarten" darf. Dies soll jedenfalls dann gelten, wenn der Schätz- bzw. Verkaufspreis nicht wesentlich unter demjenigen für ein echtes Werk des Künstlers angesiedelt war und es sich somit nicht um einen reinen „Spekulationskauf"[1298] handelte.[1299]

In aller Regel werden die Tatbestandsalternativen von § 434 Abs. 1 S. 2 BGB allerdings keine wesentliche, eigenständige Bedeutung haben, da zumeist wenigstens eine (konkludente) Beschaffenheitsvereinbarung im Sinne des § 434 Abs. 1 S. 1 BGB zu bejahen sein wird.[1300] Ob ein Rückgriff auf § 434 Abs. 1 S. 2 Nr. 1 und 2 BGB möglich bzw. nötig ist, hängt daher insbesondere vom Einzelfall ab.

1295 *Mangold*, Verbraucherschutz, 177 f.; *Wrede*, Kopien, 226 ff.

1296 Dazu sogleich ausführlich unter E.III.1.b)(bb), S. 288.

1297 *Mangold*, Verbraucherschutz, 176, 177 f.; anders *Wrede*, Kopien, 229, der die Norm bei Kunstwerken schlicht für unanwendbar hält.

1298 Hierunter ist ein Angebot zu verstehen, bei dem aufgrund eines außergewöhnlich niedrigen Preises Zweifel (zum Beispiel an der Authentizität des Werks) offensichtlich eingepreist sind und der Käufer sich auf dieses Risiko bewusst in der Hoffnung einlässt, das Werk können sich doch noch als werthaltig erweisen.

1299 *Mangold*, Verbraucherschutz, 177 f.

1300 Vgl. *Westermann*, in: MüKo BGB, § 434 Rn. 72; *Mangold*, Verbraucherschutz, 172 f., 177 f.; *Schack*, Kunst und Recht, Rn. 383.

(2) Öffentliche Äußerungen des Verkäufers oder Herstellers (§ 434 Abs. 1 S. 3 i. V. m. § 434 Abs. 1 S. 2 Nr. 2 BGB)

Der Verweis auf die zu erwartende Beschaffenheit im Sinne des § 434 Abs. 1 S. 2 Nr. 2 BGB wird ergänzt durch S. 3, wonach auch „öffentliche Äußerungen“ des Verkäufers, Herstellers oder seines Gehilfen zur geschuldeten, da vom Käufer zu erwartenden, Beschaffenheit gezählt werden können. Anders liegt der Fall nur, wenn diese Äußerungen dem Verkäufer nicht bekannt waren und auch nicht bekannt sein mussten, sie in „gleichwertiger Weise“ korrigiert wurden oder die Kaufentscheidung gar nicht beeinflussen konnten; § 434 Abs. 1 S. 3 a. E. BGB.

Die Norm betrifft in erster Linie Äußerungen des Herstellers, da Äußerungen des Verkäufers praktisch immer zu Beschaffenheitsvereinbarungen im Sinne von § 434 Abs. 1 S. 1 BGB werden.[1301] Dies gilt selbstverständlich auch abseits des Kunstmarkts.[1302] Als Teil der nachrangigen Tatbestände des § 434 Abs. 1 BGB, kann § 434 Abs. 1 S. 3 i. V. m. § 434 Abs. 1 S. 2 Nr. 2 BGB nämlich nur zur Anwendung kommen, wenn nicht schon eine entsprechende Beschaffenheitsvereinbarung nach § 434 Abs. 1 S. 1 BGB bzw. § 434 Abs. 1 S. 2 Nr.1 BGB vorliegt. Ist diese Voraussetzung jedoch erfüllt, so hat § 434 Abs. 1 S. 3 BGB im Bereich des Kunstmarkts durchaus eine gewisse Bedeutung.[1303]

(aa) Limitierungsangaben auf Kunstwerken als „öffentliche Äußerungen“ des „Herstellers“ im Sinne von § 434 Abs. 1 S. 3 BGB, für die der Verkäufer haftet

„Hersteller“ des Kunstwerks ist (zumindest auch) der Künstler.[1304] Eine „öffentliche Äußerung“ durch ihn könnte in der auf dem Kunstwerk angebrachten Signatur, aber insbesondere auch in einer auf dem Kunstwerk angebrachten Limitierungsangabe gesehen werden.[1305] Der Begriff der „öffentlichen Äußerung“ hat – wie das Gesetz selbst sagt – Verlautbarungen im Rahmen der (Hersteller-)Werbung für ein Produkt bzw. die Kennzeichnung

1301 *Mangold*, Verbraucherschutz, 179.

1302 Vgl. z. B. *Faust*, in: BeckOK BGB, § 434 Rn. 75.

1303 Anders *Mangold*, Verbraucherschutz, 179 f.

1304 § 434 Abs. 1 S. 3 verweist insoweit auf § 4 ProdHaftG; vgl. auch *Reinicke/Tiedtke*, Kaufrecht, Rn. 331.

1305 Vgl. *Schack*, Kunst und Recht, Rn. 379.

eines Produkts (z. B. auf der Verpackung) vor Augen.[1306] Da die Anwendung des Tatbestands jedoch nicht auf Werbeaussagen beschränkt ist, fallen letztlich alle Äußerungen der aufgezählten Quellen darunter, die sich an einen nicht konkret bestimmten Personenkreis richten[1307] und sich auf die Beschaffenheit der Kaufsache beziehen. Oben konnte bereits gezeigt werden, dass die Limitierung (und dabei insbesondere die Auflagenhöhe) zur Beschaffenheit eines Auflagenwerks gezählt werden kann.[1308] Fraglich ist jedoch, ob die vom Künstler angebrachte Auflagenbezeichnung tatsächlich als „öffentliche Äußerung" zu qualifizieren ist. Notwendig wäre hierfür, dass sich die Auflagenbezeichnung auch an unbeteiligte Dritte und damit nicht nur den Käufer bzw. eine fest umrissene Käufergruppe (wie z. B. im Fall des Versands von Angeboten an Stammkunden) richtet.[1309] Der Käufer selbst muss jedoch nicht einmal Teil der Öffentlichkeit sein, an die sich die Äußerung ursprünglich gewendet hat (letztlich wird er dann in der Regel aber auch nicht durch die Äußerung beeinflusst worden sein können).[1310]

Eine auf der Vorderseite des Kunstwerks[1311] angebrachte Auflagenbezeichnung wird nach diesen Kriterien im Regelfall als „öffentliche Äußerung" zu werten sein, da sich ihr Inhalt – zumindest potenziell – an einen nicht vorher abgegrenzten Personenkreis richtet (man denke z. B. an die Vielzahl der möglichen Betrachter im Rahmen einer öffentlichen Ausstellung). Befindet sich eine Auflagenangabe auf einem Zertifikat oder auf der Rückseite des Werks und ist sie somit gerade nur einem sehr begrenzten Kreis zugänglich, so kann man zu einer anderen Einschätzung kommen.

In diesem Fall ist dann aber daran zu denken, ob sich nicht doch im Ausstellungskontext der Fotografie ein Auflagenhinweis findet. Je nachdem, von wem dieser stammt (von einem ausstellenden Museum oder von der den Künstler vertretenden Galerie), würde es sich auch hierbei wieder um eine Äußerung handeln, die dem Hersteller gegebenenfalls zuzurechnen ist und die damit als „öffentliche Äußerung" im Sinne von § 434 Abs. 1 S. 3 BGB, für die der Verkäufer haftet, in Frage kommt.

Wesentlich unproblematischer liegt eine solche „Äußerung" vor, wenn die Fotografie bzw. das konkrete Motiv beispielsweise auf der Internetseite der den Künstler vertretenden Galerie (z. B. im Rahmen einer repräsentati-

1306 *Berger*, in: Jauernig BGB, § 434 Rn. 15; *Reinicke/Tiedtke*, Kaufrecht, Rn. 332 f.

1307 *Faust*, in: BeckOK BGB, § 434 Rn. 81; *Westermann*, in: MüKo BGB, § 434 Rn. 28.

1308 E.III.1.a)(2), S. 279.

1309 Vgl. *Matusche-Beckmann (2013)*, in: Staudinger, § 434 Rn. 99.

1310 *Faust*, in: BeckOK BGB, § 434 Rn. 82; *Matusche-Beckmann (2013)*, in: Staudinger, § 434 Rn. 100; anders *Weiler*, WM 2002, 1784 (1786 f.).

1311 Beispielsweise auf dem Passepartout.

ven Auswahl) gezeigt wird und dort mit einer Auflagenbezeichnung versehen ist. Diese Auflagenbezeichnung muss sich z. B. ein Auktionator, der ein Exemplar aus dieser Auflage verkauft und dem diese Äußerung bekannt war oder bekannt sein musste, zurechnen lassen, wenn er nicht ausdrücklich darauf hingewiesen hat, dass diese Angabe unrichtig ist bzw. dass er für sie keine Gewährleistung übernehmen kann.[1312] Denn auch wenn der Begriff des „Gehilfen“ des Herstellers in § 434 Abs. 1 S. 3 BGB eventuell zu weit geraten ist, so kann doch kein Zweifel daran bestehen, dass die den Künstler exklusiv vertretende Galerie als solch ein in den Vertriebsprozess des „Herstellers“ integrierter „Gehilfe“ anzusehen sein wird.[1313] Gleichsam wird es dann Teil der Sorgfaltspflichten eines Verkäufers, vor einem Verkauf die Äußerungen dieser Repräsentanten zur Kenntnis zu nehmen und sich gegebenenfalls von ihnen zu distanzieren.

Die somit durch § 434 Abs. 1 S. 3 i. V. m. § 434 Abs. 1 S. 2 Nr. 3 BGB begründete, weitgehende Haftung kann sich Bedenken ausgesetzt sehen, ist jedoch letztlich aufgrund der eindeutigen Gesetzeslage nur noch durch den Verkäufer mithilfe von speziell darauf abzielenden Gewährleistungsausschlüssen zu begegnen.

(bb) Beschreibungen in Katalogangaben als „öffentliche Äußerungen“ des Verkäufers, für die er im Sinne von § 434 Abs. 1 S. 3 BGB haftet

Neben den Angaben des Herstellers bezieht § 434 Abs. 1 S. 3 i. V. m. § 434 Abs. 1 S. 2 Nr. 2 BGB auch Angaben *des Verkäufers* in seinen Anwendungsbereich mit ein, obwohl diese in aller Regel bereits Beschaffenheitsvereinbarungen im Sinne von § 434 Abs. 1 S. 1 BGB sind. Aufgrund des Vorrangs der individuellen Beschaffenheitsvereinbarung im Sinne des § 434 Abs. 1 S. 1 BGB vor den Tatbeständen des § 434 Abs. 1 S. 2 und 3 BGB, ist die Bedeutung von § 434 Abs. 1 S. 3 BGB im Verhältnis des Verkäufers zum Käufer daher eher als gering einzuschätzen.[1314] Etwas anderes gilt aber, wenn man mit Teilen der Literatur und Rechtsprechung die Auffassung teilen möchte, dass

1312 Eine Berichtigung muss für eine allgemeine Wirkung nur grundsätzlich in gleichwertiger Weise (d. h. insbesondere öffentlich) erfolgen, um die Wirkung des § 434 Abs. 1 S. 3 BGB aufzuheben. Ein individueller Hinweis an den konkreten Käufer genügt aber natürlich auch. Insbesondere, weil hierdurch ausgeschlossen wird, dass die falsche Information Einfluss auf seine Kaufentscheidung gehabt haben kann. Vgl. dazu *Faust*, in: BeckOK BGB, § 434 Rn. 86 sowie die Gesetzesbegründung in BT-Drucks. 14/6040, 215.

1313 Vgl. *Westermann*, in: MüKo BGB, § 434 Rn. 32.

1314 *Faust*, in: BeckOK BGB, § 434 Rn. 75.

insbesondere Katalogangaben im Bereich des Kunsthandels grundsätzlich nicht als Grundlage für eine Beschaffenheitsvereinbarung im Sinne des § 434 Abs. 1 S. 1 BGB anzuerkennen sind.[1315] Vertreter dieser Ansicht müssten in den entsprechenden Fällen stets § 434 Abs. 1 S. 3 BGB prüfen, dessen Voraussetzungen in aller Regel vorliegen werden.[1316]

Insbesondere Aussagen, die ein Auktionator in seinen Auktionskatalogen macht, sind dazu geeignet, von § 434 Abs. 1 S. 3 BGB erfasst zu werden.[1317] Hierbei handelt es sich um Äußerungen des Verkäufers, die als „öffentlich" einzustufen sind, da einerseits der Katalog normalerweise jedem Nachfrager (wenn auch in der Regel gegen eine Schutzgebühr) zugeschickt wird. Andererseits stellen heute aber auch eine ganze Reihe von Auktionshäusern ihre Kataloge bzw. die Lose ins Internet, wodurch an der „Öffentlichkeit" einer sie begleitenden Beschreibung kein Zweifel mehr bestehen kann.[1318] Richtigerweise sind daher Angaben in Auktionskatalogen „öffentliche Äußerungen" des Verkäufers, die nach § 434 Abs. 1 S. 3 i. V. m. § 434 Abs. 1 S. 2 Nr. 2 BGB Teil der Beschaffenheit werden, die der Käufer erwarten darf.[1319] Die gegenteilige Ansicht des OLG Köln[1320] erschöpft sich letztlich in der bloßen Behauptung, solche Angaben seien nicht geeignet, eine entsprechende Käufererwartung hervorzurufen. Allein die Zahl der Gerichtsprozesse,[1321] die falsche Katalogangaben zum Gegenstand haben, zeigen jedoch, dass bei einer Reihe von Käufern durch die Katalogangaben im Gegensatz zur Ansicht des OLG Köln solche Erwartungen in der Tat hervorgerufen werden. Die pauschale Einordnung von Auktionen als gewissermaßen „hochspekulative Risikokäufe" wie sie das Gericht offenbar verfolgt, ist im Ergebnis mit der Realität nicht zu vereinbaren.[1322]

Zumindest missverständlich ist die Aussage, dass es durch den Aufruf des Werks in der Auktion und der damit meistens einhergehenden, mündlichen Kurzbeschreibung (wohl eher Anpreisung) zu einer „Überlagerung"

1315 Exemplarisch und mit weiteren Nachweisen die Beispiele oben bei E.III.1.a)(1), S. 272.

1316 Anders OLG Köln, Urteil vom 27.03.2012 - 9 U 141/11, BeckRS 2012, 09298, II. 2. b).

1317 *Kemle*, in: FS Siehr, 407. Dasselbe gilt aber natürlich auch für Verkaufskataloge oder Verkaufsangebote im Internet von Galerien und anderen Kunsthändlern.

1318 *Kemle*, in: FS Siehr, 407; vgl. auch *Höffmann*, ZGS 2011, 299 (300).

1319 *Berger*, in: Jauernig BGB, § 434 Rn. 15 sowie *Kemle*, in: FS Siehr, 407. In dem Verfahren vor dem LG Mannheim, auf das sich *Kemle* bezieht, konnte die Frage letztlich ungeklärt bleiben.

1320 OLG Köln, Urteil vom 27.03.2012 – 9 U 141/11, BeckRS 2012, 09298, II. 2. b).

1321 Hierfür exemplarisch die unter E.III.1.a)(1), S. 272, besprochenen Urteile.

1322 Im Übrigen tragen nicht einmal die vom OLG Köln zitierten Fundstellen dessen Rechtsauffassung. Insbesondere geht *Westermann*, in: MüKo BGB, § 434 Rn. 72 für die Frage einer falschen Provenienzangabe (im Gegensatz zum OLG Köln) davon aus, dass diese einen Sachmangel darstellen kann.

der Katalogangaben komme und diese allein schon deswegen unbedeutend würden.[1323] Vielmehr können eine Beschaffenheitsvereinbarung nach § 434 Abs. 1 S. 1 BGB und eine zu erwartende Beschaffenheit im Sinne von § 434 Abs. 1 S. 3 i. V. m. § 434 Abs. 1 S. 2 Nr. 2 BGB durchaus nebeneinander bestehen,[1324] solange sie sich nicht widersprechen. Nur im Falle eines Widerspruchs (das heißt, wenn durch eine Beschaffenheitsvereinbarung etwas anderes bestimmt ist) gilt die Subsidiarität der Sätze 2 und 3 gegenüber § 434 Abs. 1 S. 1 BGB.[1325] Es kann also eine Beschaffenheitsvereinbarung im Sinne von § 434 Abs. 1 S. 1 BGB bestehen, die jedoch insoweit durch § 434 Abs. 1 S. 3 i. V. m. § 434 Abs. 1 S. 2 Nr. 2 BGB ergänzt wird, als die Beschaffenheitsvereinbarung ohne einen erkennbaren, entsprechenden Willen der Parteien hinter den dort gemachten Aussagen zurückbleibt. So wäre es etwa in dem Fall, dass beim Aufruf des Werks nur noch Urheber und Titel oder – wie häufig – nur die Losnummer genannt werden, aber nichts mehr über die Limitierung gesagt wird. War sie zuvor Teil der Angebotsbeschreibung oder der Katalogangaben, so ist sie nun dennoch Teil der geschuldeten Beschaffenheit geworden, solange nicht etwas Gegenteiliges vereinbart wurde.

Freilich werden auch Katalogangaben im Regelfall schon Bestandteil einer vereinbarten Beschaffenheit im Sinne von § 434 Abs. 1 S. 1 BGB, wenn der Käufer auf ein solcherart gemachtes Angebot eingeht. Kann eine entsprechende Beschaffenheitsvereinbarung aber nicht bewiesen werden, so kann sich der Käufer in einem Prozess dennoch auf die öffentlichen Äußerungen des Verkäufers berufen. Aufgrund der in § 434 Abs. 1 S. 3 BGB statuierten Beweislastumkehr, muss dann der Verkäufer darlegen, dass die in § 434 Abs. 1 S. 3 a. E. BGB genannten Ausschlusstatbestände (wie eine entsprechende Berichtigung der Äußerung oder ihre fehlende Kausalität für die Kaufentscheidung) vorliegen.[1326]

1323 So aber *Mangold*, Verbraucherschutz, 179.

1324 *Westermann*, in: MüKo BGB, § 434 Rn. 6; *Reinicke/Tiedtke*, Kaufrecht, Rn. 324 f. Vgl. auch BGH, NJW 2008, 53 (54), wo der Bundesgerichtshof auf § 434 Abs. 1 S. 2 BGB zurückgreift, da in Bezug auf den Punkt „Unfallfreiheit" keine Beschaffenheitsvereinbarung vorlag (sehr wohl aber zu anderen Beschaffenheiten).

1325 Im Detail *Reinicke/Tiedtke*, Kaufrecht, Rn. 324 f.

1326 Vgl. *Faust*, in: BeckOK BGB, § 434 Rn. 118; *Westermann*, in: MüKo BGB, § 434 Rn. 33, 54; *Weidenkaff*, in: Palandt, § 434 Rn. 25, 33.

c) Zeitpunkt für das Vorliegen des Sachmangels

Damit ein Sachmangel Gewährleistungsansprüche des Käufers auslösen kann, muss er laut § 434 Abs. 1 S. 1 BGB im Zeitpunkt des Gefahrübergangs vorliegen. Der Zeitpunkt des Gefahrübergangs bestimmt sich nach §§ 446, 447 BGB, wobei im Falle eines Verbrauchsgüterkaufs[1327] § 447 Abs. 1 gemäß § 474 Abs. 4 BGB modifiziert wird und § 447 Abs. 2 BGB gemäß § 474 Abs. 5 S. 2 BGB nicht anwendbar ist.[1328]

Im Regelfall des § 446 BGB geht die Gefahr des zufälligen Untergangs der Kaufsache mit der Übergabe, d. h. der tatsächlichen Besitzverschaffung (§ 854 BGB)[1329] auf den Käufer über. Im Falle eines Versendungskaufs wäre laut § 447 BGB auf den Zeitpunkt der Übergabe z. B. an den Kunstspediteur, der das Werk zum Käufer transportiert, abzustellen. Laut § 434 Abs. 1 S. 1 BGB müsste ein Sachmangel in diesem Zeitpunkt vorliegen, um Mängelansprüche auslösen zu können.

Die Tatsache, dass ein Sachmangel bereits bei Gefahrübergang vorliegen muss, ist insbesondere für die potenziell streitigen Sachverhalte im Bereich der Auflagenlimitierungen problematisch.

Unproblematisch ist lediglich der Fall, dass ein z. B. als „2/7“ gekennzeichnetes und angebotenes Werk bereits im Moment des Verkaufs schon mehr als siebenmal abgezogen worden war.[1330] Auf dem Primärmarkt könnte in einem solch krassen Fall von Täuschung des Käufers sogar ein strafrechtlich relevanter Betrug (§ 263 StGB) vorliegen. Dieser Fall wird in der Praxis aber eher eine Ausnahmeerscheinung sein. Dem gegenüber könnte aber – wenn die Angaben zunächst korrekt waren – theoretisch bereits in der Sekunde nach dem Gefahrübergang die Auflage bewusst erhöht werden, ohne dass dies Gewährleistungsrechte auslösen würde, da für die Gewährleistung allein der Moment des Gefahrübergangs von Bedeutung ist.[1331] Es zeigt sich an dieser Stelle, dass die gesetzliche Mängelgewährleistung des Kaufrechts nicht in der Lage ist, das Vertrauen des Sammlers in die *Dauerhaftigkeit* des Limitierungsversprechens angemessen zu schützen.[1332]

1327 Zur Frage, wann ein Verbrauchsgüterkauf im Kunsthandel vorliegen kann, vgl. *Mangold*, Verbraucherschutz, 113 ff.; *Wrede*, Kopien, 256 ff.

1328 Zu (missglückten) Neuregelung des § 474 BGB ausführlich *Faust*, in: BeckOK BGB, § 474 Rn. 46 ff.

1329 *Westermann*, in: MüKo BGB, § 446 Rn. 7.

1330 Vgl. auch *Goepfert*, Haftungsprobleme, 96.

1331 *Heinbuch*, NJW 1984, 15 (20).

1332 Insoweit erlangen der Limitierungsvertrag und die aus ihm fließenden Ansprüche ihre besondere Bedeutung. Dazu ausführlich oben D.IV, S. 223.

Die Situation stellt sich auf dem Sekundärmarkt faktisch etwas anders dar. Ein Auktionator oder Kunsthändler, der eine einzelne Fotografie aus einer limitierten Auflage weiterverkauft, muss im Regelfall davon ausgehen, dass die Angaben zur Limitierung, die er dem Werk selbst oder z. B. einem Werkverzeichnis entnimmt, ihre Richtigkeit haben. Ist diese Angabe falsch, so wird regelmäßig kein Täuschungsvorsatz, sondern höchstens eine Sorgfaltspflichtverletzung des Verkäufers vorliegen. Betrachtet man die vom Verkäufer mitgeteilte Auflagenhöhe als vereinbarte Beschaffenheit im Sinne des § 434 Abs. 1 S. 1 BGB, so haftet der Verkäufer im Rahmen der kaufrechtlichen Gewährleistung, wenn sich die Angabe als im Zeitpunkt des Gefahrübergangs falsch herausstellt. Allerdings ist der Käufer natürlich auch hier nicht davor geschützt, dass es *nach* Gefahrübergang zu einer (weiteren) Erhöhung der Auflage kommt.

Letztlich kommt es für die Ansprüche aus Sachmängelgewährleistung darauf an, dass die Limitierungsangabe im Moment des Gefahrübergangs falsch ist. Dieselbe Fotografie kann daher bei einem früheren Verkauf im Hinblick auf die Auflagenangabe mangelfrei gewesen sein und beim nächsten Verkauf (aufgrund einer zwischenzeitlichen Erhöhung der Auflage) mit einem Gewährleistungsrechte auslösenden Mangel behaftet sein.

d) Zwischenergebnis

Die Höhe der Auflage eines Werks der zeitgenössischen Fotokunst ist Teil dessen Beschaffenheit und damit Vereinbarungen über diese Beschaffenheit im Sinne von § 434 Abs. 1 S. 1 BGB zugänglich. Da die Auflage zu den wesentlichen wertbildenden Faktoren eines Werks der Fotokunst gehört, werden im Rahmen eines Verkaufs in aller Regel auch Angaben zur Auflage gemacht. Insofern diese nicht ausdrücklich relativiert worden sind, werden sie zumindest konkludent Teil der vereinbarten Beschaffenheit der Kaufsache im Sinne von § 434 Abs. 1 S. 1 BGB, sodass der Verkäufer für die Richtigkeit dieser Angaben im Rahmen der kaufrechtlichen Gewährleistung haftet. Als Willenserklärungen sind Angaben zur Auflagenhöhe der Auslegung zugänglich und bei Meinungsverschiedenheiten der Parteien sogar der Auslegung bedürftig. Besondere Rücksicht ist bei Auslegung der Parteierklärungen darauf zu nehmen, wie speziell bzw. konkret die Angaben zur Auflage im Einzelfall gemacht wurden. Probleme können unterschiedliche Standpunkte zur Auflagendefinition (motivbezogene, formatbezogene, ausstattungsbezogene Limitierungen) sowie die Herstellung von Artist's Prints bereiten. Beschränken sich die Angaben zur Auflage auf die Angabe der

Werknummer und der Gesamtauflagenhöhe (regelmäßig als Bruch wie z. B. „3/4" ausgedrückt), so darf der Käufer diese Angabe als motivbezogene Limitierung verstehen, muss aber auch eine begrenzte Zahl von Artist's Prints außerhalb der Auflage in Kauf nehmen.[1333]

Ein Rückgriff auf die zusätzlichen Tatbestände des § 434 Abs. 1 S. 2 BGB ist in den meisten Fällen nicht nötig. Denkbar ist es jedoch, öffentliche Äußerungen im Sinne des § 434 Abs. 1 S. 3 BGB wie z. B. auf Internetseiten der Galerie oder in Auktionskatalogen als Teil der geschuldeten Beschaffenheit aufzufassen. Dieser Rückgriff kann insbesondere dann interessant sein, wenn Zweifel über eine wirksame Beschaffenheitsvereinbarungen im Sinne des § 434 Abs. 1 S. 1 BGB bestehen oder die Äußerungen nicht vom Verkäufer selbst stammen, er aber nach § 434 Abs. 1 S. 3 BGB dennoch für sie haften muss.

Liegt im Zeitpunkt des Gefahrübergangs eine negative Abweichung der tatsächlichen von der angegebenen Auflage vor (das heißt, wurde die Auflage *über*schritten), so handelt es sich um einen Sachmangel im Sinne des § 434 Abs. 1 S. 1 BGB, der die kaufrechtlichen Gewährleistungsansprüche (Nacherfüllung, Minderung, Rücktritt, Schadensersatz) auslöst.

Aus Sicht des Käufers ist die Beschränkung der Sachmängelhaftung auf Mängel, die im Zeitpunkt des Gefahrübergangs vorliegen, insbesondere im Hinblick auf die Auflagenlimitierung unbefriedigend. Das Kaufrecht gewährt ihm einen Anspruch nur in dem Fall, dass die Auflagenangabe schon im Zeitpunkt des Verkaufs unrichtig war und schützt damit gerade nicht das Vertrauen des Käufers in die Dauerhaftigkeit des Limitierungsversprechens.

2. Rechtsfolgen bei Vorliegen eines Sachmangels in Form einer falschen Auflagenbezeichnung

Liegt ein Sachmangel im Sinne des § 434 Abs. 1 S. 1 BGB bei Gefahrübergang vor, so stehen dem Käufer grundsätzlich die Gewährleistungsansprüche des § 437 BGB zu, deren Rechtsfolgen an dieser Stelle kurz dargestellt werden sollen.

1333 Zur ausführlichen Begründung dieses Ergebnisses oben in D.II.2.c)(3)(cc), S. 196.

a) Der Anspruch auf Nacherfüllung gemäß §§ 437 Nr. 1, 439 BGB

§ 437 Nr. 1 BGB sieht im Falle einer mangelhaften Kaufsache als Behelf des Käufers zunächst den Nacherfüllungsanspruch vor, welcher in § 439 BGB konkretisiert wird. Nach § 439 Abs. 1 BGB hat der Käufer ein Wahlrecht, entweder die Nachbesserung seines Kaufgegenstands oder die Neulieferung einer mangelfreien Sache zu verlangen. Nach*besserung* bedeutet, dass der Käufer die mangelhafte Sache behält und der Verkäufer Maßnahmen ergreift, um diese Sache in einen vertragsgemäßen Zustand zu versetzen.[1334] Nach*lieferung* heißt, dass der Verkäufer die mangelhafte Sache zurücknimmt und dem Käufer eine neue, vertragsgemäße Kaufsache verschafft.[1335] Der Nacherfüllungsanspruch setzt voraus, dass Nachbesserung bzw. Nachlieferung überhaupt möglich sind. Die Nachlieferung scheidet daher z. B. dann aus, wenn die Kaufsache ein Unikat ist.[1336]

(1) Nach*lieferung* im Sinne von § 439 Abs. 1 2. Fall BGB

Ob eine Nach*lieferung* bei dem im Kunsthandel üblichen Stückkauf überhaupt möglich ist, ist umstritten.[1337] Kunstkäufe – auch die von seriellen Werken – sind regelmäßig Stückkäufe,[1338] das bedeutet, im Unterschied zum Gattungskauf (vgl. § 243 Abs. 1 BGB) ist der Kaufgegenstand eindeutig individualisiert und der Kaufvertrag beschränkt sich inhaltlich auf das konkret ausgewählte Objekt. Letztlich muss aber weder die grundsätzliche Frage über die Möglichkeit einer Nachlieferung beim Stückkauf,[1339] noch die Frage, ob es im Kunsthandel auch Gattungskäufe geben kann, an dieser Stelle beantwortet werden. Die Nachlieferung scheidet im vorliegenden Fall schon deshalb aus, weil sie den Mangel einer unrichtigen Auflagenbezeichnung schlicht nicht heilen kann. Eine Auflagenverletzung wirkt sich auf alle Werkstücke einer Auflage aus, sodass – selbst wenn man eine Austauschbarkeit der einzelnen Werkstücke annehmen würde – jedenfalls kein anderes mangelfreies Werkstück existieren würde.[1340] Eine Mangelbeseiti-

---

1334 *Berger*, in: Jauernig BGB, § 439 Rn. 8; *Westermann*, in: MüKo BGB, § 439 Rn. 6.

1335 *Berger*, in: Jauernig BGB, § 439 Rn. 9; *Looschelders*, Schuldrecht BT, Rn. 89.

1336 Vgl. *Weidenkaff*, in: Palandt, § 439 Rn. 15; *Müller-Katzenburg*, NJW 2006, 553 (555).

1337 Vgl. zum Streit *Mangold*, Verbraucherschutz, 193 ff.; *Reinicke/Tiedtke*, Kaufrecht, Rn. 420 ff.

1338 Hierzu sowie zu denkbaren Ausnahmen *Mangold*, Verbraucherschutz, 184, 196. Vgl. auch *Berger*, KUR 2003, 137 (138); *Wertenbruch*, NJW 2004, 1977 (1978).

1339 Hierzu z. B. *Westermann*, in: MüKo BGB, § 439 Rn. 11 m. w. N. zur Diskussion.

1340 *Heinbuch*, NJW 1984, 15 (20); *Schack*, Kunst und Recht, Rn. 385.

gung durch Nachlieferung ist damit im Sinne von § 275 Abs. 1 BGB (objektiv) unmöglich, weshalb ein darauf gerichteter Anspruch des Sammlers nicht besteht.

(2) Nach*besserung* im Sinne von § 439 Abs. 1 1. Fall BGB

Ziel der Nachbesserung ist ganz allgemein die Herstellung eines vertragsgemäßen Zustands der Kaufsache,[1341] was regelmäßig durch eine Reparatur erreicht wird. Für den Fall der Mangelhaftigkeit aufgrund einer überschrittenen Auflagenlimitierung muss man sich von der Vorstellung lösen, eine Nachbesserung sei nur durch eine (manuelle) Reparatur der Kaufsache möglich.[1342] So könnte auch durch die Rückführung der Auflagenhöhe auf die vereinbarte Zahl (z. B. durch Vernichtung der zusätzlichen Exemplare) die Herstellung des vertragsgemäßen Zustands und damit eine Nachbesserung vorgenommen werden. Ob eine derartige Nachbesserung in der Praxis tatsächlich möglich ist, kann abschließend nur anhand des Einzelfalls beurteilt werden. Zwei Grundfälle können jedoch abstrakt unterschieden werden: Zum einen die Nachbesserung für den Fall, dass das Werkstück durch einen Kunstmarktintermediär (Galerist, Auktionator, Kunsthändler) verkauft wurde. Zum anderen der Fall, dass der Künstler selbst Vertragspartner des Kaufvertrags ist (bei einem sogenannten „Atelierverkauf“).

(aa) Nachbesserung durch einen Kunstmarktintermediär

In der Praxis wird die Nachbesserung durch einen bloßen Verkäufer einer Fotografie aus einer limitierten Auflage regelmäßig daran scheitern, dass der Verkäufer überhaupt nicht die Möglichkeit zu Maßnahmen hat, die einen vertragsgemäßen Zustand der Kaufsache herstellen könnten. Einem Verkäufer, der nicht selbst der Künstler ist, fehlen einerseits zumeist die Mittel, um die Auflagenhöhe sicher zu überschauen. Dies kann beispielsweise daran liegen, dass der Künstler in verschiedenen Ländern mit unterschiedlichen Galerien zusammenarbeitet oder dass auch im Inland seine Werke von unterschiedlichen Verkäufern vertrieben werden. Andererseits ist der bloße Verkäufer im Regelfall nicht im Besitz der Negative bzw. der Dateien

1341 *Berger*, in: Jauernig BGB, § 439 Rn. 8; *Westermann*, in: MüKo BGB, § 439 Rn. 6; *Weidenkaff*, in: Palandt, § 437 Rn. 6.

1342 Wie z. B. im Falle eines Rechtsmangels; *Berger*, in: Jauernig BGB, § 439 Rn. 8.

und hat somit keine Herrschaft über den Produktionsvorgang. Ist nun eine höhere Auflage als angegeben in den Markt gebracht worden, so kann der einzelne Galerist weder den Verbleib aller Exemplare kennen, noch hat er die (rechtliche) Möglichkeit, auf die überzähligen Exemplare (z. B. zum Zwecke der Vernichtung[1343]) zuzugreifen. Dennoch kann im Einzelfall nicht ausgeschlossen werden, dass man bei einem Verkäufer, der z. B. ein bestimmtes Werk exklusiv verlegt,[1344] nicht doch von einer entsprechenden Möglichkeit zur Nachbesserung ausgehen kann.[1345]

Im Ergebnis wird die Nachbesserungspflicht des Verkäufers somit in vielen Fällen bereits gemäß § 275 Abs. 1 BGB unmöglich und damit ausgeschlossen sein. In den Fällen, in denen der Verkäufer vielleicht theoretisch die Möglichkeit hätte, überzählige Werkexemplare „einzusammeln" und zu vernichten, kann der Nachbesserungsanspruch aber immer noch daran scheitern, dass der Schuldner sich auf § 439 Abs. 3 bzw. § 275 Abs. 2 BGB beruft und vorträgt, dass die verlangten Maßnahmen unverhältnismäßige Kosten verursachen bzw. einen unverhältnismäßigen Aufwand erfordern würden.[1346]

Beim Verkauf auf dem Sekundärmarkt (z. B. durch ein Auktionshaus) ist aufgrund dessen, dass hier der Erstverkauf des Werks häufig zeitlich schon deutlich zurückliegt und der Auktionator auch regelmäßig keinerlei Kontakt zu den für die Auflagenlimitierung verantwortlichen Personen hat, praktisch immer von einer objektiven Unmöglichkeit der Nachbesserung im Sinne des § 275 Abs. 1 BGB auszugehen.

(bb) Nachbesserung durch den Künstler

Anders als beim Verkauf durch einen Dritten ist beim Verkauf durch den Künstler regelmäßig davon auszugehen, dass er die tatsächlichen Mittel zur Begrenzung der Auflage hat (z. B. durch entsprechende Anweisung an sein Fotolabor und die Herrschaft über das Negativ bzw. die Datei). Es kann weiterhin angenommen werden, dass er auch einen besseren Überblick über

1343 Hier stellt sich zudem die umstrittene Frage, ob eine andere Person als der Urheber (z. B. der Galerist) überhaupt Originale vernichten darf (selbst wenn diese Person der Eigentümer der Kunstwerke ist). Einer solchen Zerstörung des Originals könnte der Entstellungsschutz aus § 14 UrhG entgegenstehen. Vgl. hierzu *Schack*, Kunst und Recht, Rn. 179 ff.

1344 Vgl. auch *Heinbuch*, NJW 1984, 15 (20); *Heinbuch*, in: International Sales, 205.

1345 Zu deren konkretem Inhalt sogleich unten bei E.III.2.a)(2)(bb), S. 296.

1346 Vgl. zu diesen Einreden des Verkäufers im Einzelnen und m. w. N. *Reinicke/Tiedtke*, Kaufrecht, Rn. 442 ff. Für den Kunsthandel siehe auch *Berger*, KUR 2003, 137 (138).

den Verbleib der einzelnen Werkstücke hat oder sich zumindest einen solchen Überblick (z. B. durch Anforderung von Verkaufsaufzeichnungen seiner Galeristen) verschaffen kann. Grundsätzlich ist davon auszugehen, dass an den Künstler selbst höhere Ansprüche gestellt werden können als an einen beliebigen Verkäufer. Es liegt dann nahe, ihm auch eine Herstellung des vertragsgemäßen Zustands der Kaufsache *durch Nachbesserung* in einem weiteren Umfang zuzumuten als einem bloßen Mittelsmann.

Die Pflicht zur Nachbesserung wäre z. B. dann ohne Einschränkungen zu bejahen, wenn der Käufer eines Werks mit der Editionsangabe „1/2" am nächsten Tag in den Verkaufsräumen des Künstlers plötzlich zwei mit dem gekauften Werk identische Fotografien angeboten fände. Unter der Voraussetzung, dass die Limitierung bereits im Moment des Gefahrübergangs überschritten war,[1347] könnte der Käufer jetzt vom Künstler verlangen, dass zumindest eine der angebotenen Fotografien vernichtet würde.[1348]

Endgültig zu entscheiden ist die Frage nach der Pflicht zur Nachbesserung aber auch gegenüber dem Künstler nur unter Berücksichtigung der Umstände des Einzelfalls. Ferner stehen dem Künstler selbstverständlich auch die Einreden aus § 439 Abs. 3 bzw. § 275 Abs. 2 BGB zur Verfügung, mit denen er sich vor einer unverhältnismäßigen Inanspruchnahme durch den Käufer schützen kann. Bejaht man jedoch im Einzelfall die Möglichkeit einer Nachbesserung durch den Künstler, so ergibt sich im Zusammenspiel mit den Überlegungen zur konkludenten Garantie des Künstlers beim Atelierverkauf,[1349] dass in diesen Fällen der Künstler (d. h. der Verkäufer) auch für Erhöhungen der Auflage *nach* Gefahrübergang kaufrechtlich in Anspruch genommen werden kann und grundsätzlich zunächst die Rückführung der Auflage auf die ursprünglich mitgeteilte Anzahl schuldet. Dies ist ein Anspruch, der dem Rechtsschutzinteresse des Sammlers[1350] in vielen Fällen am stärksten entsprechen wird.

1347 Was im Übrigen im Falle eines Verbrauchsgüterkaufs gemäß § 476 BGB gesetzlich vermutet würde. Zum Verbrauchsgüterkauf im Kunsthandel vgl. *Mangold*, Verbraucherschutz, 113 ff.

1348 In diesem Fall könnte man noch überlegen, ob nicht einer der beiden angebotenen Abzüge als Artist's Print legitim sein könnte. In diesem Fall müsste er aber zum einen als solcher gekennzeichnet sein. Zum anderen würde die Tatsache, dass er unmittelbar am Markt angeboten wird, faktisch gegen seine Einordnung als legitimer Artist's Print sprechen. Vgl. zu letzter Überlegung auch oben C.II.10.e), S. 162, sowie D.II.2.c)(3)(cc), S. 196.

1349 E.V.2.b)(2), S. 320.

1350 Neben Ansprüchen aufgrund des in Kapitel 3 diskutierten Limitierungsvertrags (oben D.IV, S. 223).

(3) Zwischenergebnis

Im Ergebnis ist realistischer Weise davon auszugehen, dass der Nacherfüllungsanspruch der §§ 437 Nr. 1, 439 BGB wohl in der überwiegenden Anzahl der denkbaren Fälle einer überschrittenen Auflagenlimitierung ausgeschlossen sein wird. Eine Nachlieferung (§ 439 Abs. 1 2. Fall BGB) ist stets unmöglich und damit gemäß § 275 Abs. 1 BGB ausgeschlossen. Die Nachbesserung (§ 439 Abs. 1 1. Fall BGB) kommt unter bestimmten Bedingungen in Betracht. Jedoch wird auch sie – jedenfalls in den Fällen des Kaufs über einen Kunstmarktintermediär – regelmäßig daran scheitern, dass sie entweder unmöglich oder unter Berufung auf § 439 Abs. 3 bzw. § 275 Abs. 2 BGB unverhältnismäßig ist. In den selteneren Fällen eines Atelierverkaufs durch den Künstler ist die Möglichkeit eines Anspruchs auf Nachbesserung in Form einer Zurückführung der Auflage auf die ursprünglich vereinbarte Höhe eher denkbar. Allerdings kann sich natürlich auch der Künstler als Verkäufer bei Vorliegen der entsprechenden Voraussetzungen auf § 439 Abs. 3 bzw. § 275 Abs. 2 BGB berufen.

Häufig liegt daher im Fall von überschrittenen bzw. unrichtigen Auflagenangaben ein von Anfang an nicht behebbarer Mangel vor. Der Fall ist insoweit vergleichbar mit der Situation einer falschen Angabe zur Urheberschaft eines Kunstwerks.[1351] Auch dort ist der Nacherfüllungsanspruch von Anfang an wegen qualitativer Unmöglichkeit[1352] ausgeschlossen.[1353]

b) Rücktritt vom Kaufvertrag gemäß §§ 437 Nr. 2, 326 Abs. 5, 323, 346 BGB

Der Käufer kann nach erfolgloser Fristsetzung bzw. bei Unmöglichkeit der Nacherfüllung gemäß §§ 437 Nr. 2, 326 Abs. 5, 323, 346 BGB vom Kaufvertrag zurückzutreten. Bei Unmöglichkeit der Nacherfüllung ist die gemäß § 323 Abs. 1 BGB notwendige Fristsetzung wegen § 326 Abs. 5 BGB entbehrlich. Weiterhin darf es sich gemäß § 323 Abs. 5 S. 2 BGB bei dem Sachmangel nicht um eine unerhebliche Pflichtverletzung des Verkäufers handeln.[1354] Aufgrund der hohen Bedeutung einer korrekt eingehaltenen Limitierung

1351 Im Unterschied zum Verkauf einer Kopie als vermeintlichem Original; vgl. *Berger*, in: Jauernig BGB, § 439 Rn. 25.

1352 *Emmerich*, Leistungsstörungen, § 5 Rn. 29.

1353 Vgl. *Schack*, Kunst und Recht, Rn. 389, 382; *Wertenbruch*, NJW 2004, 1977 (1978); *Müller-Katzenburg*, NJW 2006, 553 (555).

1354 Zur Erheblichkeit von Mängeln bei Kunstwerken allgemein *Mangold*, Verbraucherschutz, 201 f. sowie *Müller-Katzenburg*, NJW 2006, 553 (555).

für die Werthaltigkeit eines Auflagenwerks ist davon auszugehen, dass eine falsche Auflagenbezeichnung *stets* einen nicht unerheblichen Mangel darstellt. Erklärt der Käufer den Rücktritt (§ 349 BGB), so wandelt sich der ursprüngliche Kaufvertrag in ein Rückgewährschuldverhältnis (vgl. § 346 BGB) um, welches beide Parteien verpflichtet, die empfangenen Leistungen zurückzugeben. Der Käufer könnte dann Zug-um-Zug (§ 348 i. V. m. §§ 320, 322 BGB) gegen Rückgabe des Auflagenwerks die Rückzahlung des von ihm geleisteten Kaufpreises verlangen. Diese Rechtsfolge allein wird jedoch in vielen Fällen nicht dem Rechtsschutzinteresse des Sammlers entsprechen, da er einerseits das Kunstwerk verliert, andererseits ein Zinsanspruch auf den Kaufpreis regelmäßig höchstens in Höhe des gesetzlichen Zinssatzes[1355] besteht (vgl. § 347 Abs. 1 S. 1 BGB) und dessen Durchsetzung mit erheblichen Schwierigkeiten verbunden sein kann.[1356] Außerdem verliert der Käufer beim Rücktritt (anders bei der Minderung) durch die vollständige Rückabwicklung einen Vorteil, den er aufgrund eines günstigen Geschäftsabschlusses erzielt hatte.[1357]

c) Minderung des Kaufpreises gemäß §§ 437 Nr. 2, 326 Abs. 5, 441 BGB

Laut §§ 437 Nr. 2, 441 BGB kann der Käufer „statt zurückzutreten" auch den gezahlten Kaufpreis mindern. „Statt zurücktreten" soll dabei ausdrücken, dass die Voraussetzungen für einen Rücktritt[1358] ebenso bei einer Minderung vorliegen müssen.[1359] Laut § 441 Abs. 1 S. 2 BGB ist eine Minderung jedoch auch bei unerheblichen Mängeln möglich. Im Falle einer unrichtigen Auflagenangabe könnte der Käufer daher verlangen, dass ihm entsprechend § 441 Abs. 3 S. 1, Abs. 4 BGB ein Teil des gezahlten Kaufpreises erstattet wird.[1360] Naturgemäß wird über die Höhe der Minderung zwischen den Parteien kaum Einigkeit zu erzielen sein. Bei Kunstwerken kommt zudem noch das Problem hinzu, dass es regelmäßig an objektiven Möglichkeiten einer Feststellung des durch den Mangel ausgelösten Minderwertes fehlt.[1361] Laut § 441 Abs. 3 S. 2 BGB kann der Minderwert daher auch unter Zugrundele-

1355 OLG Frankfurt a. M. NJOZ 2011, 878 (879).

1356 *Schmid/Stirnweiß*, NJOZ 2008, 4589 ff.

1357 Vgl. *Looschelders*, Schuldrecht BT, Rn. 118.

1358 Siehe oben E.III.2.b), S. 298.

1359 *Looschelders*, Schuldrecht BT, Rn. 117.

1360 Zu den Einzelheiten der Berechnung des Minderungsbetrages vgl. z. B. *Looschelders*, Schuldrecht BT, Rn. 118.

1361 *Mangold*, Verbraucherschutz, 202, 68 ff.

gung von Schätzungen ermittelt werden.[1362] Die Minderung hat für den Käufer den Vorteil, dass er die Kaufsache behalten kann, was insbesondere bei Kunstwerken sein ideelles Interesse an dem konkreten Werk schützt.

d) Schadensersatz

Im Gegensatz zu den verschuldens*unabhängigen* Ansprüchen auf Nacherfüllung, Rücktritt und Minderung setzen die im Rahmen der kaufrechtlichen Gewährleistung nach § 437 Nr. 3 BGB möglichen Schadensersatzansprüche zusätzlich ein Vertretenmüssen des Verkäufers oder eine Garantie in Bezug auf sein unbedingtes Einstehen für die Mangelfreiheit voraus.

(1) Schadensersatz statt der Leistung wegen Unmöglichkeit gemäß §§ 437 Nr. 3, 280 Abs. 1, 3, 283 BGB bzw. §§ 437 Nr. 3, 311a Abs. 2 BGB

Für den Schadensersatz statt der Leistung wegen Unmöglichkeit verweist § 437 Nr. 3 BGB auf zwei verschiedene Anspruchsgrundlagen.

(aa) Der Anspruch auf Schadensersatz nach §§ 437 Nr. 3, 311a Abs. 2 BGB

War die Auflagenangabe bereits im Zeitpunkt des *Vertragsschlusses* unrichtig und der Nacherfüllungsanspruch ebenfalls schon zu diesem Zeitpunkt unmöglich (z. B. weil die restliche, erhöhte Auflage schon verkauft war[1363]), so ist Anspruchsgrundlage für einen Schadensersatzanspruch statt der Leistung §§ 437 Nr. 3, 311a Abs. 2 BGB. Neben dem Vorliegen eines nicht behebbaren Mangels im Zeitpunkt des Vertragsschlusses ist entscheidend für diesen Anspruch, dass der Verkäufer den Mangel und seine Unbehebbarkeit im Zeitpunkt des Vertragsschlusses kannte bzw. fahrlässig nicht kannte (§ 311a Abs. 2 S. 2 BGB).

1362 Zum praktischen und prozessualen Vorgehen vgl. *Faust*, in: BeckOK BGB, § 441 Rn. 13; kritisch *Müller-Katzenburg*, NJW 2006, 553 (555). Vgl. auch die Ausführungen bei D.IV.3.f), S. 235.

1363 Vgl. insoweit die Überlegungen oben bei E.III.2.a), S. 294.

(i) Vertretenmüssen des Schuldners

Die Einstandspflicht des Schuldners richtet sich nach den §§ 276, 278 BGB. Für die hier diskutierten Fälle stellt sich dabei zum einen die Frage nach der Haftung des Schuldners für Dritte sowie zum anderen nach der Möglichkeit einer verschuldensunabhängigen Haftung aufgrund der Garantieübernahme.

[a] Haftung des Schuldners für Dritte (§ 278 BGB)

Dem Schuldner eines vertraglichen Schuldverhältnisses wird bei der Prüfung seiner Verantwortlichkeit die Kenntnis von Personen zugerechnet, derer er sich zur Erfüllung seiner Verbindlichkeit bedient (§ 278 S. 1 BGB). Statt „Verschulden“ ist daher besser von „Vertretenmüssen“ (so auch § 280 Abs. 1 S. 2 BGB) zu sprechen.[1364] Wusste der Verkäufer nicht, dass die von ihm mitgeteilte Limitierung unrichtig ist und hat er diese Unkenntnis auch nicht zu vertreten, so besteht kein Schadensersatzanspruch nach §§ 437 Nr. 3, 311a Abs. 2 BGB. Da die Formulierung in § 311a Abs. 2 S. 2 BGB („Dies gilt nicht, ...“) als Beweislastregel gelesen wird, spricht zunächst eine gesetzliche Vermutung für ein Vertretenmüssen des Verkäufers.[1365] Es liegt dann an ihm, nachzuweisen, dass er keine Kenntnis von der wahren Auflagenhöhe hatte und dass ihm diese Unkenntnis auch nicht als Fahrlässigkeit vorzuwerfen ist.

Bezüglich des Vertretenmüssens stellt sich die Frage, ob dem Verkäufer (z. B. einem Galeristen) die Kenntnis des Künstlers zugerechnet werden kann. Hierzu müsste der Künstler als „Erfüllungsgehilfe“ des Verkäufers tätig werden. Der Begriff des „Erfüllungsgehilfen“ erfasst nicht nur unselbständige Mitarbeiter des Verkäufers, sondern auch selbständige Personen wie z. B. Subunternehmer.[1366] Nicht vom Begriff des „Erfüllungsgehilfen“ erfasst wird jedoch normalerweise der Hersteller oder Lieferant, da die Herstellung der Kaufsache nicht zu den Pflichten des Verkäufers zählt und der Hersteller somit auch nicht im Pflichtenkreis des Verkäufers tätig wird.[1367] Das Tätigwerden im Pflichtenkreis des Schuldners ist jedoch gerade Voraussetzung für die vergleichsweise strenge Haftung („wie eigenes Verschul-

---

1364 *Looschelders*, Schuldrecht AT, Rn. 508.

1365 Vgl. *Unberath*, in: BeckOK BGB, § 280 Rn. 95 ff.

1366 *Grüneberg*, in: Palandt, § 278 Rn. 7; *Looschelders*, Schuldrecht AT, Rn. 502.

1367 *Unberath*, in: BeckOK BGB, § 278 Rn. 27; *Grüneberg*, in: Palandt, § 278 Rn. 13 *Looschelders*, Schuldrecht AT, Rn. 502.

den") des § 278 S. 1 BGB.[1368] Der Künstler ist als „Hersteller" somit regelmäßig kein Erfüllungsgehilfe des Verkäufers.

Im Übrigen wird davon auszugehen sein, dass bei einem entsprechend engen Verhältnis z. B. des den Künstler exklusiv vertretenden Galeristen zum Künstler, welches häufig auch einen Kontakt zum beauftragten Fotolabor bedingt, regelmäßig die eigene Kenntnis bzw. zumindest fahrlässige Unkenntnis des Verkäufers zu bejahen sein wird. Ein Rückgriff auf § 278 S. 1 BGB ist dann entbehrlich.

[b] Verschuldensunabhängige Haftung des Schuldners (§ 276 Abs. 1 S. 1 2. Halbsatz BGB)

Grundsätzlich erfordert ein Vertretenmüssen des Schuldners, dass die Pflichtverletzung zumindest fahrlässig verursacht wurde (§ 276 Abs. 1 S. 1 1. Halbsatz BGB). Der Schuldner soll im Normalfall nicht für Ereignisse haften, die außerhalb seines Einflussbereichs liegen und die er auch bei entsprechender Sorgfalt nicht vermeiden konnte. Anders ist es nur, wenn der Schuldner (z. B. durch Übernahme einer Garantie[1369]) vertraglich versprochen hat, „für einen bestimmten Erfolg bedingungslos einzustehen oder ein bestimmtes Schadensrisiko zu übernehmen."[1370] Teilweise kann bei der Klärung der Frage, ob eine solche Garantie vorliegt, auf die Rechtsprechung des Bundesgerichtshofs zur „Zusicherung" des alten Kaufrechts (§ 459 Abs. 2 BGB a. F.) zurückgegriffen werden. Der Bundesgerichtshof hat ausgeführt, dass mit der Garantie nach heutigem Recht „zumindest auch die Zusicherung einer Eigenschaft der Sache nach früherem Recht" gemeint sei[1371] und entspricht damit der insoweit herrschenden Auffassung.[1372]

Da sich der Inhalt einer Garantie stets aus den konkreten Erklärungen ergibt, kann jedoch z. B. von der Übernahme einer Haltbarkeitsgarantie (vgl. § 443 Abs. 2 BGB)[1373] noch nicht automatisch darauf geschlossen werden, dass auch für das Vertretenmüssen im Rahmen eines Anspruchs auf Schadensersatz aus § 437 Nr. 3 BGB verschuldensunabhängig gehaftet werden soll.[1374] Vielmehr bezieht sich eine Haltbarkeitsgarantie zunächst nur

---

1368 *Looschelders*, Schuldrecht AT, Rn. 502.

1369 Zu den Garantien sogleich ausführlich unter E.V, S.313.

1370 *Schellhammer*, SchuldR, Rn. 115.

1371 BGH, NJW 2007, 1346 (1348).

1372 *Gutzeit*, NJW 2007, 1350.

1373 Auch hierzu ausführlich unter E.V, S. 313.

1374 So auch *Faust*, in: BeckOK BGB, § 443 Rn. 47; zudem zu den verschiedenen Garantie-

darauf, dass auch für Mängel *nach Gefahrübergang* gehaftet werden soll – dies allerdings grundsätzlich nicht über den in der gesetzlichen Gewährleistung vorgesehenen Umfang hinaus.[1375] Letzteres bedeutet, dass auch bei einem Mangel, der nach Gefahrübergang eingetreten ist, verschuldens*unabhängig* nur auf Nacherfüllung, Rücktritt und Minderung, nicht aber Schadensersatz, gehaftet wird. Die besonders weitreichende Haftung auf Schadensersatz (man denke z. B. an die unter Umständen uferlose Belastung aufgrund eines Anspruchs auf Ersatz des entgangenen Gewinns) ist dann immer noch an die Voraussetzung geknüpft, dass der Schuldner den Mangel bzw. die Unmöglichkeit der Nacherfüllung fahrlässig oder vorsätzlich zu vertreten hat und er somit gerade nicht auch für Ereignisse außerhalb seines Einflussbereichs haftet. Im Rahmen der Auslegung ist daher darauf zu achten, ob lediglich eine Haltbarkeitsgarantie übernommen werden sollte oder eine umfassende Garantie übernommen wurde, die dann auch auf das Vertretenmüssen im Rahmen von § 276 Abs. 1 S. 1 bezogen werden könnte (Letzteres ist wohl zumindest dann der Fall, wenn eine Garantie ohne nähere Einschränkungen übernommen worden ist[1376]).

Der Wille des Verkäufers, für die Mangelhaftigkeit der Kaufsache verschuldensunabhängig einstehen zu wollen, darf aber im Hinblick auf die kaum zu überblickende Höhe von möglichen Schadensersatzforderungen nur *noch zurückhaltender* angenommen werden als z. B. die Übernahme einer reinen Haltbarkeitsgarantie. Insbesondere bei Ansprüchen gegen den bloßen Verkäufer[1377] ist daher davon auszugehen, dass im Grunde hierfür stets eine *ausdrückliche* Zusage vorliegen muss. Aber auch bei Ansprüchen gegen den Künstler selbst kann nicht automatisch auf eine entsprechende Garantie geschlossen werden, da eine Situation, in der er nicht zumindest fahrlässig für eine Erweiterung der Auflage verantwortlich ist, fast schon denklogisch ausgeschlossen ist und somit die Garantiehaftung nur extrem fern liegende, zufällige Fälle erfassen würde, für die eine Haftung auch unter Berücksichtigung von Treu und Glauben (§ 242 BGB) nicht erwartet werden kann.

Für einen Sammler mit entsprechender Marktmacht kann es aber interessant sein, insbesondere beim Kauf von einem Galeristen eine entspre-

begriffen ebenfalls *Faust*, in: BeckOK BGB, § 443 Rn. 9 ff. anders *Weidenkaff*, in: Palandt, § 443 Rn. 9.

1375 Vgl. *Faust*, in: BeckOK BGB, § 437 Rn. 77.

1376 *Faust*, in: BeckOK BGB, § 437 Rn. 77, § 443 Rn. 47, 52.

1377 Zur Differenzierung zwischen den unterschiedlichen Vertragspartnern für das Vorliegen von Garantieansprüchen vgl. E.V.2, S. 315.

chende, ausdrückliche Garantie in den Kaufvertrag aufzunehmen und so einen starken Anreiz für vertragliches Wohlverhalten zu schaffen.

(ii) Rechtsfolgen

Liegen die Voraussetzungen der §§ 437 Nr. 3, 311a Abs. 2 BGB vor, so hat der Käufer die Wahl zwischen sogenanntem „kleinem“ und „großem“ Schadensersatz.[1378] Dabei gilt durch den Verweis von § 311a Abs. 2 S. 2 BGB auf § 281 Abs. 1 S. 3 BGB für den Anspruch auf „großen“ Schadensersatz (Schadensersatz statt der *ganzen* Leistung), dass es sich ebenso wie beim Rücktritt nicht bloß um einen unerheblichen Mangel handeln darf.[1379]

Wählt der Gläubiger den „kleinen“ Schadensersatz, so behält er die Fotografie und verlangt als Schadensersatz den Minderwert des mangelhaften Kunstwerks im Vergleich zu einem mangelfreien Kunstwerk. Der Anspruch läuft damit in vielen Fällen auf denselben Betrag und die gleiche Situation wie die Minderung nach § 441 BGB hinaus.[1380] Jedoch umfasst der Schadensersatz auch einen entgangenen Gewinn (§ 252 BGB), sofern ein solcher nachgewiesen werden kann. Scheitert z. B. der profitable Weiterverkauf einer Fotografie, weil sich während der Verkaufsverhandlungen herausstellt, dass die angegebene Limitierung nicht eingehalten wurde, so könnte sich der Eigentümer der Fotografie insoweit beim ursprünglichen Verkäufer schadlos halten.

Liegt ein nicht unerheblicher Mangel vor und fordert der Gläubiger Schadensersatz statt der *ganzen* Leistung („großer“ Schadensersatz), so muss er den Kaufgegenstand gemäß § 311a Abs. 2 S. 2 i. V. m. §§ 281 Abs. 5, 346 ff. BGB auf Verlangen des Verkäufers zurückgewähren. Als Mindestschaden kann der Käufer dann den gezahlten Kaufpreis geltend machen sowie andere Schäden, wie zum Beispiel den entgangenen Gewinn.[1381] Im Endeffekt kombiniert der Käufer durch Verlangen des „großen“ Schadensersatzes die Rechtsfolgen von Rücktritt und Schadensersatz.[1382]

1378 *Looschelders*, Schuldrecht BT, Rn. 139.

1379 Vgl. auch *Reinicke/Tiedtke*, Kaufrecht, Rn. 555. Zur Erheblichkeit des Mangels auch oben bei E.III.2.b), S. 298.

1380 Vgl. dazu *Schwarze (2015)*, in: Staudinger, § 325 Rn. 47.

1381 *Reinicke/Tiedtke*, Kaufrecht, Rn. 554 f.; a. A. *Faust*, in: BeckOK BGB, § 437 Rn. 138.

1382 *Reinicke/Tiedtke*, Kaufrecht, Rn. 593.

(bb) Der Anspruch auf Schadensersatz nach §§ 437 Nr. 3, 280 Abs. 1, 3, 283 BGB

Ist der Mangel (der spätestens bei Gefahrübergang vorliegen muss) erst nach Vertragsschluss unbehebbar geworden, so kommen als Anspruchsgrundlage für den Schadensersatz statt der Leistung nicht mehr die §§ 437 Nr. 3, 311a Abs. 2 BGB, sondern nur die §§ 437 Nr. 3, 280 Abs. 1, 3, 283 BGB in Betracht. Bezugspunkt für das Vertretenmüssen des Schuldners ist im Fall der §§ 437 Nr. 3, 280 Abs. 1, 3, 283 BGB grundsätzlich die Unmöglichkeit der Nacherfüllung, aber auch die ursprüngliche Lieferung einer mangelhaften Sache.[1383] Entscheidend ist daher, ob der Schuldner oder ein Erfüllungsgehilfe fahrlässig oder vorsätzlich dafür verantwortlich sind, dass die Nacherfüllung gescheitert ist (zum Beispiel, weil ein Galerist die Auflagen ausverkauft hat, obwohl er wusste, dass er nur mit ihrer Hilfe den Nacherfüllungsanspruch des Käufers hätte befriedigen können) oder dass ursprünglich eine mangelhafte Sache geliefert wurde.

Die weiteren Anspruchsvoraussetzungen und Rechtsfolgen sind dieselben wie im Fall von §§ 437 Nr. 3, 311a Abs. 2 BGB, sodass auf die dort gemachten Ausführungen verwiesen werden kann.[1384]

(2) Schadensersatz statt der Leistung gemäß §§ 437 Nr. 3, 280 Abs. 1, 3, 281 BGB wegen Nichtleistung trotz Fristsetzung

Ein Schadensersatz statt der Leistung kann auch noch auf die §§ 437 Nr. 3, 280 Abs. 1, 3, 281 BGB gestützt werden, wenn die Nacherfüllung zwar nicht unmöglich, aber eine Frist zur Nacherfüllung fruchtlos verstrichen oder entbehrlich ist (§ 440 BGB). In diesem Fall kann der Käufer ebenfalls den Schadensersatz statt der Leistung geltend machen, wenn der Mangel nicht unerheblich gewesen ist. Im Übrigen gilt das Gleiche wie beim Anspruch nach §§ 437 Nr. 3, 280 Abs. 1, 3, 283 BGB.[1385]

1383 Umstritten; so wie hier z. B. *Faust*, in: BeckOK BGB, § 437 Rn. 115; *Weidenkaff*, in: Palandt, § 437 Rn. 37 *Looschelders*, Schuldrecht BT, Rn. 125; anders *Reinicke/Tiedtke*, Kaufrecht, Rn. 535.

1384 E.III.2.d)(1)(aa), S. 300.

1385 Siehe oben E.III.2.d)(1)(bb), S. 305.

(3) Aufwendungsersatz gemäß §§ 437 Nr. 3, 284 BGB

Anstelle des Schadensersatzes statt der Leistung (dessen Voraussetzungen somit vorliegen müssen) kann der Käufer auch Aufwendungsersatz gemäß §§ 437 Nr. 3, 284 BGB verlangen. Er kann dabei den Ersatz derjenigen Aufwendungen verlangen, die er im Vertrauen auf die Mangelfreiheit der Sache gemacht hatte und billigerweise machen durfte (z. B. eine neue Rahmung der Fotografie) und die nun aufgrund des Mangels zwecklos geworden sind. Die Norm soll ausgleichen, dass Aufwendungen als „freiwillige" Vermögenseinbußen vom Schadensersatz grundsätzlich nicht erfasst werden.[1386] Der Ersatz der vergeblichen Aufwendungen kann mit einem Rücktritt kombiniert werden, um eine (wirtschaftliche) Situation wie vor dem Kauf zu erreichen.[1387]

(4) Schadensersatz für Mangelfolgeschäden gemäß §§ 437 Nr. 3, 280 Abs. 1 BGB

Aus Gründen der Vollständigkeit soll an dieser Stelle noch der Anspruch auf Schadensersatz wegen Mangelfolgeschäden gemäß §§ 437 Nr. 3, 280 Abs. 1 BGB erwähnt werden. Mangelfolgeschäden sind Schäden, die der Käufer aufgrund von Mängeln der Kaufsache an seinen übrigen Rechtsgütern erleidet (zum Beispiel, wenn aufgrund einer fehlerhaften elektronischen Einparkhilfe die Garageneinfahrt touchiert wird).[1388] Notwendig ist hierfür logischerweise, dass dem Mangel überhaupt ein gewisses Potenzial innewohnt, solche Schäden hervorzurufen. Im Falle einer nicht eingehaltenen Auflage ist ein solches Potenzial (wie auch in der Regel bei den übrigen Mängeln im Kunsthandel[1389]) praktisch undenkbar. Dem Schadensersatz nach §§ 437 Nr. 3, 280 Abs. 1 BGB kommt daher im Rahmen dieser Untersuchung keine besondere Bedeutung zu.

1386 *Unberath*, in: BeckOK BGB, § 284 Rn. 11; *Looschelders*, Schuldrecht AT, Rn. 648.

1387 Vgl. das Beispiel bei *Looschelders*, Schuldrecht BT, Rn. 144.

1388 *Weidenkaff*, in: Palandt, § 437 Rn. 35, 39; *Looschelders*, Schuldrecht BT, Rn. 133.

1389 Hierzu mit dem schönen (fiktiven) Beispiel, dass einer der Fischtanks von Damien Hirst aufgrund mangelhafter Verarbeitung leckschlägt und einen Wasserschaden verursacht: *Mangold*, Verbraucherschutz, 208.

3. Verjährung der Ansprüche aus kaufrechtlicher Mängelgewährleistung

Die Ansprüche aus kaufrechtlicher Gewährleistung aufgrund eines Sachmangels verjähren gemäß § 438 Abs. 1 Nr. 3 BGB binnen zwei Jahren. Sie verjähren in der regelmäßigen Verjährungsfrist von drei Jahren, wenn der Verkäufer den Mangel arglistig verschwiegen hat (§§ 438 Abs. 3 S. 1 BGB i. V. m. §§ 195, 199 BGB). Die Verjährung beginnt mit der Ablieferung der Kaufsache; § 438 Abs. 2 BGB.

IV. Verhältnis anderer Ansprüche des Käufers zum Kaufrecht

Liegt ein Fall der kaufrechtlichen Mängelgewährleistung vor, so hat dies Auswirkungen auf andere Ansprüche, die einem enttäuschten Käufer prinzipiell zur Verfügung stehen könnten.

1. Anfechtung wegen Eigenschaftsirrtums; § 119 Abs. 2 BGB

Eine Anfechtung wegen eines Irrtums über eine verkehrswesentliche Eigenschaft durch den Käufer bei Vorliegen eines Sachmangels ist grundsätzlich ausgeschlossen. Die kaufrechtliche Mängelgewährleistung ist insoweit *lex specialis*. Wäre eine Anfechtung der dem Kaufvertrag zugrunde liegenden Willenserklärungen nach § 119 Abs. 2 BGB unter Berufung auf einen Sachmangel möglich, würde das differenzierte Haftungsregime der kaufrechtlichen Mängelgewährleistung, wie z. B. die dem Verkäufer eingeräumte Möglichkeit der Nacherfüllung (teilweise als „Recht der zweiten Andienung" bezeichnet[1390]) oder die kurze Verjährung, unterlaufen.[1391] Die Anfechtung nach § 119 Abs. 2 BGB ist erst recht ausgeschlossen, wenn sich die Vertragswidrigkeit der Kaufsache erst nach Abgabe der angefochtenen Willenserklärung eingestellt hat (d. h. für die hier diskutierten Fälle, wenn die Auflage erst nach Abschluss des Kaufvertrags überschritten wurde). In diesem Fall fehlt bereits die Voraussetzung der Anfechtung, wonach sich der Erklärende „bei Abgabe" seiner Erklärung geirrt haben muss. Lag aber

1390 Beispielsweise bei *Westermann*, in: MüKo BGB, Vorb §§ 433 ff. Rn. 2.

1391 So die herrschende Ansicht; vgl. exemplarisch *Faust*, in: BeckOK BGB, § 437 Rn. 177; *Büdenbender*, in: Dauner-Lieb/Langen, § 437 Rn. 108 f.; *Westermann*, in: MüKo BGB, § 437 Rn. 53 ff.; *Ellenberger*, in: Palandt, § 119 Rn. 28; *Weidenkaff*, in: Palandt, § 437 Rn. 53.

zu diesem Zeitpunkt noch gar keine Diskrepanz zwischen der Vorstellung des Käufers und den tatsächlichen Eigenschaften der Kaufsache vor, so wird auch kein Anfechtungsrecht begründet.

2. Anfechtung wegen arglistiger Täuschung; § 123 Abs. 1 1. Fall BGB

Die Anfechtung der auf Abschluss des Kaufvertrags gerichteten Willenserklärung wegen arglistiger Täuschung wird durch die kaufrechtliche Mängelgewährleistung nicht verdrängt.[1392] Der arglistig täuschende Verkäufer ist nicht schutzwürdig.[1393] Vielmehr ist das Interesse des Käufers an einer Willensbildung ohne arglistige Einflussnahme höher zu bewerten.[1394]

Einzuhalten sind die Anfechtungsfrist von einem Jahr ab Kenntnis des Getäuschten von der Täuschung sowie die absolute Ausschlussfrist von zehn Jahren seit Abgabe der Willenserklärung (§ 124 BGB). Die Anfechtung gemäß § 123 Abs. 1 1. Fall BGB ist insbesondere auch dann möglich, wenn nicht der Verkäufer selbst arglistig getäuscht hat, sondern eine weitere Person, solange sie nicht als „Dritter" im Sinne des § 123 Abs. 2 BGB anzusehen ist, wodurch die Anfechtungsvoraussetzungen um ein Wissenselement beim Anfechtungsgegner bezüglich der Täuschung erschwert würden. Der Begriff des „Dritten" wird im Rahmen von § 123 Abs. 2 BGB wirtschaftlich-funktional verstanden[1395] und erfasst nur am Geschäft unbeteiligte Personen.[1396] Kein „Dritter" ist beispielsweise bei den auf dem Kunstmarkt häufigen Kommissionsgeschäften der Kommittent im Verhältnis zum Kommanditisten.[1397] Täuscht zum Beispiel der Künstler durch eine bewusst wahrheitswidrige Auflagenangabe auf dem Kunstwerk, so kann ein Kaufvertrag mit dem ihn als Kommanditist vertretenden Galeristen auch dann anfechtbar sein, wenn der Galerist von der Unrichtigkeit der Auflagenangabe gar nichts wusste.[1398]

Nach einer erfolgreichen Anfechtung kann der Käufer nach § 812 Abs. 1 S. 1 1. Fall BGB den von ihm geleisteten Kaufpreis vom Verkäufer

1392 *Büdenbender*, in: Dauner-Lieb/Langen, § 437 Rn. 112; *Weidenkaff*, in: Palandt, § 437 Rn. 54.

1393 *Weidenkaff*, in: Palandt, § 437 Rn. 54.

1394 Vgl. *Büdenbender*, in: Dauner-Lieb/Langen, § 437 Rn. 112.

1395 *Elmenhorst/Decker*, GRUR-RR 2012, 417 (417).

1396 *Ellenberger*, in: Palandt, § 123 Rn. 13.

1397 LG Köln, Urteil vom 28.09.2012, 2 O 457/08, Rn. 61 = BeckRS 2012, 20478; *Häuser*, in: MüKo HGB, § 383 Rn. 55; *Roth*, in: Koller/Kindler/Roth/Morck, § 383 Rn. 14.

1398 Vgl. auch den Fall LG Köln, Urteil vom 28.09.2012, 2 O 457/08, Rn. 57 ff. = BeckRS 2012, 20478; dazu auch *Elmenhorst/Decker*, GRUR-RR 2012, 417 (417 f.).

herausverlangen. Darüber hinaus können Schadensersatzansprüche aus §§ 280 Abs. 1, 241 Abs. 2, 311 Abs. 2 BGB *(culpa in contrahendo)* bestehen.[1399] Bei einem gutgläubigen Verkäufer, der von der Täuschung des Kommittenten nichts wusste, ist dann ein eigenes Verschulden dieses Verkäufers genau zu prüfen.[1400]

3. Schadensersatz aus Verschulden bei Vertragsschluss *(culpa in contrahendo)*; §§ 280 Abs. 1, 241 Abs. 2, 311 Abs. 2 BGB

Für Ansprüche aufgrund eines Verschuldens bei Vertragsschluss *(culpa in contrahendo)* ist zu differenzieren: Ansprüche aus *culpa in contrahendo* (c.i.c.) aufgrund der *Lieferung einer mangelhaften Kaufsache* können wegen des abschließenden Charakters der Regelungen der kaufrechtlichen Gewährleistung nicht neben diesen bestehen.[1401] So könnte die uneingeschränkte Anerkennung von Ansprüchen auf Rückabwicklung des Kaufvertrags nach §§ 280 Abs. 1, 241 Abs. 2, 311 Abs. 2 BGB dazu führen, dass dem Verkäufer die ihm vom Kaufrecht eingeräumte Möglichkeit der Nacherfüllung („Recht der zweiten Andienung")[1402] genommen würde.[1403]

Etwas anderes gilt, wenn eine arglistige Täuschung und damit vorsätzliches Verhalten des Verkäufers bejaht werden kann.[1404] Der Verkäufer ist dann nicht schutzwürdig und es besteht der Anspruch aus c. i. c. neben den kaufrechtlichen Gewährleistungsansprüchen (Rechtsgedanke des § 142 Abs. 2 BGB). Dieser Schadensersatzanspruch nach §§ 280 Abs. 1, 241 Abs. 2, 311 Abs. 2 BGB ist auf Rückgängigmachung des Vertragsverhältnisses gerichtet.[1405]

Ein Schadensersatzanspruch gemäß §§ 280 Abs. 1, 241 Abs. 2, 311 Abs. 2 BGB kann auch dann bestehen, wenn der Kaufvertrag wegen arglistiger Täuschung gemäß § 123 Abs. 1 BGB wirksam angefochten wurde. Der Weg-

1399 Dazu sogleich unten bei E.IV.3, S. 309.

1400 Vgl. wiederum den Fall LG Köln, Urteil vom 28.09.2012, 2 O 457/08, Rn. 57 ff. = BeckRS 2012, 20478 sowie die Anmerkungen bei *Elmenhorst/Decker*, GRUR-RR 2012, 417 (418 f.).

1401 BGH, NJW 2009, 2120 (2122); BGH, NJW 2010, 858 (859); *Büdenbender*, in: Dauner-Lieb/Langen, § 437 Rn. 118; *Weidenkaff*, in: Palandt, § 437 Rn. 51b; anders insbesondere *Faust*, in: BeckOK BGB, § 437 Rn. 190.

1402 Für Nachweise siehe auch oben bei E.IV.1, S. 307.

1403 BGH, NJW 2009, 2120 (2122); kritisch zu diesem Argument *Häublein*, NJW 2003, 388 (393).

1404 BGH, NJW 2009, 2120 (2122); BGH, NJW 2010, 858 (859); *Weidenkaff*, in: Palandt, § 437 Rn. 51b.

1405 *Ellenberger*, in: Palandt, § 123 Rn. 27.

fall der den Kaufvertrag begründenden Willenserklärung wirkt *ex tunc* und damit auf den Zeitpunkt des Abschlusses des Kaufvertrags zurück. Ohne einen wirksamen Kaufvertrag stellt sich auch die Frage nach einem Vorrang der kaufrechtlichen Gewährleistungsrechte nicht mehr.[1406]

Zudem lässt der Bundesgerichtshof in ständiger Rechtsprechung Ansprüche auf Rückabwicklung des Kaufvertrags aus §§ 280 Abs. 1, 241 Abs. 2, 311 Abs. 2 BGB auch dann noch zu, wenn ein durch dieselbe Handlung begründetes Anfechtungsrecht aus § 123 Abs. 1 BGB wegen Verfristung nicht mehr ausgeübt werden kann.[1407]

4. Schadensersatz aufgrund deliktischer Schädigung; § 823 Abs. 1 BGB

Ein Anspruch auf Schadensersatz aus § 823 Abs. 1 BGB besteht neben der kaufrechtlichen Mängelgewährleistung in der Regel deswegen nicht, weil der Käufer niemals mangelfreies Eigentum an der Kaufsache erlangt hatte.[1408] Im Fall der Auflagenüberschreitung kommt noch hinzu, dass es sich selbst bei einer überschrittenen Auflage nicht um einen Eingriff in die Sachsubstanz des Kaufgegenstands handelt. Da auch kein anderes der in § 823 Abs. 1 BGB genannten Rechtsgüter und auch kein „sonstiges Recht“[1409] durch eine überschrittene Auflage unmittelbar beeinträchtigt wird, sondern es sich im Regelfall um einen „bloßen“ (von § 823 Abs. 1 BGB nicht erfassten)[1410] Vermögensschaden handelt, bestehen weder im Fall einer anfänglichen, noch einer nachträglichen Auflagenerhöhung Ansprüche des Sammlers aus § 823 Abs. 1 BGB.

1406 LG Köln, Urteil vom 28.09.2012, 2 O 457/08, Rn. 56 = BeckRS 2012, 20478.

1407 BGH, NJW 1979, 1983 (1984); BGH, NJW-RR 2002, 308 (309); vgl. auch *Ellenberger*, in: Palandt, § 123 Rn. 27.

1408 *Spindler*, in: BeckOK BGB, § 823 Rn. 60; *Büdenbender*, in: Dauner-Lieb/Langen, § 437 Rn. 129; *Sprau*, in: Palandt, § 823 Rn. 10.

1409 Vertragliche Ansprüche stellen aufgrund ihres nur relativen Zuweisungsgehalts gerade keine „sonstigen Rechte“ im Sinne des § 823 Abs. 1 BGB dar; *Sprau*, in: Palandt, § 823 Rn. 11.

1410 Vgl. *Sprau*, in: Palandt, § 823 Rn. 11.

5. Schadensersatz wegen Verletzung eines Schutzgesetzes bzw. sittenwidriger Schädigung; § 823 Abs. 2 BGB i. V. m. § 263 Abs. 1 StGB, § 826 BGB

Waren bereits im Zeitpunkt des Kaufs mehr Exemplare produziert, als durch die Limitierungsangabe (gegebenenfalls nach Auslegung ihres Inhalts[1411]) ausgewiesen wurden, so kann neben[1412] der kaufrechtlichen Mängelgewährleistung ein Schadensersatzanspruch aus § 823 Abs. 2 BGB i. V. m. § 263 Abs. 1 StGB bestehen. Für die Erfüllung des Tatbestands von § 263 Abs. 1 StGB sind eine Täuschung, ein auf der Täuschung aufbauender Irrtum und ein durch eine auf dem Irrtum beruhende Vermögensverfügung hervorgerufener Vermögensschaden beim Opfer notwendig. Der Täter muss zudem vorsätzlich bezüglich der genannten objektiven Tatbestandsmerkmale und mit Bereicherungsabsicht handeln. Wurde bewusst eine höhere Auflage produziert, als durch die Limitierungserklärung dem Käufer gegenüber zum Ausdruck gebracht worden ist, so liegen eine vorsätzliche Täuschung und in der Regel auch ein kausal auf der Täuschung beruhender Irrtum des Käufers vor. Der Käufer wird in einem solchen Fall über die Mangelhaftigkeit der Kaufsache getäuscht.[1413] Zwingend bleibt in einem solchen Fall die Gegenleistung des Verkäufers trotz eines nominell ausgeglichenen Vertragsverhältnisses hinter der vom Käufer in Unkenntnis des Mangels versprochenen Leistung zurück. Es handelt sich um den Fall eines sogenannten „Eingehungsbetrugs"[1414] Durch Abschluss des Kaufvertrags über das Auflagenwerk kommt es zur Vermögensverfügung und auch zugleich zu einer „schadensgleichen konkreten Vermögensgefährdung"[1415]. Entscheidend ist in allen diesen Fällen, ob der Verkäufer (sei es nun der Künstler selbst, ein Galerist oder ein Dritter) Vorsatz bezüglich der Verwirklichung aller objektiven Tatbestandsmerkmale des § 263 Abs. 1 StGB hatte.[1416] Insbesondere müsste er sich bereits im Zeitpunkt des Verkaufs der Fehlerhaftigkeit der Limitierungsangabe aufgrund einer Überschreitung der Auflage bewusst gewesen sein. Die Kenntnis dieser Umstände sowie die bewusste Inkaufnahme einer Täuschung und Schädigung des Käufers sind

1411 Dazu ausführlich oben D.II.2.c), S. 188.

1412 *Büdenbender*, in: Dauner-Lieb/Langen, § 438 Rn. 130.

1413 Vgl. zur Mangelhaftigkeit der Kaufsache aufgrund einer nicht eingehaltenen Limitierung oben E.III.1, S. 271.

1414 *Derleder*, NJW 2001, 1161 (1166).

1415 Vgl. hierzu z. B. *Beukelmann*, in: BeckOK StGB, § 263 Rn. 65 ff.

1416 Vgl. im Detail BGH, NJW 2002, 1643 (1645 f.) sowie *Spindler*, in: BeckOK BGB, § 823 Rn. 163 ff.

jedoch – insbesondere Jahre später – unter Umständen nur noch schwierig zu beweisen. Ein Anspruch aus § 823 Abs. 2 BGB i. V. m. § 263 Abs. 1 StGB wird daher nur bei geradezu evidenten Fällen einer Irreführung des Käufers gegeben sein. Selbst dann wären jedoch die Grundsätze des Anscheinsbeweises bei der Feststellung des Vorsatzes des Verkäufers nicht anzuwenden,[1417] sodass der Käufer unter Umständen dennoch in Beweisschwierigkeiten gerät.

Liegen die Voraussetzungen von § 823 Abs. 2 BGB i. V. m. § 263 Abs. 1 StGB vor, so kann der Geschädigte Schadensersatz verlangen, dessen Umfang sich nach den §§ 249 ff. BGB richtet. Geschuldet ist gemäß § 249 Abs. 1 BGB die Herstellung des Zustands, der ohne Abschluss des nachteiligen Vertrags bestehen würde (sogenanntes „negatives Interesse“).[1418] In der Regel wäre es in diesen Fällen ohne die Täuschung nicht zu einem Vertragsabschluss gekommen. Der Käufer kann daher auf diesem Weg nur die Rückzahlung des Kaufpreises verlangen und müsste die Fotografie herausgeben. Im Ergebnis würde hierdurch eine wirtschaftliche Situation „nach Rücktritt“ geschaffen. Etwas anderes gilt nur dann, wenn dem Geschädigten der Nachweis gelingt, dass er ohne die Täuschung den Vertrag zu günstigeren Bedingungen abgeschlossen hätte. Dieser Nachweis wird jedoch nur in Ausnahmefällen gelingen.

Ist ein Anspruch aus § 823 Abs. 2 BGB i. V. m. § 263 Abs. 1 StGB zu bejahen, so ist in aller Regel auch der Tatbestand des § 826 BGB erfüllt. Auch ein Anspruch aus § 826 BGB kann neben der kaufrechtlichen Mängelgewährleistung bestehen.[1419] Er ist regelmäßig im Fall der bewussten Täuschung bei Abschluss eines Vertrags erfüllt.[1420] Für den Schädigungsvorsatz im Rahmen von § 826 BGB genügt es, dass der Schädiger die Folgen seines Handelns grob überschauen konnte und den als möglich erkannten Schaden-

1417 So BGH, NJW 2002, 1643 (1645).

1418 BGH, NJW 1972, 36; *Spindler*, in: BeckOK BGB, § 823 Rn. 176; *Sprau*, in: Palandt, Einf v § 823 Rn. 17. Ausnahmsweise wurde noch unter Geltung des alten Schuldrechts angenommen, dass auch ein auf Delikt gestütztes Schadensersatzbegehren das Erfüllungsinteresse (sogenanntes „positives Interesse“) beinhalten könne, wenn die Voraussetzungen eines Schadensersatzanspruchs aufgrund einer Eigenschaftszusicherung vorlagen; BGH; NJW 1960, 237 f.; BGH, NJW 1998, 983 (984); kritisch hierzu *Tiedtke*, DB 1998, 1019 ff. Ob diese Rechtsprechung unter Geltung des neuen Schuldrechts überhaupt fortgeführt werden muss, ist fraglich, da nun auch der Schadensersatz im Rahmen der kaufrechtlichen Mängelgewährleistung ausschließlich vom Verschulden des Verkäufers abhängig ist sowie längere Verjährungsfristen gelten; *Spindler*, in: BeckOK BGB, § 823 Rn. 176.

1419 *Berger*, in: Jauernig BGB, § 437 Rn. 36; *Weidenkaff*, in: Palandt, § 437 Rn. 56.

1420 *Spindler*, in: BeckOK BGB, § 826 Rn. 20 mit umfangreichen Nachweisen zur Rechtsprechung.

seintritt billigend in Kauf genommen hat.[1421] Nicht ausreichend ist nach dem Wortlaut von § 826 BGB noch so grobe Fahrlässigkeit, wenngleich die Rechtsprechung hier nicht ganz konsequent urteilt.[1422] Die Rechtsfolgen entsprechen denen eines Anspruchs aus § 823 Abs. 2 BGB i. V. m. § 263 Abs. 1 StGB.

V. Ausdehnung der Haftung durch eine Haltbarkeitsgarantie des Verkäufers (§ 443 Abs. 1 2. Fall BGB)

Um die gesetzlichen kaufrechtlichen Gewährleistungsansprüche auszulösen, muss ein Sachmangel gemäß § 434 Abs. 1 S. 1 BGB *im Zeitpunkt des Gefahrübergangs* vorliegen. Bei Angaben zur Auflage umfasst die Beschaffenheitsvereinbarung aus diesem Grund gerade keine Zusage dahin gehend, die Höhe der Auflage auch für die Zukunft (d. h. für die Zeit nach dem Gefahrübergang) einzuhalten. Ein solches Versprechen des Verkäufers kann nicht sinnvoll Gegenstand einer Beschaffenheitsvereinbarung im Sinne des § 434 Abs. 1 S. 1 BGB sein, da eine Verletzung dieses Versprechens aufgrund der Systematik des § 434 Abs. 1 S. 1 BGB mit seinem Verweis auf den Zeitpunkt des Gefahrübergangs niemals Ansprüche begründen könnte. Versprechen des Verkäufers, die Auflage auch zukünftig nicht zu überschreiten, können jedoch in Form einer über die Beschaffenheitsvereinbarung hinausgehenden Garantie für den Käufer relevant werden. Garantien begründen eigene vertragliche Ansprüche, die grundsätzlich neben der gesetzlichen Gewährleistung stehen und unabhängig von ihr geltend gemacht werden können. Da sie von den Parteien jedoch häufig nur unvollständig geregelt werden und zudem in einem engen, denklogischen Zusammenhang mit der kaufrechtlichen Gewährleistung stehen, ist im Wege der ergänzenden Auslegung von Garantieerklärungen häufig auch auf die Regelungen der gesetzlichen Mängelgewährleistung (insbesondere § 437 BGB) zurückzugreifen.[1423]

1421 *Spindler*, in: BeckOK BGB, § 826 Rn. 10 mit umfangreichen Nachweisen zur Rechtsprechung.

1422 *Spindler*, in: BeckOK BGB, § 826 Rn. 11 mit umfangreichen Nachweisen.

1423 In diesem Sinne auch *Faust*, in: BeckOK BGB, § 443 Rn. 43 ff. Weiterhin *Büdenbender*, in: Dauner-Lieb/Langen, § 443 Rn. 35.

1. Arten von Garantien

Garantien sind eigene rechtsgeschäftliche Vereinbarungen, welche die Parteien im Rahmen ihrer Privatautonomie treffen können.[1424] Prinzipiell können sie jeden beliebigen Inhalt haben.[1425] Der konkrete Inhalt dieser Vereinbarungen ist im Einzelfall durch Auslegung (§§ 133, 157 BGB) der Willenserklärungen, die der Garantievereinbarung zugrunde liegen, zu ermitteln.[1426] Traditionell wird insoweit auch zwischen unselbständigen und selbständigen Garantien unterschieden.[1427] Erstere sollen dabei lediglich die gesetzliche Sachmängelhaftung zugunsten des Käufers ausweiten und sind daher nur zwischen Verkäufer und Käufer denkbar.[1428] Sie beziehen sich also in besonders enger Weise auf die kaufrechtliche Gewährleistung sowie deren Haftungsregime und sind in der Regel Bestandteil bzw. Nebenabreden des Kaufvertrags.[1429] In Ermangelung spezieller (ausdrücklicher) Parteivereinbarungen ist für ihre Rechtsfolgen auf die gesetzlichen Gewährleistungsansprüche (vgl. § 437 BGB) zurückzugreifen.[1430] Der Begriff der unselbständigen Garantie darf jedoch nicht darüber hinweg täuschen, dass es sich bei einer solchen Garantie um ein eigenes Rechtsgeschäft handelt, auch wenn dieses ohne den dazugehörigen Kaufvertrag bedeutungslos wird.[1431] Von den unselbständigen Garantien werden die selbständigen Garantien unterschieden, die ein eigenes Haftungsregime unabhängig von der kaufrechtlichen Gewährleistung begründen sollen, und damit insbesondere Garantieerklärungen von Dritten betreffen.[1432]

1424 *Büdenbender*, in: Dauner-Lieb/Langen, § 443 Rn. 11, 35; *Looschelders*, Schuldrecht BT, Rn. 165, 167; *Oechsler*, Vertragliche SV, Rn. 421; *Schellhammer*, SchuldR, Rn. 115. Seit 2014 findet sich eine Legaldefinition der „Garantie" in § 443 Abs. 1 BGB. Zum begrenzten Anwendungsbereich dieser Legaldefinition vgl. *Faust*, in: BeckOK BGB, § 443 Rn. 9.

1425 *Schellhammer*, SchuldR, Rn. 115.

1426 Vgl. *Oechsler*, Vertragliche SV, Rn. 355, 423.

1427 Kritik an dieser Unterscheidung bei *Faust*, in: BeckOK BGB, § 443 Rn. 17; für die Unterscheidung *Reinicke/Tiedtke*, Kaufrecht, Rn. 879. Vgl. aber auch *Büdenbender*, in: Dauner-Lieb/Langen, § 443 Rn. 11.

1428 *Büdenbender*, in: Dauner-Lieb/Langen, § 443 Rn. 12.

1429 *Faust*, in: BeckOK BGB, § 443 Rn. 16; *Büdenbender*, in: Dauner-Lieb/Langen, § 443 Rn. 12; *Westermann*, in: MüKo BGB, § 443 Rn. 5; *Reinicke/Tiedtke*, Kaufrecht, Rn. 882.

1430 OLG Koblenz, Urteil v. 12.09.2005; Az. 12 U 1047/04, Rn. 29 = ZGS 2006, 36 (38); dem Urteil zustimmend *Oechsler*, Vertragliche SV, Rn. 423; siehe weiterhin *Büdenbender*, in: Dauner-Lieb/Langen, § 443 Rn. 35 *Saenger*, in: HK BGB, § 443 Rn. 5. Vgl. aber auch die Ausführungen des Gesetzgebers in BT-Drucks. 14/6040, 239.

1431 *Büdenbender*, in: Dauner-Lieb/Langen, § 443 Rn. 14, 35; unklar *Reinicke/Tiedtke*, Kaufrecht, Rn. 882.

1432 *Faust*, in: BeckOK BGB, § 443 Rn. 16; *Büdenbender*, in: Dauner-Lieb/Langen, § 443 Rn. 13; *Reinicke/Tiedtke*, Kaufrecht, Rn. 883 ff..

Weiterhin differenziert § 443 BGB in seinem Abs. 1 und Abs. 2 zwischen Garantien hinsichtlich ihres Inhalts:[1433] Beschaffenheitsgarantien (vgl. § 443 Abs. 1 BGB) decken sich weitgehend mit der gesetzlichen Sachmängelgewährleistung,[1434] können diese aber insofern erweitern, als beispielsweise dem Käufer ein Rücktrittsrecht auch bei unerheblichen Mängeln eingeräumt wird.[1435] Entscheidend für die Begründung des Anspruchs bleibt jedoch – in Ermangelung anderer, ausdrücklicher Vereinbarungen – das Vorliegen des Sachmangels im Zeitpunkt des Gefahrübergangs. Im Gegensatz hierzu erweitern die sogenannten „Haltbarkeitsgarantien" (in § 443 Abs. 2 BGB legaldefiniert) die Gewährleistung in zeitlicher Hinsicht. Eine Haltbarkeitsgarantie liegt vor, wenn der Verkäufer für Sachmängel[1436] auch dann einstehen will, wenn sie erst nach dem Gefahrübergang eintreten.[1437] Der Zeitraum, in dem für solche Mängel eingestanden werden soll (Garantiefrist), ist der Garantieerklärung (notfalls im Wege der ergänzenden Auslegung) zu entnehmen.[1438]

2. Die Auflagenangaben als Garantie

Das Defizit der kaufrechtlichen Mängelgewährleistung im Fall einer *nachträglichen* Ausweitung von Auflagen könnte also durch eine entsprechende Haltbarkeitsgarantie des Verkäufers ausgeglichen werden. In dieser müsste der Verkäufer erklären, dass er für einen Sachmangel in der Form einer Unrichtigkeit der Auflagenangaben auch dann einstehen möchte, wenn die Unrichtigkeit erst nach Gefahrübergang eintritt. Während Haltbarkeitsgarantien bei Verbrauchsgütern unter dem unausgesprochenen Vorbehalt stehen, dass der Käufer mit der Ware sachgemäß umgegangen ist,[1439] haben solche Einschränkungen für den hier diskutierten Fall keine Bedeutung. In-

1433 *Faust*, in: BeckOK BGB, § 443 Rn. 14; *Saenger*, in: HK BGB, § 443 Rn. 3.

1434 *Reinicke/Tiedtke*, Kaufrecht, Rn. 881.

1435 *Looschelders*, Schuldrecht BT, Rn. 165; vgl. zu den Voraussetzungen eines Rücktritts oben E.III.2.b), S. 298.

1436 Streng genommen ist der gewährleistungsrechtliche Begriff des „Sachmangels" an dieser Stelle verfehlt, da er ja gerade das Vorliegen einer negativen Beschaffenheitsabweichung *im Zeitpunkt des Gefahrübergangs* voraussetzt (§ 434 Abs. 1 S. 1 BGB). Jedoch verwendet auch § 443 BGB den Begriff des „Sachmangels". Der besseren Lesbarkeit halber soll er hier im Kontext der Garantie in dem Sinne verwendet werden, dass er das Vorliegen einer Beschaffenheitsabweichung unabhängig vom konkreten Zeitpunkt meint. Vgl. auch *Büdenbender*, in: Dauner-Lieb/Langen, § 443 Rn. 46.

1437 *Oechsler*, Vertragliche SV, Rn. 423; *Reinicke/Tiedtke*, Kaufrecht, Rn. 881.

1438 *Reinicke/Tiedtke*, Kaufrecht, Rn. 882.

1439 BGH, NJW 1996, 2504 (2505 f.); *Büdenbender*, in: Dauner-Lieb/Langen, § 443 Rn. 41.

sofern ist eine Haltbarkeitsgarantie in Bezug auf die Auflagenhöhe unproblematisch. Gegenstand der Garantie in diesem Fall ist lediglich eine Modifikation[1440] des von § 434 Abs. 1 S. 1 BGB vorausgesetzten Zeitpunkts für das Vorliegen der Beschaffenheitsabweichung in dem Sinne, dass ein Eintritt des Mangels *während der Garantiefrist* ausreichend ist, um Gewährleistungsansprüche zu begründen.

Ob beim Verkauf eines Auflagenwerks eine Garantie in Bezug auf die Auflagenangaben vorliegt, ist von den konkreten Parteivereinbarungen abhängig. Während Eigenschaften der Kaufsache, die der Verkäufer im Rahmen des Verkaufs herausstellt, im Regelfall Gegenstand der vereinbarten Beschaffenheit gemäß § 434 Abs. 1 S. 1 BGB werden,[1441] sind an die Annahme einer Garantie – gleich welcher Art – deutlich höhere Anforderungen zu stellen.[1442] So betont der Bundesgerichtshof, dass aufgrund der weitreichenden Folgen einer Garantie (insbesondere der Gefahr einer ausufernden Haftung) bezüglich ihrer Annahme „Zurückhaltung geboten" sei.[1443]

a) Ausdrückliche Haltbarkeitsgarantien in Bezug auf die Auflagenhöhe

Wenig problematisch ist der Fall einer *ausdrücklichen* Garantie, beispielsweise in Form eines „Echtheitszertifikats"[1444] oder einer anderen schriftlichen Bestätigung des Verkäufers (z. B. auf einer Rechnung oder im Kaufvertrag), worin dieser die Höhe der Auflage ausdrücklich auch für die Zukunft zusagt oder beispielsweise angibt, dass vom Negativ bzw. der Datei keine weiteren Abzüge hergestellt werden sollen.[1445] Wenn der *Verkäufer* auf diese

---

1440 Zur dogmatischen Einordnung von unselbständigen Garantien vgl. auch *Oetker/Maultzsch*, Vertragliche Schuldverhältnisse, § 2 Rn. 350, 355.

1441 Hierzu im Einzelnen oben E.III.1.a)(1), S. 272; vgl. auch *Berger*, KUR 2003, 137 (139 f.).

1442 *Oechsler*, Vertragliche SV, Rn. 423.

1443 BGH, NJW 2007, 1346 (1348); vgl. auch die Anmerkung *Lorenz*, LMK 2007, 215088. Im Ergebnis ebenso *Büdenbender*, in: Dauner-Lieb/Langen, § 443 Rn. 39; *Oechsler*, Vertragliche SV, Rn. 423; *Reinicke/Tiedtke*, Kaufrecht, Rn. 571; *Berger*, KUR 2003, 137 (139 f.).

1444 *Berger*, KUR 2003, 137 (139).

1445 Im Englischen wird insoweit davon gesprochen, dass das Negativ „retired" (zurückgezogen) wurde; vgl. *AIPAD* (Hrsg.), Collecting Photographs, 24. Beispielsweise wurde in dem unter B.III.2, S. 92, beschriebenen Gerichtsverfahren *Sobel v. Eggleston* von den Beklagten ein Dokument vorgelegt, welches der Fotograf William Eggleston einem von ihm herausgegebenen Portfolio beigefügt hatte. Darin heißt es: „The edition includes fifteen examples numbered 1 through 15 and one hors-commerce example lettered A. No further prints will be made from the negatives for sale. All rights reserved." Je nachdem, wer im konkreten Fall der Verkäufer des Portfolios ist, könnte ihm diese Erklärung zugerechnet und als Garantieversprechen entgegengehalten werden.

Weise ausdrücklich die dauerhafte Begrenzung der Auflage zusagt, so erwächst dem Käufer aus diesem Versprechen ein entsprechender Garantieanspruch.

Der konkrete Inhalt der Garantie und auch der Zeitraum, für den die Garantie übernommen worden ist (Garantiefrist), muss den Parteierklärungen entnommen werden.[1446] Die Beurteilung läuft insoweit auf eine Einzelfallbetrachtung hinaus. Wurden keine speziellen Rechtsfolgen vereinbart, so stehen dem Käufer im Zweifel die gesetzlichen Mängelgewährleistungsrechte (§ 437 BGB)[1447] zu, wenn die Auflage während der Garantiefrist erhöht wird.[1448] Nicht anzunehmen ist allerdings eine Modifikation des Verschuldensmaßstabs im Rahmen der Schadensersatzansprüche nach § 437 Nr. 3 BGB.[1449] Was die Garantiefrist anbelangt, so wird teilweise davon ausgegangen, dass, wenn keine Frist vereinbart wurde, die Garantiefrist der regulären Verjährungsfrist von kaufrechtlichen Ansprüchen und damit einem Zeitraum von zwei Jahren (§ 438 Abs. 1 Nr. 3 BGB) entspricht.[1450] Für den Fall der Garantie einer bestimmten Auflagenhöhe liegt es allerdings näher, diese aufgrund ihres Zweckes so zu verstehen, dass sie zumindest die Lebenszeit des Künstlers umfasst.[1451]

Wonach sich die Verjährung sowie der Verjährungsbeginn des einzelnen Garantieanspruchs richten, wenn der Garantiefall eingetreten ist, wird kontrovers beurteilt.[1452] Richtigerweise ist davon auszugehen, dass die Verjährung von Garantieansprüchen – jedenfalls im Rahmen von Haltbarkeitsgarantien – mit dem Schluss des Jahres, in dem der Mangel auftritt

---

1446 *Looschelders*, Schuldrecht BT, Rn. 165, 167. Vgl. auch *Westermann*, in: MüKo BGB, § 443 Rn. 18

1447 Zu diesen Ansprüchen im Einzelnen oben bei E.III.2, S. 293.

1448 Vgl. hierzu oben E.V.1, S. 314.

1449 *Faust*, in: BeckOK BGB, § 443 Rn. 47; für eine stets verschuldensunabhängige Haftung *Weidenkaff*, in: Palandt, § 443 Rn. 9.

1450 *Weidenkaff*, in: Palandt, § 443 Rn. 13. So ebenfalls zumindest für den Fall der Beschaffenheitsvereinbarung OLG Stuttgart, NJW-RR 2011, 955 (956) m. w. N. Es ist jedoch fraglich, ob diese Überlegung auf Haltbarkeitsgarantien übertragen werden kann, da hier der Zeitraum, für den sie übernommen werden, gerade zentraler Inhalt des Garantieversprechens ist. Ein Abstellen auf die Regelverjährung erscheint insofern willkürlich.

1451 Dies würde nicht § 202 Abs. 2 BGB widersprechen, der eine Verjährungserschwerung über 30 Jahre hinaus verbietet. Die Garantie ist als Dauerschuldverhältnis unverjährbar. Daher kann die Garantiefrist prinzipiell sogar unbegrenzt sein, wenn dies mit der Art der garantierten Beschaffenheit vereinbar ist. Aus ihr im Garantiefall erwachsende Ansprüche können jedoch verjähren bzw. deren Verjährung darf nicht über 30 Jahre hinaus verlängert werden. Vgl. BGH, NJW 2008, 2995 (2996).

1452 Für eine umfassende Darstellung vgl. *Faust*, in: BeckOK BGB, § 443 Rn. 48 sowie *Westermann*, in: MüKo BGB, § 443 Rn. 22 m. w. N.

(also dem Jahr des Garantiefalls) beginnt (§ 195 Abs. 1 Nr. 1 BGB) und dann der Garantieanspruch in der Regelverjährungsfrist des § 195 BGB nach drei Jahren verjährt.[1453] Eine Anwendung der kaufrechtlichen Verjährung nach § 438 BGB ist nicht angezeigt, da ein Garantieversprechen – wenn auch eng mit dem Kaufvertrag verknüpft – einen eigenen, gerade nicht kaufrechtlichen, Anspruch darstellt.[1454]

Sind die beigefügten Zertifikate aber – wie häufig – vom *Künstler* ausgestellt, so können sie grundsätzlich keinen Garantieanspruch gegenüber einem vom Künstler verschiedenen Verkäufer begründen (insoweit klarstellend auch § 443 Abs. 1 a. E. BGB), es sei denn, dieser hätte sich die Aussage des Künstlers erkennbar zu eigen gemacht.

Hiervon unabhängig kann solchen Aussagen des Künstlers aber selbstverständlich Bedeutung außerhalb des Kaufrechts im Verhältnis des Sammlers *zum Künstler* zukommen.[1455]

b) Konkludente (schlüssige) Haltbarkeitsgarantien in Bezug auf die Auflagenhöhe

Liegt keine ausdrückliche Garantie des Verkäufers vor, so kann man fragen, ob der Verkäufer von Fotokunst im Normalfall auch unausgesprochen eine (unselbständige) Haltbarkeitsgarantie für die Auflagenhöhe übernimmt, wenn ein Auflagenwerk verkauft wird.

Wie bereits oben erwähnt, kann sich die Garantieübernahme grundsätzlich auch schlüssig aus den konkreten Umständen des Geschäfts ergeben. Eine solche Situation kann im Bereich der Beschaffenheitsgarantien beispielsweise dann vorliegen, wenn der Käufer bewusst die Sachkunde des Verkäufers sucht und sich bei der Kaufentscheidung erkennbar auf dessen Rat (und die damit verbundene Zusicherung in Bezug auf die empfohlene Kaufsache) verlässt.[1456] Rückschlüsse auf die Übernahme einer Garantie können auch ein entsprechender Handelsbrauch oder eine entsprechende Verkehrssitte sein.[1457] Fehlen entsprechende Gebräuche oder Sitten, so ist die Frage nach einer Garantie unter Rücksicht auf die typische Interessen-

1453 *Westermann*, in: MüKo BGB, § 443 Rn. 22. Ebenso, aber nicht auf die konkrete Entdeckung, sondern nur die „Entdeckbarkeit" des Mangels abstellend z. B. *Faust*, in: BeckOK BGB, § 443 Rn. 48.

1454 *Westermann*, in: MüKo BGB, § 443 Rn. 22.

1455 Hierzu ausführlich D, S. 175.

1456 *Reinicke/Tiedtke*, Kaufrecht, Rn. 572.

1457 *Reinicke/Tiedtke*, Kaufrecht, Rn. 574 ff.

lage der Parteien zu klären.[1458] Teilweise hat die Rechtsprechung z. B. im Bereich des Fahrzeughandels angenommen, dass die Auskunft eines gewerblichen Händlers über die Laufleistung eines Gebrauchtfahrzeugs als konkludente Beschaffenheitsgarantie (§ 443 Abs. 1 1. Fall BGB) zu verstehen sei.[1459]

Ein Handelsbrauch dahin gehend, dass von einer Garantie des Verkäufers in Bezug auf die Auflagenhöhe auszugehen wäre, ist bislang nicht festzustellen. Allgemein bleibt für die Annahme von konkludenten Garantiezusagen im Bereich des Kunsthandels wenig Raum.[1460] Eine Beantwortung der Frage unter Rücksicht auf die Interessenlage der Parteien hat jedenfalls insbesondere darauf Rücksicht zu nehmen, zwischen welchen Parteien der Kaufvertrag über ein Auflagenwerk zustande gekommen ist.

(1) Verkauf durch einen Kunstmarktintermediär

Beim Verkauf durch eine Person, die nicht selbst der Künstler ist, kann in der Regel nicht davon ausgegangen werden, dass sie über den Zeitpunkt des Gefahrübergangs hinaus für die Einhaltung der Limitierung einstehen möchte. Dem bloßen Verkäufer eine solche Garantiezusage zu unterstellen, hieße, ihn auf einen Erfolg zu verpflichten, welcher nicht in seiner Macht steht. Es ist zwar eine berechtigte Erwartung des Sammlers, dass der Verkäufer *im Zeitpunkt des Verkaufs* die Richtigkeit der Limitierungsangabe überwacht oder zumindest bei Zweifeln im Hinblick auf ihre Richtigkeit diese Zweifel zur Sprache bringt. Die Interessenlage des Verkäufers würde jedoch grundlegend missachtet, wenn ihm darüber hinaus eine Garantieübernahme im Hinblick auf die zukünftige Einhaltung der Limitierung auferlegt würde, obwohl er regelmäßig weder im Besitz des Negativs (bzw. der Datei) sein wird, noch notwendigerweise Möglichkeiten einer entsprechenden Einflussnahme auf den Künstler hat.[1461] Mit zunehmendem Zeitabstand zum Verkauf kann außerdem aufgrund verschiedener Umstände (wie z. B. eines Wechsels des Künstlers zu einer anderen Galerie) schon die bloße Überwachung der Einhaltung der Limitierung für den Verkäufer nahezu unmöglich werden.

1458 *Reinicke/Tiedtke*, Kaufrecht, Rn. 577.

1459 Vgl. für ein neueres Urteil mit Nachweisen zur bisherigen Rechtsprechung OLG Rostock, NJW 2007, 3290.

1460 *Mangold*, Verbraucherschutz, 222 f. Vgl. auch die restriktive Tendenz in den Urteilen zum Auktionswesen BGH, NJW 1975, 970 (971) und BGH, NJW 1980, 1619 (1620 f.).

1461 Ähnlich bereits *Heinbuch*, NJW 1984, 15 (20).

Für die Annahme einer *konkludenten* Haltbarkeitsgarantie des bloßen Verkäufers eines Werks der zeitgenössischen Fotokunst ist daher kein Raum.

(2) Verkauf durch den Künstler selbst („Atelierverkauf“)

Etwas anderes gilt im Fall eines „Atelierverkaufs“ durch den Künstler selbst. Bestehen der Kaufvertrag und damit auch die Ansprüche aus der kaufrechtlichen Mängelgewährleistung unmittelbar zwischen Sammler und Künstler, so liegt es nahe, der Limitierungsangabe des Künstlers auch eine konkludente Garantiezusage bezüglich ihrer *zukünftigen* Einhaltung zu entnehmen. Bei einem solchen Verständnis blieben dem Käufer Ansprüche aus der gesetzlichen Mängelgewährleistung über deren eigentlichen zeitlichen Anwendungsbereich hinaus im Rahmen einer unselbständigen Garantie erhalten. Im Gegensatz zum bloßen Verkäufer des Auflagenwerks hat der Künstler die Auflage selbst definiert und kann auch für ihre Einhaltung sorgen. Es entspricht den berechtigten Erwartungen des Käufers, dass die Limitierung insbesondere auch zukünftig durch den Künstler eingehalten wird und somit Ansprüche aufgrund eines Sachmangels auch noch nach Gefahrübergang begründet werden können.[1462] Beim Verkauf durch den Künstler selbst ist daher davon auszugehen, dass dieser auch ohne eine ausdrückliche Garantieerklärung, sondern allein durch Mitteilung der Limitierung, eine Haltbarkeitsgarantie im Sinne von § 443 Abs. 2 BGB übernimmt. Die Rechtsfolgen des Garantiefalls können dann im Rahmen der ergänzenden Auslegung dem § 437 BGB entnommen werden,[1463] sodass die dort aufgezählten Mängelgewährleistungsrechte auch bei Eintritt des Sachmangels nach Gefahrübergang dem Käufer zur Verfügung stehen. Die Ansprüche des Käufers sind dann im Ergebnis dieselben, wie im Falle eines Mangels, der schon im Moment des Gefahrübergangs vorlag.[1464]

1462 Dazu bereits oben in D.II.2.c)(4), S. 201.

1463 Vgl. *Faust*, in: BeckOK BGB, § 443 Rn. 43 f.; wobei dieser das Wahlrecht zwischen Nachbesserung und Neulieferung in diesen Fällen dem Verkäufer zusprechen möchte.

1464 Insoweit ausführlich oben bei E.III.2, S. 293.

VI. Zusammenfassung der wesentlichen Ergebnisse dieses Kapitels

Liegt eine Auflagenlimitierung vor, so zählt diese zur Beschaffenheit eines Werks der zeitgenössischen Fotokunst. Werden Kunstwerke aus limitierten Auflagen verkauft, so stellen die Angaben zur Limitierung regelmäßig eine Vereinbarung über die Beschaffenheit der Kaufsache im Sinne des § 434 Abs. 1 S. 1 BGB dar. Eine unrichtige Auflagenangabe ist daher geeignet, einen Sachmangel zu begründen, der kaufrechtliche Gewährleistungsansprüche auslöst. Vor dieser Bindungswirkung seiner Angebotsangaben kann sich der Verkäufer schützen, indem er die Unverbindlichkeit der Angaben zur Limitierung herausstellt. Anderenfalls muss er sich an ihnen festhalten lassen, da die Angaben zur Auflagenhöhe im Bereich der zeitgenössischen Fotokunst einen ähnlich hohen Stellenwert für die Kaufentscheidung haben, wie z. B. die Urheberschaft. Ergibt ein Vergleich der (gegebenenfalls durch Auslegung der Limitierungsangabe zu ermittelnden) maximalen Höhe der Auflage mit der tatsächlichen Anzahl der Werkexemplare, dass die Auflage überschritten wurde, so kann dies grundsätzlich einen Sachmangel im Sinne des kaufrechtlichen Gewährleistungsrechts begründen.

Da hierfür jedoch erforderlich ist, dass der Sachmangel bereits bei Gefahrübergang (und d. h. im Regelfall bei Übergabe der Kaufsache) vorliegt, ist der Käufer durch die kaufrechtliche Mängelgewährleistung nicht vor einer nachträglichen Überschreitung der Auflage geschützt.

Aber selbst wenn Ansprüche aus kaufrechtlicher Gewährleistung bestehen sollten, bleiben diese für den Sammler größtenteils unbefriedigend. Der Nacherfüllungsanspruch in Form der Nachlieferung (§ 439 Abs. 1 2. Fall BGB) ist bei einer überschrittenen Auflage stets unmöglich im Sinne von § 275 Abs. 1 BGB. Ein Anspruch auf Herstellung des vertragsgemäßen Zustands der Auflage durch Nachbesserung (§ 439 Abs. 1 1. Fall BGB) ist zwar denkbar, wird aber nur in den wenigsten Fällen tatsächlich bestehen. Die Chance, dass ein solcher Anspruch begründet ist, steigt allerdings, wenn der Sammler das Kunstwerk direkt vom Künstler erworben hat. Diese Konstellation stellt auf dem Kunstmarkt eher einen Ausnahmefall dar.[1465] Weit häufiger ist der Kauf vom Galeristen oder Auktionator. Insbesondere beim Kauf von Letzterem sind weitere Einschränkungen der Ansprüche durch Haftungsausschlüssen in Versteigerungsbedingungen zu beachten.[1466]

1465 Vgl. oben E.I, S. 266.

1466 Hierzu ausführlich zuletzt die Abhandlungen von *Braunschmidt*, Versteigerungsbedingungen sowie *Großgerge*, Verkäuferhaftung.

Ein Rücktritt (§§ 437 Nr. 2, 326 Abs. 5, 323, 346 BGB), welcher nach dem Scheitern der Nacherfüllung ebenfalls in Betracht kommt, kann für den Käufer nur eine *ultima ratio* sein. Zwar wird er faktisch so gestellt wie vor dem Kauf. Er verliert jedoch den Kaufgegenstand, was insbesondere seinen ideellen Interessen am Kunstwerk in der Regel nicht gerecht wird. Zudem sieht er sich nach Rückgewähr des Kaufpreises häufig wirtschaftlich schlechter gestellt als vorher. Interessant kann für den Käufer anstelle des Rücktritts die Minderung (§§ 437 Nr. 2, 326 Abs. 5, 441 BGB) sein, wenn er die Fotografie behalten möchte und es ihm gelingt, seine mangelbedingte Werteinbuße überzeugend zu schätzen.

Liegt ein vom Verkäufer zu vertretender Mangel vor, so stellt der Schadensersatzanspruch statt der ganzen Leistung (§§ 437 Nr. 3, 280 Abs. 1, 3, 283 BGB bzw. §§ 437 Nr. 3, 311a Abs. 2 oder §§ 437 Nr. 3, 280 Abs. 1, 3, 281 BGB) nach seinen Rechtsfolgen die beste Lösung für den Sammler dar. Dies gilt insbesondere dann, wenn z. B. der Weiterverkauf eines Werks daran scheitert, dass die Auflage überschritten wurde und dem Eigentümer hierdurch ein Gewinn entgangen ist. Allerdings steht auch dieser Anspruch unter der Bedingung, dass der Mangel schon bei Gefahrübergang vorgelegen hat. Ob dann im Einzelfall ein Vertretenmüssen des Schuldners bejaht werden kann, hängt von den jeweiligen Umständen ab. Ein Käufer mit entsprechender Marktmacht könnte auch diesbezüglich bereits beim Kauf auf eine Garantie bestehen, nach welcher der Schuldner für die Mangelfreiheit verschuldensunabhängig einstehen soll und somit immer auf Schadensersatz haftet. Hierdurch würde jedoch gerade für den Galeristen eine vergleichsweise weitgehende und vor allem kaum von ihm zu beherrschende Einstandspflicht begründet.

Im Kontext der kaufvertraglichen Mängelgewährleistung ermöglicht nur eine Ausdehnung dieser gesetzlichen Ansprüche mithilfe von Garantiezusagen eine Haftung des Verkäufers für Auflagenerweiterungen (Mängel), die *nach Gefahrübergang* eintreten. Gegenüber einem „bloßen" Verkäufer von (einzelnen) Fotografien ist ein solcher Garantieanspruch nicht anzunehmen, solange er ihn nicht explizit eingeräumt hat.

Etwas anderes gilt für Kaufverträge, die unmittelbar zwischen dem Künstler und dem Sammler geschlossen werden. Da der Künstler die Limitierungsangabe in der Regel selbst angebracht hat und auch eine unmittelbare Kontrolle über die Einhaltung der Limitierung hat, ist ein diesbezügliches besonderes Vertrauen des Käufers gerechtfertigt. In diesem Fall erscheint es daher angemessen, der Limitierungserklärung des Künstlers eine schlüssige Garantie zur Beständigkeit der Auflagenbegrenzung auch über den Zeitpunkt des Gefahrübergangs hinaus zu entnehmen (sogenannte

„Haltbarkeitsgarantie"). Die Rechtsfolgen einer solchen Haltbarkeitsgarantie können ausdrücklich geregelt sein. Anderenfalls ist auf die Rechtsfolgen der kaufrechtlichen Mängelgewährleistung und damit auf die in § 437 BGB genannten Ansprüche im Wege der ergänzenden Vertragsauslegung zurückzugreifen.

Die Ansprüche aus einer Haltbarkeitsgarantie sind grundsätzlich nicht nur rechtlich unabhängig von der gesetzlichen Gewährleistung im Kaufrecht (vgl. § 443 Abs. 1 BGB), sondern auch von weiteren Ansprüchen, die sich unmittelbar aus dem Limitierungsversprechen des Künstlers ergeben können.[1467] Letztere erlangen insbesondere dann Bedeutung, wenn – wie häufig in der Praxis – kein kaufvertragliches Verhältnis unmittelbar mit dem Künstler besteht oder die kaufvertraglichen Ansprüche dem Rechtsschutzinteresse des Sammlers schlicht nicht genügen.

1467 Dazu bei D.IV, S. 223.

F. Schluss I – Vorschläge für die Praxis

Aus den in dieser Arbeit angestellten Überlegungen lassen sich für die Praxis einige Empfehlungen in Bezug auf die Gestaltung von Auflagen ableiten. Die grundsätzliche Maxime für eine rechtlich unangreifbare Auflagengestaltung lautet dabei, die Auflage so transparent wie möglich zu gestalten. Wo aufgrund transparenter und d. h. insbesondere unzweideutiger Auflagenangaben keine Fehlvorstellungen bezüglich der tatsächlich verfolgten Auflagenpraxis entstehen können, wird es in aller Regel auch nicht zum (Rechts-)Streit zwischen den beteiligten Personen kommen.

Grundsätzlich ist einem Künstler aus dem Bereich der zeitgenössischen Fotografie die Arbeit mit Echtheitszertifikaten zu empfehlen. Sie erlauben eine präzise Darstellung der relevanten Informationen und sind nicht auf die notwendig verkürzten Angaben auf dem Werkstück selbst beschränkt. Dabei erscheint es sinnvoll, die Echtheitszertifikate als separates Papier zu überreichen und gerade nicht auf dem Werk anzubringen. Dies vermeidet den gemeinsamen Untergang von Werkstück und Zertifikat z. B. im Fall eines Diebstahls oder Brands. Im Fall eines Diebstahls könnte man sogar weiter überlegen, dass die Tatsache, dass ein Werkstück ohne Echtheitszertifikat angeboten wird, als schädlich für den guten Glauben des Käufers (§ 932 Abs. 2 BGB) zu werten ist.[1468] Insoweit ist auch sinnvoll, auf dem Werkstück einen Hinweis bzw. Verweis auf das Echtheitszertifikat aufzunehmen. Ein Verkäufer, der das auf dem Werkstück in Bezug genommene Echtheitszertifikat nicht vorweisen kann, würde dann gegenüber dem Käufer in Erklärungsnöte geraten.

Das Werkstück selbst sollte zumindest mit der Signatur des Künstlers sowie der Auflagenangabe (welche dann auch der Zuordnung des Echtheitszertifikats dient) versehen sein. Dies dient insbesondere auch der sofortigen Unterscheidung von Originalen und z. B. „Exhibition Prints".

Auf dem Echtheitszertifikat sollten idealerweise folgende Mindestangaben aufgenommen werden:[1469]

- Name des Künstlers,
- Jahr der Aufnahme der Fotografie,

1468 Ähnlich wie beim Verkauf eines Kfz, das ohne die Zulassungsbescheinigung Teil II (früher „Kfz-Brief") angeboten wird. Vgl. m. w. N. *Bassenge,* in: Palandt, § 932 Rn. 13; *Kindl,* in: BeckOK BGB, § 932 Rn. 17.

1469 Vgl. auch die Vorschläge der „Photographic Materials Research Group" abgedruckt bei *Heiting,* Photonews Thema 09/2009, 15.

- Jahr der Herstellung des Abzugs (wenn es mit der Aufnahme auseinanderfällt),
- Technik und Material (Fotopapier) des Abzugs,
- Angaben zur Auflage

Empfehlenswert ist es ferner, das Zertifikat mit einer kleinen Abbildung des Werks zu versehen, was die Zuordnung zu einem bestimmten Werk insbesondere dann erleichtert, wenn der Künstler häufig mit ähnlichen Sujets oder seriell arbeitet bzw. seine Arbeiten nicht eindeutig betitelt.

Angesichts des insgesamt immer noch in der Entwicklung befindlichen Markts für zeitgenössische Fotokunst erscheint es zudem notwendig, zukünftige Tendenzen und insbesondere die Marktakzeptanz bestimmter Vorgehensweisen zu beobachten, um gegebenenfalls zeitnah auf sie reagieren zu können.

I. Muster für ein Echtheitszertifikat (deutsch)[1470]

Echtheitszertifikat

Abbildung des Werks

Marie Mustermann
„Untitled IV", 2013 (Abzug: 2015)
80 x 120 cm

C-Print (Fuji Crystal DP II) unter Acrylglas auf Aludibond

Dies ist der Abzug Nr. 2 aus einer limitierten Auflage von 25 Exemplaren. Die Auflage umfasst 15 Abzüge im Format 40 x 60 cm und 10 Exemplare im Format 80 x 120 cm sowie 2 Artist's Prints.

Dieses Zertifikat darf nicht separat verkauft werden. Es muss beim Verkauf des Werks dem Käufer ausgehändigt werden. Dieses Zertifikat darf ohne die explizite Zustimmung der Künstlerin weder ausgestellt noch anderweitig publiziert werden.

Marie Mustermann

1470 Die folgenden Muster verstehen sich als Anregungen, wie ein Echtheitszertifikat ausgehend von den in dieser Arbeit niedergelegten rechtlichen Überlegungen sinnvoll gestaltet werden kann. Sie orientieren sich in Gestaltung und Formulierung auch an bereits im Markt zirkulierenden Zertifikaten.

II. Muster für ein Echtheitszertifikat (englisch)

Certificate of Authenticity

Abbildung des Werks

Marie Mustermann
"Untitled IV", 2013 (print: 2015)
80 x 120 cm

C-Print (Fuji Crystal DP II) under acrylic glass with aluminum Dibond backing

This is print no. 2 from a limited edition of 25 prints. The edition consists of 15 prints measuring 40 x 60 cm and 10 prints measuring 80 x 120 cm as well as 2 Artist's Prints.

This certificate must not be sold separately. Upon sale of the work it has to be provided to purchaser. The certificate itself shall not be displayed or otherwise publicized without the artist's explicit consent.

Marie Mustermann

G. Schluss II – Zusammenfassung der wesentlichen Ergebnisse der Arbeit

1) Der Markt für Fotokunst teilt sich in einen Markt für Fotografien, die vor ca. 1970 entstanden sind und einen Markt für Fotografien, die nach diesem Zeitpunkt entstanden sind. Das zuerst genannte Marktsegment wird gemeinhin als „historische Fotografie" bezeichnet, während sich für das zweite genannte Segment der Sammelbegriff der „zeitgenössischen Fotografie" etabliert hat. Aufgrund der unterschiedlichen tatsächlichen Umstände des Kunstmarkts im Entstehungszeitpunkt der Fotografien, gelten für die beiden Teilbereiche unterschiedliche Maßstäbe und Marktgepflogenheiten.

2) Der Wert einer Fotografie, von der theoretisch nahezu unbegrenzt viele Abzüge hergestellt werden können, bemisst sich – abgesehen von weiteren Faktoren wie der Popularität des Künstlers, des einzelnen Motivs etc. – auch in erheblichem Maß nach ihrer zahlenmäßigen Verfügbarkeit, d. h. ihrer Exklusivität.

3) Bei der sogenannten historischen Fotografie – in deren Bereich das Phänomen der Auflagenlimitierung praktisch unbekannt ist – hat sich die Marktgepflogenheit etabliert, sogenannten „Vintage Prints" die höchste Wertschätzung einzuräumen. Als Vintage Prints werden dabei Abzüge bezeichnet, die möglichst kurz nach der Belichtung des Negativs hergestellt wurden. Der maximale Zeithorizont für solche Vintage Prints liegt dabei zwischen fünf und zehn Jahren nach der Herstellung des Negativs. Spätere Abzüge werden allgemein als „Later Prints" bezeichnet. Im Bereich der zeitgenössischen Fotografie verliert das Konstrukt des „Vintage Prints" seinen Sinn. Dafür erscheinen praktisch alle Werke der zeitgenössischen Fotokunst in limitierten Auflagen. Die Auflagenlimitierung liegt bei Werken des Spitzensegments der zeitgenössischen Fotokunst häufig im einstelligen oder niedrigen zweistelligen Bereich. Die Praxis, die Auflage durch einen Bruch auf dem jeweiligen Werkstück mitzuteilen, bei dem der „Zähler" die Nummer des Abzugs und der „Nenner" die Höhe der Gesamtauflage mitteilt, wurde aus dem Bereich der Druckgrafik übernommen.

4) Ebenfalls aus der Druckgrafik übernommen wurde die Gepflogenheit, eine niedrige Zahl sogenannter „Artist's Prints" als Belegexemplare für den Künstler außerhalb der eigentlichen Auflage abzuziehen und diese Werkstücke mit Buchstaben oder römischen Ziffern zu nummerieren bzw. teilweise nur mit dem Hinweis „A. P." zu versehen. Die überkommene Marktgepflogenheit besteht darin, diese Exemplare nicht zur eigentlichen Auflage zu zählen, da sie entweder beim Künstler verbleiben oder von diesem lediglich an z. B. enge Freunde verschenkt werden und damit letztlich nicht unmittelbar auf den Markt gelangen (ein Umstand, auf den die französische Bezeichnung der Stücke als „hors de commerce" verweist).

5) Fotografie – und dabei insbesondere die Farbfotografie – birgt ein Haltbarkeitsproblem. Unter Ausstellungsbedingungen (Licht, Wärme etc.) können Fotografien unter anderem ausbleichen und Farbstiche entwickeln. Es hat sich daher die Praxis entwickelt, über die Auflage und die Artist's Prints hinaus sogenannte „Exhibition Prints" anzufertigen. Diese Exhibition Prints verbleiben in der Regel im Eigentum des Künstlers, sind als solche gekennzeichnet, unsigniert und lediglich zum Materialwert versichert. Für Ausstellungen können sie neu angefertigt bzw. wenn sie Schaden genommen haben, vernichtet werden.

6) Im Hinblick darauf, was als „eine Auflage" begriffen werden kann, sind verschiedene „Auflagendefinitionen" im Markt festzustellen. Sie lassen sich generalisierend in „motivbezogene", „formatbezogene" und „ausstattungsbezogene" Limitierung unterteilen. Die verschiedenen Auflagendefinitionen beinhalten die Aussage darüber, auf welche Gruppe von Werkexemplaren sich die Auflagenangabe bezieht. Bei der motivbezogenen Auflage existiert von dem konkreten urheberrechtlichen Werk insgesamt nur die genannte Anzahl von Werkexemplaren. Bei einem formatbezogenen Auflagenverständnis soll sich die angegebene Auflagenhöhe nur auf Werkexemplare in einem konkreten Format beziehen, sodass die Auflage weiteren Werkexemplaren in anderen Formaten gegenüber offen sein soll. Gleichermaßen wird im Rahmen von Auflagen mit einer ausstattungsbezogenen Limitierung die Höhe der Werkexemplare nur für Abzüge in einer bestimmten Technik angegeben, sodass Werkexemplare in anderen Herstellungstechniken möglich sein sollen, ohne in Widerspruch zur bereits kommunizierten Auflagenhöhe zu treten.

7) Funktionell hat die Unterscheidung von Vintage Prints und Later Prints im Bereich der historischen Fotografie große Gemeinsamkeiten mit der

Anfertigung einer limitierten Auflage in der zeitgenössischen Fotografie. Beiden Vorgehensweisen ist gemein, dass sie ein quantitativ eindeutig abgegrenztes Spektrum von Werkexemplaren definieren bzw. schaffen, die zudem außerordentlich rar sind. In unmittelbarem Zusammenhang hiermit steht die hohe finanzielle Wertschätzung von Vintage Prints sowie von (in geringer Höhe) limitierten Auflagenwerken.

8) Der Begriff des „Originals" eines Kunstwerks kann im Rahmen des Urheberrechts, des Steuer- und Zollrechts sowie im Privatrecht bei der Auslegung von Willenserklärungen Bedeutung erlangen. Dem urheberrechtlichen Originalbegriff liegt eine langjährige und umfangreiche Diskussion zugrunde. Dabei besteht weitgehend Einigkeit, dass der urheberrechtliche Originalbegriff insbesondere auch unter Rückgriff auf die Verkehrsanschauungen auf dem Kunstmarkt zu bestimmen ist. Eine solchermaßen ermittelte Definition des urheberrechtlichen Originals eignet sich daher auch als Ausgangspunkt für einen die verschiedenen Rechtsgebiete überwölbenden, vereinheitlichten Originalbegriff.

9) Sprachlich geht das derzeit geltende Urheberrecht davon aus, dass ein Original stets ein Unikat sei. Die Existenz sogenannter „Mehrfachoriginale" ist jedoch vielen heute anerkannten Kunstgattungen immanent (Fotografie, Druckgrafik). Die Sprache des UrhG ist insoweit unzeitgemäß. *De lege ferenda* sollte daher der Begriff des Originals im UrhG nicht mehr singularisch verwendet werden. In den meisten Fällen bedeutet dies, dass der Begriff mit dem unbestimmten Artikel Verwendung finden sollte, um insbesondere im Zusammenhang mit dem Begriff der „Vervielfältigungsstücke" die Möglichkeit einer Mehrzahl von Originalen nicht schon sprachlich auszuschließen. § 6 Abs. 2 S. 1 UrhG ist daher bis zu einer Korrektur des Wortlauts durch den Gesetzgeber so auszulegen, dass auch das Inverkehrbringen von Mehrfachoriginalen in ausreichender Zahl zum Erscheinen eines Werks führen kann.

10) Angesichts der mittlerweile unzweifelhaften Bedeutung der Fotografie auf dem Kunstmarkt sollte die (nebenstrafrechtliche) Norm des § 107 UrhG die gegenwärtige Rechtswirklichkeit aufgreifen und nicht auf Werke der „bildenden Künste" im Sinne des § 2 Abs. 1 Nr. 4 UrhG beschränkt sein, sondern ausdrücklich auch die Lichtbildwerke umfassen. Dies gilt umso mehr, als die Norm insbesondere im Bereich der Auflagenwerke (z. B. im Hinblick auf postume Vervielfältigungsstücke, aber auch bei unzulässigen Auflagenerweiterungen) Bedeutung hat.

11) Aufgrund der rechtstatsächlichen Umstände des Markts für zeitgenössische Fotokunst und unterstützt durch die Vorgaben der EG-Folgerechtsrichtlinie gehört zu den Voraussetzungen des (urheberrechtlichen) Originalbegriffs für Werke der zeitgenössischen Fotokunst auch, dass sie in einer limitierten Auflage erschienen sind. Weitere Voraussetzungen sind, dass es sich um eine rezipierbare Erstverkörperung des Werks handelt und das Werkstück vom Künstler selbst oder unter seiner Aufsicht hergestellt und damit als Original autorisiert wurde. Eine Unterscheidung zwischen analoger und digitaler Fotografie ist für den urheberrechtlichen Originalbegriff nicht geboten. Mit Anerkennung der Voraussetzung der Auflagenlimitierung für den urheberrechtlichen Originalbegriff nähern sich die Mehrfachoriginale wieder dem ursprünglichen Originalbegriff des UrhG an, der Originale als herausgehobene, weil quantitativ begrenzte Werkexemplare aufgefasst hatte. Handelt es sich um eine limitierte Auflage, so steht die Zahl der Werkoriginale auch bei Mehrfachoriginalen von vorneherein fest. Über die ursprünglich definierte Auflagenhöhe hinaus hergestellte Werkexemplare sind keine Originale mehr, sondern Werkexemplare ohne Originalcharakter. Ebenfalls Originale sind Artist's Prints, solange ihre Höhe entweder ebenfalls von vorneherein festgelegt ist oder sich zumindest im marktüblichen Umfang bewegt.

12) Die Auflagenangabe auf einem Werk der zeitgenössischen Fotokunst ist bei Auslegung ihres Erklärungsinhalts nach dem objektiven Empfängerhorizont (§§ 133, 157 BGB) als ein Angebot auf Abschluss eines Limitierungsvertrags und damit eine Willenserklärung im Sinne des BGB zu verstehen. Der Limitierungsvertrag kommt zwischen dem Künstler und dem ersten Eigentümer der Fotografie mit Abschluss des Kaufvertrags zustande. Der Käufer nimmt das Angebot des Künstlers konkludent an, da der Vertrag ihm ausschließlich Vorteile bringt. Auf den Zugang seiner Annahmeerklärung wird gemäß § 151 S. 1 BGB verzichtet. Die Wirksamkeit des Limitierungsvertrags steht unter der Bedingung (§ 158 Abs. 1 BGB) des Eigentumsübergangs auf den Käufer.

13) Der Limitierungsvertrag ist ein Unterlassungsvertrag mit dem Inhalt, über den kommunizierten Auflagenumfang hinaus keine weiteren Werkexemplare herzustellen, die zu den Werkstücken der Auflage auf dem Kunstmarkt in Konkurrenz treten können. Entscheidend für den Umfang des Limitierungsversprechens des Künstlers sind seine der Auslegung nach dem objektiven Empfängerhorizont (§§ 133, 157 BGB) zu-

gänglichen Limitierungserklärungen. Hat der Künstler die Auflage in der traditionellen Form eines Bruchs ohne weitere, erläuternde Zusätze kommuniziert, so verspricht er hiermit aus Sicht eines objektiven Empfängers eine motivbezogene Limitierung. Abgesehen von einer angemessenen Zahl an Artist's Prints und gegebenenfalls Exhibition Prints sind Abzüge über die genannte Auflagenhöhe hinaus (unabhängig vom Format) nicht mehr zulässig. Ein Künstler, der trotzdem weitere Abzüge herstellt, verstößt hierdurch gegen die aus dem Limitierungsvertrag geschuldete Unterlassungspflicht. Möglich bleiben allein Abzüge, die einen hinreichenden gestalterischen Abstand zur bereits existierenden limitierten Auflage aufweisen. Zur Abgrenzung kann auf urheberrechtliche Wertungen zurückgegriffen werden. Eine neue Auflage ist demnach möglich, wenn es sich bei dem dieser neuen Auflage zugrunde liegenden Werk zumindest um eine Bearbeitung des ursprünglichen Werks handelt und dem ursprünglichen Werk somit ein schöpferischer Mehrwert hinzugefügt wurde. Eine bloße Formatänderung ist zur Schaffung eines solchen schöpferischen Mehrwerts in der Regel nicht ausreichend.

14) Die Unterlassungspflicht des Künstlers aus dem Limitierungsvertrag ist höchstpersönlicher Natur, das heißt, sie geht im Fall seines Todes nicht auf die Erben über. Da diese jedoch Erben des Urheber- und damit des Vervielfältigungsrechts werden, können sie nur durch die Einrichtung von Maßnahmen, wie beispielsweise der Einsetzung eines Testamentsvollstreckers, daran gehindert werden, nach dem Tod des Urhebers weitere Abzüge anzufertigen. Diese Werkexemplare müssen jedoch auf jeden Fall als postume Werkexemplare zu erkennen sein und stellen keine urheberrechtlichen Originale dar.

15) Der Primäranspruch des Sammlers aus dem Limitierungsvertrag richtet sich darauf, dass es der Künstler unterlässt, zusätzliche Werkexemplare über die im Rahmen der Limitierung versprochene Höhe hinaus herzustellen. Hat der Künstler gegen die Unterlassungspflicht verstoßen, lässt sich der durch das Unterlassen geschuldete Zustand aber noch herstellen, so wandelt sich die Unterlassungspflicht in eine Beseitigungspflicht, in deren Rahmen die (Wieder-)Herstellung des geschuldeten Zustands geschuldet ist. Erst wenn die Erfüllung der Unterlassungspflicht unmöglich im Sinne des § 275 BGB geworden ist, bestehen die Sekundäransprüche des Sammlers. Diese sind insbesondere der Schadensersatz statt der Leistung gemäß § 280 Abs. 1 und 3, 283 BGB sowie der Schadensersatz neben der Leistung gemäß § 280 Abs. 1 BGB. Verletzt der

Künstler seine Unterlassungspflicht aus dem Limitierungsvertrag, so besteht weiterhin ein Anspruch des Sammlers aus § 285 Abs. 1 BGB auf das stellvertretende *commodum*, d. h. (in aller Regel) auf den Veräußerungserlös. Im Rahmen der vorliegenden Arbeit konnte gezeigt werden, dass § 285 Abs. 1 BGB einerseits auf Unterlassungsansprüche Anwendung finden muss. Andererseits handelt es sich bei dem durch die Verletzung des Unterlassungsanspruchs erzielten Gewinns entgegen einer weit verbreiteten Auffassung um einen nach dem Gesetzeszweck von § 285 Abs. 1 BGB erfassten „Gegenstand". Der Anspruch aus § 285 Abs. 1 BGB ist für den Sammler insbesondere deswegen interessant, weil sich mit ihm der Gewinn, der aus der Herstellung und dem Verkauf der zusätzlichen Werkexemplare entstanden ist, abschöpfen lässt. Hierdurch erübrigen sich einerseits Beweisprobleme, die bei den Schadensersatzansprüchen häufig bestehen. Dies insbesondere auch deshalb, da in Bezug auf die Höhe des erzielten Gewinns ein akzessorischer Auskunftsanspruch des Sammlers gegenüber dem Künstler aus § 242 BGB besteht. Andererseits ist die Aussicht, einen durch Verletzung der Auflagenlimitierung zu erzielenden Gewinn ohnehin wieder zu verlieren, in besonderem Maße geeignet, einen Anreiz zur Einhaltung des Limitierungsversprechens zu setzen.

16) Im Kaufrecht erlangt eine unrichtige Angabe zur Höhe einer limitierten Auflage dadurch Bedeutung, dass die beim Kauf mitgeteilte Auflagenlimitierung (jedenfalls im Hinblick auf ihre Höhe) Bestandteil der gemäß § 434 Abs. 1 S. 1 BGB vereinbarten Beschaffenheit der Kaufsache wird und damit einen Sachmangel begründen kann. Weiterhin ist davon auszugehen, dass Angaben zur Auflagenhöhe in Katalogen oder bei Angeboten im Internet über § 434 Abs. 1 S. 3 BGB auch dann einen Sachmangel begründen können, wenn man ihnen im Einzelfall absprechen möchte, Gegenstand einer Beschaffenheitsvereinbarung gemäß § 434 Abs. 1 S. 1 BGB geworden zu sein. Für einen Sachmangel im Sinne des § 434 Abs. 1 BGB ist jedoch auch Voraussetzung, dass der Sache im Zeitpunkt des Gefahrübergangs die geschuldete Beschaffenheit fehlt. Das Kaufrecht kann das Interesse des Sammlers an der Einhaltung der Limitierung daher grundsätzlich nicht im (in der Praxis sehr viel wahrscheinlicheren) Fall der nachträglichen Auflagenerweiterung schützen.

17) Liegen die Voraussetzungen eines Sachmangels vor, so stehen dem Käufer die Ansprüche aus der kaufrechtlichen Mängelgewährleistung (§ 437 BGB) zu. Hat der Sammler die Fotografie direkt vom Künstler erworben,

so ist der Künstler im Rahmen der Nacherfüllung gemäß § 437 Nr. 1, 439 Abs. 1 1. Fall BGB zur Rückführung der Auflage auf die geschuldete Höhe verpflichtet. Häufig wird diese Art der Nacherfüllung jedoch – so wie in der Regel beim Kauf von einem bloßen Kunstmarktintermediär – unmöglich gemäß § 275 BGB sein. Der Käufer ist dann auf die Minderung, Rücktritt oder Schadensersatzansprüche (§ 437 Nr. 2, 3 BGB) verwiesen.

18) Eine Ausdehnung der Ansprüche aus kaufrechtlicher Gewährleistung auch für die Fälle einer Erhöhung der Auflage nach Gefahrübergang ist nur möglich, wenn der Verkäufer eine entsprechende Haltbarkeitsgarantie übernommen hat. Eine solche kann – insoweit sie nicht explizit vereinbart wurde – nur beim Kauf direkt vom Künstler (sogenannter „Atelierverkauf") angenommen werden. Beim Kauf von Kunstmarktintermediären legt deren mangelnder Einfluss auf die Auflagenhöhe in aller Regel eine konkludente (Haltbarkeits-)Garantie in Bezug auf die Auflagenhöhe nicht nahe.

H. Schluss III – Zentrale Thesen

1) Die im Bereich der „historischen Fotografie“ entwickelte Einteilung der Abzüge in „Vintage Prints“ und „Later Prints“ dient auch dazu, eine quantitativ abgegrenzte Gruppe von Werkexemplaren mit einer entsprechend höheren Exklusivität sowie mit einem aus der Exklusivität resultierenden, höheren Preis zu generieren. Insoweit entspricht diese Einteilung funktional der ab etwa 1970 aufkommenden und inzwischen im Bereich der zeitgenössischen Fotografie marktbestimmenden Praxis der Auflagenlimitierung. Für die Marktakzeptanz zeitgenössischer Fotografie ist ihr Erscheinen in einer limitierten Auflage praktisch unabdingbar.

2) Die verschiedenen am Markt praktizierten Auflagendefinitionen lassen sich generalisierend in „motivbezogene“, „formatbezogene“ und „ausstattungsbezogene“ Limitierungen unterscheiden.

3) Der urheberrechtliche Originalbegriff setzt im Bereich der zeitgenössischen Fotokunst voraus, dass die Fotografie in einer limitierten Auflage erschienen ist, es sich um eine rezipierbare Erstverkörperung des Werks handelt und das Werkstück vom Künstler selbst oder unter seiner Aufsicht hergestellt und damit als Original autorisiert wurde. Eine Unterscheidung zwischen analoger und digitaler Fotografie ist für den urheberrechtlichen Originalbegriff nicht geboten.

4) Aufgrund der auf dem Werkstück bzw. einem beigefügten Echtheitszertifikat beigefügten Auflagenangabe im Sinne von „3/4“, kommt zwischen dem Künstler und dem Käufer, der auch Eigentum erwirbt, ein „Limitierungsvertrag“ zustande. Der Limitierungsvertrag ist ein Unterlassungsvertrag aufgrund dessen der Künstler verpflichtet ist, über die kommunizierte Auflagenhöhe hinaus keine weiteren Werkexemplare herzustellen.

5) Hat der Künstler seine Limitierungserklärung nicht näher präzisiert, so ist eine Limitierungserklärung im Sinne von „3/4“ als motivbezogene Limitierung zu verstehen. Weitere Abzüge bei denen lediglich das Format verändert wurde, stellen dann einen Verstoß gegen die Unterlassungspflicht aus dem Limitierungsvertrag dar.

I. Schluss IV – English Summary

This thesis deals with the legal implications of the practice of producing limited editions in the field of contemporary photography under German law. A "limited edition" in the field of the fine arts is the practice of producing a work of art – where possible due to the medium used (as especially in most photographic techniques) – in a limited quantity of identical copies and communicating this quantity to the public via a fraction or similar designation affixed to the individual copy.

In the first section of the thesis, the mechanisms and actual practices of artists and dealers in the art market with regards to the production and dissemination of limited editions in photography are reviewed. The second part deals with the legal conclusions drawn from the factual review.

The main conclusions of the thesis are as follows:

1) The contemporary photography market can be roughly divided into photography that was created before around 1970 and photography that was created after 1970. The first era generally being called "historic photography" and the latter being called "contemporary photography". The significantly different prevailing industry practices in those two periods have to be taken into account when discussing the legal implications of limited editions.

2) The economic value of a photographic print, which could theoretically be printed in infinite quantities, derives – among other factors such as the popularity of the artist, etc. – largely from the number of prints available for purchase.

3) In the area of "historic photography" limited editions were extremely rare. Instead so-called "vintage prints" today fetch the highest prices. Generally prints created by the artist or under the artist's supervision within a maximum of 10 years from the creation of the negative are considered vintage prints. Prints produced after this period are considered "later prints". In the area of "contemporary photography" the term "vintage print" has no valuable meaning. Instead almost all artistic photographic prints are produced in limited editions. Most well-established

artists nowadays limit the number of prints in their editions to the single digits or low double-digits. Derived from a practice already used in earlier fine art printing, the edition is communicated via a fraction (the "limitation declaration") with the nominator counting the individual prints and the denominator stating the overall amount of prints produced. For example "2/6" stands for "This is print No. 2 from an edition of 6 prints". The limitation declaration can usually either be found on the print itself or on a "certificate of authenticity" which comes along with the print.

4) A practice also adopted from fine art printing is that of producing so-called "Artist's Prints". Artist's Prints are generally not numbered, but marked "A. P.". Usually they are not part of the limited edition's count and thus have to be taken into consideration as additional prints beyond the communicated edition. The argument supporting this practice is that those prints are supposed to remain with the artist or the artist's close friends and shall not be sold. However a fair practice towards the purchaser already adopted by some market participants is to also denominate the Artist's Prints (for example in a fashion like "2/6+1 A.P.").

5) Photography – especially color photography – is prone to damage due to exposure to the usual exhibition environment (e. g. light, warmth, humidity). Especially color photography may develop color aberrations or altogether fade. To circumvent this problem today's artists usually produce so-called "exhibition prints" which are usually neither signed nor sold. Ideally the artists themselves retain ownership of the prints. The artists provide such exhibition copies for exhibitions, where they can be displayed under ideal display circumstances with little or no regard to the damage that may occur to them. They will be scrapped once no longer deemed fit for exhibitions. Furthermore the host of the exhibition (e.g. a museum) saves on insurance and transportation expenses for the exhibition prints' value insured is usually restricted to the value of the materials.

6) The definition of a "limited edition" in contemporary photography may vary. Generally "motif-centered", "format-centered" and "material-centered" definitions can be distinguished. A limited edition for the purpose of this thesis will be considered "motif-centered" if the limited edition is meant in a way that no prints of the particular motif or compo-

sition (i.e. the particular scene, its framing by the artist, etc.) will be made once the limit of the edition has been reached. In the case of a "format-centered" edition the artist will have retained the right to print the same motif in different formats and consider every format a "limited edition" by itself. In the same way an artist may have retained the right to produce prints in different materials or techniques (material-centered editions) – however this is a relatively rare case and usually not prone to causing problems for using a substantially different technique generally requires solid altering of the original work and thus creating a new work of art in most cases.

7) Functionally vintage prints in historic photography can be compared to limited editions in contemporary photography. In both cases a numerally limited body of works is defined, which makes those pieces more exclusive and hence more desirable in the view of the art market.

8) The German Act on Copyright and Related Rights (UrhG) uses the term "original" in relation to works of art without providing an exact definition of this term. In connection with the artist's resale right (sec. 26 UrhG) the term has to be defined in accordance with the EU directive EG/593/2008 which harmonized the artist's resale right within the European Union. This thesis comes to the conclusion that three cumulative criteria define an "original" of contemporary photography in terms of the UrhG: firstly the print has to be one of a limited edition. Secondly such prints have to be the first consumable materialization of the artist's work (meaning that for example a negative will not be considered an "original" as defined by the UrhG). Thirdly the print has to be made by the artist himself or otherwise authorized by him. Therefore posthumously produced prints can never be "originals" within the scope of the UrhG even if printed from a negative originally produced by the artist. Also prints produced in excess of the communicated limit of the edition will not be considered "originals" in terms of the UrhG. Artist's Prints (A. P.s) can be considered "originals" in this way as long as they are produced in a reasonably small amount according to the custom governing their production and are not sold to the general public. This definition of "original" can and should also be used apart from sec. 26 UrhG whenever the term "original" is used within the UrhG.

9) Under German civil law the act of communicating a limited edition on a work of art (by means of a fraction like "2/6") can be considered a de-

claration of intent ("Willenserklärung") and thereby potentially legally binding. This declaration of intent can be interpreted according to sec. 133, 157 German Civil Code (BGB) as an offer of the artist to enter into a contract about the limitation of the edition with the buyer of the print according to sec. 145 BGB. Upon purchase of the print the buyer will enter into the "limitation contract" ("Limitierungsvertrag") whereby the effectiveness of the contract is subject to the condition precedent that the transfer of ownership of the print is concluded.

10) The limitation contract is a contract which obliges the artist to not produce prints in excess of the amount stated in the artist's limitation declaration. Under German civil law the artist's obligation to do so can be demanded in the way of specific performance.
Of great importance is the limitation definition as communicated by the artist via the limitation declaration. Depending on whether it is "motif centered" or "format centered" additional prints may or may not be legally produced. If necessary, the question whether a print has been produced in excess of the stated amount or not, will be answered via interpretation (sec. 133, 157 BGB – "Auslegung") of the limitation declaration. It is a conclusion of this thesis that in cases where the artist has only used a fraction (e.g. "2/6") to denominate the edition, an impartial or "objective" recipient ("objektiver Empfänger") of this message will and may interpret this limitation definition as being "motif-centered". Generally additional prints of the same motif in different formats will violate the stipulated limited edition if they have not been set out within the original limitation declaration. However an objective recipient will also take into consideration the common practice of the production of Artist's Prints as well as exhibition prints as these print's – if handled correctly – will not "compete" with the prints from the limited edition on the art market.
At all times the artist can create a new work of art based on a work used in a former edition (e.g. by using a radically different technique like turning a photography into a wood block print; see also above) and then print a "new" (actually being a first) edition of this work. However in order to not interfere with the former edition the new work must contain sufficient "originality" to make it differ from the already existing work. In this context the criteria used within the field of copyright law are a good means to establish whether a work of art is merely a copy of a former work of art or rather "more". As a general rule simply changing the format does not create a new work of art here as well.

11) The artist's obligation is exclusively personal and does not bind the artist's heirs after his death. The heirs of the artist are thus able to produce new prints disregarding all former limitations as long as the full copyright is inherited by them and they have not been bound in other ways by the artist. However such prints must not be sold labelled "originals" but should carry a clear remark that they have been produced posthumously. Such prints shall also not be considered "originals" in terms of sec. 26 UrhG (see above).

12) It is the artist's primary duty to refrain ("Unterlassungspflicht") from the production of prints in violation of the stipulated limited edition. However if he does not comply with this duty and instead produces such prints his duty to refrain will be replaced by a duty to undo ("Beseitigungspflicht") under German Civil Law. This would be the case where the artist has produced new prints in violation of the limitation and still has the power to destroy these works (for example because they still remain unsold in his possession). Both the duty to refrain as well as the duty to undo can be enforced by the obligee (i.e. the person to whom the obligation from the limitation contract is owed) by means of an injunction.
In the case where the duty to undo has become impossible to fulfill ("Unmöglichkeit") according to sec. 275 BGB, the obligee will be able to claim damages (sec. 280 (1), 280 (3), 283 BGB and sec 280 (1) BGB). This is generally the case when the artist has sold the additional prints and transferred ownership to a third party and thus has no more actual power over the prints.
This thesis also points out that it is possible for the obligee to claim the profits the artist obtained by producing and selling the additional prints according to sec. 285 (1) BGB. In this case the obligee will only be able to claim further damages if the total amount of damages suffered is greater than the profits claimed under sec. 285 (1) BGB.
To obtain the information necessary in order to pursue his claims the obligee also may demand disclosure of the relevant facts from the artist according to sec. 242 BGB if he is unable to access this information in reasonable ways otherwise.

13) Apart from claims arising from the limitation contract the law on the purchase of goods (sec. 433 et seqq. BGB) may also provide relief for the buyer in some cases. Because of the general importance of limited editions when buying contemporary photography, information given

about such a limitation by the seller will in most cases be considered part of the agreed quality of the good ("Beschaffenheitsvereinbarung") as defined by sec. 434 (1) BGB. However the purchased good only has to adhere to the agreed quality upon the moment of the passing of the risk (sec. 434 (1) BGB). In the case of the sale of photographic prints this will usually be the moment when the print is handed over to the buyer. If the limited edition has not been violated at this point of time the print will be deemed of the agreed quality. Later violations of the edition will not be able to constitute a "material defect" necessary for buyer's remedies according to sec. 434 (1) BGB. In such a case claims will only be possible if the seller explicitly or implicitly agreed to warranty the reliability of the limitation declaration. This will usually be the case when the print has been bought directly from the artist. However such an implicit warranty cannot be assumed when buying from a third party (like an auction house) which has no legal or practical means of ensuring that the limitation will not be violated in the future.

In cases where the violation of the limitation constitutes a material defect, the artist is obliged to undo the violation of the limitation if it is still possible according to sec. 437 No. 1, 439 (1) BGB (see also above for examples). If the violation of the limitation cannot be undone, the buyers claim arising from sec. 437 No. 1, 439 (1) BGB is impossible as defined by sec. 275 BGB and therefore no longer available. The buyer may then revoke the agreement or reduce the purchase price and/or demand damages (sec. 437 No. 2 and 3 BGB).

K. Literaturverzeichnis

Adams, Ansel, An Autobiography, 1985

Adams, Ansel, The Portfolios of Ansel Adams, 1977

Ahlberg, Hartwig / Götting, Horst-Peter (Hrsg.), Beck'scher Online-Kommentar zum Urheberrecht, Edition 10, 2015

AIPAD (Hrsg.), On Collecting Photographs, 2001

Albin, Michael, On Collecting, Photography in New York International May/June 2002, 32

Alexander, Stuart, Fotografische Institutionen und fotografische Praxis, in: Frizot, Michel (Hrsg.), Neue Geschichte der Fotografie, 1998, 694–707

Anton, Michael, „Kunstvertrieb" – Absatzmittlung von Kunstwerken in Recht und Praxis, in: Odendahl, Kerstin / Weber, Peter Johannes (Hrsg.), Kulturgüterschutz – Kunstrecht – Kulturrecht (Festschrift zum 75. Geburtstag von Kurt Siehr), 2010, 331–365

artprice.com (Hrsg.), Contemporary Art Market 2011/2012 – The Artprice Annual Report 2011/2012, 2012, abrufbar im Internet: http://imgpublic.artprice.com/pdf/artprice-contemporary-2011-2012-en.pdf, abgerufen am 01.06.2016

artprice.com (Hrsg.), Der Markt für zeitgenössische Kunst 2009/2010 – Der Artprice Jahresbericht, 2010, abrufbar im Internet: http://imgpublic.artprice.com/pdf/fiac10de.pdf, abgerufen am 01.06.2016

artprice.com (Hrsg.), The Art Market in 2013, 2014, abrufbar im Internet: http://imgpublic.artprice.com/pdf/trends2013_en_fr_de_es_online.pdf, abgerufen am 01.06.2016

artprice.com (Hrsg.), Deutschland auf dem Kunstmarkt 2012, 2013, abrufbar im Internet: http://imgpublic.artprice.com/pdf/artkarlsruhe.pdf, abgerufen am 01.06.2016

Back, Jean / Schmidt-Linsenhoff, Viktoria (Hrsg.), The Family of Man 1955–2001, 2004

Badger, Gerry, Collecting photography, 2003

Badger, Gerry, The Genius of Photography, 2007

Badger, Gerry, The pleasures of good photographs: essays, 2010

Bamberger, Heinz Georg / Roth, Herbert (Hrsg.), Beck'scher Online Kommentar BGB, Edition 36, 2015

Bauret, Gabriel, „The Family of Man", in: Govignon, Brigitte (Hrsg.), Kleine Enzyklopädie der Fotografie, 2005, 130–131

Bauschke, Christian, Empfindliche Werte, FAZ vom 22. August 2015, 15

BeckOK BGB, siehe Bamberger, Heinz Georg / Roth, Herbert (Hrsg.)

BeckOK GG, siehe Epping, Volker / Hillgruber, Christian (Hrsg.)

BeckOK StGB, siehe von Heintschel-Heinegg, Bernd (Hrsg.)

BeckOK UrhR, siehe Ahlberg, Hartwig / Götting, Hans-Peter (Hrsg.)

BeckOK ZPO, siehe Vorwerk, Volkert / Wolf, Christian (Hrsg.)

Beckmann, Roland Michael, „Kunst wird nicht mit den Augen gekauft, sondern mit den Ohren“ oder Katalogangaben als Beschaffenheitsvereinbarung, KUR 2013, 57–63

Behrens, Klaus / de Lazzer, Dieter, Recht, Steuern, Versicherungen für den Kunstg markt, 1994

Benhamou-Huet, Judith, The Worth of Art – Pricing the Priceless, 2001

Benjamin, Walter, Das Kunstwerk im Zeitalter seiner technischen Reproduzierbarkeit, Suhrkamp Studienbibliothek, 2007

Berger, Christian, Kaufrechtliche Mängelrechte und Kunsthandel, KUR 2003, 137–144.

Bertram, Georg W., Kunst – Eine philosophische Einführung, 2005

Bisges, Marcel, Das Selbstplagiat im Urheberrecht, UFITA 2008-III, 643–699

Bleicher, Wilhelm / Stiebner, Jörg D., Handbuch der modernen Druckgraphik, 2. Auflage, 1986

Blume Huttenlauch, Anna, Appropriation Art – Kunst an den Grenzen des Urheberrechts, 2010

Boehme-Neßler, BilderRecht, 2010

Boll, Dirk, Kunst ist käuflich, 2. Auflage, 2011

Bollenberger, Raimund, Das stellvertretende Commodum, 1999

Bonnet, Anne-Marie, „Pimp my world“ – Zu Gurskys Bilderwelt zwischen Malerei und Photographie, Kunst und Welt, in: Stremmel, Kerstin (Hrsg.), frame # 2 – Jahrbuch der Deutschen Gesellschaft für Photographie, 2008, 89–111

Bork, Reinhard, Allgemeiner Teil des Bürgerlichen Gesetzbuchs, 3. Auflage, 2011

Braun, Johann, Die Freizeichnung des kommissarischen Kunstauktionators von der Haftung für Sachmängel, WM 1992, 893–932

Braunfels, Florian, Die Haftung für Fehler und zugesicherte Eigenschaften bei Kunstauktionen, 1994

Braunschmidt, Florian, Die Versteigerungsbedingungen bei öffentlichen Kunstauktionen, 2012

Braunschmidt, Florian, Rechtsfolgen unzutreffender Katalogangaben bei Kunstauktionskäufen, NJW 2013, 734–740

Bueb, Jörg, Der Veröffentlichungsbegriff im deutschen und internationalen Urheberrecht, 1974

Buhler Lynes, Barbara, Georgia O'Keeffe and Ansel Adams: Subjects of Self, in: Georgia O'Keeffe Museum (Hrsg.), Georgia O'Keeffe and Ansel Adams – Natural Affinities, 2008, 23–34

Bullinger, Winfried, Kunstwerkfälschung und Urheberpersönlichkeitsrecht, 1997

Bullinger, Winfried, Urheberrechtlicher Originalbegriff und digitale Technologien, KUR 2006

Bullinger, Winfried / Bretzel, Markus / Schmalfuß, Jörg (Hrsg.), Urheberrechte in Museen und Archiven, 2010

Bullinger, Winfried / Garbers-von Boehm, Katharina, Der Blick ist frei – Nachgestellte Fotos aus urheberrechtlicher Sicht, GRUR 2008, 24–30

Bundesverband des Deutschen Kunst- und Antiquitätenhandels e.V., Der Begriff des „Originals“ und die „Sammelwürdigkeit“, abrufbar im Internet: http://www.bdka.de/de/sachgebiete_bdka.htm, abgerufen am 01.06.2016

Bundesverband Deutscher Kunstverleger und Bundesverband Deutscher Galerien (Hrsg.), Kleines Glossar zur Fotografie, 2000

Crawford, Tad, Legal Guide for the Visual Artist, 5. Auflage, 2010

Dauner-Lieb, Barbara / Langen, Werner (Hrsg.), BGB – Schuldrecht, 2. Auflage, 2012

Dennis, Landt / Dennis, Lisl, Collecting Photographs, 1977

Derleder, Peter, Die Rechte des über Fehler der Kaufsache getäuschten Käufers, NJW 2001, 1161–1167

Dickie, George, Art and the Aesthetic – An Institutional Analysis, 1974

Dixon, Penelope, A Short History of Photograph Collecting, 11.10.2014, abrufbar im Internet: http://peneloped.com/news/an-article-in-fotomundo-featuring-penelope-dixon-on-collecting/, abgerufen am 01.06.2016

Docquiert, Françoise, Die Fotografie in der bildenden Kunst, in: Govignon, Brigitte (Hrsg.), Kleine Enzyklopädie der Fotografie, 2004, 190–193

Doenitz, Amanda, Levitt vs. Eggleston: An Exercise in Value, art on paper, May/June 2007, 20–21

Dossi, Piroschka, Hype!, Kunst und Geld, 2007

Dreier, Thomas, Fotografie im rechtlichen Diskurs – Kunst oder Ware?, in: Weller, Matthias / Kemle, Nicolai B. / Dreier, Thomas / Lynen, Peter M. (Hrsg.), Kunst im Markt – Kunst im Recht, 2010, 31–55

Dreier, Thomas / Schulze, Gernot (Hrsg.), Urheberrechtsgesetz, 5. Auflage, 2015

Dreyer, Gunda / Kotthoff, Jost / Meckel, Astrid (Hrsg.), Urheberrecht, 3. Auflage, 2013

Duray, Dan, Here‘s how Peter Lik priced that $6.5 M. photograph, 23.02.2015, abrufbar im Internet: http://www.artnews.com/2015/02/23/heres-how-peter-lik-priced-that-6-5-m-photograph/, abgerufen am 01.06.2016

Ebling, Klaus / Schulze, Marcel (Hrsg.), Kunstrecht, 2. Auflage, 2012

Ehrler, Lorenz M. W., Das Folgerecht / Le Droit de Suite, 2001

Eichmann / v. Falckenstein / Kühne, siehe Eichmann, Helmut / Kühne, Marcus (Hrsg.)

Eichmann, Helmut / Kühne, Marcus (Hrsg.), Designgesetz, 5. Auflage, 2015

Elmenhorst, Lucas / Decker, Pascal, Sorgfaltsstandards für Auktionshäuser bei der Echtheitsprüfung von Kunstwerken für Versteigerungen – Zugleich Besprechung von LG Köln, Urt. v. 29.9.2012 – 2 O 457/08 – Campendonk, GRUR-RR 2012, 417–419

Emmerich, Volker, Das Recht der Leistungsstörungen, 6. Auflage, 2005

Epping, Volker / Hillgruber, Christian (Hrsg.), Beck‘scher Online-Kommentar zum GG, Edition 26, 2015

Erman BGB, siehe Grunewald, Barbara / Maier-Reimer, Georg / Westermann, Harm Peter (Hrsg.)

Fackler, Richard, Der Begriff des Originals und seine Bedeutung in den Urheberrechtsgesetzen, 1953
Farneti, Marcello, Die „Aliud-Lieferung“ zum Kunstkauf in der italienischen Praxis: Abstrakte Malerei vor dem Höchstgericht: (Corte die Cassazione, 8.6.2011, n. 12527), Bulletin Kunst & Recht 1/2012, 25–29
Faust, Florian, Bürgerliches Gesetzbuch Allgemeiner Teil, 5. Auflage, 2015
Fezer, Karl-Heinz, Markenrecht, 4. Auflage, 2009
Fikentscher, Wolfgang / Heinemann, Andreas, Schuldrecht, 10. Auflage, 2006
Finkel, Jori, Seltenheit und Exklusivität. Über niedrige Auflagen, große Formate und astronomische Preise am Kunstmarkt für Fotografie, Fotogeschichte 105/2007, 59–61
Fleissner, Peter, Commodification, information, value and profit, Poiesis Prax 4 (2006), 39–53
Fricke, Christiane, August Sander – Vollender eines Jahrhundertwerks, Photonews 3/2014, 8
Fricke, Christiane, Preiswerte Photoeditionen unter der Lupe, in: Stremmel, Kerstin (Hrsg.), frame # 1 – Jahrbuch der Deutschen Gesellschaft für Photographie, 2006, 161–166
Fricke, Christiane, Vertrauen ist gut, Kontrolle aber besser, Handelsblatt (online), 13.02.2015, abrufbar im Internet: http://www.handelsblatt.com/panorama/kultur-kunstmarkt/fotokunst-vertrauen-ist-gut-kontrolle-aber-besser/11368036.html, abgerufen am 01.06.2016
Fricke, Christiane, Zwischenruf Nr. 5 – Der aufgeklärte Bildbetrachter, Photonews 6/2015, 9
Fritzsche, Jörg, Unterlassungsanspruch und Unterlassungsklage, 2000
Fromm / Nordemann, siehe Nordemann, Axel / Nordemann, Jan Bernd (Hrsg.)
Ganteführer-Trier, Anne, Der Wunsch nach dem Original wird immer bleiben – Zum Begriff des Vintage, art value (Ausgabe 10) 2012, 58–61
Ganteführer-Trier, Anne, Zwischen Unikat und Massenware, Photonews September 2009, 4
Ganteführer, Felix, Posthume Güsse und Mängelhaftung des Verkäufers, in: Berger, Ursel / Gallwitz, Klaus / Leinz, Gottlieb (Hrsg.), Posthume Güsse, 2009, 24–31
Garbers-von Boehm, Katharina, Neue Maßstäbe beim Kunstkauf?, GRUR-Prax 2013, 507–509
Gerstenberg, Ekkehard, Die Urheberrechte an Werken der Kunst der Architektur und der Photographie, 1968
Geyer, Christian M., Der Sinn für Kunst, 2010
Goepfert, Alexander, Haftungsprobleme im Kunst- und Auktionshandel, 1991
González, Thomas, Fotokunst, in: González, Thomas / Weis, Robert (Hrsg.), Kunst-Investment, 2000
González, Thomas, Kunstinvestment-Guide, 2002
Goodwin, James, Introduction, in: Goodwin, James (Hrsg.), The International Art Markets, 2009, 1–32

Gräfin von Brühl, Friederike, Der Begriff der Echtheit von Kunstwerken im Zivil- und Strafrecht, in: Odendahl, Kerstin / Weber, Peter Johannes (Hrsg.), Kulturgüterschutz – Kunstrecht – Kulturrecht (Festschrift zum 75. Geburtstag von Kurt Siehr), 2011, 303–312
Greenough, Sarah (Hrsg.), Modern Art and America – Alfred Stieglitz and his New York galleries, 2001
Großgerge, Joris Nikolaus, Beschränkungen der Verkäuferhaftung für Sachmängel im Kunst- und Kunstauktionshandel, 2013
Grunewald, Barbara / Maier-Reimer, Georg / Westermann, Harm Peter (Hrsg.), Bürgerliches Gesetzbuch, 14. Auflage, 2014
Gutzeit, Martin, Anmerkung zu BGH, Teilversäumnis- und Schlussurteil vom 29.11.2006 – VIII ZR 92/06, NJW 2007, 1350–1351
Haeffs, Julia Aya, Der Auskunftsanspruch im Zivilrecht, 2010
Hamann, Wolfram, Der urheberrechtliche Originalbegriff der bildenden Kunst, 1980
Hamann, Wolfram, Grundfragen der Originalfotografie, UFITA 90/1981, 45–58
Hamann, Wolfram, Urheberrechtliche Probleme der künstlerischen Fotografie, Film und Recht 1976, 667–669
Hammond, Anne, Naturalismus und Symbolismus – Die piktoralistische Fotografie, in: Frizot, Michel (Hrsg.), Neue Geschichte der Fotografie, 1998, 292–309
Handbuch des Urheberrechts, siehe Loewenheim, Ulrich (Hrsg.)
Hanselle, Ralf, Ikonen für die Epigonen – Beuys 2.0: Sammeln leicht gemacht mit der Editionsgalerie LUMAS, die allerdings zunehmend mit unmaskierter Nachahmerkunst auffällt, TAZ vom 21. Juni 2008, 11
Hapgood, Susan / Lauf, Cornelia, Doodles, Deeds, And Claims, in: Hapgood, Susan / Lauf, Cornelia (Hrsg.), In Deed: Certificates of Authenticity in Art, 2011, 77–86
Hapgood, Susan / Lauf, Cornelia (Hrsg.), In Deed: Certificates of Authenticity in Art, 2011
Haratsch, Andreas / Koenig, Christian / Pechstein, Matthias, Europarecht, 9. Auflage, 2014
Harder, Manfred, Bürgerliches Recht: Das restaurierte Gemälde, JuS 1972, 395–400
Harte-Bavendamm, Henning / Henning-Bodewig, Frauke (Hrsg.), Gesetz gegen den unlauteren Wettbewerb (UWG), 3. Auflage, 2013
Hartmann, Felix, Der Anspruch auf das stellvertretende commodum, 2007
Häublein, Martin, Der Beschaffenheitsbegriff und seine Bedeutung für das Verhältnis der Haftung aus culpa in contrahendo zum Kaufrecht, NJW 2003, 388–393
Heinbuch, Holger, Aktuelle Rechtsfragen des Kunsthandels in der Bundesrepublik Deutschland, in: Lalive, Pierre (Hrsg.), International Sales of Works of Art, 1985, 195–212
Heinbuch, Holger, Kunsthandel und Kundenschutz, NJW 1984, 15–22
Heiting, Manfred, Richtlinien für einen Sammler-TÜV, Photonews Thema 09/2009, 15
Heitland, Horst, Der Schutz der Fotografie im Urheberrecht Deutschlands, Frankreichs und der Vereinigten Staaten von Amerika, 1995
Helms, Tobias, Gewinnherausgabe als haftungsrechtliches Problem, 2007

Henssler, Martin / Graf von Westphalen, Friedrich (Hrsg.), Praxis der Schuldrechtsreform, 2. Auflage, 2003
Herberger, Maximilian / Martinek, Michael / Rüßmann, Helmut / Weth, Stephan (Hrsg.), juris Praxiskommentar BGB, 7. Auflage 2014
Herstatt, Claudia, Fit für den Kunstmarkt, 2. Auflage, 2007
Herzog, Roman / Scholz, Rupert / Herdegen, Matthias / Klein, Hans H. (Hrsg.), Grundgesetz, 73. Ergänzungslieferung, 2014
Heuer, Carl-Heinz, Die Bewertung von Kunstgegenständen, NJW 2008, 689–697
Hierholzer, Michael, Fotografie kann unter Umständen Kunst sein, FAZ vom 13. März 2008, 52
Hildebrandt, Ulrich, Die Strafvorschriften des Urheberrechts, 2001
Himmelmann, Werner, Die Ersatzherausgabe nach § 281 Abs. 1 BGB, 1965
Hirsch, Robert, Seizing The Light – A History of Photography, 2000
HK BGB, siehe Schulze, Reiner (Hrsg.)
Hobart, Susan, A Giant Step Forward – New York Legislation on Sales of Fine Art Multiples, Art & The Law, Vol. 7 No. 3, 1983, 261–280
Hoeren, Thomas / Nielen, Michael (Hrsg.), Fotorecht, 2004
Hoffmann, Catherine, Der Bilder-Aldi, FAS vom 4. Juni 2006, 49
Hoffmann, Catherine, Millionen für „99 cent", FAS vom 4. Juni 2006, 49
Höffmann, Friederike, Unzutreffende Äußerungen des Verkäufers auf einer Online-Verkaufsplattform – ein Fall für die BGH-Rechtsprechung zu Beschaffenheitsvereinbarungen?, ZGS 2011, 299–304
Holz, Hans Heinz, Vom Kunstwerk zur Ware, 1972
Horowitz, Noah, Art of the Deal, 2011
Huber, Peter / Faust, Florian (Hrsg.), Schuldrechtsmodernisierung – Einführung in das neue Recht, 2002
Huber, Ulrich, Leistungsstörungen – Band II, 1999
Hübner, Heinz, Allgemeiner Teil des Bürgerlichen Gesetzbuches, 2. Auflage, 1996
Hug, Gitti, Werkschutz der Fotografie vor neuen Herausforderungen, KUR 2015, 31–36
Jacobs, Rainer, Die zeitgenössische digitale Fotografie – Werkschöpfung und Original, in: Jacobs, Rainer / Loschelder, Michael (Hrsg.), Berufung als Beruf – Festschrift für Sigmar-Jürgen Samwer zum 70. Geburtstag, 2008, 141–151
Jacobs, Rainer, Kunstfälschungen, GRUR 2013, 8–14
Jauernig BGB, siehe Stürner, Rolf (Hrsg.)
Jayme, Erik, Altmeisterzeichnungen – Typologie – Sorgfaltspflichten im Kunsthandel, Kunst & Recht Bulletin 1/2013, 5–42
Jayme, Erik, Anselm Feuerbachs „Dantebarke" nach Delacroix: Die Kopie als Original, 2014
Jayme, Erik, Beschaffenheitsvereinbarung und Haftungsausschluss beim Kunstkauf – Unter besonderer Berücksichtigung der Falschlieferung, in: Geimer, Reinhold / Schütze, Rolf. A. (Hrsg.), Recht ohne Grenzen – Festschrift für Athanassios Kaissis zum 65. Geburtstag, 2012, 431–438

Jayme, Erik, Das Folgerecht an Originalen der bildenden Künste (§ 26 UrhG) und die deutsche Auktionspraxis, in: Blaurock, Uwe / Bornkamm, Joachim / Kirchberg, Christian (Hrsg.), Festschrift für Achim Krämer zum 70. Geburtstag am 19. September 2009, 2009, 277–285

Jayme, Erik, Die Kopie als Original – Rechtsfragen einst und jetzt, Bulletin Kunst & Recht 2/2013-1/2014, 52–77

Jayme, Erik, Kunstersatzprodukte im Kaufrecht, in: Weller, Matthias / Kemle, Nicolai B. / Dreier, Thomas / Kiesel, Markus / Lynen, Peter M. (Hrsg.), Das Recht des Theaters – Das Recht der Kunst auf Reisen – Tagungsband des Vierten Heidelberger Kunstrechtstags, 2011, 113–130

Jayme, Erik, Narrative Normen im Kunstrecht, in: Becker, Jürgen / Hilty, Reto M. / Stöckli, Jean-Fritz / Würtenberger, Thomas (Hrsg.), Recht im Wandel seines Sozialen und technologischen Umfeldes – Festschrift für Manfred Rehbinder, 2002, 539–544

Jayme, Erik, Original und Fälschung – Beiträge des Rechts zu den Bildwissenschaften, in: Reichelt, Gerte (Hrsg.), Original und Fälschung im Spannungsfeld von Persönlichkeitsschutz, Urheber-, Marken- und Wettbewerbsrecht, 2007, 23–39

Jayme, Erik, Wiener Vorträge – Internationales Privat- und Verfahrensrecht, Rechtsvergleichung, Kunst- und Kulturrecht, 2001

Joos, Ulrich, Die Erschöpfungslehre im Urheberrecht, 1991

Jürgens, Martin, Zu beachten beim Ankauf von Farbfotografien – Der Blick des Restaurators, Photonews Thema 09/2009, 14

juris-PK, siehe Herberger, Maximilian / Martinek, Michael / Rüßmann, Helmut / Weth, Stephan (Hrsg.)

Katzenberger, Paul, Das Folgerecht im deutschen und ausländischen Urheberrecht, 1970

Katzenberger, Paul, Der Schutz von Werken der bildenden Künste durch das Urheberstrafrecht und die Praxis der Strafverfolgung in der Bundesrepublik Deutschland, GRUR 1982, 715–721

Katzenberger, Paul, Die europäische Richtlinie über das Folgerecht, GRUR Int 2004, 20–27

Kellmann, Christof, Grundprobleme der Willenserklärung, JuS 1971, 609–617

Kellmann, Christof, Grundsätze der Gewinnhaftung, 1969

Kemle, Nicolai B., Die Entwicklung des Gewährleistungsrechts bei Auktionen, in: Odendahl, Kerstin / Weber, Peter Johannes (Hrsg.), Kulturgüterschutz – Kunstrecht – Kulturrecht (Festschrift für Kurt Siehr zum 75. Geburtstag), 2010, 393–408

Kemle, Nicolai B., Kunstmessen: Zulassungsbeschränkungen und Kartellrecht, 2006

Kesberger, Andreas, Kühl und trocken aufbewahren ... – oder: Wie man es macht, dass bleibt, was man sieht – ob man es gerade sieht oder nicht, Photonews Thema 10/2008, 8–9

Kindhäuser, Urs / Neumann, Ulfrid / Paeffgen, Hans-Ullrich (Hrsg.), Strafgesetzbuch, 4. Auflage, 2013

Klein, Simone, Der Wert einer Fotografie, art value (Ausgabe 10) 2012, 52–54

Kleinhenz, Holger Michael / Junk, Oliver, Der Anspruch des Bestellers aus § 285 Abs. 1 BGB bei abredewidriger Veräußerung der Werksache durch den Unternehmer, ZGS 2008, 253–258

Knaller, Susanne, Ein Wort aus der Fremde – Geschichte und Theorie des Begriffs Authentizität, 2007

Knebel, Christian, Navigation im Datendschungel, in: Völcker, Wolfram (Hrsg.), Was kostet Kunst?, 2011, 12–33

Köhler, Helmut, Der Schadensersatz-, Bereicherungs- und Auskunftsanspruch im Wettbewerbsrecht, NJW 1992, 1477–1482

Köhler, Helmut, Die Auswirkungen der Unternehmensveräußerung auf gesetzliche und vertragliche Unterlassungsansprüche, wrp 2000, 921–927

Köhler, Helmut, Vertragliche Unterlassungspflichten, AcP 190 1990, 496–537

Köhler, Helmut, Zur Geltendmachung und Verjährung von Unterlassungsansprüchen, JZ 2005, 489–497

Köhler, Helmut / Bornkamm, Joachim (Hrsg.), Gesetz gegen den unlauteren Wettbewerb, 33. Auflage, 2015

Koller, Ingo / Kindler, Peter / Roth, Wulf-Henning / Morck, Winfried (Hrsg.), Handelsgesetzbuch, 8. Auflage, 2015

Köndgen, Johannes, Immaterialschadensersatz, Gewinnabschöpfung oder Privatstrafen als Sanktionen für Vertragsbruch?, RabelsZ 56 (1992), 696–756

Koschatzky, Walter, Die Kunst der Graphik, 11. Auflage, 1993

Kutscher, Barbara, Weiblichen Archetypen auf der Spur, Handelsblatt vom 9./10./11. März 2012, 90–91

Langer, Freddy, Erfahrener Möbelverkäufer gesucht, FAZ vom 29. September 2007, 45

Langer, Freddy, Versüßter Abschied, FAZ vom 2. Oktober 2009, 38

Larenz, Karl / Canaris, Claus-Wilhelm, Lehrbuch des Schuldrechts – 2. Band Besonderer Teil 2. Halbband, 13. Auflage, 1994

Larenz, Karl / Wolf, Manfred, Allgemeiner Teil des Bürgerlichen Rechts, 9. Auflage, 2004

Leenen, Detlef, BGB Allgemeiner Teil: Rechtsgeschäftslehre, 2. Auflage, 2015

Lehmann, Matthias / Zschache, Sabine, Das stellvertretende commodum, JuS 2006, 502–507

Leipold, Dieter, BGB I – Einführung und Allgemeiner Teil, 8. Auflage, 2015

Lettl, Tobias, Urheberrecht, 2008

Leyer-Pritzkow, Martin / Sebastian, Klaus, Das Kunstkaufbuch, 2005

Locher, Horst, Das Recht des bildenden Künstlers, 1970

Loewenheim, Ulrich (Hrsg.), Handbuch des Urheberrechts, 2. Auflage, 2010

Löffler, Joachim, Künstlersignatur und Kunstfälschung – Zugleich ein Beitrag zur Funktion des § 107 UrhG, NJW 1993, 1421–1429

Looschelders, Dirk, Schuldrecht – Allgemeiner Teil, 13. Auflage, 2015

Looschelders, Dirk, Schuldrecht – Besonderer Teil, 10. Auflage, 2015

Lorch, Catrin, Supermarkt für Kunst, Weltkunst 11, 2006, 44

Lorenz, Stephan, Anmerkung zu BGH, Urteil vom 29.11.2006 – VIII ZR 92/06, LMK 2007, 215088
Lorenz, Stephan / Riehm, Thomas, Lehrbuch zum neuen Schuldrecht, 2002
Löwisch, Manfred, Herausgabe von Ersatzverdienst – Zur Anwendbarkeit von § 285 BGB auf Dienst- und Arbeitsverträge, NJW 2003, 2049–2053
Lutz, Peter, Grundriss des Urheberrechts, 2. Auflage, 2013
Maaßen, Wolfgang, Das Original in der Fotokunst, PROFIFOTO 5/2007, 69
Maaßen, Wolfgang, Plagiat, freie Benutzung oder Kunstzitat? Erscheinungsformen der urheberrechtlichen Leistungsübernahme in Fotografie und Kunst, in: Schierholz, Anke / Melichar, Ferdinand (Hrsg.), Kunst, Recht und Geld – Festschrift für Gerhard Pfennig zum 65. Geburtstag, 2012, 135–178
Maaßen, Wolfgang, Urheberrechtliche Probleme der elektronischen Bildverarbeitung, ZUM 1992, 338–352
Mahmoudi, Yasmin, Urheberrechtliche Auswirkungen der Mitwirkung eines Assistentenstabs an Werken zeitgenössischer Künstler, in: Odendahl, Kerstin / Weber, Peter Johannes (Hrsg.), Kulturgüterschutz – Kunstrecht – Kulturrecht (Festschrift für Kurt Siehr zum 75. Geburtstag), 2010, 483–499
Mangold, Stephan, Verbraucherschutz und Kunstkauf im deutschen und europäischen Recht, 2009
Maunz / Dürig, siehe Herzog, Roman, Scholz, Rupert, Herdegen, Matthias, Klein, Hans H. (Hrsg.)
Medicus, Dieter, Allgemeiner Teil des BGB, 10. Auflage, 2010
Mercker, Florian, Alles in Auflösung: Was ist das Original in der Fotografie?, FAZ vom 2. April 2005, 49
Mercker, Florian, Der Sammler – Von Kunst und Stiftungen. Der rechtliche Rahmen, 2013
Mercker, Florian, Die Sache mit dem Original, in: Völcker, Wolfram (Hrsg.), Was kostet Kunst?, 2011, 34–46
Mercker, Florian, Photographie: Original und Fälschung, in: Reichelt, Gerte (Hrsg.), Original und Fälschung im Spannungsfeld von Persönlichkeitsschutz, Urheber-, Marken- und Wettbewerbsrecht, 2007, 62–70
Mercker, Florian / Mues, Gabor, Bei Licht betrachtet: Rechtsprobleme beim Handel mit Fotografien, FAZ vom 21. August 2004, 47
Merryman, John Henry / Elsen, Albert E. / Urice, Stephen K., Law, Ethics and the Visual Arts, 5. Auflage, 2007
Messier, Paul, Von Papierfasern und optischen Aufhellern, Photonews Thema 10/2008, 5
Michl, Felix, Die Limitierung der Auflage, art value (Ausgabe 10) 2012, 62–65
Michl, Felix, Neuprints im Großformat – Rechtsstreit Jonathan Sobel vs. William Eggleston, Photonews 6/2012, 4
Michl, Felix, Teuer bezahlte Versprechen verpflichten, Handelsblatt (Onlineausgabe), 13.02.2015, abrufbar im Internet: http://www.handelsblatt.com/panorama/kultur-kunstmarkt/fotokunst-teuer-bezahlte-versprechen-verpflichten/11368220.html, abgerufen am 01.06.2016

Misani, Marco, Richtlinien für den photographischen Kunstmarkt, printletter 1978, 3
Misani, Marco, Unser Ziel – Ihr Ziel, Printletter 1976, 1
Misani, Marco, Was ist ein Print?, printletter 1976, 1
Möhring / Nicolini, siehe Nicolini, Käte / Ahlberg, Hartwig (Hrsg.)
Mörsdorf-Schulte, Juliana, Funktion und Dogmatik US-amerikanischer *punitive damages*, 1999
Mosimann, Peter, Printed Later und andere Originalvervielfältigungen, insbesondere in der Fotografie, in: Mosimann, Peter / Schönenberger, Beat (Hrsg.), Kunst & Recht, 2011, 13–26
Mosimann, Peter / Renold, Marc-André / Raschèr, Andrea F. G. (Hrsg.), Kultur Kunst Recht, 2009
Mues, Gabor, Der Ausstellungsvertrag, 2003
MüKo BGB^{6}, siehe Säcker, Franz Jürgen / Rixecker, Roland (Hrsg.)
MüKo BGB, siehe Säcker, Franz Jürgen / Rixecker, Roland / Oetker, Hartmut / Limperg, Bettina (Hrsg.)
MüKo HGB, siehe Schmidt, Karsten (Hrsg.)
MüKo ZPO, siehe Rauscher, Thomas / Krüger, Wolfgang (Hrsg.)
Müller-Katzenburg, Astrid, Erste Erfahrungen des Kunsthandels mit der Schuldrechtsreform, NJW 2006, 553–557
Musielak, Hans-Joachim / Voit, Wolfang (Hrsg.), Kommentar zur Zivilprozessordnung, 12. Auflage, 2015
Neumann, Franz L. / Nipperdey, Hans Carl / Scheuner, Ulrich (Hrsg.), Die Grundrechte – Handbuch der Theorie und Praxis der Grundrechte, Band II, 1954
Newhall, Beaumont, Geschichte der Photographie, 1998
Nicolini, Käte / Ahlberg, Hartwig (Hrsg.), Urheberrechtsgesetz, 2. Auflage, 2000
Noble, Laura, The Art of Collecting Photography, 2006
Nordemann, Axel, Die künstlerische Fotografie als urheberrechtlich geschütztes Werk, 1992
Nordemann, Axel / Nordemann, Jan Bernd (Hrsg.), Urheberrecht, 11. Auflage, 2014
Nussbaum, Arthur, Die Rechtstatsachenforschung, Recht und Staat 1914 (6), 1–48
Oberhuber, Nadine, Die Discounterin, FAS vom 4. Januar 2009, 32
Oberhuber, Nadine, Fotos für Einsteiger, FAS vom 27. Juli 2008, 43
Ochs, Birgit, Fertighaus von Daniel Libeskind – Limitierte Serie für einen exklusiven Käuferkreis, FAS vom 11. Oktober 2009, V 13
Ochs, Birgit, Libeskind zieht nicht, FAS vom 30. Januar 2011, V 15
Oechsler, Jürgen, Vertragliche Schuldverhältnisse, 2. Auflage, 2007
Oetker, Hartmut / Maultzsch, Felix, Vertragliche Schuldverhältnisse, 4. Auflage, 2013
Ohly, Ansgar, Verwertungsverträge im Bereich der bildenden Kunst, in: Beier, Friedrich-Karl / Götting, Horst-Peter / Lehmann, Michael / Moufang, Rainer (Hrsg.), Urhebervertragsrecht – Festgabe für Gerhard Schricker zum 60. Geburtstag, 1995, 427–458
Ohly, Ansgar / Sosnitza, Olaf (Hrsg.), Gesetz gegen den unlauteren Wettbewerb, 6. Auflage, 2014

Osterloh-Konrad, Christine, Der allgemeine vorbereitende Informationsanspruch, 2007
Palandt, Bürgerliches Gesetzbuch, 75. Auflage, 2016
PDN Editors, Collector Sues Eggleston Over New Prints of Limited Edition Works, 5. April 2012, abrufbar im Internet: http://www.pdnonline.com/news/Collector-Sues-Eggle-5127.shtml, abgerufen am 01.06.2016
Pfammatter, Paul, Der Anspruch auf das stellvertretende Commodum, 1983
Pfeiffer, Thomas, Systemdenken im neuen Leistungsstörungs- und Gewährleistungsrecht, ZGS 2002, 23–32
Pfennig, Gerhard, Museen und Urheberrecht im digitalen Zeitalter, 4. Auflage, 2009
Pfennig, Gerhard, Urheber- und Verwertungsrechte, in: Berger, Ursel / Gallwitz, Klaus / Leinz, Gottlieb (Hrsg.), Posthume Güsse, 2009
Phillips, Jocelyn, Collect Contemporary Photography, 2012
Picker, Günther, Antiquitäten – Kunstgegenstände – Alles über Recht, Steuern, Versicherung, 3. Auflage, 1996
Picker, Günther, Kunstgegenstände & Antiquitäten, 4. Auflage, 2000
Picker, Günther, Praxis des Kunstrechts, 1990
Pierredon-Fawcett, Liliane de, The Droit de Suite in Literary and Artistic Property, 1991
Pitnick, Richard, The Emergence of Photography as Collectible Art, Black & White Magazine June 2002, 58
Platena, Thomas, Das Lichtbild im Urheberrecht, 1998
Pohlmann, Petra, Das Rechtsschutzbedürfnis bei der Durchsetzung wettbewerbsrechtlicher Unterlassungsansprüche, GRUR 1993, 361–371
Polte, Maren, Die Bechers, ihre Schüler und der Markt, art value (Ausgabe 10) 2012, 27–29
Raue, Peter, Der postmortale Guss – (k)ein Rechtsproblem?, in: Blaurock, Uwe / Bornkamm, Joachim / Kirchberg, Christian (Hrsg.), Festschrift für Achim Krämer zum 70. Geburtstag am 19. September 2009, 2009, 615–661
Rauscher, Thomas / Krüger, Wolfgang (Hrsg.), Münchener Kommentar zur Zivilprozessordnung, 4. Auflage, 2013
Rehbinder, Manfred / Peukert, Alexander, Urheberrecht, 17. Auflage, 2015
Reicher, Maria E., Vom wahren Wert des Echten und des Falschen, in: Nida-Rümelin, Julian / Steinbrenner, Jakob (Hrsg.), Kunst und Philosophie – Original und Fälschung, 2010, 51–69
Reimer, Ekkehart, Der Ort des Unterlassens, 2004
Reinicke, Dietrich / Tiedtke, Klaus, Kaufrecht, 8. Auflage, 2009
Reis, Leonhard, Urheberrechtliche Gedanken zu posthumen Werkvervielfältigungen, Bulletin Kunst & Recht 1/2011, 48–51
Reuss, Karl Friedrich, Die Intensitätsstufen der Abreden und die Gentlemen-Agreee ments, AcP 154 (1955), 485–526
Reuter, Alexander, Digitale Bild- und Filmbearbeitung im Licht des Urheberrechts, GRUR 1997, 23–33
Risch, Conor, Eggleston's First-Ever Large Pigment Prints Earn 5.9 Million at Auctiłon, 13. März 2012, abrufbar im Internet: http://www.pdnonline.com/news/Egglestons-First-Ev-4928.shtml, abgerufen am 01.06.2016

Rusch, Konrad, Gewinnhaftung bei der Verletzung von Treuepflichten, 2003
Rütten, Wilhelm, Mehrheit von Gläubigern, 1989
Sachs, Britta, Ein Vergleich – Bärendienst für den Fotomarkt, FAZ vom 3. April 2004, 47
Säcker, Franz Jürgen / Rixecker, Roland (Hrsg.), Münchener Kommentar zum BGB, 6. Auflage, 2012
Säcker, Franz Jürgen / Rixecker, Roland / Oetker, Hartmut / Limperg, Bettina (Hrsg.), Münchener Kommentar zum Bürgerlichen Gesetzbuch, 7. Auflage, 2015
Schack, Haimo, Das Recht als Grundlage und Grenze schöpferischen Schaffens, KUR 2006, 157–165
Schack, Haimo, Kunst und Recht, 2. Auflage, 2009
Schack, Haimo, Urheber- und Urhebervertragsrecht, 6. Auflage, 2013
Schellhammer, Kurt, Schuldrecht nach Anspruchsgrundlagen, 9. Auflage, 2014
Schiefler, Kurt, Veröffentlichung und Erscheinen nach dem neuen Urheberrechtsgesetz, UFITA 48/1966, 81–102
Schinhofen, Paul, Tempo 310 und das sanfte Gleiten, FAZ vom 21. September 2010, T 5
Schlütter, Andrea, Der Begriff des Originals im Urheberrecht, 2012
Schmid, Karsten / Stirnweiß, Werner, Der Anspruch auf Zinsen nach erfolgtem Rücktritt, NJOZ 2008, 4589–4596
Schmid, Matthias / Wirth, Thomas / Seifert, Fedor (Hrsg.), Urheberrechtsgesetz, 2. Auflage, 2009
Schmidt-Werthern, Konrad, Die Richtlinie über das Folgerecht des Urhebers des Originals eines Kunstwerks, 2003
Schmidt, Karsten (Hrsg.), Münchener Kommentar zum Handelsgesetzbuch, 3. Auflage, 2010
Schmidt, Marjen, Delikatessen für Silberfischchen – Neun Empfehlungen für Sammler, art value (Ausgabe 10) 2012, 67–70
Schmidt, Marjen, Fotografien in Museen, Archiven und Sammlungen – Konservieren, Archivieren, Präsentieren, 1994
Schneider-Brodtmann, Jörg, Das Folgerecht des bildenden Künstlers im europäischen und internationalen Urheberrecht, 1996
Schneider, Inge, Das Recht des Kunstverlags, 1991
Schöfer, Nicola, Die Rechtsverhältnisse zwischem dem Urheber eines Werkes der bildenden Kunst und dem Eigentümer des Originalwerkes, 1984
Schreiber, Susanne, Korrekter Umgang mit einer Neuauflage, Handelsblatt (online), 13.02.2015, abrufbar im Internet: http://www.handelsblatt.com/panorama/kultur-kunstmarkt/fotokunst-korrekter-umgang-mit-einer-neuauflage/11368462.html, abgerufen am 01.06.2016
Schricker, Gerhard, Verlagsrecht, 3. Auflage, 2001
Schricker, Gerhard / Loewenheim, Ulrich (Hrsg.), Urheberrecht, 4. Auflage, 2010
Schroeter-Herrel, Christina, Der Weg zum erfolgreichen Kunstsammeln, in: González, Thomas / Weis, Robert (Hrsg.), Kunst-Investment, 2000, 69–83
Schulz, Fritz, System der Rechte auf den Eingriffserwerb, AcP 105 (1909), 1–488

Schulze, Reiner (Hrsg.), Bürgerliches Gesetzbuch – Handkommentar, 8. Auflage, 2014
Schulze, Reiner / Zuleeg, Manfred / Kadelbach, Stefan (Hrsg.), Europarecht, 3. Auflage, 2015
Schwarze, Roland, Das Recht der Leistungsstörungen, 2008
Sieg, Rainer, Das unzulässige Anbringen der richtigen Urheberbezeichnung (§ 107 UrhG), 1985
Sieger, Ferdinand, Urheber-Schwindel im Kunstbereich?, Film und Recht 1984, 119–132
Smyth, Diane, The numbers game, British Journal of Photography, abrufbar im Internet: http://blog.jesseknish.com/2010/12/numbers-game-selling-photography-prints.html, abgerufen am 01.06.2016
Soeffky, Irina, Vertragliche Gewinnhaftung in Europa, 2002
Soergel (Hrsg.), Bürgerliches Gesetzbuch, 12. Auflage, 1990
Staudinger BGB, J. von Staudingers Kommentar zum Bürgerlichen Gesetzbuch mit Einführungsgesetz und Nebengesetzen, Neubearbeitung 2002–2015
Stein, Friedrich / Jonas, Martin (Hrsg.), Kommentar zur Zivilprozessordnung, 22. Auflage, 2003/2011
Stein Greben, Deidre, The Medium of the Moment, Artnews February 2003, 108 ff.
Stokes, Simon, Artist's Resale Right – A Summary of the Artist's Resale Right Regulations 2006, Art Antiquity and Law Vol. XI, 2006, 109 ff.
Stoll, Hans, Vorteilsausgleichung bei Leistungsvereitelung, in: Schwenzer, Ingeborg / Hager, Günter (Hrsg.), Festschrift für Peter Schlechtriem zum 70. Geburtstag, 2003, 677–696
Street Alinder, Mary, Ansel Adams, 1996
Street Alinder, Mary, Ansel Adams – Revised and Updated Edition, 2014
Strittmatter, Angelika / Lörken, Nina, Mehrwertsteuerermäßigung für Fotografien?, ZUM 2010, 155–166
Stürner, Rolf (Hrsg.), Bürgerliches Gesetzbuch, 15. Auflage 2014
Sturm, Birgit Maria, Havarie im Kunstmarkt, KUR 2014, 159–166
Szarkowski, John, Ansel Adams at 100, 2001
Teplitzky, Otto, Wettbewerbsrechtliche Ansprüche und Verfahren, 10. Auflage, 2011
Thomsen, Birgit, Käuferschutz bei Kunstauktionen, 1989
Tiedtke, Klaus, Zum deliktischen Schadensersatzanspruch des getäuschten Käufers – Zugleich eine Besprechung des BGH-Urteils vom 25.11.1997 – VI ZR 402/96, DB 1998 S. 718, DB 1998, 1019–1021
Tilmann, Winfried, Der Auskunftsanspruch, GRUR 1987, 251–262
Tilmann, Winfried, Gewinnherausgabe im gewerblichen Rechtsschutz und Urheberrecht Folgerungen aus der Entscheidung „Gemeinkostenanteil", GRUR 2003, 647–653
Ullrich, Wolfgang, Gurskyesque: Das Web 2.0, das Ende des Originalitätszwangs und die Rückkehr des nachahmenden Künstlers, in: Nida-Rümelin, Julian / Steinbrenner, Jakob (Hrsg.), Kunst und Philosophie – Original und Fälschung, 2010, 93–118

Ulmer, Peter / Schmidt, Harry / Hensen, Horst-Diether / Christensen, Guido / Fuchs, Andreas (Hrsg.), AGB-Recht, 11. Auflage, 2011

van Waasen, Raphael, Das Spannungsfeld zwischen Urheberrecht und Eigentum im deutschen und ausländischen Recht, 1994

vom Dorp, Eberhard, Die Zustimmung des Urhebers im Sinn des § 6 UrhG unter besonderer Berücksichtigung ihrer Rechtsnatur, 1983

von Brauchitsch, Boris, Kleine Geschichte der Fotografie, 2002

von Gamm, Otto-Friedrich Frhr., Urheberrechtsgesetz, 1968

von Gruben, Donata, Das urheberrechtliche Entstellungsverbot im Umgang mit Originalwerken der bildenden Kunst, 2013

von Heintschel-Heinegg, Bernd (Hrsg.), Beck'scher Online-Kommentar StGB, Edition 29, 2015

von Hoffmann, Bernd / Thorn, Karsten, Internationales Privatrecht, 9. Auflage, 2007

Vorwerk, Volkert / Wolf, Christian (Hrsg.), Beck'scher Online-Kommentar ZPO, Edition 18, 2015

Walker, David, Q&A: Art Collector Jonathan Sobel Explains His Beef with William Eggleston, 6. April 2012, abrufbar im Internet: http://www.pdnonline.com/news/QandA-Art-Collector-J-5139.shtml, abgerufen am 01.06.2016

Walter, Michel M., Das Folgerecht und seine Harmonisierung in Europa, in: Reichelt, Gerte (Hrsg.), Neues Recht zum Schutz von Kulturgut – Internationaler Kulturgüterschutz, 1997, 95–129

Walter, Michel M. (Hrsg.), Europäisches Urheberrecht, 2001

Walter, Michel M., Urheber- und persönlichkeitsrechtliche Aspekte der Kunstwerkfälschung, in: Reichelt, Gerte (Hrsg.), Original und Fälschung im Spannungsfeld von Persönlichkeitsschutz, Urheber-, Marken- und Wettbewerbsrecht, 2007, 97–115

Wandtke, Artur-Axel (Hrsg.), Medienrecht, 2008

Wandtke, Artur-Axel / Ohst, Claudia (Hrsg.), Medienrecht – Praxishandbuch, Band 2 – Schutz von Medienprodukten, 3. Auflage, 2014

Wandtke, Artur-Axel / Bullinger, Winfried (Hrsg.), Praxiskommentar zum Urheberrecht, 4. Auflage, 2014

Weiler, Frank, Haftung für Werbeangaben nach neuem Kaufrecht, WM 2002, 1784–1794

Weller, Marc-Philippe, Die Vertragstreue, 2009

Weller, Matthias, Die Umsetzung der Folgerechtsrichtlinie in den EG-Mitgliedstaaten: Nationale Regelungsmodelle und europäisches Kollisionsrecht, ZEuP 2008, 252–288

Weller, Matthias, Persönliche Leistungen, 2012

Werba, Ulf, Die Willenserklärung ohne Willen, 2005

Wertenbruch, Johannes, Gewährleistung beim Kauf von Kunstgegenständen nach neuem Schuldrecht, NJW 2004, 1977–1982

Westkamp, Guido, „Property", „Commercial Tort" oder „Celebrity Rights": Entwickelt das englische common law ein Immaterialgüterrecht an Persönlichkeitslizenzen?, ZVglRWiss 110 (2011), 149–170

Wiedemann, Christoph, In Bildern festgehaltene Zeit, SZ vom 3. Februar 2004, 44
Wiesner, Lisa, Die Rechte des bildenden Künstlers nach Veräußerung des Werkstückes, 2008
Wilhelm, Henry, The Permanence and Care of Color Photographs, 1993
Wombell, Paul, Juno Photography – Fotografie, Macht und Geld, Photonews November 2008, 4
Woodward, Richard B., Northeast by Southwest: Alfred Stieglitz, Georgia O'Keeffe, Ansel Adams, and New Mexico, in: Georgia O'Keeffe Museum (Hrsg.), Georgia O'Keeffe and Ansel Adams – Natural Affinities, 2008, 9–22
Wrede, Christian, Kopien – Imitationen – Fälschungen, Kunst und Kaufrecht, 2005
Wyler, Barbara, Der Kunstverlag aus urheber- und urhebervertraglicher Sicht, Film und Recht 1983, 481–486
Zeitz, Lisa, Kunst ist doch die schönste Währung, FAZ vom 12. November 2011, 38
Zeitz, Lisa, Noch immer ist Warhol nicht zu schlagen, FAZ vom 14. Mai 2011, 35
Ziegler, Ulf Erdmann, Atelier Gursky (weil es möglich ist), Photonews 4/2007, 3
Zippelius, Reinhold, Rechtsphilosophie, 6. Auflage, 2011